普通高等教育"十三五"规划教材

汽车保险与理赔

主　编　衣　娟
副主编　宁立群　何　立

中国石化出版社
HTTP://WWW.SINOPEC-PRESS.COM

图书在版编目（CIP）数据

汽车保险与理赔/衣娟主编．—北京：中国石化出版社，2018.5
普通高等教育“十三五”规划教材
ISBN 978-7-5114-4868-2

Ⅰ.①汽… Ⅱ.①衣… Ⅲ.①汽车保险—理赔—中国—高等学校—教材 Ⅳ.①F842.634

中国版本图书馆 CIP 数据核字(2018)第 085670 号

中国石化出版社出版发行
地址:北京市朝阳区吉市口路 9 号
邮编:100020　电话:(010)59964500
发行部电话:(010)59964526
http://www.sinopec-press.com
E-mail:press@sinopec.com
北京富泰印刷有限责任公司印刷
全国各地新华书店经销
*
787×1092 毫米 16 开本 19.25 印张 471 千字
2018 年 5 月第 1 版　2018 年 5 月第 1 次印刷
定价：48.00 元

前　言

本书是根据“高等院校‘十三五’规划教材(汽车类)编写研讨会”确定的教材编写规划进行编写的。

汽车保险作为保险公司的第一险种，其业务量随着家庭汽车的热销、社会汽车保有量的增加而迅速增长。汽车保险与理赔人员不仅要懂保险方面的知识，更要懂汽车，因此需要复合型的汽车保险与理赔专业人才。目前这种人才相对紧缺，许多院校的汽车、交通、保险类专业均开设了汽车保险与理赔这门专业课，也有很多院校开设了汽车保险与理赔专业，为培养适应社会需求的汽车保险与理赔复合型高级人才起到了一定的作用。

本书从保险概论和汽车保险概论出发，对我国现行的主要汽车保险种类、汽车保险原则、汽车保险条款进行了详述，对汽车承保、理赔等有关保险实务做了系统的介绍，同时对现场查勘的程序与方法、事故车辆的损伤评定做了针对性的介绍，并通过对大量汽车保险与理赔典型案例的分析来加深对知识的理解。本书注重理论联系实际，侧重实际应用，旨在培养读者综合运用专业知识解决实际问题的能力。

随着保险环境及条件的改善，许多保险条例及费率都做了相应调整，作为汽车保险与理赔常识的普及教材《汽车保险与理赔》有必要做出调整，否则已经淘汰的条例及费率还在继续传授有违常理。比如在 2017 年 7 月 1 日起采用的新的条例就有很大改动，本教材考虑到新的条款变化，对书中的案例及条款解读都做了适当调整，做到与时俱进。

本书可供各类院校汽车服务工程、交通运输、汽车保险与理赔、汽车营销、汽车维修工程、汽车运用等专业的本、专科学生学习使用，还可作为保险公司及广大保户了解汽车保险与理赔相关知识的参考书。

本书由辽宁石油化工大学衣娟担任主编，宁立群、何立担任副主编，孙玉兰、胡亚楠、肖东平参编。衣娟对全书进行了统稿。编写分工情况如下：衣娟编写第一、四、五、六章，宁立群编写第二、七、九章，何立编写第三、八、十章，孙玉兰编写第十一章，胡亚楠编写第十二章，肖东平编写第十三章。

编写过程中编者参考了国内外相关的论著、教材和报刊杂志，在此谨致谢意。

由于时间仓促及编者水平所限，书中难免存在疏漏不妥之处，恳请同行和读者提出宝贵意见，以便在今后的修订中不断完善。期待通过 yining1968@tom.com信箱与读者进行交流。

目　　录

第一章　风险与保险概述

知识目标

1. 了解风险含义及特征。
2. 了解保险的构成要素和特征。
3. 熟悉汽车保险的职能，了解汽车保险对保险业的影响。
4. 熟悉汽车保险市场各方在保险市场中的地位和作用，理解汽车保险市场的运作方式。

能力目标

具备运用所学知识对本地汽车保险市场进行相关专题分析的能力。

第一节　风险与风险管理

一、风险概述

风险是针对人类的活动而言，没有人类活动，也就无所谓风险。在人类社会发展的漫长进程中，出现过无数次自然灾害与意外事故，造成了不可估量的损失。风险是伴随人类活动的展开而展开的，没有人类活动，也就不存在风险，风险伴随着科技的发展而发展。当代风险理论认为，现代社会风险无时不在、无处不在。

（一）风险的构成要素

风险的构成要素包括风险因素、风险事故和损失。

1. 风险因素

风险因素是指引起或增加某一特定风险事故发生机会或扩大其损失程度的原因和条件。它是风险事故发生的潜在原因，是造成损失的内在或间接原因。如酒后驾车、疲劳驾驶等违章行为，车辆机械故障等导致交通事故和意外事故。风险因素越多，造成的损失机会越大。根据风险因素的性质不同，通常可将其分为自然风险因素、道德风险因素和心理风险因素。

（1）自然风险因素也称有形风险因素，是指由自然力量或物质条件所构成的风险因素。例如：雷雨、地震等自然现象，汽车超速、道路结构、房屋结构与所处位置等。

（2）道德风险因素是与人的品德修养有关的无形的因素，即是指由于个人不诚实、不正直或图谋不轨，故意促使风险事故发生，以致引起社会财富损毁和人身伤亡的原因或条件。如欺诈、偷窃、贪污、纵火或者夸大损失等。

（3）心理风险因素是与人的心理状态有关的无形的因素，即是指由于人们不注意、不关心、侥幸心理，或存在依赖保险心理，以致增加风险事故发生的机会和加大损失的严重性的因素。

2. 风险事故

风险事故也称“风险事件”，是指造成生命财产损失的偶发事件，是造成损失的直接的或间接的原因，是损失的媒介物。

风险只有通过风险事故的发生，才能导致损失。例如：制动失灵酿成车祸导致人员伤亡和财产损失，其中制动失灵是风险因素，车祸是风险事故，人员伤亡和财产损失是损失结果。如果仅有制动失灵而未导致车祸，则不会导致人员伤亡和财产损失。风险事故意味着风险的可能性转化为现实性。

风险事故发生的根源主要有三种：自然现象，社会经济的变动，人或物本身。

3. 损失

在风险管理中，损失是指非故意的、非预期的、非计划的经济价值的减少或消失，即经济损失，这一定义为狭义损失。相对于狭义损失，广义损失既包括物质上的损耗，也包括精神上的损失。例如记忆力衰退、时间的耗损、车辆的折旧和报废等。

保险理论研究的是狭义损失，它包括两个方面的条件：一为非故意的、非预期的和非计划的观念；二为经济价值的观念，即经济损失必须是能以货币来衡量的，二者缺一不可。

在保险实务中，通常将损失分为两种形态，即直接损失和间接损失。直接损失是由风险事故导致的财产本身的损失和人身的伤害，也称为实质损失；间接损失则是由直接损失引起的额外费用损失、收入损失、责任损失等。

有时间接损失的金额很大，甚至超过直接损失。

4. 风险因素、风险事故及损失之间的关系

风险因素、风险事故和损失三者之间的关系：风险因素引起风险事故，而风险事故导致损失。只有通过风险事故这个媒介才能产生损失。但在一定条件下，风险因素也可能是造成损失的直接原因，则它就是引起损失的风险事故；而在一般情况下，作为造成损失的间接原因，它就只是风险因素。

（二）风险的特征

1. 客观性

风险是独立于人的意识之外客观存在的。人们只能在一定的时间和空间内改变风险发生的条件，降低风险发生的频率和损失幅度，但是，从总体上说，风险是不可能彻底消除的。正是风险存在的客观性，决定了保险的必要性。

正是由于风险存在的客观性，人们应认识风险、管理风险，把风险造成的损失降到最小限度。可以通过改善交通环境，提高车辆技术性能，提高驾驶人员和行人的安全意识，来减少交通事故发生的概率和损失程度。

2. 普遍性

风险伴随着人类的生活和生产活动，风险渗入到社会、企业、个人生活的各个方面，无处不在，无处不有。人类自出现后，就面临着各种各样的风险。如疾病、自然灾害、意外事故和战争等。正是由于这些普遍存在的，对人类社会生产和人们生活构成威胁的风险，才有了保险存在的必要和发展的可能。

3. 社会性

风险与人类社会的利益密切相关，1997 年的亚洲金融危机、2004 年的东南亚海啸、

2008年的汶川大地震和美国的金融海啸，无一例外地对人类社会活动、人民生活和社会经济造成了极大的影响。没有人，没有人类社会，就无风险可言。因此说，风险是一个社会范畴。

4. 不确定性

风险及其所造成的损失在总体上具有统计的可知性；但在个体上却是偶然的，不可知的，具有不确定性。从总体上说，风险是客观存在的、普遍存在的，但就某一风险而言，在什么地点发生、在什么时间发生，会造成什么样的损失，是一种随机现象，是不确定的。

正是风险的这种总体上的必然性与个体上的偶然性，构成了风险的不确定性，形成了经济单位与个人对保险的需求。

5. 可测定性

虽然个别风险的发生具有偶然性和不确定性，但运用统计方法去处理大量相互独立的偶发风险事故，其结果可以比较准确地反映风险的规律性。根据以往大量资料，利用概率论和数理统计的方法可测算出风险事故发生的概率及其损失幅度，并且可构造出损失分布的模型，作为风险估测的基础。例如，在汽车保险中，可以根据大量的车祸记录、损失情况记录，结合众多影响因素，测算出不同车险的费率等。

6. 发展性

风险伴随人类社会自身进步和发展而发展，一些风险在一定的空间和时间内会灭失，新的风险会产生。科学技术的发展与应用使风险的发展性变得更为突出。例如，航天事业的发展、核能的利用都带来了新的风险因素。没有电灯使用油灯的时候，我们担心推倒油灯造成火灾；使用电灯则会带来触电的风险，并且有更大规模火灾的风险。

（三）风险的分类

1. 依风险产生的原因分类

依据风险产生的原因分类，风险可以分为自然风险、社会风险、政治风险、经济风险和技术风险。

（1）自然风险。自然风险是指自然力的不规则变化所导致的对人们的经济生活和生命安全等产生威胁的风险。如地震、火灾、飓风等自然现象。在各类风险中，自然风险是保险人承保最多的风险。

（2）社会风险。社会风险是指由于个人或团体的行为（包括过失行为、不当行为及故意行为）或不做为对社会生产及人们生活造成损失的风险。如盗窃、抢劫、玩忽职守及故意破坏等行为。

（3）政治风险。政治风险又称为国家风险，它是指在对外投资和贸易过程中，因政治原因或订约双方所不能控制的原因，使债权人可能遭受损失的风险。如因输入国家实施进口和外汇管制，对输入货物加以限制或禁止输入造成合同无法履行等，在现代社会这样的风险影响是巨大的。

（4）经济风险。经济风险是指在生产和销售等经营活动中由于受各种市场供求关系、经济贸易条件等因素变化的影响或经营者决策失误，对前景预期出现偏差等，导致经营失败的风险。

（5）技术风险。技术风险是指伴随着科学技术的发展，生产方式的改变而威胁人们的生产与生活的风险。如核辐射、空气污染、地下水污染、噪声等，也包括由于新技术的出现使原有的生产设备或产品被淘汰的风险。

2. 依据损失的范围分类

依据风险损失的范围分类，风险可分为基本风险和特定风险。

(1) 基本风险。基本风险是指损害波及社会的风险，非个人行为引起损失或损害的风险，这种风险实际上是一种团体风险，是个人不能预防的风险。如战争、暴乱、自然灾害等。

(2) 特定风险。特定风险是指风险的产生及造成的后果只与特定的人或部门相关的风险。如盗窃、火灾等。

3. 依风险的对象分类

依据风险的对象不同，风险可分为财产风险、人身风险、责任风险和信用风险。

(1) 财产风险。财产风险是指导致一切有形财产的损毁、灭失或贬值的风险。如交通事故造成的汽车车体、交通设施等的贬值和灭失。财产损失通常包括财产的直接损失和间接损失两个方面。

(2) 人身风险。人身风险是指导致人的伤残、丧失劳动能力、死亡以及增加费用支出的风险，人身风险所致的损失一般有两种：一种是收入能力损失，一种是额外费用损失。如人的生、老、病、死等生理规律和因自然、政治、战争、意外等原因导致的死亡、伤残、老无所依等。

(3) 责任风险。责任风险是指个人或团体的疏忽或过失行为，造成他人财产损失或人身伤亡，依照法律、契约或道义应负法律责任或契约责任的风险。如由于交通事故造成的第三人的财产损失和人身伤亡等，雇主由于过失造成雇员身体伤害所应承担的责任。

(4) 信用风险。信用风险是指在经济交往中，权利人与义务人之间，由于一方违约或违法致使对方遭受经济损失的风险。

4. 依风险造成损失的多少分类

依据风险损失的多少不同，风险可分为巨灾风险和巨额风险。

(1) 巨灾风险。巨灾风险是指风险事故发生殃及的范围巨大的风险。像 2004 年的印度洋海啸、2008 年初我国南方冻灾等。

(2) 巨额风险。巨额风险是指标的物价值巨大，一旦该标的遭灾受损，损失金额也巨大的风险。

5. 各类风险交叉作用

各种风险之间有着不可分割的联系，因此从保险的角度来说，又把风险分为可保风险和不可保风险两类。可保风险是指可用商业保险加以管理的风险，静态风险、财产风险、人身风险、责任风险、技术风险、信用风险等都是可保风险。不可保风险就是商业保险不予承保的风险，动态风险、投机风险等都是不可保风险。

(四) 风险成本

风险成本，是指由于风险的存在和风险事故发生，人们所必须支出的费用和预期经济收益的减少。

1. 风险的经济成本

(1) 直接损失成本。是指风险事故发生后造成的财产损失和因人员伤亡所必须支付的费用。例如，企业因为火灾，厂房、机器设备被毁损，该企业要恢复正常的生产秩序，必须支付修复这些厂房、机器设备的费用以及与修复相关的人员工时费用等；如有人员伤亡，还必须支付伤亡人员的医疗费用、丧葬费用等。

(2) 间接损失成本。是指为预防风险发生和降低风险发生所致的损失而采取各种措施所支付的费用，以及因风险发生所致直接损失以外的经济利益的损失。例如，企业为防止火灾、降低火灾的损失程度而支付的防火材料费用、消防设备费用和因火灾导致的营业中断或营业收入的减少所致的利润损失等。

2. 风险的社会成本

风险的社会成本指风险的存在给整个社会造成的种种危害。主要包括资源配置成本、效率损失成本和精神成本等。由于风险的社会成本不易为人们所识别和认识，因此，也将其称之为风险的无形成本。

(1) 资源配置成本。由于风险的存在及其发生的可能导致的经济后果影响社会资源的优化配置，或者配置效率降低引起的社会经济效益损失。

(2) 效率损失成本。风险的存在，迫使每个经济单位为对付风险发生可能造成的损失而预留大量的风险损失准备金，这些准备金被闲置而难以进入生产领域和流通领域，阻碍了生产规模和流通规模的扩大，资金不能得到有效的运用，妨碍资本形成，从而使社会生产率受损。另一方面，由于高风险行业，往往是资金密集型和技术密集型的行业，而高风险的存在，导致资本流入受阻，其结果也使社会生产率受损。

(3) 精神成本。由于风险的客观存在，使人们产生忧虑感和恐惧感，这种忧虑感和恐惧感使人们的精神处于一种紧张状态，从而使工作效率降低，社会生产率也因此而受损。这种忧虑、恐惧等便构成了风险的精神成本。

二、风险管理

(一) 风险管理概述

风险管理是一门新兴的管理学科。风险管理最早起源于美国，在20世纪30年代，由于受到世界性经济危机的影响，为应对经营上的危机，许多大中型企业都在内部设立了保险管理部门，负责安排企业的各种保险项目。当时的风险管理主要依赖保险手段。到了20世纪50年代风险管理发展成为一门学科，风险管理一词才形成。20世纪70年代以后逐渐掀起了全球性的风险管理浪潮。近20年来，美国、英国、法国、德国、日本等国家先后建立起全国性和地区性的风险管理协会。

中国对于风险管理的研究开始于20世纪80年代。一些学者将风险管理和安全系统工程理论引入国内，在少数企业试用，反响较好。中国大部分企业缺乏对风险管理的认识，也没有建立专门的风险管理机构。作为一门学科，风险管理学在中国仍处于发展阶段。

(二) 风险管理的含义

风险管理又名危机管理，是指如何在一个肯定有风险的环境里把风险减至最低的管理过程。风险管理是研究风险发生规律和风险控制技术的一门新兴管理科学。它是一个组织或个人用以降低风险的负面影响的决策过程。具体而言，就是组织或个人通过风险识别、风险估测、风险评价，并在此基础上优化组合各种风险管理技术，对风险实施有效的控制，妥善处理风险所致损失的后果，以最小的成本获得最大安全保障。

（三）风险管理的意义

（1）风险管理对企业的意义。

① 风险管理能够为企业提供安全的生产经营环境。企业通过对可能造成风险的因素分析，采取有效的防范措施，保证企业的安全生产，进而使生产经营活动能够正常运行。

② 风险管理能够促进企业决策的科学化、合理化，减少决策失误的风险。

③ 风险管理能够促进企业经营效益的提高。

（2）风险管理对社会的意义。

① 风险管理有利于资源的有效配置。风险管理是积极地防止和控制风险，它可以在很大程度上减少风险损失，并为风险损失提供补偿，促使更多的社会资源有效合理地运作。

② 风险管理有利于社会经济的稳定发展。风险管理的实施有助于消除风险给经济、社会带来的各种不良后果，把风险造成的损失降到最低点，有助于社会生产顺利进行，促进经济的稳定发展。

③ 风险管理为保证社会经济的发展创造了安全的社会经济环境。风险管理通过风险的避免、预防、转移等方式，提供最大安全保障，从而减少生产者对风险的忧虑，使人们生活在一个安定的社会经济环境中，有助于经济的长远发展。

（四）风险管理的程序

风险管理的基本程序分为风险识别、风险估测、风险评价、选择风险管理技术和风险管理效果评价等环节。

1. 风险识别

风险识别是风险管理的第一步，它是指对企业、家庭或个人面临的和潜在的风险加以判断、归类和对风险性质进行鉴定的过程。即对尚未发生的、潜在的和客观存在的各种风险系统地、连续地进行识别和归类，并分析产生风险事故的原因。识别风险主要包括感知风险和分析风险两方面内容。一方面依靠感性认识，经验判断；另一方面，可利用财务分析法、流程分析法、实地调查法等进行分析和归类整理，从而发现各种风险的损害情况以及具有规律性的损害风险。风险识别的目的有两个：一是用于衡量风险的性质和大小；二是提供最适当的风险管理对策。风险识别是否全面、深刻，直接影响到风险管理的决策质量，进而影响到整个风险管理的最终结果。

2. 风险估测

风险估测是在风险识别的基础上，通过对所收集的大量资料进行分析，利用概率论和数理统计理论，估计和预测风险发生的概率和损失幅度。风险估测要解决两个问题，一是损失概率，二是损失的严重程度，其目的是为正确选择风险的处理方式提供信息和依据。

预测风险的概率，是通过资料积累和观察，发现造成损失的规律性，由此对概率高的风险进行重点防范。预测风险的强度，是通过假设风险发生，估计会导致的直接损失和间接损失，对于容易造成直接损失并且损失规模大的风险进行重点防范。

3. 风险评价

风险评价是指在风险识别和风险估测的基础上，对风险发生的概率、损失程度，结合其它因素全面进行考虑；评估发生风险的可能性及其危害程度；并与公认的安全指标相比较，以衡量风险的程度，并决定是否需要采取相应的措施。处理风险需要相应的费用，费用与风险损失之间的比例直接影响风险处理的效益。

风险评价主要包括以下两个方面的内容：

（1）对风险进行分析评估，确定其大小与严重程度。

（2）将风险与成本要求进行比较，判定其是否可以接受。

风险评价主要应针对提高成本所带来的危险和后果的可能性和严重性两方面进行。

4. 选择风险管理技术

选择风险管理技术，就是由风险管理人运用科学的方法，对其掌握的统计资料、风险信息及风险的性质进行系统分析和研究，进而确定各项风险的频度和强度，选择适当的风险处理方法。风险管理技术分为控制型和财务型两大类。

（1）控制性风险管理技术。控制性风险管理技术的实质是在风险分析的基础上，针对企业所存在的风险因素采取控制技术以降低损失频率和减轻损失程度，重点在于改变引起意外事故和扩大损失的各种条件。主要表现为：在事故发生前，降低事故发生的频率；在事故发生后，将损失减少到最低。控制型风险技术管理技术的具体方法主要有：避免、预防、分散和抑制。

（2）财务型风险管理技术。财务型风险管理技术是事先做好吸纳风险成本的财务安排，是以提供基金的方式，降低发生损失的成本。财务型风险管理技术主要包括自留和转移。

① 转移是指通过合理措施，将风险及其财务后果从一个主体转移给另一个主体。转移有非保险转移和保险转移。

② 财务型非保险转移，是通过外部资金来支付可能发生的损失，转移财务负担。如承包经营、租赁经营等形式。

③ 财务型保险转移，是指通过购买保险将可能发生的损失转移给保险人承担，以确定的支出换取不确定的损失。

④ 风险管理效果评价是指对风险管理技术适用性及收益性情况的分析、检查、修正和评估。

⑤ 风险处理对策是否最佳，可通过评估风险管理的效益来判断。风险管理效益的评价见公式：

效益＝安全保障÷成本＝对策减少的损失÷(所需费用+机会成本)

（五）风险的度量

1. 风险单位及其划分

（1）风险单位的定义。

风险单位是指发生一次风险事故可能造成的最大损失范围。在保险实务中，风险单位是指保险标的发生一次保险事故可能造成的最大损失范围，是保险人确定其可以承担最高保险责任的计算基础。比如，一辆汽车报废发生的最大损失、发生交通事故可能造成的第三方的最大损失额度。

（2）风险单位的划分。

① 按地段划分。由于标的之间在地理位置上相毗邻，具有不可分割性，当风险事故发生时，受损失的机会是相同的，故将一个地段作为一个风险单位。

② 按投保单位划分。为了简化手续，可以按一个投保单位就是一个风险单位。对于那些不需要勘察、制图和分别风险单位，只要投保单位将其全部财产按账面价值足额投保，该投保单位即作为一个风险单位，按其占用性质和建筑等级来确定费率。

③ 按标的划分。一个标的为一个风险单位。对于一些与其他标的无毗连关系的风险集中于一体的保险标的，可以视一个保险标的为一个风险单位。

2. 衡量风险的几个指标

① 损失机会。损失机会又叫损失频率，是指在一定时间范围内实际损失或预期损失数量与所有可能发生损失的数量的比值。具体指一定时期内，一定数目的风险单位可能或实际发生损失的数量，通常以分数或百分数表示。用于度量事件是否经常发生。

② 损失程度。是指发生一次风险事故造成的损失规模大小或金额多少。它是发生损失金额的算术平均值，用来度量每一事故造成的损害。

通常情况下，发生损失的频率和损失程度成反比关系。

从保险的角度，损失机会越高，并不意味着风险越大；同样，损失程度越严重，也并不意味着风险越大。

（六）风险管理的目标

风险管理的基本目标是以最小成本获得最大安全保障。风险管理具体目标可以概括为损失前目标和损失后目标：

（1）损失前目标是指通过风险管理消除和减少风险发生的可能性，为人们提供较安全的生产、生活环境。

（2）损失后目标是指通过风险管理在损失出现后及时采取措施，组织经济补偿，帮助企业迅速恢复生产和生活秩序。

三、风险管理与保险

1. 风险与保险的关系

（1）风险的客观存在是保险产生和存在的自然前提。

（2）风险的发展是保险发展的客观依据。

2. 风险管理与保险的关系

保险是风险管理的传统有效措施，保险是对特定风险的管理，保险经营效益要受风险管理技术的制约。风险管理与保险关系密切，主要表现为：

（1）风险管理与保险所研究的对象一致，二者研究的对象都是风险，保险研究的是风险中的可保风险。

（2）风险是保险产生和存在的前提。风险是客观存在的，是不以人的意志为转移的。风险的发生直接影响社会生产过程的继续进行和家庭的正常生活，因而产生了人们对损失进行补偿的需要。保险是一种被社会普遍接受的经济补偿方式，因此，风险是保险产生和存在的前提，风险的存在是保险关系确立的基础。

（3）风险的发展是保险发展的客观依据。社会进步、生产发展、现代科学技术的应用，帮助人类社会克服原有风险的同时，也带来了新风险。新风险对保险提出了新的要求，促使保险业不断设计新的险种、开发新业务。从保险的现状和发展趋势看，作为高风险系统的核电站、石油化学工业、航空航天事业、交通运输业的风险，都可以纳入保险的责任范围。

（4）保险是风险处理传统的、有效的手段。人们面临的各种风险损失，一部分可以通过风险控制的方法消除或减少，但风险不可能全部消除。提留与自身财产价值等量的后备基金，这样既造成资金浪费，又难以解决巨额损失的补偿问题，从而转移就成为风险管理的重要手段。保险作为转移方法之一，长期以来被人们视为传统的处理风险手段。通过保险，把不能自行承担的集中风险转嫁给保险人，以小额的固定支出换取对巨额风险的经济保障，使保险成为处理风险的有效措施。

（5）保险经营效益受风险管理技术的制约。保险经营效益的大小受多种因素的制约，风险管理技术作为非常重要的因素，对保险经营效益产生很大的影响。如对风险的识别是否全面，对风险损失的频率和造成损失的幅度估计是否准确，哪些风险可以接受承保，哪些风险不可以承保，保险的范围应有多大、程度如何，保险成本与效益的比较等，都制约着保险的经营效益。

（6）保险的要素。保险的要素是进行保险经济活动应具备的基本条件。现代商业保险的要素包括可保风险的存在、大量同质风险的集合与分散、保险费率的厘定、保险基金的建立和保险合同的订立。

① 可保风险的存在。

可保风险是指符合保险人承保条件的风险。构成可保风险的条件有以下几条：

a. 风险必须是大量的、同质的。大量的、同质的风险要求大量性质相近、价值相近的保险标的面临同样的风险。保险公司可以根据保险统计数据，运用概率论和大数法则预测损失的概率，准确地厘定保险费率。

b. 风险发生具有不确定性。风险的不确定性要求被保险人在投保时不知道风险将来是否一定会发生，更不知道风险发生后会造成多大的损失。如果风险的发生是预知的，其造成的损失也是事先可以确定的，则不能成为可保风险。

c. 风险不能使大量同类标的同时遭受损失。虽然可保风险必须是大量的，而且大量同类标的均有遭受损失的可能，但是大量同类标的不能同时发生损失，否则损失幅度过于巨大，使保险公司在财务上无力承受，保险损失分摊的职能也就无法履行。

d. 风险必须具有可预测性。保险的经营依赖于费率的准确厘定，而费率厘定的依据是风险发生的概率以及风险导致标的损失的概率，风险的可预测性使保险公司可以根据以往长期大量的损失统计资料预测损失发生的概率，从而合理、准确地厘定费率。

② 大量同质风险的集合与分散。

保险的经营过程实质上是风险的集合与分散的过程。保险人通过保险将众多投保人所面临的分散性风险集合起来，当保险责任范围内的损失发生时，又将少数人发生的风险损失由全体投保人共同分摊。保险风险的集合与分散应具备以下两个前提条件：

a. 大量风险的集合。保险不是保险人个人的善举，而是众多投保人的互助行为。保险人实现互助的方法是集合多数人的保费，补偿少数人的损失。因此，大量风险的集合，一方面是基于风险分散的技术要求；另一方面是概率论和大数法则在保险经营中得以运用的前提。

b. 同质风险的集合。同质风险是指在种类、品质、性能、价值等方面大体相近的风险单位。只有大量同质的风险，才能真正发挥保险的互助合作性。如果风险不同质，风险损失发生的概率就不同，风险就无法进行集合与分散。而如果对不同质风险进行集合与分散，则会影响保险公司的经营。

③ 保险费率的厘定。

作为保险人承担投保人风险的代价，投保人必须向保险人支付保险费。保险人收取的保险费不是凭主观意愿随便收取的，而是根据损失概率和损失程度确定的保险费率计收的。保险人依据历史的损失统计资料，运用大数法则，比较精确地预测损失发生的概率和损失程度，从而确定损失的大小。这种科学的方法能使保险人收取的保险费与保险人承担的赔偿责任相一致。体现保险费的公平合理。为了防止各保险公司间保险费率的恶性竞争，一些国家规定由保险同业公会厘定保险费率，或者由国家保险监管机构审定保险费率。我们国家现在执行由保监会公布的统一基础费率。

④ 保险基金的建立。

保险人将收取的保险费集合起来，建立保险基金，并加以妥善地管理和运用，为保险人履行赔偿或给付义务作准备。保险基金是保险赔偿和给付的基础，也是保险公司财务稳定性的经济基础。

⑤ 保险合同的订立。

保险是投保人与保险人之间的商品交换关系，这种经济关系需要有关法律对其进行保护和约束，即通过订立保险合同明确双方的权利和义务，并依照保险合同的规定履行各自的权利和义务，否则保险的经济关系难以成立。

（7）保险的特征。保险作为一种应对风险的经济补偿制度，在功能和做法上与救济、赌博、储蓄等经济活动和行为有相似之处，如不加以区分会对保险产生模糊甚至错误的认识，因此有必要通过保险与这些行为的比较来进一步加深对保险的认识，这也就是保险的特性所在。

① 保险与救济。

保险和救济都是对灾害事故造成的损失给予补偿的经济制度，但是两者在经营主体、保障对象和资金来源上有着明显的不同。

a. 保险提供保障的主体是商业保险公司，救济则以国家为主体，是一种社会行为；

b. 保险的保障对象是满足承保条件的特定的被保险人，社会救济的对象主要是无力谋生的老、弱、病、残等社会弱势群体；

c. 保险是双方的法律行为，按照保险合同的规定，投保人交付保险费，保险人履行赔偿或者给付保险金的义务。因此，保险赔偿或者给付的范围、金额和对象都受保险合同的约束，并受到法律的保护；而救济是单方面的法律行为，是救济者对受助者的无偿给予，没有法律上的义务。因此救济的形式、数额和对象都不受任何限制。

② 保险与赌博。

从表面上看，保险与赌博在金钱上的得失同样取决于偶然事件的发生与否，有相似之处。被保险人缴付的保险费与其获得的赔偿并不保持等价交换关系，有赖于偶然因素。例如，有的被保险人长年缴付保险费而没有得到一点赔偿，而个别被保险人刚缴付保费就获得巨额赔偿。这只是从单个被保险人角度来看的结果。保险费和保险金是不相等的，确实存在一定的偶然性。但是从保险的整体来看，保险费和保险金是一致的，保险与赌博在事实上有着本质区别。

a. 保险的目的在于通过被保险人的互助共济，减少灾害事故造成的损失，被保险人只能获得损失补偿，不能因保险额外获利；而赌博的目的在于侥幸获利，以小搏大。

b. 保险以被保险人对保险标的具有保险利益为前提条件，要求保险标的受损必须与被保险人的经济利益有直接关系；而赌博是个人意愿，没有保险利益要求。

c. 保险的数理基础是概率论和大数法则，保险费是依照科学的方法合理计算出来的，从理论上讲，保险费的收取和保险金的给付是相等的；而赌博完全依靠偶然机会，是冒险碰运气的行为。

d. 保险是转移和减少纯粹风险的一种办法；而赌博则会产生和增加新的投机性风险。

③ 保险与储蓄。

保险与储蓄都体现了有备无患的思想，在保障经济生活的安定方面是相似的，尤其是人寿保险中的生存保险和年金保险，带有长期储蓄的性质，但两者构成的方法和作用不完全相同。

a. 储蓄是一种个人自助行为。储蓄者依靠自己个人的本息累积增值；而保险是一种互助合作的行为，必须依靠多数投保单位和个人的互助共济才能实现，体现了“我为人人，人人为我”的保险宗旨。

b. 储蓄采取存取自由的原则；而保险是一种合同行为，除非投保人中途退保领取退保金，否则保险人只有在保险事故发生时或保险期满时才支付保险金。

c. 储蓄是自留风险行为；而保险却实现了风险的转移，投保人通过交付保险费的方式将风险转移给了保险公司。

d. 储蓄的用途很广，既可以作为灾害事故的损失补偿，也可以用作教育费、养老金等支出；而保险金的用途一般是特定的，仅用于保险责任范围内的损失补偿和保险事件出现时的保险金给付。

第二节　保险概述

一、保险的概念

1. 广义的保险与狭义的保险

一般说来，保险增加(Insurance)有广义和狭义之分。广义的保险是指通过建立专门用途的后备基金或保障基金，用于补偿因自然灾害和意外造成的损失，是为社会安定发展而建立物质储备的一种经济补偿制度。广义的保险包括国家政府部门经办的社会保险、按商业原则经营的商业保险以及由保险人集资合办的合作保险等，范围比较广泛。狭义的保险仅指商业保险，即按照商业化的原则，通过合同的形式，采取科学的计算方法，集合多数单位和个人，收取保险费，建立保险基金，用于对在合同范围内的灾害事故所造成的损失进行补偿的经济保障制度。本教材所研究的保险即为狭义的商业保险。

通过对狭义商业保险分析，我们可以得到如下结论：

(1) 从经济的角度来看，保险是分摊灾害事故损失的一种方法。保险把具有同样危险威胁的人和单位组织起来，根据保险费率收取保险费，建立保险基金，以补偿财产损失或对人身事件给付保险金，因此，保险对现实生活中面临的危险给予了经济保障。

(2) 从法律的角度来看，保险是通过合同的形式，运用商业化的经营原则，由保险经营者向投保人收取保险费，建立保险基金，当发生保险责任范围内的事故时或保险条件实现时，保险人对财产的损失进行补偿、对人身伤亡或年老丧失劳动能力时给付的一种经济保障制度。

2. 保险的定义

《中华人民共和国保险法》(以下简称《保险法》)第二条规定："保险是指投保人根据合同的约定，向保险人支付保险费，保险人对于合同约定的可能发生的事故因其发生所造成的财产损失承担赔偿保险金的责任，或者当被保险人死亡、伤残、疾病或者达到合同约定的年龄、期限时承担给付保险金责任的商业保险行为。"

现代保险学认为，保险按定义应该包括四方面：一是商业保险行为；二是合同行为；三是权利义务行为；四是经济补偿或保险金给付以合同约定的保险事故发生为条件。

二、保险的构成要素

保险的构成要素主要包括三方面：前提要素、基础要素、功能要素。保险的前提要素是危险的存在；保险的基础要素是众人协力，即多数人参与；保险的功能要素是损失补偿。在保险实务中如何体现三大基本要素，要从以下五个方面体现。

1. 可保风险的存在

可保风险是指符合保险人承保条件的特定风险。一般来讲可保风险需具备六个条件。

(1) 风险应当是纯粹风险。保险人承保的风险，只能是仅有损失而无获利机会的风险，对于买卖股票而产生的风险，保险人是不承保的。因为投资者既有因股票价格下跌而亏损的可能，又有因股票价格上涨而盈利的机会，所以这是一种投机风险而不是纯粹风险。

(2) 必须是意外发生的。意外的风险损失不包括必然会发生和被保险人的故意行为造成的风险，诸如货物的自然损耗和机器设备折旧等；以及被保险人的故意行为(如故意纵火行为)造成的损失。但是，在实际业务中，对一些必然发生的风险损失(如自然损耗的必然损失)，经保险人同意，在收取适当保险费用后，也可特约承保。而且，保险人也可承保第三人的故意行为或不法行为所引起的风险损失。例如，在保证保险、信用保险中，由于另一方不履行与被保险人约定的义务而应承担经济责任的，保险人按保险合同给予被保险人赔偿。

(3) 必须要有大量保险标的都有遭受重大损失的可能性。可保风险必须是大量保险标的都有可能遭受重大损失的风险。因为一种风险只会导致轻微损失，那就无须通过保险求得保障。再者，保险需要以大数法则作为保险人建立保险基金的数理基础，假如一种风险只是个别或者少量标的所面临的，那就缺乏这种基础，保险人也就无法利用大数法则计算危险产生的概率和损失程度，从而难以确定保险费率，进行保险经营。

(4) 风险的发生具有分散性。因为保险的目的，是以多数人支付的小额保费，赔付少数人遭遇的大额损失。如果大多数保险标的同时遭受重大损失，则保险人通过向投保人收取保险费所建立起的保险资金根本无法抵消损失。

(5) 风险的发生具有偶然性。如果风险发生及其所致的损失在时间和空间上是预期的、肯定发生的，那保险人就没有承保的必要。

(6) 风险的发生具有可预测性。如果风险发生及其所致的损失无法测定，保险人也就无法制定可靠稳定的保险费率，也难于科学经营，这将使保险人面临很大的经营风险。

2. 大量同质风险的集合与分散

保险过程，既是风险的集合过程，又是风险的分散过程。保险人通过保险将众多投保人所面临的分散性风险集合起来，当发生保险责任范围内的损失时，又将少数人发生的损失分摊给全部投保人，也就是通过保险的补偿或给付行为分摊损失，将集合的风险予以分散。因此风险的集合与分散应满足的前提条件是：风险的大量性和风险的同质性。

3. 保险费率的厘定

保险费率的厘定就是制定保险商品的价格。保险在形式上是一种经济保障活动，而实质上是一种特殊商品的交换行为，因此，制定保险商品的价格，即厘定保险费率，便构成了保险的基本要素。

4. 保险基金的建立

保险基金是指保险人为保证其能够如约履行保险赔偿与给付义务，根据政府有关法律规定或业务特定需要，从保费收入或盈余中提取的与其所承担的保险责任相对应的一定量的基金。为了保证保险公司的正常经营，保护被保险人的利益，各国一般都以保险立法的形式规定保险公司应提存保险准备金，以确保保险公司具备与其保险业务规模相应的偿付能力。

5. 保险合同的订立

保险是一种经济关系，是投保人与保险人之间的经济关系。这种经济关系是通过合同的订立来确定的。保险是专门对意外事故和不确定事件造成的经济损失给予补偿的。风险是否发生，何时发生，其损失程度如何，均具有较大的随机性。保险的这一特性要求保险人与投保人应在确定的法律或契约关系约束下履行各自的权利与义务。倘若不具备在法律上或合同上规定的各自权利与义务，保险经济关系则难以成立。因此，订立保险合同是保险得以成立的基本要素，它是保险成立的法律保证。

三、保险的特征

1. 经济性

保险的经济性体现为保险产品的商品属性。保险是一种经济保障活动。这种经济保障活动是整个国民经济活动的一个组成部分。此外，保险体现了一种经济关系，即商品等价交换关系。保险经营具有商品属性。

2. 互助性

保险的互助性体现在“我为人人，人人为我”的思想。保险在一定条件下，分担了个别单位和个人所不能承担的风险，从而形成了一种经济互助关系。互助性是保险的基本特性。

3. 法律性

保险的法律性体现在保险合同的制约。保险的经济保障活动是根据合同来进行的。所以，从法律角度看，保险又是一种法律行为。

4. 科学性

保险的科学性表现为保险费率的厘定、保险准备金的提存。保险费率的厘定、保险准备金的提取等都是以科学的数理计算为依据的，保险是一种科学处理风险的经济方法。

四、保险的分类

1. 按保险的实施方式划分

（1）自愿保险。自愿保险是投保人或被保险人和保险人当事人双方在平等互利、协商一致的基础上，根据自愿的原则签订的保险合同。投保人可以自由决定是否投保、向谁投保、中途退保等，也可以自由选择保险金额、保障范围、保障程度和保险期限等。保险人也可以根据情况自愿决定是否承保、怎样承保等。

（2）强制保险。强制保险（又称“法定保险”）是由政府通过法律或行政手段强制实施的一种保险。强制保险的保险关系虽然也是产生于投保人与保险人之间的合同行为，但是，合同的订立受制于政府的法律规定。强制保险的实施方式有两种选择：一是保险标的与保险人均由法律限定；二是保险标的由法律限定，但投保人可以自由选择保险人。强制保险具有全面性与统一性的特征，如机动车辆交通事故责任强制保险。

2. 按保险的性质分类

（1）商业保险。它是指投保人根据合同约定，向保险人缴纳保险费，保险人对于合同约定的可能发生的事故造成的财产损失承担赔偿责任，或当被保险人死亡、伤残、疾病或达到约定年龄、期限时给付保险金的保险行为。例如，汽车保险、人寿保险等。

（2）社会保险。它是国家通过立法对社会劳动者暂时或永久丧失劳动能力或失业时提供一定的物质帮助以保障其基本生活的一种社会保障制度。例如，我国根据《劳动保障条例》实施的城镇职工医疗保险、新农村合作医疗保险、职工养老保险等。

（3）政策保险。这是政府为了一定的目的，运用普通保险的技术而开办的一种保险。例如，为辅助农牧渔业增产增收的种植业保险、为促进出口贸易的出口信用保险等。

3. 按照保险保障的范围分类

（1）财产保险。这里是指狭义的财产保险，它是以有形的财产作为保险标的的保险，保险人承担的保险标的因自然灾害和意外事故而受损失的经济赔偿责任。财产保险是以财产及其有关利益为保险标的的一种保险。包括财产损失保险、责任保险、信用保险等保险业务。财产保险是以各类有形财产为保险标的的财产保险。责任保险是以被保险人对第三者的财产损失或人身伤害依照法律和契约应负的赔偿责任为保险标的的保险。信用保险是以各种信用行为为保险标的的保险。

（2）人身保险。人身保险是以人的生命和身体作为保险标的的保险。人身保险的保险标的无法用货币来衡量，但保险金额可以根据投保人的经济生活需要和缴费能力来决定。包括人寿保险、健康保险、意外伤害保险等保险业务。

4. 按风险转移的方式划分

（1）原保险。原保险是指投保人与保险人之间直接订立合同，确立双方的权利义务关系，投保人将危险转移给保险人。在原保险关系中，保险需求者将其风险转嫁给保险人，当保险标的遭受保险责任范围内的损失时，保险人直接对被保险人承担赔偿责任。原保险简称“保险”，我们平时用的最多的就是原保险。

（2）再保险。是指保险人将其承保到的保险业务的一部分或全部，向另一个保险人再一次保险，也就是保险的保险，这种方式也称“分保”。转让业务的是原保险人，接受分保业务的是再保险人。这种风险转嫁方式是保险人对原始风险的纵向转嫁，是保险人与保险人之间的业务往来，即第二次风险转嫁。

（3）共同保险。共同保险又称共保，是由多个保险人联合起来共同承担同一标的、同一风险、同一保险利益的保险，并且保险金额不得超过保险标的的价值，发生保险责任时，赔偿是依照各保险人承担的金额比例分摊。与再保险不同，这种风险转嫁方式是保险人对原始风险的横向转嫁，它仍属于保险的第一次转嫁。

（4）重复保险。重复保险是保险人以同一保险标的、同一保险利益、同一保险事故分别于两个或两个以上保险人订立保险合同的一种保险，并且各保险人承担的保险金额总和大于保险标的的保险价值。重复保险也是投保人对原始风险的横向转嫁，也属于风险的第一次转嫁。

共同保险和重复保险的区别在于：在共同保险中，投保人和保险人之间签订的是一个保险合同，其赔偿金额不会超过保险价值；在重复保险中，各保险人之间没有互相沟通，投保人与每个保险人均签订了一份合同，很可能使被保险人获得超额利益。

共同保险的当事人之间的关系是横向的，再保险的当事人之间的关系是纵向的。

5. 按承保的客户分类

(1) 个人保险。投保人是自然人，即家庭或个人为保障主体，以个人的名义购买保险单。

(2) 团体保险。投保人为集体，投保的团体与保险人签订一份合同，集体内的所有成员为被保险人，每一被保险人均应有一份保险凭证。

(3) 企业事业单位保险。它是以企业、事业、机关团体等作为保障主体，这些单位除了面临生产和经营风险外，还面临着各种财产损失、营业中断、人员伤亡、责任风险等，需要各种保险提供保障。

6. 按承保的危险分类

(1) 单一危险保险。保险人只对被保险人所面临的某一种风险提供保障的保险方式，如地震保险等。

(2) 综合危险保险。保险人对两种或两种以上的风险提供保障承担赔偿责任。如汽车保险。

(3) 一切险。它是指保险人承保了被保险人面临的很多风险，但并不是真正意义上的一切危险，而是指承保的风险之多近似于一切。

7. 按保险金额的确定方式分类

根据保险价值(保险标的的保险金额)在保险时是否预先确定为标准，可以将保险分为定值保险和不定值保险。

(1) 定值保险。定值保险是指双方当事人事先确定保险标的(财产)的保险价值，并在合同中载明标的的价值，以确定保险金最高限额的保险。保险标的的价值是指保险财产投保当时的实际价值，也称约定保险价值。在定值保险的情况下，保险事故发生后，保险人应该按照约定的保险价值作为给付保险赔偿金的基础。在实践中，定值保险多适用于以艺术品、矿石标本、邮票等不易确定价值的特殊商品为标的的财产保险。海洋货物运输保险也多采用这种方式。在定值保险中，除非保险人能够证明被保险人有欺诈行为，否则的话，在保险事故发生以后，保险人不得以保险标的的实际价值与约定价值不符为由拒绝履行赔偿义务，即发生保险事故时，不论财产的价值如何，保险人均按照约定的保险金额来计算赔款。如果发生部分损失则按照保险金额乘以损失程度进行赔偿。

(2) 不定值保险。不定值保险是指保险双方当事人对保险标的不预先确定价值，而在保险事故发生后再估算价值、确定损失的保险形式。也就是说，在保险合同中只列明保险的金额作为赔偿的最高限额而不是列明保险标的的价值。在实践中，大多数财产保险，如企业财产保险、机动车辆保险等均采用不定值保险的形式。

不定值保险的保险金额是在订立合同时确定的，而核定保险价值是在保险事故发生的时候，由于随着时间的延伸产生价差，即在客观上就会产生保险金额与保险价值不相一致的情况。

8. 保险的职能

保险的职能是指保险的内在的固有的功能，它是由保险的本质和内容决定的。保险的职能有基本职能和派生职能之分。

（1）保险的基本职能

保险的基本职能是指保险在一切经济条件下均具有的职能。保险基本职能是分担风险和补偿损失。这两个职能是相辅相成的。补偿损失是保险的最终目的，分担风险是保险处理风险事故的技术方法，是补偿损失的一种手段。分担风险和补偿损失的关系体现了保险机制运行过程中手段和目的的统一。

① 分担风险。

保险公司通过向众多的投保人收取保险费，建立保险基金，当少数被保险人遭受损失时，用保险基金进行补偿。也就是说，少数人面临的风险通过保险的风险集合与分散，由大家共同来分担，从整体上提高了人们对风险的承受能力。

② 补偿损失。

补偿损失是保险最根本的职能。当保险责任范围内的保险事故发生造成损失时，保险人按照保险合同的规定，及时、准确、迅速、合理地进行损失补偿。这种补偿既包括对被保险人因自然灾害或意外事故造成的经济损失的补偿，也包括对被保险人依法应对第三者承担的经济赔偿责任的补偿，还包括对商业信用中违约行为造成的经济损失的补偿。因此，补偿损失职能主要就财产和责任保险而言。

对于人身保险，由于人的生命和身体的价值难以用货币来计价，在保险合同约定的保险事故发生或者达到约定的年龄或期限时，保险人按约定的保额进行保险金给付。因此，人身保险的损失补偿一般称为保险金给付。

（2）保险的派生职能

保险的派生职能是在保险固有的基本职能的基础上，随着社会生产力的发展和保险分配关系的发展而产生的。保险的派生职能包括风险管理职能、投资职能和社会管理职能。

① 风险管理职能。

保险企业作为集合与分散风险的专业管理机构，其自身的特点决定了在业务经营过程中所面临的风险远远大于其他企业。从自身经营的稳定性出发，风险管理成了保险的一个重要的派生职能。许多保险公司非常重视风险管理，设置了风险管理专职部门或机构，专门从事风险评估、损失控制、事故调查、灾损分析和防灾培训等工作。随着保险业的发展和保险市场竞争的不断加剧，保险公司承保的标的越来越复杂，承保的保额越来越高，承保的范围越来越广，许多保险公司不断加大投资规模，招募专业技术人才，配备精良的仪器设备，努力通过高水平的风险管理工作来保障业务经营的稳定和发展。越来越多的投保人在投保时不仅要比较保险公司提出的保险费率和保险计划书，而且还把保险公司能够提供哪些安全技术服务作为是否投保的考虑条件。由此看来，完善的风险管理和高水平的安全技术服务在保险业中逐渐成为一项新的竞争手段。

② 投资职能。

保险费收取与保险金赔付之间存在的时间差和数量差，为保险投资提供了可能。为了保证将来保险金的赔付和增强保险公司的偿付能力，保险公司必须对保险资金进行投资运用并保证保险资金的保值与增值。因此，保险投资是保险公司又一重要的派生职能。随着保险承保能力日趋过剩，保险竞争日益加剧以及资本市场的不断完善，保险投资不仅是推动保险业前进的车轮，也是弥补承保业务亏损、维持保险业继续经营的生命线。因此，保险投资与保险业的发展已经融为一体，承保业务和投资业务的并驾齐驱已成为保险业发展的一种潮流。在西方资本市场，保险公司尤其是人寿保险公司既是中长期资金的主要供应者，又是重要的机构投资者。保险投资管理水平的高低已成为保险市场竞争的强有力的手段。

③ 社会管理职能。

保险的社会管理职能不同于政府对社会的直接管理，它是通过保险内在的特性，促进经济社会的协调以及社会各领域的正常运转和有序发展。保险的社会管理职能是在保险业逐步发展成熟，并在社会发展中的地位不断提高之后衍生出来的一项职能。保险的社会管理职能具体体现在社会保障管理、社会风险管理、社会关系管理和社会信用管理四个方面。

a. 社会保障管理。商业保险是社会保障体系的重要组成部分，在完善社会保障体系方面发挥着重要作用。商业保险一方面可以扩大社会保障的覆盖面；另一方面可以提高社会保障的水平，缓解政府在社会保障方面的压力，为维护社会稳定和保障人民安居乐业做出了积极贡献。

b. 社会风险管理。保险公司利用积累的风险损失资料和专业的风险管理技术，为全社会风险管理提供有力的支持。同时，保险公司还可以直接配合公安消防、交通安全、防汛防洪等部门，实现对风险的控制和管理。

c. 社会关系管理。保险公司介入灾害事故处理的全过程，可以提高事故处理效率，减少当事人可能出现的各种纠纷，为维护政府、企业和个人之间正常有序的社会关系创造了有利条件，减少了社会摩擦，提高了社会运行的效率。

d. 社会信用管理。最大诚信原则是保险经营的基本原则，保险公司经营的产品实际上是一种以信用为基础、以法律为保障的承诺，在培养和增强社会的诚信意识方面具有潜移默化的作用。同时，保险公司经营过程中可以收集企业和个人的履约行为记录，为社会信用体系的建立和管理提供重要的信息资料来源，实现社会信用资源的共享。

9. 保险的作用

保险的作用和保险的职能是两个既相互区别又相互联系的概念。保险的作用是保险职能在履行过程中的具体体现。保险的作用主要有宏观和微观两个方面。

(1) 保险的宏观作用

保险的宏观作用是指保险对全社会以及国民经济在总体上所产生的经济效益。

① 有利于保障社会再生产的正常进行和国民经济持续稳定地发展。

社会再生产过程由生产、分配、交换和消费四个环节组成，它们在时间上是连续的，在空间上是均衡的。但是，再生产过程的这种连续性和均衡性难免会因遭受各种灾害事故而被迫中断和失衡。保险的经济补偿能及时迅速地帮助受灾单位尽快恢复正常的生产经营，保证社会再生产过程的连续性和稳定性，保证国民经济向既定目标持续、稳定、健康地发展。

② 有利于科学技术的推广应用。

科技进步已成为经济发展中最重要的推动力，但是任何一项科学技术的产生和应用不仅可以带来巨大的物质财富，而且还会带来新的风险。保险为科学技术推广应用在遭受风险事故时提供经济保障，加快新技术的开发运用。例如，航空航天技术的应用，如果没有飞机保险、卫星保险，其生产和经营各方都将受到很大的限制。

③ 有利于对外经济贸易和国际交往并促进国际收支平衡。

保险是对外经济贸易和国际经济交往中必不可少的环节，保险业务尤其是涉外保险业务的发展，不仅可以有力地促进对外经济贸易，使国际经济交往得到保障，而且可以带来无形贸易净收入，成为国家积累外汇资金的重要来源，对平衡国家的国际收支起着积极的作用。

④ 有利于社会的安定。

对社会总体来说，灾害事故的发生具有必然性。保险通过分散风险和及时的经济补偿，解除了人们的后顾之优，为稳定社会秩序、安定人民生活起到了积极的作用。

（2）保险的微观作用

保险的微观作用是指保险作为经济单位、家庭和个人风险管理的财务处理手段所产生的经济效益。

总之，无论何种性质的企业，在生产经营和流通过程中，都可能因自然灾害或意外事故遭受经济损失，有时甚至会影响企业的正常运转。企业如果买了保险，一旦遭遇保险责任范围内的事故而造成损失，就可以获得赔偿。另外，按照保险合同，保险费收取与保险金赔付之间存在着时间差和数量差，这为保险投资提供了可能。

第三节　机动车辆保险的职能与作用

一、机动车辆保险的职能

保险的职能可分为两类：基本职能和派生职能。机动车保险亦如此。

1. 机动车辆保险的基本职能

保险基本职能就是组织经济补偿和实现保险金的给付。同样，这也是机动车辆保险的基本职能。汽车在给人类生活带来交通便利的同时，也给人类带来了因汽车运输中的碰撞、倾覆等意外事故造成的财产损失和人身伤亡。不仅如此，随着生产力水平的提高，科学技术的进步，风险事故造成的损失越来越大，对人类社会造成的危害也越来越严重。机动车辆在使用过程中遭受自然灾害和发生意外事故的概率较大，特别是在发生第三者责任事故中，其损失赔偿是难以通过自我补偿实现的。机动车辆保险的基本职能就是使机动车用户以缴纳保险费为条件，将自己可能遭受的风险成本全部或部分转嫁给保险人。

机动车辆保险在大量的风险单位集合的基础上，将少数被保险人可能遭受的损失后果转嫁到全体被保险人身上，而保险人作为被保险人之间的中介对其实行经济补偿，这是现代社会处理风险的一种非常重要的手段，是风险转嫁中一种最重要、最有效的技术，是不可缺少的经济补偿制度。

2. 机动车辆保险的派生职能

（1）防灾防损职能。保险人从经济利益的角度出发协助被保险人减少灾害事故的发生，尽量避免财产损失和人身伤亡。依靠保险制度、保险条款和保险费率提高被保险人遵守安全法规的自觉性，增强社会防灾能力。

（2）金融融资职能。即将保险组织的可运用资金，重新投入到社会再生产过程中，以便实现保险资金的保值和增值。主要方式有：银行存款、购买有价证券、购买不动产、贷款、信托投资、公共投资和各种票据等。

二、机动车辆保险的作用

我国自1980年国有保险业务恢复以来，机动车辆保险业务已经取得了长足的进步，尤其是伴随着机动车辆进入百姓的日常生活，机动车辆保险正逐步成为与人们生活密切相关的经济活动，其重要性和社会性也正逐步凸现，作用越加明显。

1. 扩大了对汽车的需求

从目前经济发展情况看，汽车工业已成为我国经济健康、稳定发展的重要动力之一，汽车产业政策在国家产业政策中的地位越来越重要。汽车产业政策要产生社会效益和经济效益，要成为中国经济发展的原动力，离不开机动车辆保险和与之配套的服务。机动车辆保险业务自身的发展对汽车工业的发展起到了有力的推动作用，机动车辆保险的出现，解除了企业与个人使用汽车过程中可能出现的风险的担心，一定程度上提高了消费者购买汽车的欲望，扩大了对汽车的需求。

2. 稳定了社会公共秩序

随着经济的发展和人民生活水平的提高，机动车辆作为重要的生产运输和代步的工具，成为社会经济及人民生活中不可缺少的一部分，其作用显得越来越重要。机动车辆作为一种保险标的，虽然单位保险金不是很高，但数量多而且分散。车辆所有者为了转嫁使用机动车辆带来的风险，愿意支付一定的保险费投保。在机动车辆出险后，从保险公司获得经济补偿。由此可以看出，开展机动车辆保险既有利于社会稳定，又有利于保障保险合同当事人的合法权益。

3. 促进了汽车安全性能提高

在机动车辆保险业务中，经营管理与机动车辆维修行业及其价格水平密切相关。其原因在于，机动车辆保险的经营成本中，事故车辆的维修费用是其中重要的组成部分，同时车辆的维修质量在一定程度上体现了机动车辆保险产品的质量。保险公司出于有效控制经营成本和风险的需要，除了加强自身的经营业务管理外，必然会加大事故车辆修复工作的管理，一定程度上提高了机动车辆维修质量管理的水平。同时，机动车辆保险的保险人从自身和社会效益的角度出发，联合汽车生产厂家、汽车维修企业开展汽车事故原因的统计分析，研究汽车安全设计新技术，并为此投入大量的人力和财力，从而促进了汽车安全性能方面的提高。

4. 机动车辆保险业务在财产保险中占有重要的地位

目前，大多数发达国家的机动车辆保险业务在整个财产保险业务中占有十分重要的地位。美国汽车保险保费收入，占财产保险总保费的45%左右，占全部保费的20%左右。日本和中国台湾的机动车辆保险的保费占整个财产保险总保费的比例更是高达58%左右。

在过去的30多年里，机动车辆保险业务保费收入每年都以较快的速度增长。在国内各保险公司中，机动车辆保险业务保费收入占其财产保险业务总保费收入的65%以上，部分公司的机动车辆保险业务保费收入占其财产保险业务总保费收入的70%以上。机动车辆保险业务已经成为财产保险公司的关键险种。其经营的盈亏，直接关系到整个财产保险行业的经济效益。可以说，机动车辆保险业务的效益已经成为财产保险公司效益的决定因素。

5. 机动车辆保险理赔的特点

(1) 被保险人的公众性。

我国的机动车辆保险的被保险人曾经是以单位、企业为主。随着个人拥有车辆数量的增加，被保险人为私家车主的比例逐步增加。这些被保险人的特点是对保险、交通事故处理、车辆修理等了解较少。在发生保险事故要求赔付时，他们经常与保险公司理赔人员对保险责任的认定、赔付金额等方面发生争执。

(2) 损失率高且损失幅度较小。

机动车辆保险的另一个特征是保险事故损失金额不大，事故发生频率高。尽管事故损失金额不大，但是认真理赔仍然体现保险公司对被保险人的服务品质。事故发生的高频率使保险公司的理赔工作花费大量精力和费用。

(3) 标的流动性大。

机动车辆的功能就是运输，具有相当大的流动性。车辆发生事故的地点和时间的不确定，要求保险公司必须拥有一个运作良好的服务体系支持理赔服务，这个服务体系包括一个全天候的报案受理机制和庞大而高效的检验网络。

(4) 受制于修理厂。

对于部分损坏的机动车辆可以采用修理的办法赔付，修理厂的修理价格、工期和质量均将直接影响机动车辆保险的服务质量。一旦对车辆修理质量或者工期、价格等产生不满，客户会将保险公司和修理厂一并指责。

(5) 道德风险普遍。

机动车辆保险中，被保险人较易发生道德风险。机动车辆保险具有标的流动性强、保险信息不对称等特点，以及机动车辆保险条款不完善，相关的法律环境不健全及机动车辆保险经营管理存在的一些问题和漏洞，都可能会给不法之徒可乘之机。

第四节　保险市场

一、保险需求与供给

(一) 保险市场的概念

保险市场是保险商品交换关系的总和或是保险商品供给与需求关系的总和。它既可以指固定的交易场所如保险交易所(狭义的定义)，也可以是所有实现保险商品让渡的交换关系的总和(广义的定义)。现代保险市场已经突破了传统的有形市场的概念，即保险市场核心内容的交换关系可以通过确定的地理场所实现，也可以通过各种现代媒介，包括电话、因特网等实现。在保险市场上，交易的对象是保险人为消费者所面临的风险提供的各种保险保障。

(二) 保险市场的构成要素

1. 保险市场的主体

保险市场的主体是指保险市场交易活动的参与者，包括保险市场的供给方和需求方以及充当供需双方媒介的中介方。

(1) 保险商品的供给方。是指保险市场上提供各类保险产品，承担、分散和转移风险的各类保险人，包括国有保险公司、保险股份有限公司和外资保险公司。

(2) 保险产品的需求方。是指保险市场上所有现实和潜在的保险商品的购买者。

(3) 保险市场的中介方。主要是指活动于保险人与投保人之间充当保险供需双方媒介，把保险人和投保人联系起来并建立保险合同关系的人，主要有保险代理人和保险经纪人。保险市场的中介方还包括公证人、公估人、律师、精算师等。

2. 保险市场的客体

保险市场的客体是指保险市场上供求双方具体交易的对象，这个交易对象就是各类保险商品。这是一种特殊形态的商品。

(1) 保险商品是一种无形商品。

(2) 保险商品是一种“非渴求商品”。

(3) 保险商品的消费是一种隐形消费。

保险商品形式是保险合同，保险合同实际是保险商品的载体；其内容是保险事故发生时提供经济保障的承诺。保险费率是保险商品的市场交易价格，它是被保险人为取得保险保障而由投保人向保险人支付的价格金额。

(三) 汽车保险市场的地位

对汽车保险在保险市场中地位的认识，是指导这一业务健康发展的关键。汽车保险在保险市场特别是财产保险市场中的重要地位，体现在以下四个方面：

(1) 汽车保险被保险人的广泛性决定，汽车保险不再是以企业和单位为主要对象的业务，而是以私人为主要对象的业务，汽车保险正在成为与人们生活息息相关的一个险种。

(2) 汽车保险，尤其是第三者责任保险在稳定社会关系和维护社会公共秩序方面的特殊作用，使其不仅仅是合同双方的经济活动，而逐步成为社会法制体系的一个重要组成部分。

(3) 与其他保险不同，由于汽车保险的出险率高，保险人的理赔技术和服务将成为一个十分突出的问题，它将直接影响保险业的健康发展。

(4) 就保险市场，尤其是财产保险市场而言，汽车保障业务所占的比例已经对整个市场起到了“举足轻重”的作用，无论是从保险公司经营管理的角度，还是从监管部门对市场的监督与管理的角度，汽车保险均具有重要的地位。

根据以上四个方面的分析，可以得出这样的结论：汽车保险不能简单地视为一种普通的经济合同关系，因为，它对于人们生产和生活的影响已经超出了合同双方的范围，成为一种具有一定社会意义的经济制度，因此，也就对汽车保险的经营与监管提出了更高的要求。

(四) 保险的需求

保险的需求是指消费者在一定时期内在各种可能的价格下愿意购买且有能力购买的保险商品的数量。影响保险市场需求的主要因素有：风险因素、保险费率、消费者的收入水平、相关商品的价格、利息率、文化传统、经济体制等。

(五) 保险市场的供给

保险供给是指保险市场上保险人一定时期内在各种可能的价格下愿意提供并且能够提供的保险商品的数量。影响保险市场供给的因素主要有：保险价格即保险费率、偿付能力、保险技术、相关商品的价格、市场的规范程度、政府的监管、市场预期等。

(六) 保险市场机制

所谓保险市场机制是指价值规律、供求规律和竞争规律三者之间相互制约、相互作用的关系。现代意义的市场是以市场机制为主体进行经济活动的系统和体系。市场机制的具体内容包括价值规律、供求规律和竞争规律及其相互关系。

(1) 价值规律。价值规律在流通领域中要求等价交换，即要求价格与价值相一致。保险商品是一种特殊商品，这种商品的价值一方面体现为保险人提供的保险经济保障(包括有形的补偿或给付和无形的心理保障)所对应的等价劳动的价值，另一方面体现为保险从业人员社会必要劳动时间的凝结。

(2) 供求规律。供求规律是流通领域的一条重要规律。供求规律表现为供给与需求之间的关系，即供给总是追随着需求，从而决定市场的均衡价格。

在保险市场上的保险商品的价格即保险费率并不完全取决于市场供求的力量对比。保险市场上的保险费率的形成，一方面取决于风险发生的频率，另一方面取决于保险商品的供求情况。如汽车保险的市场费率，就是保险人根据预定汽车损失率、预定营业费用率和利润三个因素事先确定的，而不可依据市场供求的情况完全由市场来确定。

(3) 竞争规律。竞争包括供者之间的竞争、求者之间的竞争以及供求之间的竞争。竞争的结果，是供给和需求、社会生产和社会消费总是在相互脱离、又相互一致的两种状态之间运动，二者是趋向平衡的。

价格竞争是任何市场的重要特征。在保险市场上，由于交易的对象与风险直接相关联，使得保险商品费率的形成并不完全取决于供求力量的对比，相反，风险发生的频率即保额损失率才是决定费率的主要因素，因此，一般商品价格竞争机制，在保险市场受到某种程度的限制。2014 年以来，我国汽车保险市场的经营者已经将竞争向质量、服务和创新方向发展。

(七) 保险市场的营销模式

保险的市场营销是指保险人为了充分满足保险市场上存在的风险保障的需求而开展的总体性和系统性的活动。具体包括保险市场的调查和预测、保险市场营销环境分析、投保人的行为研究、新险种的开发、保险营销渠道的选择、保险商品的推销以及售后服务等一系列活动。

保险市场营销的模式主要有以下三种：

(1) 直接业务模式。直接业务模式是指保险公司利用自己的职员进行市场营销获得业务的模式。这种模式可以通过保险公司的职员拜访客户，或者接待客户上门获得业务。

(2) 代理业务模式。代理业务模式是指保险公司通过其代理人，包括专业代理人、兼业代理人和个人代理人等渠道获得业务。

(3) 经纪人业务模式。经纪人业务模式是指保险公司通过保险经纪人或经纪公司的渠道获得业务。

二、保险人与保险消费者

(一) 保险组织(保险人)的一般形式

保险经营组织的形式，是指依法设立、登记，并以经营保险为业的机构。

1. 国有保险公司

国有保险组织是由国家或政府投资设立的保险经营组织。

国有独资保险公司是国家授权投资机构或国家授权的部门单独投资设立的保险有限责任公司。其基本特征为：投资者的单一性、财产的全民性、投资者责任的有限性。

2. 股份保险公司

股份保险公司是将全部资本分成等额股份，股东以其所持股份为限对公司承担责任，公司则以其全部资产对公司债务承担责任的企业法人。

3. 相互保险组织

相互保险是为参加保险的成员之间相互提供保险的一种组织。其组织形式有：相互保险公司、相互保险社、交互保险社。

4. 保险合作社

保险合作社与相互保险公司最早都属于非盈利的保险组织。

5. 个人保险组织

个人保险组织是个人为保险人的组织。像英国的劳合社(Lloyd's)，我国现在不允许自然人保险公司。

6. 行业自保组织

具有降低保险成本、增加承保弹性等优点。

7. 外资保险公司

由外资建立的保险公司。我国现在是有条件允许建立。

(二) 我国现行的保险公司组织形式

根据我国《保险法》的规定，我国保险公司的组织形式分国有独资公司和股份有限公司，该法第一百五十条规定，其他保险组织形式由有关法律法规另行规定。

1. 国有独资保险公司

(1) 国有独资保险公司是一种有限责任公司，是一种特殊的有限责任公司。

(2) 国有独资保险公司的组织机构有其特色。

(3) 国有独资保险公司是一种有限责任公司，它不是独立于有限责任公司形态的一种新的公司形态。

(4) 国有独资保险公司是一种特殊的国有企业。

2. 股份保险公司

股份有限公司的组织机构由股东大会、董事会、监事会构成。

(三) 保险人义务

根据我国《保险法》规定，保险人是指与投保人订立保险合同，并承担赔偿或者给付保险金责任的保险公司。保险人是法人，公民个人不能作为保险人。

保险人有以下义务：

(1) 不得强制他人订立保险合同的义务。

(2) 及时签发保险合同的义务。

(3) 非法定事由不得解除保险合同的义务。

(4) 说明合同条款的义务。保险人在承保时，应向投保人说明投保险种的保险责任、责任免除、保险期限、保险费及支付办法、投保人和被保险人义务等内容。

(5) 通知的义务。在被保险人提供了各种必要单证后，保险人应当迅速审查核定，并将审查结果及时通知被保险人。

(6) 保险人应及时受理被保险人的事故报案，并尽快进行查勘。保险人接到报案后 48 小时内未进行查勘且未给予受理意见，造成财产损失无法确定的，以被保险人提供的财产损毁照片、损失清单、事故证明和修理发票作为赔付理算依据。

(7) 履行赔偿或给付保险金的义务。对属于保险责任的，保险人应在与被保险人达成赔偿协议后 10 日内支付赔款。

保险人赔偿期限的规定：被保险人根据有关规定，向保险人提供的各种必要单证齐全后，保险人应当迅速审查，核实赔款，履行理赔审批手续。审批后的赔款金额经被保险人认定后，保险人应在 10 天内一次赔偿结案。

(8) 保险人或者再保险接受人对在办理保险业务中知道的投保人、被保险人或者再保险分出人的业务和财产情况及个人隐私，负有保密的义务。

(四) 投保人、被保险人的义务

根据我国《保险法》的规定，投保人主要有以下几种义务：

(1) 投保人应如实填写投保单并回答保险人提出的询问，履行如实告知的义务。在保险期限内，保险车辆改装、加装或非营业用车辆从事营业运输等，导致保险车辆危险程度增加的，应当及时书面通知保险人。否则，因保险车辆危险程度增加而发生的保险事故，保险人不承担赔偿责任。

在保险合同有效期内，保险车辆改变使用性质或改变车型，被保险人应事先通知保险人，并申请批改车辆使用性质或车型。被保险人将以非营业性质投保的车辆出租的，视为该车辆已变更用途。

订立合同时由于未曾预见或未予估计可能增加的危险程度，直接影响到保险人在承保当时决定是否加收保险费和接受承保。在保险合同有效期内，保险车辆危险程度增加，被保险人应事先通知保险人，并申请办理改批，按规定补交保险费。

(2) 除另有约定外，投保人应当在保险合同成立时一次交付保险费。保险费交付前发生的保险事故，保险人不承担赔偿责任。

(3) 发生保险事故时，被保险人应当及时采取合理的、必要的施救措施，防止或者减少损失，并在保险事故发生后 48 小时内通知保险人。否则，造成损失无法确定或损失扩大的部分，保险人不承担赔偿责任。

(4) 发生保险事故后，被保险人应当积极协助保险人进行现场查勘。被保险人在索赔时应当提供有关证明和资料。引起与保险赔偿有关的仲裁或者诉讼时，被保险人应当及时书面通知保险人。

被保险人必须遵守诚实信用的原则，在向保险人索赔时提供的情况和各种证明、资料必须真实可靠，对被保险人提供涂改、伪造的单证或制造假案等图谋骗取赔款的，保险人应拒绝赔偿或追回已支付的保险赔款。

(5) 对因自己违法行为而取得的赔偿或给付予以退赔的义务。

三、保险中介

保险中介是指专门从事保险销售或保险理赔、业务咨询、风险管理活动安排、价值评估、损失鉴定等经营活动，并依法收取佣金或手续费的组织或个人。保险中介的主体形式多样，主要包括保险代理人、保险经纪人和保险公估人等 3 种。

保险中介是保险市场细分的结果。保险中介的出现推动了保险业的发展，满足了被保险人的需求，方便了投保人投保，降低了保险企业的经营成本。

（ ）保险代理人

保险代理人是指根据保险人的委托，在保险人授权的范围内代为办理保险业务，并依法向保险人收取代理手续费的单位或者个人。在现代保险市场上，保险代理人已成为世界各国保险企业开发保险业务的主要形式和途径之一。

目前，我国城乡专、兼职保险代理人员已超过100万人，全国每年保费收入的60%以上通过保险代理人取得。

1. 代理人的性质和分类

保险代理人是根据保险人的委托，向保险人收取代理手续费，并在保险人授权的范围内办理保险业务的单位或者个人。保险代理人在保险人授权范围内进行保险代理业务的行为所产生的法律责任，由保险人承担。

保险代理人可以分为3类：专业代理人、兼业代理人和个人代理人。

(1) 专业代理人是指从事保险代理业务的保险代理公司。

在保险代理人中，它是唯一具有独立法人资格的保险代理人，根据《保险代理机构管理规定》，保险代理机构可以以合伙企业、有限责任公司和股份有限公司形式设立。

(2) 兼业代理人是指受保险人委托，在从事自身业务的同时，指定专人为保险人代办保险业务的单位。

根据我国《保险兼业代理管理暂行办法》规定，保险兼业代理人从事保险代理业务应遵守国家的有关法律和行政规章，遵循自愿和诚实信用原则。保险兼业代理人在授权范围内代理保险业务的行为所产生的法律责任，由保险人承担。

申请保险兼业代理资格应具备下列条件：具有工商行政管理机关核发的营业执照；有同经营主业直接相关的一定规模的保险代理业务来源；有固定的营业场所；具有在其经营场所直接代理保险业务的便利条件。

(3) 个人代理人是指根据保险人的委托，向保险人收取代理手续费，并在保险人授权的范围内办理保险业务的个人。

根据《保险代理人管理规定(试行)》，我国个人代理人的业务范围包括：代理销售保险单和代理收取保险费。但是，个人代理人不得办理企业财产保险业务和团体人身保险业务，不得签发保险单，任何个人不得兼职从事个人保险代理业务。

2. 代理人从业资格和执业许可的管理

《保险法》和《保险代理人管理规定(试行)》载明，从事保险代理业务必须持有国家保险监管机关颁发的《保险代理人资格证书》，并与保险公司签订代理合同，获得保险代理人展业证书。需要执业的法人或自然人在满足了资格条件之后，应向有关部门提出执业申请，经过批准核发《经营代理业务许可证》之后才能正式开展保险代理业务。

3. 保险公司对代理人的管理

通过授权管理、保单管理和保费管理来实现对代理人的管理。

保险公司要对其代理人的执业资格能力，特别是资信进行考察，在决定与代理人建立代理关系之前，一定要慎重地评估代理人的资信，严格授权管理。

保单管理是指在对代理人开展业务过程中保单领用、签发和传递过程的管理。首先，应当在代理协议中明确授权出单的范围，防止代理人对出单权的滥用。其次，应当通过保单领用和发放保险单的管理，严格和有效控制保单的使用与回收。

保费的管理是对代理人管理的关键一环。一方面可以通过要求代理人分别设立保费和费用账户的方式进行管理，另一方面应当注意动态的监督控制保费在途时间。

（二）保险经纪人

保险经纪人是指基于投保人的利益，为投保人与保险公司订立保险合同提供中介服务，并依法收取佣金的有限责任公司。还有一种基于原保险公司和再保险接受公司的利益，为保险分出和分入业务提供中介服务，并且收取佣金的有限责任公司，称为再保险经纪人。保险经纪人是保险市场的重要组成部分，代表投保人、被保险人利益的保险中介组织，是投保人的代理人。

目前，保险经纪人在中国还处于起步阶段。在我国设立保险经纪人必须报经中国保监会审批，从事保险经纪业务的人员必须参加保险经纪人资格考试，并获得资格证书。

1. 保险经纪人与保险人的不同

（1）保险经纪人是客户利益的代表。《保险法》及《保险经纪人管理规定》规定：保险经纪人代表投保人或被保险人利益，为投保人与保险人订立保险合同提供中介服务，保险经纪人必须忠实维护投保人、被保险人的合法利益。保险公司的业务人员所代表和维护的是保险公司的利益。

（2）保险经纪人是为每个客户量体裁衣。保险公司业务人员和代理人是在市场上销售保险公司成型的保险产品。这些成型产品是适应广泛市场需求设计的，并不一定能够满足每个个体。保险经纪人在充分了解客户保险需求的前提下，突破保险公司条款限制，根据保险原理，设计最符合客户实际情况的保险方案。通过保险方案在市场上的招投标运作，最大限度地满足客户的实际要求。

（3）保险经纪人为客户提供专业化的团队服务。保险公司在展业过程中，通常采用的是业务人员的单兵作战方式。保险经纪人公司在为客户服务过程中，通常是由各方面专业人士组成业务团队，确保为客户提供最专业、最优质的服务。

（4）保险经纪人为客户服务，不额外增加客户成本。根据国际惯例，保险经纪人为客户安排保险，不向客户收费，由保险公司支付佣金，给保险经纪人佣金比例在保险公司的报价中明确列明，以确保公平、公开、公正。

（5）保险经纪人通过规模购买效应为客户争取最合理的价格、最全面的保障、最完善的服务。保险经纪人代表客户的利益，保险公司视保险经纪公司为一个特殊的客户，会给予保险经纪公司更优惠的承保条件，保险经纪公司的每一个客户也会因此而受益。

（6）保险经纪人为客户提供完善的售后服务，同时督促、监督保险公司对客户的服务，确保客户能够获得预期的保险保障，协助客户解决保险期间内的各种纠纷。

（7）保险经纪人为客户提供的服务具有法律保障。保险经纪人在为客户提供服务的过程中，要受到中华人民共和国《民法》、《保险法》、《经济合同法》、《经纪人管理规定》等相关法律、法规、规章的制约。要服从保险监管机构的管理，并对经纪人的行为承担过错赔偿责任，确保客户的利益不受损失。

2. 保险经纪人和保险代理人的区别

（1）代表的利益不同。

（2）选择保险公司不同。保险经纪人为客户提供全过程服务，可以从市场上所有保险公司的保险商品中进行选择；保险代理人一般只能销售所代理保险公司的保险产品、代为收取保险费，不能对别的保险公司的产品进行选择。

(3) 服务的对象不同。保险经纪人的客户主要是大中型企业和项目；保险代理人的客户主要是中小型企业及个人。

(4) 承担的责任不同。客户与保险经纪人是委托与受托关系，如果因为保险经纪人的过错造成客户的损失，保险经纪人对客户承担相应的经济赔偿责任。保险代理人与保险公司是代理被代理关系，被代理保险公司仅对保险代理人在授权范围内的行为后果负责。

(5) 业务范围不同。代理人的业务范围由代理合同规定，经营范围受代理合同的约束，业务活动具有被动性；经纪人可独立进行中介、代理、咨询等活动，不受某个委托协议的约束，具有主动性和自主性。

3. 汽车保险经纪人管理

保险经纪人应依法遵守《保险经纪人管理规定(试行)》，保险经纪人的主管机关是中国人民银行。保险经纪人是投保人的代表。在投保人的授权范围内，经纪人的行为可以约束投保人。投保因经纪人的过失而遭受损失，经纪人在法律上须负赔偿责任。

(三) 保险公估人

保险公估人，是指依法设立的独立从事保险事故评估、鉴定业务的机构和具有法定资格的从事保险事故评估、鉴定工作的专家。他们是协助保险理赔的独立第三人，接受保险公司和被保险人的委托为其提供保险事故评估、鉴定服务。

1. 保险公估机构的设立

《保险公估机构管理规定》规定，保险公估机构可以是合伙企业、有限责任公司、股份有限公司等形式。一般应当具有发起人、协议或章程、出资数额、名称和住所、高级管理人员及公估人员符合规定条件或具有相应资格等方面的条件要求。

保险公估人的主要任务是在风险事故发生后判断损失的原因及程度，并出具公证书。公证书不具有强制力，但它是有关部门处理保险争议的权威性依据。

由于保险公估人通常是由具有专业知识和技术的专家组成，且具有公正、公平的立场，因此权威性较高，所做出的公证书通常为保险双方当事人接受，成为建立保险关系、履行保险合同、解决保险纠纷的有力保障。

2. 保险公估的程序

由于保险公估人的评估、鉴定结果关系到保险公司和被保险人的合法利益问题，因此，我国《保险法》，在第一百二十九条对此作出了明确规定：

(1) 保险公司和被保险人都有权聘请独立的评估机构或者专家对保险事故进行评估和鉴定。

(2) 受聘进行评估和鉴定的保险公估人可以是机构，也可以是个人；但机构必须是依法设立的独立专业机构，个人必须是具有法定资格的专家。

(3) 保险公估人应当依法公正的执行业务，评估应有据，符合程序，评估报告内容必须真实、准确、完整。因故意或者过失给保险公司和被保险人造成损害的，依法承担赔偿责任。

(4) 保险公估人的评估和鉴定收取费用，应当依照法律、行政法规的规定办理。

3. 保险公估的内容

依据《保险公估机构管理规定》，保险公估的内容主要有以下几项：保险标的承保前的检验、估价和风险评估；对保险标的出险后的查勘、检验、估损及理算；经中国保监会批准的其他业务。

4. 保险公估监管

保监会在 2001 年 11 月 16 日公布了《保险公估机构管理规定》，2002 年 1 月 1 日施行。保监会规定保险公估人必须经过专门的资格考试，取得资格证书。保险公估人必须依法向主管机关登记，缴存保证金，领有执业证书，否则不得执行业务。公估人执行业务必须以合法的保险业为对象，应有固定的业务处所，并应专设账簿记载业务收支，接受主管部门的监督检查等。

5. 保险公估人现状

国外许多国家的保险公估人制度已经比较成熟。英国、德国、美国等国均已建立起了满足本国需要的公估体系，培育了相当数量的保险公估人。

近年来，我国保险公估人的发展呈加速之势。截至 2016 年 3 月 1 日，专业保险公估公司 29 家；现在我国保险公估的客户相对集中，主要是各保险公司。然而在发达国家，公估公司的业务 75%来自被保险人的委托，大一点的被保险人在投保时均指定公估人。在保险公司对公估公司不完全认可、没有大范围引入的情况下，一般保险公司仅对国内知名品牌的公估公司作适当引入，特别是财产险较大案件时，均向国内、国际有名的公司招标。新成立的公估公司连入围竞标的资格也不具备。

从目前情况来看，影响我国保险公估人发展的主要因素包括内部因素和外部因素两个方面。内部因素包括保险公估公司大多规模过小、与保险公司对话的实力较弱、专业人才缺乏、业务水平低下、业务来源渠道不畅和管理水平低下等；外部环境包括我国保险公估相关法律法规不尽完善、社会公众对保险公估业缺乏了解和国外成熟保险公估人的竞争力不足等。因此，树立牢固的市场经济观念，依靠高度的敬业精神、专业的技术水平、优良的服务质量和良好的市场信誉，在市场竞争中求发展，是我国公估人提高生存与发展能力的必然选择之一。与此同时，公估公司要做到合理收费，节约自身成本，强化核算意识，树立公估品牌和提高服务质量。

第五节　汽车保险业概述

一、汽车保险的产生

1. 近现代保险分界的标志之一——汽车第三者责任险

汽车第三者责任保险始于 19 世纪末，与工业保险一起成为近代保险与现代保险分界的重要标志。目前，多数国家均采用强制或法定保险方式承保。

汽车保险是近代发展起来的，晚于水险、火险、盗窃险和综合险。保险业发展到今天，汽车保险已成为了世界保险业的主要险种，甚至超过了火灾保险。

2. 汽车保险的发源地——英国

（1）英国法律事故保险公司于 1896 年首先开办了汽车保险，成为汽车保险“第一人”。当时，签发了保险费为 10~100 英镑的第三者责任保险单，汽车火险可以加保，但要增加保险费；1899 年，汽车保险责任扩展到与其他车辆发生碰撞所造成的损失。这些保险单是由意外险部的综合第三者责任险组签发的。1901 年开始，保险公司提供的汽车险保单，已具备了现在综合责任险的条件，在上述承保的责任险范围内，增加了碰撞、盗窃和火灾等责任。1906 年，英国成立了汽车保险有限公司。

(2) 实施第三者强制责任保险。第一次世界大战后，英国机动车辆的流行加重了公路运输的负担，交通事故层出不穷，有些事故中受害的第三者不知道应找哪一方赔偿损失。针对这种情况，政府出面发起了机动车辆第三者强制保险的宣传，并在《1930 年公路交通法令》中纳入强制保险条款。强制保险的实施使在车祸中死亡或受到伤害的第三方可以得到一笔数额不定的赔偿金。

(3) 1945 年，英国成立了汽车保险局。汽车保险局依协议运作，其基金由各保险人按年度汽车保费收入的比例分担。当肇事者没有依法投保强制汽车责任保险或保单失效，受害者无法获得赔偿时，由汽车保险局承担保险责任，该局支付赔偿后，可依法向肇事者追偿。

英国现在是世界保险业第三大国，仅次于美国和日本。

3. 汽车保险的成熟地——美国

(1) 美国汽车保险问世。美国最早开始承保汽车第三者责任险是在 1898 年，由美国旅行者保险公司签发了第一份汽车人身伤害责任保险。1899 年汽车碰撞损失险保单问世，1902 年开办汽车车身保险业务。

(2) 1919 年，马塞诸塞州率先立法规定汽车所有人必须在汽车注册登记时，提供保险单或以债券作为车辆发生意外事故时赔偿能力的担保，该法案被称为《赔偿能力担保法》。1925 年，马塞诸塞州通过了《汽车强制保险法》，并于 1927 年正式生效，成为美国第一个颁布汽车强制保险法的州。该法律要求本州所有的车主都应持有汽车责任保险单或者拥有付款保证书。一旦发生交通事故，可以保证受害者及时得到经济补偿，并以此作为汽车注册的先决条件。以后，美国的其他州也相继通过了这一法令。

(3) 保险公司推出未保险驾驶人保险。专门为在汽车意外事故中遭受身体伤害的被保险人提供保险保障。驾车人是事故责任人，但是驾车人可能没有购买汽车保险；虽有汽车保险，但是其责任限额低于该州要求的最低限额；肇事后逃跑；虽有汽车保险，但其保险公司由于某种原因拒赔。

(4) 无过失汽车保险。在 20 世纪 70 年代提出了将无过失责任的法律制度推及到汽车保险中。所谓无过失责任法律制度，是指无论当事人有无过失，都要承担一定的法律后果。通过无过失汽车保险，汽车事故受害人获赔更迅速、更方便。

二、我国汽车保险的发展进程

1. 萌芽时期

我国的汽车保险业务的发展经历了一个曲折的历程。早期的保险市场长期处于外国保险公司的垄断与控制之下，加之旧中国的工业不发达，我国的汽车保险实质上处于萌芽状态，其作用与地位十分有限。

2. 试办时期

新中国成立以后的 1950 年，创建不久的中国人民保险公司就开办了汽车保险。但是因宣传不够和认识的偏颇，不久就出现对此项保险的争议，有人认为汽车保险以及第三者责任保险对于肇事者予以经济补偿，会导致交通事故的增加，对社会产生负面影响。

于是，中国人民保险公司于1955年停止了汽车保险业务。直到20世纪70年代中期，为了满足各国驻华使领馆等外国人拥有的汽车保险的需要，开始办理以涉外业务为主的汽车保险业务。

3. 发展时期

我国保险业恢复之初的1980年，中国人民保险公司逐步全面恢复中断了近25年之久的汽车保险业务，以适应国内企业和单位对于汽车保险的需要，适应公路交通运输业迅速发展、事故日益频繁的客观需要。但当时汽车保险仅占财产保险市场份额的2%。随着改革开放形势的发展，社会经济和人民生活也发生了巨大的变化，机动车辆迅速普及，机动车辆保险业务也随之得到了迅速发展。1983年，将汽车保险改为机动车辆保险使其具有更广泛的适应性。在此后的近20年过程中，机动车辆保险在我国保险市场，尤其在财产保险市场中始终发挥着重要的作用。到1988年，汽车保险的保费收入超过了20亿元，占财产保险份额的37.6%，第一次超过了企业财产险(35.99%)。从此以后，汽车保险一直是财产保险业务中的第一大险种，并保持高增长率，我国的汽车保险业务进入了高速发展的时期。

与此同时，机动车辆保险条款、费率以及管理也日趋完善。1998年11月18日，中国保险监督管理委员会(简称中国保监会)成立，根据国务院授权履行行政管理职能，依照法律、法规统一监督管理全国保险市场，维护保险业的合法、稳健运行。中国保监会成立以来，完善了机动车辆保险的条款，加大了对于费率、保险单证以及保险人经营活动的监管力度，加速建设并完善了机动车辆保险中介市场，对全面规范市场、促进机动车辆保险业务的发展起到了积极的作用。

《机动车交通事故责任强制保险条例》于2006年3月1日公布，自2006年7月1日起施行。汽车保险因保险性质的不同，分为汽车强制责任保险和汽车商业保险两大部分。虽然它们都属于商业保险公司经营，但汽车强制责任保险是强制性保险，而其他的险种则是建立在保险人和被保险人自愿基础上的汽车商业保险。各保险公司经营的商业车险使用统一条款和费率，这一规定于2006年7月1日起正式实行。2017年7月1日又对部分保险条款做了修订，使保险条款趋于完善。

4. 保险消费者权益得到更好保护

2016年以来，保险消费者权益得到更好保护。7月26日，为保护保险消费者合法权益，方便群众理赔，避免出现保险公司在意外险理赔过程中要求理赔当事人提供“非打架斗殴受伤证明”等不合理证明资料的问题，中国保监会发布了《关于进一步规范保险理赔服务有关事项的通知》。

10月13日，互联网保险方面，中国保监会联合十四个部门印发了《互联网保险风险专项整治工作实施方案》，重点对高现金价值业务、保险公司跨界业务、非法经营互联网保险业务这三大“乱象多发地”进行整治。

11月14日，为进一步推进保险纠纷诉讼与调解对接机制建设，充分发挥该机制的功能与作用，最高人民法院与中国保监会联合发布《最高人民法院、中国保险监督管理委员会关于全面推进保险纠纷诉讼与调解对接机制建设的意见》。主要从加强平台建设、规范运作程序、创新工作机制、强化措施保障、加强引导与宣传教育等方面对保险纠纷诉讼与调解对接机制建设进行规范。

多家公司积极响应，纷纷表示愿意将更多的保险赔案转由调解解决。在总部层面则确定了由法律合规部门负责平台的搭建和对系统内此项工作的指导，相关的承保、理赔及业务处理部门配合，在分公司层面则是确定了相应的岗位和人员，并开展了必要的培训。从保险公司一方来说主要就是减少被保险人的举证要求，简化调解的流程，缩短纠纷处理的时间等。相信经过业内人士的多年努力，诉讼与调解对接机制将对保险法治进步起到积极而深远的影响。

本章小结

风险三要素：风险因素、风险事故和损失。

风险的特征：风险的客观性，风险的普遍性，风险的社会性，风险在时间、空间和地点上的不确定性，风险的可测定性，风险的发展性。

从保险的角度来说，把风险分为可保风险和不可保风险两类。可保风险是指可用商业保险加以管理的风险，包括：静态风险、财产风险、人身风险、责任风险、技术风险、信用风险等；不可保风险就是商业保险不予承保的风险，动态风险、社会风险和投机风险都是不可保风险。

保险是商业行为，保险是合同行为，保险是权利和义务行为，经济补偿和保险金给付是以合同约定的事故发生为条件。

保险构成的前提要素是可保风险的存在，保险的基础要素是众人协力，即多数人参与，保险的功能要素是损失补偿。

共同保险中，投保人和各保险人之间签订的是一个保险合同，其赔偿金额不会超过保险价值。在重复保险中，各保险人之间没有相互沟通，投保人与每个保险人均签订了一个合同，很可能使被保险人获得超额利益。共同保险的当事人之间的关系是横向的，再保险的当事人之间的关系是纵向的。

大多数财产保险属于不定值保险，如企业和个人财产保险、机动车辆保险。

保险的基本职能是组织经济补偿和实现保险金的给付；保险的派生职能是防灾防损和金融融资。

汽车保险扩大了对汽车的需求，稳定了社会公共秩序，促进了汽车安全性能的提高，机动车保险业务在财产保险业务中占有重要地位。

保险市场其实就是市场的一种形式，是保险商品交换关系的总和，符合一般市场的价值规律和竞争规律，其供求关系和供求规律有其特殊性。

保险市场的主体包括保险商品的供给方、保险商品的需求方和保险市场的中介方；保险市场的客体包括保险商品，保险商品具有无形性、非渴求性，保险消费是一种隐形消费。保险商品的营销模式包括直接业务模式、代理业务模式和经纪人业务模式。

《保险法》以法律形式，规定了保险人的权利、义务，规定了投保人和被保险人的权利和义务。

我国汽车保险业经历了萌芽时期、试办时期和发展时期。现阶段，我国保险业正处于发展时期。

我国汽车保险业分为商业汽车保险和强制汽车保险两大类。

思考与练习

1. 试分析风险三要素之间的关系。
2. 风险的特性是什么?
3. 什么是可保风险?可保风险包括哪些风险?
4. 风险与保险的关系是什么?为什么说保险是风险管理传统的、有效的手段?
5. 保险的要素是什么?
6. 重复保险、共同保险、再保险有什么区别?
7. 为什么说汽车保险是不定值保险?
8. 汽车保险是什么时候产生的?什么是汽车保险?汽车保险的职能有哪些?
9. 简述汽车保险市场的构成。
10. 保险商品具有哪些特点?保险商品的营销模式有哪些?

第二章　汽车保险的原则

知识目标

1. 熟悉汽车保险的原则。
2. 理解并掌握汽车保险的解释及使用条件。

能力目标

具备运用汽车保险原则进行相关保险案例分析的能力。

《保险法》的基本原则是集中体现保险法本质和精神的基本准则，它既是保险立法的依据，又是保险活动中必须遵循的准则。保险法的基本原则是通过保险法的具体规定来实现的，而保险法的具体规定，必须符合基本原则的要求。汽车保险业务运营过程中要遵循保险法的基本原则。

第一节　保险利益原则

一、保险利益原则的含义

保险利益原则又称可保利益原则，是指在签订和履行保险合同过程中投保人对保险标的应当具有保险利益。投保人对保险标的不具有保险利益的，保险合同无效。如果保险合同生效后，投保人或被保险人对保险标的失去保险利益，也可能导致保险合同随之失效。保险利益原则主要有两层含义：其一，投保人在投保时，必须对保险标的具有保险利益，否则，保险就可能成为一种赌博，丧失其补偿经济损失、给予经济帮助的功能。其二，投保人是否对保险标的具有保险利益，是判断保险合同有效或无效的根本依据，缺乏保险利益要件的保险合同，自然不发生法律效力。

二、保险利益原则对保险经营的意义

1. 避免变保险为赌博

保险与赌博行为都具有射幸性。如果保险关系不是建立在投保人对保险标的具有保险利益的基础上，那么必将助长人们为追求获得远远高于其保险费支出的赔付数额而利用保险进行投机的行为。例如，投保人以与自己毫无利害关系的车辆为标的投保，一旦发生保险事故就可获得相当于投保标的价值很多倍的巨额赔款。

2. 防止道德风险的发生

这里所谓的道德风险是指被保险人或受益人为获取保险金赔付而违反道德规范，甚至故意促使保险事故发生或在保险事故发生时放任损失扩大。由于保险费与保险赔偿或给付金额相差悬殊，如果不以投保人对保险标的具有保险利益为保险合同的有效要件，将诱发投保人或被保险人为牟取保险赔款而故意破坏保险标的的道德风险。

3. 限定保险赔付程度

以保险利益作为保险人承担赔偿或给付责任的最高限额，既能保证被保险人能够获得足够的、充分的补偿，又不会使被保险人因保险而获得超过损失的额外利益，不允许他们通过保险而“增加财富”。保险利益原则可以为保险赔偿数额的界定提供合理的科学依据。

三、保险利益的种类

1. 财产保险利益

财产保险的保险标的是财产及其相关利益，其保险利益是投保人对保险标的具有的法律上承认的经济利益。财产保险的保险利益应当具备三个要素：

（1）必须是法律认可并予以保护的合法利益。

（2）必须是客观存在的利益。主要是指投保人或者被保险人的现有利益，如财产所有权、使用权等，期待利益可以确定并可实现的话，也可以作为可保利益。期待利益是指当时尚未确定但将来可以确定的利益或者利害关系，而不是主观臆断、凭空想象的利益。

（3）必须是确定的经济利益，即可以通过货币形式计算出来的利益。

在财产保险实务中，下列人员在法律上享有财产保险利益：

① 所有权人对其所有的财产；没有财产所有权，但有合法的占有、使用、收益、处分权中的一项或几项权利的人。

② 他物权人对依法享有他物权的财产，如承租人对承租的房屋等。

③ 公民、法人对其因侵权行为或合同而可能承担的民事赔偿责任。

④ 债权人对现有的或期待的债权等。

在机动车辆保险合同中，对机动车享有保险利益的人一般包括：机动车的所有人、驾驶人、实际使用人、车辆的保管人等，他们可以为机动车投保车损险、道路交通事故责任强制险以及各种附加险。

一般财产保险的保险利益原则是最严格的。在一般财产保险中，保险利益原则要求投保人对其与保险人订立的保险合同所对应的保险标的应具有保险利益，而且所约定的保险金额不得超过该保险利益额度。一般财产保险的保险利益必须从保险合同订立到损失发生的全过程都存在。一般财产保险的保单转让一定要事先征得保险人同意并由其签字。

2. 人身保险利益

人身保险的保险标的是人的寿命和身体，其保险利益是指投保人对被保险人寿命和身体所具有的经济利害关系。人身保险的保险利益具有以下特点：

（1）是法律认可并予以保护的人身关系。

（2）人身关系中具有财产内容。

（3）构成保险利益的是经济利害关系。

我国《保险法》第三十一条规定："投保人对下列人员具有保险利益：本人；配偶、子女、父母；前项以外与投保人有抚养、赡养或者抚养关系的家庭其他成员、近亲属。"

除前款规定外，被保险人同意投保人为其订立合同的，视为投保人对被保险人具有保险利益。为了保证被保险人的人身安全，我国《中华人民共和国保险法》还严格限定了人身保险利益。

《中华人民共和国保险法》第三十四条第一款规定："以死亡为给付保险金条件的合同，未经被保险人书面同意并认可保险金额的，合同无效。"

人身保险的保险利益必须在保险合同订立时存在，而不要求在保险事故发生时具有保险利益。此外，人寿保险保单可出售、转让和抵押。

典型案例

【案例 2-1】

2015 年 5 月 18 日，某建材公司为其自用车辆购买了车辆损失险、第三者责任险、盗强险，保险期限自 2015 年 5 月 19 日 0 时起至 2016 年 5 月 20 日 24 时止。建材公司及时交付了保险费。2015 年 10 月 25 日，建材公司将该车转让给个体户刘先生，并同时在车辆管理所办理了过户手续。11 月 14 日，刘先生所雇驾驶员张先生驾驶该车与另一货车相撞，两辆事故车的修理费分别为 2. 9 万元和 3. 5 万元。根据公安交警大队出具的道路交通事故责任认定书，张先生应对交通事故负全部责任。2015 年 12 月，建材公司和刘先生一起向保险公司提出索赔申请，并于同年 6 月 10 日向保险公司出具了该车在车管所过户的证明。保险公司以保险车辆已过户但未申请办理保险批改手续为由，向被保险人发出拒赔通知书。

【本案评析】

财产保险标的转让致使危险程度增加的应当办理保险批改手续，否则，自保险标的转让之日起，保险合同无效。《保险法》第四十八条规定："保险标的的转让应当通知保险人，经保险人同意继续承保后，依法变更合同。"同时，本案的保险合同也约定，在保险合同的有限期限内，保险车辆转卖、转让、赠送他人、变更用途致使增加危险程度，被保险人应当事先书面通知保险人并申请办理批改，否则，保险人有权解除保险合同或者有权拒绝赔偿。本案保险车辆依法过户转让，虽双方未去保险公司办理变更保险合同主体的手续，但可以分两种情况分析，如果刘先生的车是非营业用的，由于危险程度没有增加，应该赔偿；如果是营业用的属于危险程度增加而没有办理批改手续，就不能得到赔偿。

四、保险利益原则在汽车保险实务中的应用

在汽车保险实务中，较为常见和突出的涉及可保利益的问题，是被保险人与车辆所有人不吻合的问题，即在车辆交易的过程中，由于没有对保单项下的被保险人进行及时变更，导致其与行驶证的车辆所有人不吻合。一旦车辆发生损失，原车辆所有人由于转让了车辆，不具备对于车辆的可保利益，而导致其名下的保单失效。而车辆新的所有人由于不是保险合同中的被保险人，当然没有索赔权，特指交易使标的危险程度增加的情况。

第二节　最大诚信原则

一、最大诚信原则的含义

由于保险关系的特殊性，人们在保险实务中越来越感到诚信原则的重要性，要求保险合同双方当事人最大限度地遵守这一原则，故称最大诚信原则。诚信是指诚实、守信用，具体讲即要求合同双方当事人不隐瞒事实，不相互欺诈，以最大诚信全面履行各自的义务，以保证对方权利的实现。其主要表现为以下几个方面：

1. 履行如实告知义务

最大诚信原则要求投保人如实地履行告知义务。由于保险人面对的是广大的投保人，不可能一一去了解保险标的的各种情况，因此，投保人在投保时，应当将足以影响保险人决定是否承保，足以影响保险人确定保险费率或增加特别条款的重要情况，向投保人如实告知。

告知的方式分为无限告知和有限告知两种。采用无限告知的方式时，只要事实上与保险标的有关的任何重要事项，不论保险人是否询问，投保人都有义务告知。在美国、英国等国有类似的规定，我国《保险法》规定："订立保险合同，保险人应当向投保人说明保险合同的条款内容，并可以就保险标的或者被保险人的有关情况提出询问，投保人应当如实告知。"明确保险人所询问的事项为重要事项，对询问以外的事项，投保人或者被保险人可以不必告知，此种方式即为有限告知。我国汽车保险实务中一般以投保单为限，即投保单中列明的内容必须如实填写。告知的内容通常包括车辆情况、使用情况、驾驶情况等，除此之外，投保人不必告知。

投保人故意或因过失不履行告知义务，保险人有权解除保险合同。《保险法》第十六条第二款规定："投保人故意隐瞒事实，不履行如实告知义务的，或者因过失未履行如实告知义务，足以影响保险人决定是否同意承保或者提高保险费率的，保险人有权解除保险合同。"投保人违反告知义务由以下两个要件构成：

（1）投保人主观上存在故意、或者过失。

（2）未告知的事项足以影响保险人决定是否同意承保或者调整保险费率。

两个要件必须同时满足，才能判定投保人违反了如实告知义务。

投保人故意不履行如实告知义务的，保险人除了有权解除保险合同以外，同时对于保险合同解除前发生的保险事故，不承担赔偿或者给付保险金的责任，并不退还保险费。投保人因未履行如实告知义务，对保险事故的发生有严重影响的，保险人对于合同解除前发生的保险事故，不承担赔偿或给付保险金的责任，但可以退还保险费。

2. 履行说明义务

最大诚信原则要求保险人认真地履行说明义务。保险人应当就保险合同利害关系条款特别是免责条款向投保人明确说明。保险人的说明义务是由保险合同的性质决定的。保险合同为附和合同，其内容由保险人单方拟订，投保人或被保险人几乎没有参与的机会，只能对保险条款表示同意与不同意，无修改的权利，投保人在订立保险合同时处于弱势地位。同时保险条款集专业性、技术性及科学性为一体，未经专门研究，也难以理解。所以，在订立合同时，保险人应就保险合同的内容向投保人进行明确说明和必要的解释，特别是免责条款。如果保险人在订立保险合同时，没有就一些条款进行明确说明和明确列明，保险人应承担一定的法律后果。《中华人民共和国保险法》第十七条规定："保险合同中规定有关保险人责任免除条款的，保险人在订立保险合同时应当向投保人明确说明，未明确说明的，该条款不产生效力。"

3. 履行保证义务

这里的保证，是指投保人向保险人作出承诺，保证在保险期间遵守作为或不作为的某些规则，或保证某一事项的真实性，因此，这也是最大诚信原则对投保人的要求。

在保险合同中，作为合同生效先决条件的保证，指被保险人承诺不因他的作为或不作为使保险标的的危险程度增加。保证事项一般都是重要事项。例如被保险人不得在驾驶车辆内携带易爆物品，如果携带易爆物品就违反了保证。

保证分为明示保证和默示保证。

(1) 明示保证一般以特约条款或附贴条款载于保险单内，或者以口头方式承诺。

明示保证又分为承诺保证和确认保证两类。如果被保险人保证的事情现在如此，将来也必须如此，那么这种保证称为承诺保证。如机动车辆保险中有遵守交通法规、安全驾驶、做好车辆维修和保养工作等条款，一旦合同生效，即构成投保人对保险人的保证，对投保人具有作为或不作为的约束力。承诺保证一般在保险单中以条款的形式出现。如果被保险人保证的事情现在如此，将来不一定如此，则称为确认保证。这种保证有时以书面形式出现在保险单中，有时仅仅以口头形式表示确认。

(2) 默示保证是根据习惯或惯例认为被保险人应该采取或不应该采取某种行为的事实。

默示保证是在保险单内虽无文字规定，但一般是国际惯例通行的准则，习惯上或社会公认的被保险人应在保险实践中遵守的规则，如要求被保险的车辆必须有正常的行驶能力。如财产保险附加盗窃险合同中，虽然没有明文规定被保险人外出时应该关闭门窗，但这是一般常识下应该做的行为，这种社会公认的常识，即构成默示保证，也成为保险人之所以承保的基础，所以，因被保险人没有关闭门窗而招致的失窃，保险人不承担保险责任。默示保证一般适用于海上保险。

告知的行为主体仅是投保人，而保证的行为主体是投保人和被保险人。在订立保险合同后，保险标的处于投保人或被保险人的控制之下，他们的作为和不作为都极大地影响风险状况，因此保险人一般都要求投保人和被保险人对某些重要事项作出保证，以约束投保人和被保险人的某些作为和不作为。

无论是明示保证，还是默示保证，都对保证人有约束作用，其法律效力是完全相同的，违反保证的行为可以导致的后果有两种情况：一是保险人不承担赔偿或给付保险金的责任；二是保险人解除保险合同。

典型案例

【案例 2-2】

2016 年 4 月 5 日沈阳某银行投保火灾附加盗抢险，在投保单上写明 24 小时有警卫值班，保险公司予以承保并以此作为减少保费的条件，保期一年。2016 年 11 月 9 日银行被盗，经调查某日 24 小时内有 1 小时警卫不在岗，因此，保险公司拒绝承担赔偿责任，理由是该银行违反了保证，属于违约行为，保险人可以解除保险合同或宣布保险合同无效，在发生保险事故时不承担赔偿保险金责任。

【本案评析】

在本案例中由于被保险人违反了明示保证的内容及保险的基本原则，没有履行保证义务。所以保险公司的主张是有法律依据的。

4. 弃权和禁止反言

所谓弃权，是指保险人放弃法律或保险合同中规定的某项权利。如拒绝承保的权利、解除保险合同的权利等。所谓禁止反言，是指保险人放弃了该项权利，或者行使其他权利。保险人放弃这些权利，这就是一种弃权行为。以后保险人不能再就此行为主张权利，因为保险人受禁止反言的限制。

二、最大诚信原则在汽车保险实务中的运用

在目前保险市场中，尤其在汽车保险业务中保险欺诈的现象日益严重，违背最大诚信原则的恶意违法行为很多，保险人在经营汽车保险时，要对车险的风险因素有足够的认识，加强经营中的风险防范措施，以免给自己带来不必要的损失。

典型案例

【案例 2-3】

2016 年 2 月，沈阳市某合资公司将一辆奔驰轿车向沈阳市某保险公司投保机动车辆保险。承保代理人将该车以国产车计收保险费，少收保费 748 元。保险公司发现这一情况后，遂通知投保人补交保费，但遭到拒绝。随后，保险公司单方面向投保人出具了批单，批单批注："如果出险，我公司按比例赔偿"。合同有效期内，该车不幸出险，双方在赔付比例上发生纠纷。投保人一纸诉状将保险公司告上法庭，最终法院判决保险公司全额赔偿投保人。

【本案评析】

保险合同是最大诚信合同。如实告知、履行说明、期权和禁止反言是保险合同最大诚信原则的体现。本案投保人履行了如实告知义务，奔驰车作为进口车尽人皆知。保险代理人以国产车标准收取保险费的责任不在投保人，代理人的行为在法律上应推定为放弃以进口车标准收费的权力，即弃权。保险公司单方出具批单的反悔行为违反了禁止反言的最大诚信原则，不具法律效力。

本案中保险公司单方出具批单不影响合同的法律效力。保险公司不得因代理人的承保错误而推卸保险责任。保险费率是保险代理人在业务操作中所必须准确掌握的，保险代理人有准确适用费率的义务。从法律上讲，保险公司少收保险费的损失应由负有过错的保险代理人承担。保险公司不能因投保人少缴保费而按比例赔偿，应全额赔偿投保人的损失。

第三节　近因原则

一、近因原则的含义

保险中的近因是指促成损失结果的最有效的或起决定作用的原因，而不是指在时间或空间上与损失结果最为接近的原因。当保险标的遭受损害时，被保险人能否得到保险赔偿或取

得保险金，取决于损害事故发生的原因是否属于保险责任。当保险事故的发生是由多种原因造成的，必须判定促成损失结果的最有效的或起决定作用的原因。英国在《1906 年海上保险法》第五十五条对近因原则定义为："任何灭失的最近原因是由承保的风险所造成，保险人应承担责任。"因此，灭失的最近原因如果不属于所承保的风险，保险人便可不负赔偿责任。

在实际生活中，损害结果可能由单因造成，也可能由多因造成。单因比较简单，多因则比较复杂，主要有以下几种情况：

1. 多种原因同时并存发生

多种原因同时并存发生是指损失由多种原因造成，且这些原因几乎同时发生，无法区分时间上的先后顺序。如果损失的发生有同时存在的多种原因，且对损失都起决定性作用，则它们都是近因。而保险人是否承担赔付责任，应区分两种情况：第一，如果这些原因都属于保险风险，则保险人承担赔付责任；相反，如果这些原因都属于除外风险，保险人则不承担赔付责任。第二，如果这些原因中既有保险风险，也有除外风险，保险人是否承担赔付责任，则要看损失结果是否容易分解。对于损失结果可以分别计算的，保险人只负责保险风险所致损失的赔付；对于损失结果难以划分的，保险人可不赔付。

2. 多种原因连续发生

多种原因连续发生是指损失是由若干个连续发生的原因造成，且各原因之间的因果关系没有中断。如果损失的发生是由具有因果关系的连续事故所致，保险人是否承担赔付责任，也要区分两种情况：第一，如果这些原因中没有除外风险，则这些原因即为损失的近因，保险人应负赔付责任。第二，如果这些原因中既有保险风险，也有除外风险，则要看损失的前因是保险风险还是除外风险。如果前因是保险风险，后因是除外风险，且后因是前因的必然结果，则保险人应承担赔付责任；相反，如果前因是除外风险，后因是保险风险，且后因是前因的必然结果，则保险人不承担赔付责任。

3. 多种原因间断发生

多种原因间断发生是指损失是由间断发生的多种原因造成的。如果风险事故的发生与损失之间的因果关系由于另外独立的新原因介入而中断，则该新原因即为损失的近因。如果该新原因属于保险风险，则保险人应承担赔付责任；相反，如果该新原因属于除外风险，则保险人不承担赔付责任。

二、近因原则在汽车保险实务中的运用

在汽车保险业务中近因的确定，对于认定是否属于保险责任具有十分重要的意义。坚持近因原则的目的是为了分清与风险事故有关各方的责任，明确保险人承保的风险与保险标的损失结果之间存在的因果关系。虽然确定近因有其原则性的规定，即以最具作用和最有效果的致损原因作为近因，但在实践中，由于致损原因的发生与损失结果之间的因果关系错综复杂，判定近因和运用近因原则绝不是轻而易举的事。

典型案例

【案例 2-4】

2014 年 5 月 21 日，李先生在驾驶其投有全保的马自达 M6 轿车外出时，在交叉口因躲避行人撞到行道树上。汽车的保险杠损伤，事故并不大，但因此而产生的空调爆炸却造成了

近三万元的损失。投保人和保险人在空调爆炸的损失是否属于保险责任上发生了纠纷。由于保险公司在其30多年的业务中还没有碰到过空调爆炸的事故，因此认为空调爆炸是保险除外责任，保险公司不应赔偿。投保人不服。

经双方协商，委托专家进行鉴定。在鉴定过程中专家经过细致的查勘和调阅该车的维修资料，发现了事故的原委。因为该车空调在冷凝器的管接头处有一非常微小的泄漏处，致使该车空调连续三年春季因缺少制冷剂空调不制冷，需要加注制冷剂恢复空调制冷效果，而又一直没有排除制冷剂泄漏原因。碰撞事故导致制冷剂泄漏量增加，在大气压力下，制冷剂R-134a的浓度达到60%而发生爆炸，遂造成了更大的损失。

【本案评析】

制冷剂泄漏是空调爆炸的直接原因，但起决定的原因是碰撞，如果没有碰撞，泄漏量不会达到爆炸极限。从近因原则分析，空调爆炸事故属于保险责任。保险公司按此进行了赔偿。

第四节　损失补偿原则

一、损失补偿原则的含义

损失补偿原则是指保险事故发生后，保险人在其责任范围内，对被保险人遭受的实际损失进行赔偿。损失补偿只能使被保险人在经济上恢复到受损前的状态，而不允许被保险人通过额外索赔获得经济利益。补偿原则运用于财产保险，其内涵主要有以下几点：

（1）赔偿必须在保险人的责任范围内进行，即保险人只有在保险合同规定的期限内，以约定的保险金额为限，对合同中约定的危险事故所致损失进行赔偿。

（2）赔偿额应以实际损失额为限。当保险标的遭受损失后，按照保险合同规定，保险人的赔偿以被保险人所遭受的实际损失为限，不能超过被保险人的实际损失，被保险人不能通过保险获得额外利益。换言之，保险人的赔偿应当恰好使保险标的恢复到保险事故发生前的状态。

（3）赔偿额应当以保险利益为限。保险利益是被保险人向保险人索赔的基本依据，因此实施补偿原则的第三个限度就是以保险利益为限。

（4）损失赔偿是保险人的义务。据此，被保险人提出索赔请求后，保险人应当按主动、迅速、准确、合理的原则，尽快核定损失，与索赔人达成协议并履行赔偿义务；保险人未及时履行赔偿义务时，除支付保险金外，应当赔偿被保险人因此受到的损失。

二、补偿原则的派生原则

（一）代位原则

1. 代位原则及其意义

代位原则是指保险人依照法律或保险合同约定，对被保险人遭受的损失进行赔偿后，依法取得向对财产损失负有责任的第三者进行追偿的权利，或者取得被保险人对保险标的的所有权。

代位原则的意义在于：

(1) 防止被保险人因同一损失而获取超额赔偿，即避免被保险人获取双重利益。如果保险标的损失的原因是由第三者的疏忽、过失或故意行为造成的，而且又属于保险人承保的责任范围，那么被保险人既可以按照法律向第三者要求赔偿，也可以按照保险合同的规定向保险人提出赔偿。这样，被保险人获得的赔偿就有可能超过其实际损失额，获得额外利益，而违背损失补偿原则。同样，在保险标的发生保险事故导致实际全损或推定全损，保险人全额赔付后，如果允许被保险人处理保险标的剩余物资或保险标的被找回后，那么被保险人所得到的利益也将超出其实际损失，获得额外利益。

(2) 维护社会公共利益，保障公民、法人的合法权益不受侵害。社会公共利益要求责任人对其因疏忽或过失而对他人造成的损失承担经济赔偿责任。如果因为被保险人从保险人处获得了赔偿就不再追究责任人的经济赔偿责任，将会使责任人获益，保险人受到损害，不符合公平的原则；还会增加道德危险，容易造成他人对被保险人的故意或过失伤害行为的发生。通过代位，使责任人无论如何都要承担损害的经济赔偿责任，也使保险人可以通过代位追偿从责任人处追回所支付的保险赔款，维护保险人的合法利益。

(3) 有利于被保险人及时获得经济补偿，尽快恢复正常的生产和生活。通常被保险人或受害人向责任人索赔比向保险人索赔所需要花费时间、物力和人力会更多。通过代位，会尽快使被保险人恢复到保险事故发生前的经济水平而不必直接向责任方进行索赔。

2. 代位原则的内容

代位原则的内容包括代位求偿和物上代位。

(1) 代位求偿。代位求偿是指当保险标的遭受保险事故损失而依法应由第三者承担赔偿责任时，保险人在支付了保险赔款后，在赔偿金额的限度内相应取得对第三者的索赔权利。

1) 代位求偿的实现应具备以下条件：第一，保险标的的损失是由于保险责任事故引起的；第二，保险事故由第三方的责任引起；第三，保险人必须在履行了赔偿责任之后才能取得代位求偿权。

2) 保险双方在代位求偿中的权利义务。

① 保险人的权利义务。保险人的权利是保险人在赔偿金额范围内代位行使被保险人对第三者请求赔偿的权利。保险人的义务是保险人追偿的权利应当与他的赔偿义务等价，如果追得的款项超过赔偿金额，超过部分应归被保险人。

② 被保险人的权利义务。第一，在保险赔偿前，被保险人需保持对过失方起诉的权利；第二，不能放弃对第三者责任方的索赔权；第三，由于被保险人的过错致使保险人不能行使代位请求赔偿权利的，保险人可以相应扣减保险赔偿金；第四，被保险人有义务协助保险人向第三责任方追偿；第五，被保险人已经从第三者取得损害赔偿的，保险人赔偿保险金时，可以相应扣减被保险人从第三者已取得的赔偿金额。

3) 代位求偿原则的适用范围。

第一，保险人代位求偿的对象是对保险标的损失负有责任的第三者；第二，代位求偿原则不适用于人身保险。

(2) 物上代位。物上代位是指保险标的因遭受保险事故而发生全损时，保险人在全额支付保险赔偿金之后，依法拥有对该保险标的物的所有权。即代位取得受损保险标的物上的一切权利。

《保险法》第五十九条规定："保险事故发生后，受损保险标的的全部权利归于保险人；保险金额低于保险价值的，保险人按照保险金额与保险价值的比例取得受损保险标的的部分权利。"

物上代位的产生有两种情况：一是发生在实际全损后有残留物，保险人全额赔付后，残留物归保险人；二是发生推定全损，推定全损是指保险标的发生保险事故后，认为实际全损已不可避免，或者为避免发生实际全损所需支付的费用将超过保险价值，而按全损予以赔偿。

代位求偿与物上代位存在明显区别。第一，代位求偿的保险标的的损失是由第三者责任引起的；第二，代位求偿取得的是追偿权，而物上代位取得的是所有权。在物上代位中，保险人取得了对保险标的的所有权益和义务。

在保险车辆被盗抢的情况下，保险人赔偿后，如被盗抢的保险车辆找回，应将该车辆归还被保险人，同时收回相应的赔款。如果被保险人不愿意收回原车，则车辆的所有权益归保险人，这是代位原则所要求的。

典型案例

【案例 2-5】

2015 年 10 月 18 日，某科技公司将其所有的车辆向某保险公司投保车辆损失险、第三者责任险、盗抢险等险种，保险期限自 2015 年 10 月 19 日起至 2016 年 10 月 18 日止，其中盗窃险的保险金额为 40 万元。2016 年 2 月 5 日晚，司机王某将该车停放在某物业公司经营管理的汽车停车场内，交由该停车场保管，该停车场将"取车凭证"交给了司机。次日上午，王某去取车时，发现车辆被盗，停车场也出示证明证实该车是在其停车场内被盗的。随后向公安机关报案。三个月后，公安机关出示证明证实，未能侦破此案。被保险人某科技公司依据车辆保险合同向保险公司提出索赔，保险公司依据合同约定，向被保险人某科技公司支付了 32 万元的盗窃险赔偿金。与此同时，某科技公司也向保险公司出示了权益转让书，将该车项下 32 万元的权益转让给了保险公司。保险公司遂向法院提起诉讼，要求停车场赔偿该车项下 32 万元的损失。

停车场认为：首先保险公司无权向停车场索赔。其次停车场因没有收取车辆保管费，该车辆保管合同是无偿的，停车场不承担赔偿责任。

法院认为：保险公司是依法取得代位求偿权的，有权向有过错的第三方追偿。车主将车辆停放在某物业公司管理的停车场内，停车场也出示了"取车凭证"，虽然没有收取保管费，但按停车场的规定，取车时才收取保管费，车辆保管合同是有偿的，停车场因保管不善，造成某科技公司的车辆被盗，因此，停车场应承担赔偿责任。因停车场没有营业执照，其责任应由其开办单位某物业公司承担。在审理过程中，法院委托某评估机构评估该车价值为 38 万元。综上所述，判决如下：某物业公司应自判决生效之日起 10 日内，赔偿某保险公司 32 万元。由某物业公司支付本案的诉讼费。

【本案评析】

分析本案的争议焦点是保险公司在支付保险补偿金后是否有权向停车场索赔？

车辆停车场先停车后交费，车辆丢失后，停车场该不该赔？

本案保险公司依法取得了保险代位求偿权，因此，有权向有过错的第三方追偿。我国《保险法》第六十条规定："因第三者对保险标的的损害而造成保险事故的，保险人自向被保险人赔偿保险金之日起，在赔偿金额范围内代位行使被保险人对第三者请求赔偿的权利。”依据该条规定，保险公司在支付给被保险人 32 万元的保险补偿金后，依法取得了赔偿金额范围内的代位求偿权。因此，保险公司只能得到该保险标的项下价值 32 万元的赔偿。另外，《保险法》第六十条还规定：“保险人行使代位请求赔偿的权利，不影响被保险人就未取得赔偿的部分向第三者请求赔偿的权利。”依据该条规定，本案保险车辆超过 32 万元的部分，停车场应赔偿给被保险人某科技公司。因为，被保险人只将该车项下价值 32 万元的权益转让给了保险公司，超过部分的权利仍归被保险人所有。

该车辆保管合同是有偿合同。从上述案件事实看，虽然停车场在车辆被盗时未收取车辆保管费，但是，该车辆停车场的收费习惯是，车辆进去时不收费，离开时才收取保管费。依据《合同法》第六十一条规定：“合同生效后，当事人就质量、价款或者报酬、履行地点等内容没有约定或者约定不明确的，可以协议补充；不能达成补充协议的，按照合同有关条款或者交易习惯确定。”在本案中，车辆停车场的交易习惯是先停车后收费，停车场已出示了“取车凭证”，并且该停车场是收费停车场，是以盈利为目的的经营单位。因此，依据《合同法》的规定，该车辆保管合同是有偿的。实际生活中，许多停车场为了逃避法律责任，往往规定先停车后收费，月保管车辆实行月末才收取车辆保管费，车辆被损坏或者丢失时，停车场以未收取保管费为由不愿承担法律责任。实际上，这些停车场像本案结果一样最终难以逃脱法律制裁。

【启示】

首先，提醒广大车主注意，停车时一定要索取车辆保管凭证并保管好。现实生活中，车辆保管合同一般采用口头形式，车辆丢失后只能凭借保管费收据、取车凭证、停车证、停车卡等相关证件来证明车辆保管合同是否成立、有效，车辆保管合同是否是有偿的等事实。其次，发现车辆被盗后，应及时要求停车场出示车辆被盗的事实证明材料，或者及时请求公安机关到被盗现场侦查并出示证明材料。本案司机王某发现车辆被盗后，及时要求停车场出示证明证实车辆被盗事实，这一证明材料在车辆保管合同纠纷案件审理中起着非常重要的作用。而有些停车场则不愿提供类似证明，这时应及时报告并请求公安机关去现场侦查，将有关事实记录下来。最后，及时做好追偿的准备工作。车辆被盗后，应积极与车辆停车场协商赔偿事宜。若协商不成，应及时向人民法院提起诉讼。因为，车辆保管合同纠纷的诉讼时效为一年，自受害人知道车辆被盗时起开始计算，超过诉讼时效期间，受害人仍不诉讼的，即丧失胜诉权，这样，保险公司则不能向第三方行使代位求偿权。《保险法》第六十二条规定：“由于被保险人的过错致使保险人不能行使代位请求赔偿的权利的，保险人可以相应扣减保险赔偿金。”因此，积极向第三方索赔也是被保险人的义务。

（二）分摊原则

分摊原则仅适用于财产保险中的重复保险，是指在同一投保人对同一保险标的、同一保险利益、同一保险事故分别与两个以上保险人订立保险合同的情况下，被保险人在发生保险事故后，所得赔偿金由各保险人采用适当的方法进行分摊。

在重复保险情况下，对于损失后的赔款保险人如何进行分摊，各国做法有所不同。主要有以下分摊方法：

1. 比例责任制

比例责任制又称保险金额比例分摊制，该分摊方法是将各保险人所承保的保险金额进行加总，得出各保险人应分摊的比例，然后按比例分摊损失金额。计算方法为：

某保险人责任=某保险人的保险金额÷所有保险人的保险金额之和×损失额

例如：某投保人先后分别与甲、乙、丙三家保险公司签订了一份火灾保险合同。甲、乙、丙公司承保的金额分别为300000元、100000元、400000元，因发生火灾，损失200000元。则甲保险人应赔付款额为：

300000÷(300000+100000+400000)×200000=75000(元)

乙保险人应赔付款额为：

100000÷(300000+100000+400000)×200000=25000(元)

丙保险人应赔付款额为：

400000÷(300000+100000+400000)×200000=100000(元)

2. 限额责任制

限额责任制又称赔款额比例责任制，即保险人分摊赔款额不以保额为基础，而是按照在无他保的情况下各自单独应负的责任限额进行比例分摊赔款。甲公司200000元；乙公司100000元；丙公司200000元。计算公式为：

某保险人责任=某保险人独立责任限额÷所有保险人独立责任之和×损失额

仍以上题为例，在采用第二种分摊法计赔时，甲保险人应赔付款额为：

200000÷(200000+100000+200000)×200000=80000(元)

乙保险人应赔付款额为：

100000÷(200000+100000+200000)×200000=40000(元)

丙保险人应赔付款额为：

200000÷(200000+100000+200000)×200000=80000(元)

三、补偿原则在汽车保险实务中的运用

为统一认识，中国保监会在《机动车辆保险条款》(2000年版)中明确规定，机动车辆保险合同为不定值保险合同。因此，在保险事故发生后确定赔偿金额时，要确定事故发生时保险标的的实际价值，以实际价值作为保险赔偿金额的计算依据。

第五节　保险与防灾减损相结合的原则

保险从根本上说是一种风险管理，目的是把风险事故造成的损失缩小到最低程度，由此产生了保险与防灾、减损相结合的原则。

一、保险与防灾相结合的原则

这一原则着眼于事先预防。保险人应对承保的风险责任进行管理，其具体内容包括：调查和分析保险标的的风险情况，据此向投保方提出合理建议，促使投保人采取防范措施，并进行监督检查；向投保人提供必要的技术支持，共同完善防范措施和设备；对不同的投保人采取差别费率制，以促使其加强对风险事故的管理，即对事故少、信誉好的投保人给予降低保费的优惠，反之，则提高保费等。就汽车保险而言，国外财产保险公司的汽车修理技术研究所就是一个典型的例子。

遵循这一原则，投保人应遵守国家有关消防、安全、生产操作、劳动保护等方面的规

定，主动维护保险标的的安全，履行所有人、管理人应尽的义务。同时，按照保险合同的规定，履行风险增加通知的义务。

二、保险与减损相结合的原则

这一原则着眼于事后减损。如果发生保险事故，投保人应尽最大努力积极抢险，避免事故蔓延、损失扩大，并保护出险现场，及时向保险人报案，而保险人则通过承担施救及其他合理费用来履行义务。

三、保险与防灾减损相结合原则在汽车保险实务中的运用

（1）加强保险防灾宣传、咨询工作。

（2）积极配合社会上专门的防灾组织，开展各项防灾工作。

（3）对重点保户进行安全检查。

（4）条款制约与费率优惠。如在投保、续保中规定无赔款或防护好的优待、有赔款上调费率；规定免赔率和免赔额；对经常发生保险赔款的保户，在投保时拒保或提高费率。

在汽车保险实务中，保险公司所制定的无赔款优待正是保险与防灾相结合原则的具体体现，对于续保的被保险人，如果上一年没有发生交通事故或者没有因交通事故得到保险公司的理赔，那么在下一年即可享受续保险种一定比例的保险费减免优惠。此项规定的实施，调动了广大车主积极防范车险事故的积极性。保险事故发生后，保险公司在办理理赔时，根据被保险人在事故中所负责任比例及违章情况，执行相应比例的免赔率，其目的是督促被保险人遵章守法、安全驾驶，减少保险事故的发生及财产损失。当车辆发生事故之后，参加汽车保险的车主有义务采取合理必要的施救措施，避免事故蔓延、损失扩大，保险公司承担所产生的合理施救费用。这些都是保险与减损相结合的原则的具体体现。

本章小结

汽车保险利益原则，是保险法的基本原则在汽车保险业务运营中的体现。财产保险的利益应具备如下特点：必须是法律认可并予以保护的合法利益；必须是客观存在的利益；必须是确定的经济利益。人身保险利益的特点：是法律认可并予以保护的人身关系；人身关系中具有财产内容；构成保险利益的是经济利害关系。

最大诚信原则要求保险人履行说明义务，投保人履行如实告知义务，要求投保人和被保险人履行保证义务，保证分为明示保证和默示保证。当事人未履行义务的保险合同无效，由此产生的后果由当事人自己承担。

保险中的近因是促成损失结果的最有效的或起决定作用的原因，而不是指时间和空间上最近的原因。

损失补偿原则，是指保险赔偿只能使被保险人在经济上恢复到受损前的状态，而不允许被保险人通过额外索赔获得经济利益。赔偿必须在保险人责任范围内，赔偿必须以实际损失额为限，赔偿应以保险利益为限，损失赔偿是保险人的义务。

代位原则，是指保险人依照法律或保险合同约定，对被保险人遭受的损失进行赔偿后，依法取得向对财产损失负有责任的第三者进行追偿的权利或者取得被保险人对保险标的所有权。

分摊原则仅适用于财产保险中的重复保险，是指在同一投保人对同一保险标的、同一保险利益、同一保险事故分别与两个以上保险人订立保险合同的情况下，被保险人在发生保险事故后所得赔偿金由各保险人采用适当的方法进行分摊。

最大诚信原则、保险利益原则、近因原则、损失补偿原则既适用于人身保险也适用于财产保险；订立保险合同、履行保险合同期间应遵循最大诚信原则和保险利益原则；保险理赔阶段应遵循近因原则和损失补偿原则。

思考与练习

1. 汽车保险应遵循哪些原则？
2. 何谓保险利益？成为可保利益的条件是什么？
3. 何谓补偿原则？简述补偿原则在车险实践中的理论指导意义。
4. 举例说明什么是物上代位？什么是代位求偿？
5. 何谓近因？简述近因原则在车险实践中的理论指导意义。

第三章　汽车保险合同

知识目标

1. 了解汽车保险合同的概况，熟悉汽车保险合同的特征和基本形式，理解合同的基本构成和内容。

2. 重点掌握汽车保险合同的订立和效力，合同的履行、变更和终止，汽车保险合同的违约责任。

能力目标

具备运用保险合同的相关条款处理一般保险合同纠纷的能力。

汽车保险合同作为保险合同的一种，其订立、变更、解除等遵循《保险法》关于保险合同的一般规定。当然，汽车保险业务活动又有其自身的特殊性，掌握这些差别，对于正确理解汽车保险具有十分重要的意义。

第一节　汽车保险合同概述

一、保险合同的定义

保险合同，是保险人与被保险人双方经过要约和承诺程序，在自愿基础上订立的一种法律上具有约束力的协议，是投保人与保险人约定保险权利义务关系的协议。

投保人是指与保险人订立保险合同，并按照保险合同负有支付保险费义务的人。

保险人是指与投保人订立保险合同，并承担赔偿或者给付保险金责任的保险公司。

二、保险合同的分类

（1）按保险标的分为财产保险合同、人身保险合同。

（2）按合同的性质分为补偿性保险合同、给付性保险合同。

（3）按照标的价值在订立合同时，确定为定值保险合同、不定值保险合同。

（4）按合同承担风险责任的方式分为单一风险合同、综合风险合同。

（5）按保险人的承保方式分为原保险合同、再保险合同。

三、汽车保险合同的定义

汽车保险合同是财产保险合同的一种，是指以汽车及其有关利益作为保险标的的保险合同。由于汽车保险业务在财产保险公司的所有业务中占据绝对地位，因而汽车保险合同是财产保险公司经营过程中的重要合同。

汽车保险合同不仅适用《保险法》、《道路交通安全法》、《机动车交通事故责任强制保险条例》等法律法规的规定，而且适用《中华人民共和国合同法》和《中华人民共和国民法通则》的有关规定。

第二节　汽车保险合同的法律特征

汽车保险属于经济合同的一种。由于汽车保险合同的客体不同于一般的经济合同，所以，它既具有经济合同的一般特点，同时又有自身的独特之处。

一、汽车保险合同的一般特征

1. 汽车保险合同是有名合同

以法律是否设有规范并赋予一个特定名称为标准，合同分为有名合同与无名合同，法律尚未确定名称和规范的合同是无名合同。汽车保险合同是典型的有名合同。根据我国《机动车辆保险条例》，我国的汽车保险统一的名称是“机动车辆保险”。

2. 汽车保险合同是有偿合同

订立保险合同是双方当事人有偿的法律行为，保险合同的一方在享有合同规定的权利的同时，必须付出一定的代价，这种相互的报偿关系称为对价。汽车保险合同的生效是以投保人交付保险费为条件，换句话说是以交付保险费作为换取保险人承担危险的代价。这种对价是相互的和有偿的。所以，汽车保险合同是典型的有偿合同。

3. 汽车保险合同是射幸合同

射幸就是碰运气、赶机会的意思。射幸合同是合同的效果在订约时不能确定的合同，即合同当事人一方并不必然履行赔偿或给付义务，而只有当合同中约定的条件具备或合同约定的事件发生时才履行。汽车保险合同的履行，投保人根据保险合同支付保险费的义务是确定的，而保险人的义务是否履行在汽车保险合同订立时尚不确定，而是取决于偶然的、不确定的保险事故是否发生。但是，汽车保险合同的射幸性是就单个保险合同而言的，而且也是仅就有形保障而言的，对整个保险业来讲不存在射幸性。

4. 汽车保险合同是最大诚信合同

任何合同的订立，都应本着诚实、信用的原则。汽车保险合同订立时，作为投保人，应当如实告知保险人汽车本身的情况，如是否是营运车、是否重复保险等，并如实回答保险公司提出的问题，不得隐瞒。因为这将影响保险人对保险费率的确定，决定保险合同是否有效。保险人也应将保险合同的内容及特别约定事项、免赔责任如实向投保人进行解释，不得误导或引诱投保人参加汽车保险。因此，最大诚信原则对投保人与保险人是同样适用的。

5. 汽车保险合同是双务合同

双务合同是指合同当事人双方互相承担义务、互相享有权利。投保人承担支付保险费义务，保险人承担约定事故出现后的赔款义务；投保人或被保险人在约定事故发生后有权向保险人索赔，而保险人也有权要求投保人缴纳保险费。所以，汽车保险合同是双务合同。

6. 汽车保险合同是非要式合同

要式合同是指法律要求必须具备一定形式和手续的合同，与之相对应，非要式合同是指法律不要求必须具有一定形式和手续的合同。两者的区别在于是否以要求以一定的形式作为合同成立和生效的条件。在汽车保险实务中，只要投保人如实地填写投保单，并缴纳了相应的保险费，无论保险人是否签发了其他的保险单证，法律上都认定汽车保险合同已经成立和生效。

7. 汽车保险合同是附和合同

附和合同是指合同不是双方当事人充分商议而订立的，而是由一方提出合同的主要内容，而另一方只能取与舍，即可选择接受对方提出的条件订立合同，也可拒绝，但没有修改合同内容的权利。汽车保险合同是附和合同，由保险人缮制，通常情况下投保人无权修改合同的内容，只有权决定是否与保险人订立合同。

二、汽车保险合同有别于一般保险合同的特征

汽车保险合同除了具有上述一般经济合同的特征以外，还有其有别于一般保险合同的自身特征。

（1）汽车保险合同的可保利益较大。对于汽车保险，不仅被保险人使用汽车时具有保险利益，对于被保险人允许的合格驾驶员使用保险车辆，同样具有可保利益。

（2）汽车保险合同属于不定值保险合同。保险合同中汽车的保险金额，可以由投保人和保险人约定并在保险合同中载明，也可以按照保险事故发生时汽车的实际价值确定。投保汽车保险时，车辆损失险的保险金额不能超过保险价值，超过保险价值的，超过部分无效；保险金额低于保险价值，保险人按照保险金额与保险价值的比例承担赔偿责任。

（3）汽车保险合同适用代位原则。包括代位求偿和物上代位。

三、汽车保险合同的形式

在汽车保险的具体实务工作中，汽车保险合同主要有以下几种形式。

1. 投保单

汽车保险投保单又称为“要保单”，或者称为“投保申请书”，是投保人申请保险的一种书面形式。通常，投保单由保险人事先设计并印制，上面列明了保险合同的具体内容，投保人只需在投保单上按列明的项目逐项填写即可。汽车投保单的主要内容包括：

（1）被保险人的名称。

（2）投保人的名称。

（3）保险车辆的名称。

（4）投保的险别。

（5）保险金额。

（6）保险期限等内容。

上述投保单的内容经保险人签章后，保险合同即告成立，保险人按照约定的时间开始承担保险责任。

2. 暂保单

暂保单是保险人出具正式保单以前签发的临时保险合同，用以证明保险人同意承保。暂

保单的内容较为简单，仅包括保险标的、保险责任、保险金额以及保险关系当事人的权利义务等。

订立暂保单不是签订保险合同的必经程序。一般来说，使用暂保单有以下几种情况：

（1）保险代理人在争取到业务但尚未向保险人办妥保险单之前，对被保险人开具的临时证明。

（2）保险公司的分支机构在接受投保人的要约后，需要获得上级保险公司或保险总公司的批准。

（3）保险人和投保人在洽谈或续订保险合同时，订约双方已就主要条款达成一致，但一些条件尚未谈妥。

（4）出口贸易结汇，保险单是必备的文件之一，在保险单或保险凭证未出具之前，可出示暂保单，以证明出口货物已办理保险，作为办理结汇凭证之一。

暂保单具有与正式保单同等的法律效力。暂保单的内容相对简单、保险期限短，可由保险人或兼业保险代理机构签发。我国现行的汽车保险中提车暂保单承保车辆损失险和第三者责任险。

3. 保险单

保险单简称"保单"，是保险人和投保人之间订立保险合同的正式书面凭证。它根据汽车投保人申请，在保险合同成立之后，由保险人向投保人签发。保险单上列明了保险合同的所有内容，它是保险双方当事人确定权利、义务和在发生保险事故遭受经济损失后，被保险人向保险人索赔的重要依据。

4. 保险凭证

保险凭证也称保险卡，是保险人发给投保人以证明保险合同已经订立或保险单已经签发的一种凭证。由于机动车辆保险的标的具有流动性大、出险概率较高的特点，一旦出险需要出示保险合同。然而，被保险人与其允许的驾驶人员往往不止一人，尤其是单位投保人同时投保多辆车辆，不便也不可能随身携带保险单，因此保险人在签发保险单时还向被保险人签发机动车辆保险凭证，便于被保险人或其允许的驾驶人员随身携带，证明保险合同的存在。

保险凭证的法律效力与保险单相同，保险凭证上未列明的事项以保险单为准。

5. 批单

在保险合同有效期间，可能发生需要部分变更的情况，这时要求对保险单进行批改。保险单的批改应该根据不同的情况采用统一和标准措辞的批单。在多次批改的情况下，最近一次批改的效力优于之前的批改，手写批改的效力优于打字的批改。

6. 书面协议

保险人经与投保人协商同意，可将双方约定的承保内容及彼此的权利义务关系以书面协议形式明确下来。这种书面协议也是保险合同的一种形式。同正式保单相比，书面协议的内容不事先拟就，而是根据保险关系双方当事人协商一致的结果来签订，具有较大的灵活性和针对性，是一种不固定格式的保险单，它与保险单具有同等法律效力。

第三节 汽车保险合同的基本内容

一、汽车保险合同的主体

所谓汽车保险合同的主体是指具有权利能力和行为能力的保险关系双方，包括汽车保险合同当事人、关系人和中介人三方面内容。与汽车保险合同订立直接发生关系的人是保险合同的当事人，包括汽车保险人和汽车保险投保人；与汽车保险合同间接发生关系的人是合同的关系人，它仅指被保险人。由于在保险业务中涉及的面较广，通常存在中介人，如保险代理人、经纪人、公估人等。

（一）汽车保险合同的当事人

汽车保险合同的当事人包括保险人和投保人。

1. 保险人

汽车保险人是指与投保人订立汽车保险合同，对于合同约定的可能发生的事故因其发生造成汽车本身损失及其他损失承担赔偿责任的财产保险公司。对于保险人在法律上的资格，各国保险法都有严格规定。一般来说，保险人经营保险业务必须经过国家有关部门审查认可。

（1）按我国法律规定保险人必须符合以下条件：

1）保险人要具备法定资格。

2）保险人须以自己的名义订立保险合同。

3）保险人须依照保险合同承担保险责任。

（2）汽车保险人应履行的义务参见第一章保险市场相关内容。

（3）作为汽车保险合同当事人之一的保险人也有自己的权利，主要表现为：

1）决定是否承保。

2）收取保费。

3）有权要求投保人履行如实告知义务。

4）有权代位追偿、处理赔偿后的损余物资。

2. 投保人

汽车保险投保人是指与汽车保险人（即保险公司）订立汽车保险合同，并按照保险合同负有支付保险费义务的人。

（1）汽车保险投保人应具备下列三个条件：

1）投保人是具有权利能力和行为能力的自然人或法人，反之，不能作为投保人。

2）投保人对汽车具有利益关系，存在可保利益。

3）投保人有缴纳保险费的能力。

（2）汽车保险投保人（被保险人）应履行的义务参见第一章保险市场相关内容。

（二）汽车保险合同的关系人

在财产保险合同中，合同的关系人仅仅指被保险人，而人身保险合同中的关系人除了被保险人外，还有受益人。通常被保险人是一个，而受益人可以为多个。汽车保险合同是财产保险合同的一种，应当具有财产保险合同的一般特征，因而，汽车保险合同的关系人是被保险人。所谓汽车保险被保险人是指其财产或者人身受汽车保险合同保障，享有保险金请求权的人。

1. 被保险人的特征

（1）在汽车保险合同中，被保险人是保险标的，即保险车辆的所有人或具有利益的人。

（2）被保险人是享有赔偿请求权的人。因为被保险人是保险事故发生而遭受损失的人，所以享有赔偿请求的权利，投保人不享有赔偿请求的权利。

2. 投保人和被保险人的关系

（1）投保人与被保险人是同一人。在汽车保险中，投保人以自己的汽车投保，投保人同时也就是被保险人。

（2）投保人与被保险人不是同一人。投保人以他人的汽车投保，保险合同一经成立，投保人与被保险人分属两者。在这种情况下，要求投保人对于被保险人的财产损失具有直接的或间接的利益关系。

（三）汽车保险合同的中介人

由于汽车保险在承保与理赔中涉及的面广，中间环节较多，因而在汽车保险合同成立及其理赔过程中存在众多的社会中介组织，如汽车保险代理人、汽车保险经纪人、汽车保险公估人等。

二、汽车保险合同的客体

汽车保险合同的客体是指汽车保险合同当事人双方权利和义务所共同指向的对象。汽车保险合同的客体不是保险标的本身，而是投保人或被保险人对保险标的所具有的合法的经济利益关系，即保险利益，也叫可保利益。保险利益是投保人投保签约的起因，也是保险人决定是否承保的标准。

保险利益与保险标的含义不同，但二者又是相互依存的关系。保险利益以保险标的的存在为条件，体现在当保险标的存在时，投保人或被保险人对保险标的的经济利益也继续存在，当保险标的遭遇损失时，投保人或被保险人将蒙受经济上的损失。投保人或被保险人向保险人投保，要求经济保障的，不是保险标的本身，而是以其对保险标的所具有的经济上的利益。

三、汽车保险合同的内容

汽车保险合同的内容主要用来规定保险双方当事人所享有的权利和承担的义务，它通过保险条款使这种权利义务具体化，包括基本条款和附加条款。

基本条款是汽车保险合同中不可缺少的条款，没有基本条款也就没有汽车保险合同。

附加条款是应投保人的要求而增加承保危险的条款。相当于扩大了承保范围，满足部分投保人的特殊要求。

汽车保险合同基本事项包括：

1. 当事人的姓名和住所

当事人是保险合同权利和义务的直接享有者和承担者，他们的行为使保险合同得以产生，所以保险合同应该首先载明当事人（保险人和投保人）的名称和住所，被保险人是保险合同保障的对象，无论与投保人是否是一个人，都应该在合同中载明其姓名和住所。

投保人如是单位，则载明单位全称(与公章名称一致)。

2. 保险标的

保险标的是作为保险对象的财产及其有关利益，是保险利益的载体。车辆损失险的保险标的是保险车辆，第三者责任险的保险标的是被保险人或其允许的驾驶员在使用保险车辆行驶过程中给他人造成财产损失或人身伤害，依照法律和保险合同规定应当承担的经济赔偿责任。

3. 保险责任

保险责任指保险人依据保险合同约定的必须承担赔偿或给付保险金责任的风险项目。

机动车辆保险合同中的保险责任采用列明方式，具体列明保险人承担哪些保险(责任)事故引起的损失赔偿(或责任赔偿)以及施救、救助、诉讼等费用负担的规定。

4. 责任免除

责任免除也称除外责任，是指根据法律规定或合同约定，保险人对某些风险造成的损失补偿不承担赔偿保险金的责任。责任免除条款适当限制了保险人承担的保险责任范围，意味着被保险人也要对某些风险自行承担责任。保险人在与投保人订立保险合同时，应当以十分明确的语言向投保人指明和解释责任免除条款，不得隐瞒或含糊其辞。《保险法》第十八条明确规定："保险合同中规定有关保险人责任免除条款的，保险人在订立保险合同时应当向投保人明确说明，未明确说明的，该条款不产生效力。"

5. 保险期限和保险责任开始的时间

保险合同的保险期限是保险合同所持续的有效时间。保险责任开始到保险责任终止的期间叫做保险期间。新的保险条例规定：保险期间采用零时起保或即时起保，投保人可以自行选择。比如，2017 年 2 月 18 日签订的保险合同，生效时间定于 2017 年 2 月 19 日零时零分，即为零时起保，保险人从这个时间开始承担保险责任；若选择即时起保，则签完合同立即生效。

6. 保险人、投保人及被保险人的义务

机动车辆保险合同中明确了保险人、投保人及被保险人的义务，并且在合同中也指明任何一方违反义务时应承担的责任。

7. 保险金额

保险金额是保险合同约定的保险人承担赔偿的最高限额。由于机动车辆损失保险是不定值保险，所以机动车辆损失保险金额可以由投保人和保险人协商确定，但不能超过机动车辆的实际价值。由于第三者责任险中可能涉及人身伤害事故赔偿的处理，而人的生命价值其实无法用货币度量，因此只能由投保人与保险人在订立第三者责任险时协商确定保险金额，作为发生保险事故时保险赔偿(第三者人身伤亡和财产毁损)的限额。

8. 保险费

保险费是投保人向保险人支付的、用以换取保险人承担保险责任的代价。投保人向保险人支付保险费，是投保人与保险人订立保险合同应尽的首要义务。一般情况下，汽车保险投保人只有支付了保险费以后，汽车保险合同才开始生效。

9. 保险金的赔偿办法

保险金赔偿办法指在保险合同中约定的、当发生保险事故时保险人向被保险人赔付保险金的计算方法。

10. 违约责任和争议处理

违约责任指合同当事人违反合同义务时应当承担的民事责任。汽车保险合同当事人一方不履行合同义务或者履行合同义务不符合约定的，应当承担继续履行、采取补救措施或者赔偿损失等违约责任。

争议处理指合同当事人双方对保险合同发生争议或纠纷时的处理解决方式，主要有协商、调解、仲裁和诉讼等方式。

11. 订立合同的年、月、日

汽车保险合同成立的日期并不等同于合同生效日期，汽车保险合同的生效还要以某些附加条件的满足为依据。比如续保手续一般提前一个月即开始办理，也就是签订协议时上一年度的保险期间还没有结束，故需要另行约定合同生效日期。

第四节　汽车保险合同的订立、生效、变更、解除与终止

一、汽车保险合同的订立与生效

1. 汽车保险合同的订立

汽车保险合同订立是指保险人与投保人在平等自愿的基础上，就汽车保险合同的主要条款经过协商最终达成协议的法律行为。汽车保险合同要经过要约和承诺两个步骤，要约又称为“订约提议”，是一方当事人向另一方当事人提出订立合同建议的法律行为，是合同签订的一个重要的程序。承诺又称为“接受订约提议”，是承诺人向要约人表示同意与其缔结合同的意思表示。在保险实务中，保险公司通过审核保险单决定是否接受投保人提出的保险业务，所以对于保险公司来说，承诺也就是保险公司承保的过程。通过投保人要约与保险人承诺之后，汽车保险合同即告成立，按照我国现行的法律规定，汽车保险的保险期限通常为一年，在保险期满续保时，保险公司向被保险人发出续保通知书，这即为保险人向被保险人发出要约。如果被保险人愿意继续在同一家保险公司处投保，可以看作被保险人对保险人的要约给予承诺，新的保险合同成立。

2. 汽车保险合同的生效

一般情况下，保险合同自投保人与保险人就合同的主要条款达成一致协议时成立。机动车辆保险合同采用书面形式，自双方当事人签字或盖章时合同成立。

保险合同的生效与成立的时间不一定一致。保险合同双方当事人可以对合同的效力约定附生效条件或附生效期限。保险合同多为附条件合同。

各家保险公司一般均以缴纳保险费作为保险合同生效的条件。例如，中国人民财产保险公司在家庭自用汽车损失保险的条款中明确规定：“投保人应当在保险合同成立时一次足额支付保险费；保险费付清前发生的保险事故，保险人不承担赔偿责任。”

关于保险合同的附生效期限，我国保险公司现推行“零时起保制”或“即时起保”两种方式。把保险合同生效的时间放在合同成立日的次日零时，即为零时起保，签完合同立即生效即为即时起保。保险合同生效前发生的保险事故，保险人不承担赔偿责任。

典型案例

【案例 3-1】

2015 年 7 月 10 日，王先生通过某公司保险代理人李某为其拥有的广州丰田凯美瑞轿车购买了车辆损失险、第三者责任险、盗抢险等项保险，共计保险金额 100 余万元，随后王先生将保险费 11235 元一次性足额缴给代理人李某，并取得保险单。

2015 年 11 月 15 日，王先生驾驶其丰田凯美瑞轿车外出办事，在郊区公路上与一相向行驶的金杯海狮发生迎面相撞事故，双方车辆损失及人员救助医疗费共计 8 万余元，公安交通事故处理部门认定王先生负主要责任，承担损失的 70%。2015 年 12 月 20 日，王先生向保险公司提出理赔，保险公司接案后以王先生未及时缴纳保险费为由拒绝理赔。王先生不服，将保险公司告上法院。

法院审理后认为，保险公司代理人李某在收到王先生的保险费后，没有及时上缴，致使王先生的保险费没有及时到位。代理人李某是代表保险公司承办保险业务，其行为后果应由保险公司承担。王先生已经将保险费交给代理人李某，就视同将保险费缴到保险公司；保险公司对保险费的管理不到位，与王先生无关。法院判决保险公司承担王先生的损失 5.6 万余元。

【本案评析】

保险代理人的行为后果由保险人负责，这是在保险代理人的定义里明确定义的，所以法院的判决是有依据的。

二、汽车保险合同的变更

1. 保险合同变更的含义

保险合同的变更是指在保险期内，当事人根据主客观情况的变化，依照法律规定的程序，对保险合同的某些条款和事项进行修改或补充。我国《保险法》明确规定："在保险合同有效期内，投保人和保险人经协商同意，可以变更保险合同的有关内容。变更保险合同的，应当由保险人在原保险单或者其他保险凭证上批注或者附贴批单，或者由投保人和保险人订立变更的书面协议。"

2. 汽车保险合同变更的事项

汽车保险合同一般都是一年期的保险合同，在合同的有效期内，由于情况的变化因而会产生变更合同的要求。

汽车保险合同的变更主要涉及以下几方面的内容：

(1) 汽车保险合同主体的变更。保险人如分立或合并时，应该变更保险人、投保人或被保险人。

(2) 保险标的的变更。包括保险标的的用途、危险程度的变化、保险价值明显增加或减少等情况。

(3) 保险合同内容的变更。保险合同内容的变更是指当事人双方权利和义务的合同条款的变更。当投保人或被保险人提出增加或减少保险费、改变保险费的支付方式、扩大或缩小保险责任范围和条件、扩大或缩小责任免除范围和条件、延长或缩短保险期限等要求时，会导致保险合同内容的变更。保险合同标的变更时也往往引起保险合同内容的变更。

3. 汽车保险合同变更的形式及合同变更的效力

汽车保险合同变更必须采用书面形式，在保险双方当事人协商一致的前提下，可以由保险人在原保险单或者其他保险单证上批注，也可附贴批单，还可以就变更问题专门签订书面协议。

根据国际惯例，手写批注的法律效力优于打字批注；打字批注的法律效力优于加贴的附加条款；加贴的附加条款的法律效力优于基本条款；旁注附加的法律效力优于正文附加。变更了的部分保险合同与原保险合同中未变更的部分重新组成一份完整的保险合同，成为合同当事人享有合同权利和履行合同义务的依据。

三、汽车保险合同的解除

1. 汽车保险合同解除的含义

汽车保险合同解除，是指保险合同成立之后，当法定或约定的事由发生时，一方当事人可以行使解除权，使保险合同效力提前解除的一种法律行为。

2. 汽车保险合同解除的条件情形

（1）投保人解除汽车保险合同。《保险法》第十五条规定：“除本法另有规定或者保险合同另有约定外，保险合同成立后，投保人可以解除保险合同。”因此，只要投保人和保险人在签订合同时没有就保险合同的解除作出约定的，机动车辆保险投保人享有随时解除保险合同的权利和自由。在保险实践中，如果投保人没有在投保机动车辆损失保险的同时附加投保机动车辆盗抢险，那么在保险合同有效期内保险车辆遭盗窃或抢劫时投保人就会解除保险合同。此外，当机动车辆在交通事故中被其他车辆严重损伤，肇事车辆所有人根据责任以现金的方式进行赔偿，或者肇事车辆的保险人依据第三者责任险的赔偿责任以现金的方式赔偿，受损伤车辆的价值明显减少，投保人也可以提出解除保险合同。

（2）保险人解除汽车保险合同。保险人解除保险合同的权利一般受法律限制。《保险法》第十五条规定：“除本法另有规定或者保险合同另有约定外，保险合同成立后，保险人不得解除保险合同。”

保险人解除保险合同的原因主要有：

① 保险人由于投保人故意隐瞒事实，不履行如实告知义务而解除保险合同的，保险人对于保险合同解除前发生的保险事故不承担赔偿保险金的责任，并且不退还保险费。

② 保险人由于投保人过失未履行如实告知义务而解除保险合同的，保险人对于保险合同解除前发生的保险事故不承担赔偿保险金的责任，但是可以退还保险费。

③ 投保人或被保险人谎称发生了保险事故，并且向保险人提出赔偿保险金的，保险人有权解除保险合同，并不退还保险费。

④ 投保人或被保险人无论是直接故意还是间接故意，只要制造的事故属于保险合同约定的保险责任范围内的事故，保险人都有权解除保险合同，并不承担赔偿保险金的责任。

四、汽车保险合同的终止

汽车保险合同终止是指保险合同权利义务关系的绝对灭失。引起保险合同终止的情况主要包括以下几种情况：

1. 自然终止

自然终止是指保险合同有效期限届满，保险人承担的保险责任即告终止。自然终止是保险合同终止最普遍、最基本的方式。汽车保险合同的期限通常为一年，合同到期后，投保人续保，新的保险合同成立。

2. 因解除而终止

保险合同被解除是导致终止的又一个重要原因。当汽车保险合同双方当事人中的任何一方根据法律规定或者双方的约定行使合同的解除权，并以书面形式通知送达对方当事人，合同的效力即行终止。或者双方当事人通过协商，达成解除合同的协议，合同的效力也即行终止。

3. 因履行义务而终止

因履行义务而终止是指保险事故发生后，保险人履行了赔付保险金的全部责任，导致合同终止。这里的全部责任，是指发生了保险人应当按约定的保险金额全部赔付的保险事故。对于机动车辆损失险而言，如保险车辆因一次事故全部损毁或推定全损，保险人给付保险赔偿金后汽车保险合同即行终止。但对于第三者责任险，则不存在因履行义务而终止的情况。

典型案例

【案例3-2】

投保人王先生为自己的桑塔纳2000与保险公司签订了一份《机动车辆保险单》，保险期限为一年，保险范围包括车辆损失险、第三者责任险和不计免赔特约条款，应缴纳保险费5748元。王先生先后分两次共缴纳保险费5000元，还欠保险费748元未交。

在签订保险合同后4个月，王先生在驾驶投保车辆在沈阳境内出险，经保险公司查勘，事故属保险责任。经保险人核损，计算车辆损失为42356.58元，但因投保人未全额缴纳保费，便扣减了5511.96元，向投保人王先生实际支付保险赔款36844.62元。

王先生不服，引发纠纷，最终双方诉至法院。经法院调解，双方达成协议。保险人向王先生支付保险赔款36844.62元，放弃向王某追讨剩余的748元保险费的权力；投保人放弃向保险人追讨扣减的5511.96元保险赔款的要求。

【本案评析】

该案例反映了人们对保险的误解，以为保险就是签订保险单，而保险费交多少和什么时候交并不重要，多数投保人在签订保险合同时，根本不看保险单后面的条款。《保险法》第十四条规定：“保险合同成立后，投保人应按照约定交纳保险费，保险合同才发生效力。如果被保险人不履行该义务，保险人有权拒绝赔偿，已赔偿的，有权追回已付保险赔款。”

第五节 保险合同的争议处理

一、汽车保险合同的解释原则

在保险合同履行过程中，往往会出现由于保险双方当事人对合同的理解不同，对主张权利和义务发生分歧及争议。在这种情况下，采用合适的原则对合同的内容及其用词进行解释就显得尤为重要。保险合同的解释应遵循以下几项原则：

1. 合法解释原则

合法解释原则是指解释合同的内容应该首先不违反国家的法律、行政法规。汽车保险合同当事人在对有理解分歧的汽车保险合同条款进行解释时不得违反法律、法规的强制性规定。

2. 文义解释原则

文义解释原则是指应该按照保险条款的文字含义解释的原则。保险条款的文字含义包括：一是文字的普通含义；二是文字的专门含义，即专业术语。对于专业术语有立法解释的，以立法解释为准；没有立法解释的，以司法解释、行政解释为准；无上述解释的，亦按行业习惯或保险业公认的含义解释，同一合同出现的同一词的含义应一致。

3. 意图解释原则

保险合同是双方当事人意思表示一致的结果。因此，在解释合同时，必须尊重订立合同时双方当事人的真实意图。要根据订立合同时候的背景、客观实际情况进行逻辑分析、演绎来确定。

4. 整体解释原则

解释保险合同时，要求从合同的整体全面考虑，不能根据只言片语，断章取义，要根据订立合同的目的，结合合同其他条款的内容来确定具体条款的含义。

5. 有利于被保险人的解释原则

我国保险法第三十条规定："对于保险合同的条款，保险人与投保人、被保险人或者受益人有争议时，人民法院或者仲裁机关应当作有利于被保险人和受益人的解释。"这是由于保险合同的附和性所决定的。对此，为了平衡保险双方当事人的地位，在合同进行解释的原则上，法律做了一定的倾斜。在按照以上各种解释原则都不能对有争议的条款进行清楚解释的情况下，或者对有争议条款具有两种以上解释的情况下，应当采用有利于被保险人的原则进行解释。

二、解决汽车保险合同争议的方式

根据我国《合同法》一百二十八条的规定："当事人可以通过和解或者调解解决合同争议。当事人不愿意和解、调解或者和解、调解不成的，可以根据仲裁协议向仲裁机关申请仲裁。涉外合同的当事人可以根据仲裁协议向中国仲裁机构或者其他仲裁机构申请仲裁。当事人没有订立仲裁协议或者仲裁协议无效的，可以向人民法院起诉。当事人应当履行发生法律效力的判决、仲裁裁决、调解书；拒不履行的，对方可以请求人民法院执行。"所以，当保险合同产生争议纠纷的时候，可以采取和解、调解、仲裁以及诉讼的方式解决。汽车保险合同也不例外，也是通过和解、调解、仲裁以及诉讼的方式解决汽车保险合同双方当事人纠纷的。

本章小结

保险合同是保险人与投保人约定保险权利义务关系的协议。汽车保险合同适用《保险法》《道路交通安全法》《机动车交通事故责任强制保险条例》《中华人民共和国合同法》和《中华人民共和国民法通则》等法律法规的规定。

汽车保险合同是经济合同的一种，其特点有：汽车保险合同的可保利益较大，汽车保险合同属于不定值保险合同，汽车保险合同适用代位原则。

汽车保险合同的形式主要有投保单、暂保单、保险单、保险凭证、批单、书面协议等。

汽车保险合同的主体是指具有权利能力和行为能力的保险关系双方，包括保险合同当事人、关系人和中介人三方面的关系。保险合同的当事人包括保险人和投保人；保险合同的关系人，在财产保险中仅指被保险人，在人身保险合同中，还包括受益人；保险合同的中介人包括：保险代理人、保险经纪人、保险公估人。

汽车保险合同的生效以投保人足额缴纳保险费为要约条件。保险合同成立后，投保人可以解除合同，但要按保险法规定执行；保险人一般不能解除合同，但投保人和被保险人违反保险原则和约定除外。

思考与练习

1. 什么是汽车保险合同？汽车保险合同有哪些特征？
2. 简述汽车保险合同订立与生效的过程。
3. 简述汽车保险合同变更与批改。
4. 简述汽车保险合同的解释原则。
5. 简述汽车保险合同争议的处理方式。

第四章　机动车交通事故责任强制保险

知识目标

1. 理解机动车辆交通事故责任强制保险的发展过程。
2. 理解机动车辆交通事故责任强制保险的条款。

能力目标

具备进行机动车辆交通事故责任强制保险案例分析的能力。

第一节　汽车责任强制保险制度

汽车交通事故责任强制保险是一项全新的保险制度，具有社会性、公益性和强制性等特点。我国的交强险制度需要在实践中逐步探索、完善。伴随着国民经济的发展，全民保险意识和道路安全意识的增强，保险公司经营管理水平的提高，交强险制度会越来越成熟，必将真正成为促进安全意识的提高，加强法制建设的有力手段。

一、汽车责任强制保险的概念

责任保险，指以被保险人依法应当对第三者承担的损害赔偿责任为保险标的的保险。汽车责任强制保险，是政府基于公共政策的考虑，为维护社会的普遍利益，以法律法规的形式实施的汽车责任保险。一方面用法律法规的手段强制被保险人参加责任保险；另一方面保险人也必须承保汽车责任险。目的是为了保障交通事故受害人能得到合理的基本保障。一般采用“法定保险，商业经营”的运作模式。

1. 汽车责任强制保险的特征

与商业险相比，具有以下特征：

① 强制性；

② 不可选择性；

③ 对第三者利益具有基本保障；

④ 建立社会保险基金；

⑤ 以无过失责任为基础；

⑥ 具有公益性。

2. 汽车责任强制保险的产生

第一次世界大战后，汽车工业发展迅速，汽车的大量生产和销售价格的降低，特别是分期付款促销方式的出现，汽车变成了最为普遍的交通工具，为汽车保险业的发展创造了条件。但是，因为车主在购买汽车时几乎花光了所有的积蓄，出现了许多无力购买汽车保险的情况。发生交通事故的受害人的人身伤亡和财产损失无法得到及时有效赔偿。因此许多国家出台法律，强制实行汽车责任险，以保障交通事故受害人的基本权利。

二、国外汽车责任强制保险

1. 美国汽车责任强制保险

美国是推行汽车责任强制保险最早的国家。1927 年，马萨诸塞州颁布了举世闻名的强制机动车保险法，以此为标志，机动车强制保险由自愿保险向强制保险发展，美国已有 38 个州相继颁布了类似法令。这些立法对英、法、德、日等国家机动车强制保险立法产生了积极深远的影响。该保险的责任限额由各州分别确定。多数州规定，保额上限每次事故 2 万美元，人身伤害的法定限额在 2000~4000 美元，财产损失限额在 5000~10000 美元。美国机动车强制保险制度的立法模式包括绝对强制保险和相对强制保险两类。绝对强制保险，指机动车所有人在领取行驶牌照之前，必须投保最低限额的责任保险。对不投保最低保费车险的人，大多数州会多种处罚一起实施，如初犯者会被罚款并撤销注册，累犯者会被拘留并没收牌照。相对强制保险，指机动车所有人可以自愿选择投保机动车强制险，但机动车所有人如果因为使用或允许其他人使用机动车发生道路交通事故导致损害或严重违反交通规则，经法院判决确定机动车所有人投保机动车责任保险或提供保证金的，所有人义务投保机动车责任保险或提供保险金，对违反法律规定者采取的处罚措施包括罚款、监禁、没收牌照、撤销驾照等，在一些地方还会扣押违规车辆。在美国至少有四个州通过公路检查站对未投保司机进行识别，检查站已成为提高公众车险投保意识、促进对不投保驾驶人抓捕的一个重要工具。美国大部分州实行相对强制保险，同时，美国各州都设有机动车第三者责任保险基金，在肇事人未投保、逃逸，失去清偿能力或其保险人无力赔偿时，由各州设立的专业保险基金予以救济。

美国各州初期实施的机动车强制保险所采用的是过失责任制，但交通事故往往发生突然，判断当事人过失比较困难，常需通过诉讼程序来解决赔偿问题。民事损害赔偿在美国法院的诉讼程序非常复杂，诉讼时间长，成本高，律师费用高达赔偿金额的 25%~400%，使车祸受害者无法获得合理的赔偿。马萨诸塞州于 1971 年率先通过立法实施无过失汽车保险制度，后有近 30 个州相继仿效采用。

在保费厘定问题上，各州采用的做法不一，有的州要求采用监管部门规定费率标准，有的州要求采用保险协会统一制定保费，在多数情况下保险费率必须事先审批。

2. 德国汽车责任强制保险

自 1939 年颁布首部《车主赔偿责任保险法》以来，德国交强险市场经过近 70 年的发展已经相当完善。德国机动车采用的是绝对保险的立法模式，赔偿责任险属于强制性法定保险，无论是购买新车还是二手车都必须投保，否则车辆不能上路行驶。按照法律的规定，所有购买机动车强制险的车辆都会在车前窗玻璃上贴一个醒目的标志。车主可自由选择保险公司，保险公司也将根据相关标准不断调整车险费率。德国交强险赔付范围同样相当广泛，包括人身伤害、车辆和财产损失，甚至还包括误工损失、交通补贴、精神损失赔偿等间接损失，法律规定最高赔偿额达 1 亿欧元。德国道路交通法规定，汽车持有人在责任限额内承担无过失责任；汽车驾驶人承担过失责任，可以为自己无过错抗辩，但法律要求驾驶人负最高的注意义务，使其反证极为困难，实际效果是驾驶人和持有人一样，在法定限额内负严格责任。

德国法律规定，只要具备相应资质的保险公司均可以经营交强险，不同公司可与客户谈定不同费率。法律同样规定，所有保险公司的最高赔付额不得低于一定限额，如人身伤害不低于每人250万欧元，车辆损失不低于50万欧元，受害方误工损失和交通补偿不低于5万欧元。德国交强险实行浮动费率制，根据车主不同情况，实际缴纳年费差异很大，可以从不足100欧元到超过2000欧元。依据法律规定和各保险公司的操作办法，德国已经形成了一套完善的交强险费率核算办法。政府和保险公司网站均提供公开的费率计算软件，车主可以根据自身状况估算相关费率，并且与保险公司存在相当大的谈判空间。根据法律规定，德国交强险费率核算的依据包括硬性指标和软性指标两部分。硬性指标主要是根据车主数据来统计交强险大致数额，然后根据软性指标进行相应调整。硬性指标包括开车年限、居住地区和车辆类型三个主要标准，软性指标则更体现出费率核算的个性化，如车辆使用人数、日常停车位置、驾车者年龄和性别、驾驶时间、车辆寿命，甚至包括车主是自有房屋还是租房生活，车主家庭是否有孩子等。这些都是核算车主潜在风险水平的重要指标。根据核算结果，不同车主将被归为不同的等级，按照该等级相应标准确定保险年费，同时根据每年车主状况进行年度调整。总体而言，德国交强险基准年费在500~800欧元。法律规定，根据车主情况可以分为30个等级，实际费率为基准年费的30%~245%不等。

为了保证对交通事故受害人的赔付，德国成立了第三者责任保险基金，主要负责对肇事车辆未投保、肇事车辆逃逸和驾驶人恶意行为三种情况下的赔付。基金按照一定比例从保险公司强制险保费中提取，这个比例是可以浮动的，由监管部门掌握。如果基金经营出现亏损，监管部门可以上调提取比例；反之，则下调。

3. 日本汽车责任强制保险

（1）“任意保险”有益补充。

在日本，强制保险只对由机动车造成的人身伤害赔偿，对汽车等财物损坏不赔。加害者因开车造成被害者死伤的情况下，强制保险给予补偿，这显示了对被害者的保护。日本强制保险赔偿最高有一定限度，导致死亡最高限度为3000万日元。在留有后遗症的情况下，根据丧失劳动能力的情况和被害者可能得到的工资收入分为14级，最高限度赔偿4000万日元，最低一级为75万日元。

（2）不允许有营利目的。

1955年日本通过《机动车第三者责任保险法》，开始实施交强险，保费执行“成本价主义”，实行“无损失、无利润”原则，不允许有营利目的的介入，费率由中立组织财险费率算定机构估算后呈报金融厅，经过90天的审查后，才可使用该费率。费率的制定主要参考投保汽车数量、事故率、每件事故平均赔偿金额等情况。为了保证保险公司不亏损，规定另征收附加保险费作为手续费，对死亡事故车主还要追加保险费。

日本汽车强制责任保险实行的是浮动费率制度，车主缴纳保费的标准要参照许多方面的因素，车主的年龄和婚姻状况都可能影响到保费的高低，最高保费标准可以达到基准保费标准的2.55倍。

（3）政府担当“再保险人”。

日本的强制汽车责任保险制度有两个比较鲜明的特点：一是采用过失推定制度，也就是说，受害者在遭受意外事故时不负举证责任，而直接推定加害人有过失；二是政府担当“再保险人”角色。《自动车损害赔偿保障法》规定，保险公司所承保的自赔险保险合同，除轻型机动车外，由政府就其承保额的60%进行再保险业务。此外，日本的强制汽车责任保险制度还有个特殊之处，那就是对于无保险车辆或肇事逃逸车辆所造成的意外事故，规定由政府负责赔偿，起到了保护无辜受害人的作用。

（4）保障基金制度完善。

日本还建立了完善的“汽车保障基金制度”，其目的就是保护没有投保、肇事后逃逸、保险公司无法赔付等情况发生时，救助被害者。汽车保障基金制度的建立有效避免了交通事故受害者因无法及时获得赔偿而陷入非常悲惨的境地。

4. 英国汽车责任强制保险

1931年，英国开始正式实施交强险，规定任何车辆如果没有有效的第三者责任保险单或保险凭证，不得在道路上使用。英国交强险最初只保障人身伤亡，赔偿无限额，而财产损失责任于1989年列入保险范围内，限额为25万英镑。

对未获投保人授权驾车者使用保险车辆造成的第三方财产和人身伤亡者，保险公司必须承担赔偿责任。

在认定交通事故责任时，英国全面实行“过失责任制”，只有机动车驾驶员有过错或过失时才依法承担民事赔偿责任。

另外，英国成立中央基金和汽车保险局，同时实行绿卡制度作为交强险的补充。这些补充机制主要是为那些没有购买交强险、司机肇事逃逸、被保险方违反保险条款等特殊情况而设置的。

英国汽车保险局成立于1945年，该局依协议运作，其基金由各保险人按年度汽车保费收入的比例分担。当肇事者没有依法投保强制汽车责任保险，或保单失效，受害者无法获得赔偿时，由汽车保险局承担保险责任，该局支付赔偿后，可依法向肇事者追偿。

1951年，欧洲经济理事会及后来的欧共体所属成员国又建立了类似英国的汽车保险局，凡持有汽车保险局所属会员公司签发的绿卡者，在国外肇事造成赔偿责任时，可以通知当地汽车保险局根据强制保险内容支付赔款，而后再由该保险局向肇事汽车所属的汽车保险局追偿。此举大大减少了纠纷，同时使受害者的经济利益得到了保障。

第二节　我国汽车责任强制保险制度

我国大陆的交强险历史要追溯到20世纪50年代。当时，由于境内的国外机动车要求强制投保，我国形成了这样一个强制机动车投保的制度，但并非全面的立法。真正大规模的强制投保源于20世纪80年代。1983年，国务院颁发了第27号文件，首次要求个人与联户的汽车及拖拉机必须参加机动车辆第三者责任保险；1984年国务院发布的第151号文件，明确提出对汽车的第三者责任保险问题；2004年5月1日《道路交通安全法》正式通过并且生效，其中第十七条强调，在全国范围内设置交强险制度和道路救助基金制度。这两个制度和《道路交通安全法》一起强调要在全国范围内，机动车不分种类都必须予以全部投保。同时指出，授权国务院设定交强险条例，在法律上明确汽车责任保险的强制性；2006年3月21日，国务院第462号文件颁布了《机动车交通事故责任强制保险条例》，2006年7月1日，该条例正式施行。至此，我国交强险正式诞生。《机动车交通事故责任强制保险条例》（本章简称《条例》）弥补了我国机动车强制保险的空白，保障机动车道路交通事故受害人依法得到赔偿，促进道路交通安全。2007 年年末，保监会对 2007 年 1～10 月的交强险经营情况进行了初步财务分析和精算，认为随着交强险业务的平稳运行，经营费用率有所下降，2007 年 1～10月交强险账面利润为 9.3 亿元。随后，我国金融行业首个全国听证会——交强险费率听证会在北京举行。中国保监会于 2007 年 12 月 14 日举行机动车交通事故责任强制保险费率调整听证会，就中国保险行业协会提出的《关于上报交强险费率方案的请示》听取各方面的意见。此次费率调整遵循了三个原则：最大限度地减轻车主的负担；对责任限额、费率水平进行了“双调整”；基础费率“调低不调高”。随后，对交强险条款进行修改，新版本的交强险条款于 2008 年 2 月 1 日开始实施。

一、《机动车交通事故责任强制保险条例》制定的背景

《道路交通安全法》规定在我国建立机动车交通事故责任强制保险制度和道路交通事故社会救助基金制度，并由国务院制定具体办法。

《机动车交通事故责任强制保险条例》作为规范机动车交通事故责任强制保险制度的具体措施，受到社会各界的广泛关注。国务院法制办、保监会经过反复研究和论证，并多次向社会各界征求意见。2004 年 12 月 2 日，国务院法制办征求以运输行业为主的北京市民代表对《条例》草案的意见。2005 年 1 月 12 日，国务院法制办将《条例》草案分别在《人民日报》《法制日报》和中国政府法制信息网上全文公布，广泛听取社会公众的意见和建议。2005 年 2 月，保监会组织两次专题研讨会，听取国内外专家学者的意见。在征求意见过程中，社会关注的焦点主要集中在赔偿原则、责任限额、保险条款和费率、救助基金来源及税收政策等方面。针对这些问题，国务院法制办、保监会等有关部门经过深入的分析研究，在遵守《道路交通安全法》有关规定的前提下，充分吸收了各方面的意见和建议，对《条例》草案进一步予以修改和完善。2006 年 3 月 1 日，国务院常务会议审议通过了《条例》，并于 2006 年 7 月 1 日起正式实施。

二、《机动车交通事故责任强制保险条例》出台的意义

《条例》的出台是落实《道路交通安全法》中关于建立机动车交通事故责任强制保险制度和道路交通事故社会救助基金制度的具体要求，是保护广大人民群众利益，促进道路交通安全的有效举措。

《条例》明确了机动车交通事故责任强制保险制度的适用范围、各项原则、保险各方当事人权利义务及监督管理机构的职责，对于机动车交通事故责任强制保险制度的顺利运行具有十分重要的作用。

建立机动车交通事故责任强制保险制度有利于道路交通事故受害人获得及时有效的经济保障和医疗救治；有利于减轻交通事故肇事方的经济负担；有利于促进道路交通安全，通过“奖优罚劣”的费率经济杠杆手段，促进驾驶人增强安全意识；有利于充分发挥保险的社会保障功能，维护社会稳定。

三、《机动车交通事故责任强制保险条例》的主要特点

《条例》立足现实，着眼长远，既考虑了中国当前经济社会发展水平和能力，又充分借鉴了国外先进经验，具有较强的针对性和鲜明的特点。

1. 强调以人为本

将保障受害人得到及时有效的赔偿作为首要目标。《条例》规定，被保险机动车发生道路交通事故造成本车人员、被保险人以外的受害人人身伤亡、财产损失的，由保险公司依法在机动车交通事故责任强制保险责任限额范围内予以赔偿。

2. 奖优罚劣

通过经济手段提高驾驶员遵纪守法意识，促进道路交通安全。《条例》要求有关部门要逐步建立机动车交通事故责任强制保险与道路交通安全违法行为和道路交通事故的信息共享机制，被保险人缴纳的保险费与是否有交通违章及违章次数挂钩。安全驾驶者将享有优惠的费率，经常肇事者将承担高额保费，最高可以高出正常保费的一倍。

3. 坚持社会效益原则

《条例》要求保险公司经营机动车交通事故责任强制保险不以营利为目的，且机动车交通事故责任强制保险业务必须与其他业务分开管理、实行单独核算。保监会将定期核查保险公司经营机动车交通事故责任强制保险业务的盈亏情况，以保护广大投保人的利益。

4. 实行商业化运作

机动车交通事故责任强制保险费率由保险公司制定，保监会按照机动车交通事故责任强制保险业务总体上不盈利、不亏损原则进行审批。《条例》主要从机动车交通事故责任强制保险的投保、赔偿及监督管理等方面进行了规定，明确了机动车交通事故责任强制保险制度的各项原则、保险双方当事人的权利义务及监督管理机构的职责。

四、我国机动车交通事故责任强制保险的定义

1. 定义

交强险是机动车交通事故责任强制保险的简称，机动车，指汽车、电车、电瓶车、摩托车、拖拉机及各种专用机械车、特种车。根据《条例》的规定：交强险，是指由保险公司对被保险机动车发生道路交通事故造成受害人(不包括本车人员和被保险人)的人身伤亡、财产损失，在责任限额内予以赔偿的强制性责任保险，是我国首个由国家法律规定实行的强制保险制度。

2. 功能

从性质上看，交强险是一种具有准社会保险性质的国家法定保险，通过国家法律规定强制实施的保险，具有强化保险的分散风险、消化损失、稳定社会生活的固有功能。

五、机动车交通事故责任强制保险与商业第三者责任险的区别

1. 强制性不同

商业第三者责任险不具有强制性，在本质上是按照商业保险制度建立起来的一种商业性质的保险。对车辆所有者及保险人来说，更注重的是风险的分散和保险利益的获取，是否投保是双方协商一致的结果，在现实中其投保率全国只维持在80%左右。

机动车交通事故责任强制保险具有强制性，具有类似于社会保险的性质，其更注重的是让第三者的利益能及时得到保障，所有行驶的车辆所有者都被必须投保，同时保险公司不得拒保。

2. 赔偿原则不同

商业第三者责任保险是按照过失责任来确定保险人所应承担的责任，具体的赔偿方式保

险合同中有具体的规定，且其赔偿不区分人伤还是物损，均按照合同的约定进行，保险人依据被保险人在事故中所承担的事故责任的大小来承担赔偿责任。

机动车交通事故责任强制保险保险人的赔偿责任是按照无过错的原则确定，并不是按照保险合同约定而是依据法律及《条例》的具体规定在责任限额内给予赔偿，每次事故的最高赔偿额全国统一为 12.2 万元。

3. 费率厘定不同

商业第三者责任保险费费率厘定原则不同，与其他车险的管理模式一致，保险人通过经营商业三者险获得利润。

机动车交通事故责任强制保险费率厘定以不盈利、不亏损为原则，为促使驾驶员的安全意识，其费率与交通违章挂钩，其业务与保险人的其他业务分开核算。

4. 赔偿范围不同

商业第三者责任险对赔偿的范围做出了相应的免责设定，包括不同的责任免除事项和免赔率。

机动车交通事故责任强制保险除了故意造成事故外，其保险责任覆盖了几乎所有的交通事故，且没有免赔率的规定。

5. 机动车交通事故责任强制保险实行分项责任限额制

机动车交通事故责任强制保险责任分项限额分为死亡伤残赔偿限额、医疗费用赔偿限额、财产损失赔偿限额及被保险人在道路交通事故中无责任的赔偿限额。其中无责任的赔偿限额分为无责任死亡伤残赔偿限额、无责任医疗费用赔偿限额、无责任财产损失赔偿限额。而商业第三者责任险只设定综合的责任赔偿限额，且可以分为不同的档次，供保险人自由选择。

6. 我国机动车交通事故责任强制保险适用的对象及强制性体现

《条例》第二条规定，在中华人民共和国境内道路上行驶的机动车的所有人或者管理人必须投保机动车交通事故责任强制保险。

机动车交通事故责任强制保险的强制性不仅体现在强制投保上，同时也体现在强制承保上：一方面，未投保机动车交通事故责任强制保险的机动车不得上道路行驶；另一方面，具有经营机动车交通事故责任强制保险资格的保险公司不能拒绝承保机动车交通事故责任强制保险业务，也不能随意解除机动车交通事故责任强制保险合同（投保人未履行如实告知义务的除外）。违反强制性规定的机动车所有人、管理人或保险公司都将受到处罚。

7. 机动车交通事故责任强制保险保障对象和保障内容

机动车交通事故责任强制保险涉及全国 3 亿多辆机动车，保障全国十几亿道路和非道路运行者的生命财产安全。机动车交通事故责任强制保险保障的对象是被保险机动车致害的交通事故受害人，但不包括被保险机动车本车人员、被保险人。限定受害人范围，一是考虑到机动车交通事故责任强制保险作为一种责任保险，以被保险人对第三方依法应负的民事赔偿责任为保险标的；二是考虑到 2004 年实施的《中华人民共和国道路运输条例》要求从事客运服务的承运人必须投保承运人责任险，乘客的人身财产损害可以依法得到赔偿。

机动车交通事故责任强制保险保障内容包括受害人的人身伤亡和财产损失。《条例》第二十一条规定，被保险机动车发生道路交通事故造成本车人员、被保险人以外的受害人人身伤亡、财产损失的，由保险公司依法在机动车交通事故责任强制保险责任限额内予以赔偿。目前，从已经建立机动车交通事故责任强制保险的国家和地区看，对机动车交通事故责任强制保险的保障范围一般有两类：一类是仅保障受害人人身伤亡，对财产损害不予赔偿，如日本、韩国、我国台湾等国家和地区；另一类对人身伤亡和财产损失均予以保障，如英国、美国等。我国的机动车交通事故责任强制保险保障内容既包括人身伤亡，也包括财产损失，这贯彻了《道路交通安全法》第七十六条的有关规定，更好地维护了交通事故受害人的合法权益。

8. 机动车交通事故责任强制保险的赔偿原则

《条例》规定，被保险机动车发生道路交通事故造成本车人员、被保险人以外的受害人人身伤亡、财产损失的，由保险公司依法在机动车交通事故责任强制保险责任限额范围内予以赔偿。道路交通事故的损失是由受害人故意造成的，保险公司不予赔偿。

目前实行的商业机动车第三者责任保险是根据被保险人在交通事故中所承担的事故责任来确定其赔偿责任的。机动车交通事故责任强制保险实施后，无论被保险人是否在交通事故中负有责任，保险公司均将按照《条例》及机动车交通事故责任强制保险条款的具体要求在责任限额内予以赔偿。这一规定秉承了《道路交通安全法》的立法宗旨，对于切实保护道路交通通行者人身财产安全、维护道路安全和畅通具有重要的作用，减少了法律纠纷，简化了处理程序，有利于受害人及时获得赔偿。

9. 机动车交通事故责任强制保险运作主体

《条例》规定，保监会依法对保险公司的机动车交通事故责任强制保险业务实施监督管理。公安机关交通管理部门、交通运输主管部门对机动车参加机动车交通事故责任强制保险的情况实施监督检查。

根据《条例》的有关规定，保监会在监督管理保险公司开展机动车交通事故责任强制保险业务中有以下 8 项事权：

① 核准中资保险公司经营机动车交通事故责任强制保险资格，并向社会公示；

② 审批机动车交通事故责任强制保险条款费率；

③ 每年核查保险公司经营机动车交通事故责任强制保险情况，并向社会公布；

④ 会同公安部、农业部及其他有关部门建立机动车交通事故责任强制保险、道路交通安全违法行为和道路交通事故信息共享机制；

⑤ 监制机动车交通事故责任强制保险保险单、保险标志；

⑥ 会同公安部、卫生部、农业部制定机动车交通事故责任强制保险责任限额；

⑦ 配合财政部制定救助基金管理办法；

⑧ 对非法从事或违规经营机动车交通事故责任强制保险业务的情况进行管理。

《条例》规定，中资保险公司经保监会批准，可以从事机动车交通事故责任强制保险业务，未经保监会批准，任何单位或个人不得从事交强险业务。保监会首次批准 22 家中资保险公司经营交强险业务，由于我国加入世贸(WTO)时未承诺允许外资保险公司经营强制保险业务，因此，目前机动车交通事故责任强制保险暂时不对外资开放。

为了保证机动车交通事故责任强制保险制度的实行，保监会有权要求保险公司从事机动车交通事故责任强制保险业务。

10. 机动车交通事故责任强制保险的保单及统一标准

中国保监会统一规定了交通事故责任强制保险的保险单格式及保险标志。

(1) 机动车交通事故责任强制保险保单

中国保监会于 2006 年 6 月 16 日下发的《关于规范机动车交通事故责任强制保险单证和

标志管理的通知》规定，保险公司经营交强险，应使用保监会监制的交强险单证和交强险标志。交强险保单见表4-1。

表4-1 机动车交通事故责任强制保险单(正本)

被保险人						
被保险人身份证号码(组织机构代码)						
地址					联系电话	
被保险机动车	号牌号码		机动车类型		使用性质	
	发动机号码		识别代码(车型号)			
	厂牌号码		核定载客	人	核定载重量	千克
	排量		功率		登记日期	
责任限额	死亡伤残赔偿限额	110000 元		无责任死亡伤残赔偿限额		11000 元
	医疗伤残赔偿限额	10000 元		无责任死医疗伤残赔偿限额		1000 元
	财产损失赔偿限额	2000 元		无责任死财产损失赔偿限额		100 元
与道路交通安全违法行为和道路交通事故相联系的浮动比例 %						
保险费合计(人民币大写)：(¥ 元)其中救助基金(%)¥ 元						
保险期间自 年 月 日零时起至 年 月 日二十四时止						
保险合同争议解决方式						
代收车船税	整备质量			纳税人识别号		
	当年应缴	¥ 元	往年补缴	¥元	滞纳金	¥ 元
	合计(人民币大写)：(¥ 元)					
	完税凭证号(减免税凭证号)			开具税务机关		
特别约定						
重要提示	1. 请详细阅读保险条款，特别是责任免除和投保人、被保险人义务。 2. 收到本保险单后，请立即核对，如有不符或疏漏，请及时通知保险人并办理变更或补充手续。 3. 投保费应一次性缴清。请您及时核对保险单和发票(收据)，如有不符，请及时与保险人联系。 4. 投保人应如实告知对保险费计算有影响或被保险机动车因改装、加装、改变使用性质等导致危险程度增加的重要事项，并及时通知保险人办理批改手续。 5. 被保险人应当在交通事故发生后及时通知保险人。					
保险人	公司名称： 公司地址： 邮政编码： 财务电话： 签单日期： (保险人签章)					

交强险单证分为交强险保险单、定额保险单和批单三个类别。其中，交强险保险单及批单必须计算机出单；交强险定额保险单可手工出单，但必须在7个工作日内据实补录到计算机系统内。除摩托车和农用拖拉机可以使用定额保险单外，其他投保车辆必须使用交强险保险单。

交强险保险单、定额保险单均由正本和副本组成。正本由投保人或被保险人留存，副本包括业务留存联、财务留存联和公安交管部门留存联。公安交管部门留存联应由保险公司加盖印章后交投保人或被保险人，由其在公安交管部门进行注册登记、检验等时交公安交管部门留存。

保单引入防伪设计，消费者可以从以下5方面识别保单真伪：

① 保单本身并不平整，而是立体的，由轿车和货车图案做浮雕底纹；

② 中间“SALL”字样采用了光栅效果，而文字隐藏在保单底色中；

③ 左上角的中国保险监督管理委员会监制字样及“限在××省(市、自治区)销售”及号码前的地区简称使用红色荧光防伪油墨，在紫外线灯光下发出荧光红色；

④ 微缩文字在5~10倍以上的放大镜下清晰可辨；

⑤ 保单本身呈褐色。

（2）机动车交通事故责任强制保险标志是保险公司向投保人核发的，证明其已经投保了机动车辆交通事故责任强制保险的标识。交强险标志分为内置型和便携型两种，见图4-1、4-2。具有前挡风玻璃的投保车辆应使用内置型保险标志。不具有前挡风玻璃的投保车辆应使用便携型保险标志。内置型交强险标志的形状为椭圆形，长为88毫米，宽为75毫米。正面涂胶，使用时将正面张贴在机动车前挡风玻璃处；便携型交强险标志的形状为长方形，长为90毫米，宽为60毫米，四角为圆角，使用时可方便放置到行驶证或驾驶证中。

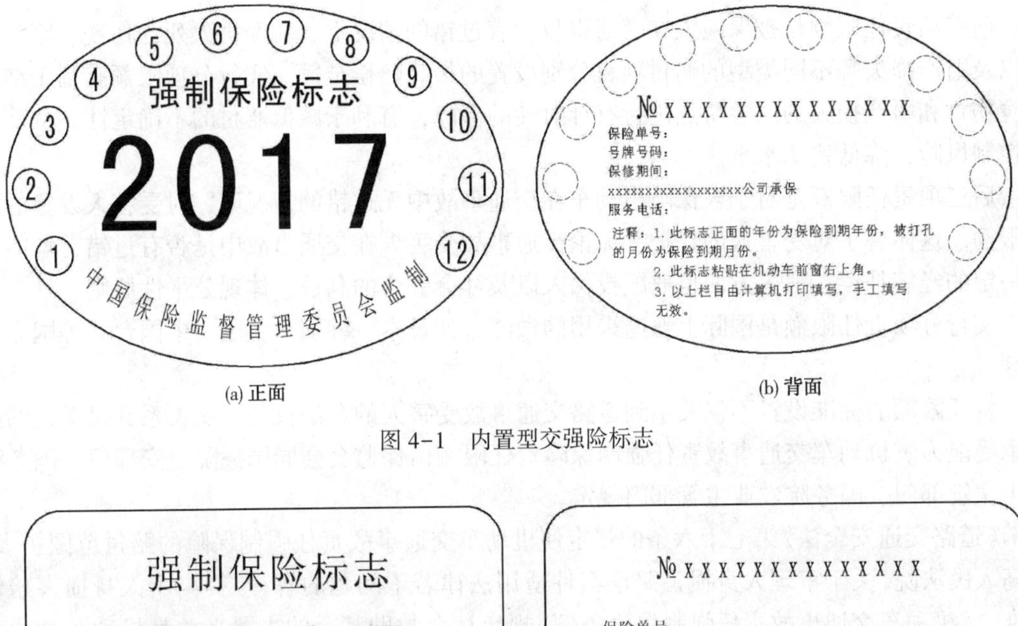

(a) 正面　　(b) 背面

图4-1　内置型交强险标志

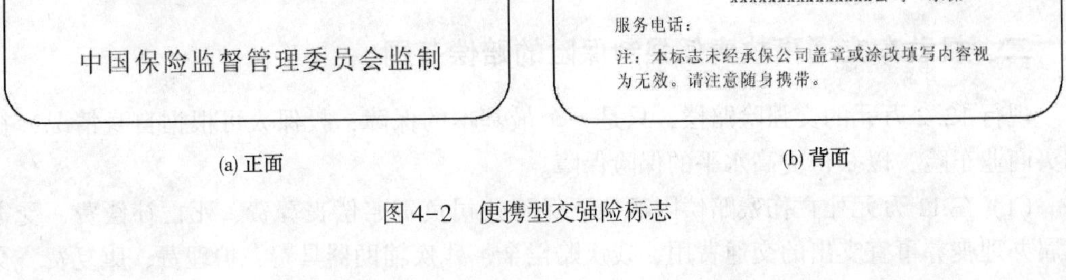

(a) 正面　　(b) 背面

图4-2　便携型交强险标志

第三节　我国汽车强制保险细则

“交强险条款”，作为交强险合同的重要组成部分，是消费者在投保前需仔细阅读的。交强险条款包括总则、定义、保险责任、垫付与追偿、责任免除、保险期间、投保人被保险人义务、赔偿处理、合同变更与终止、附则十项内容共二十七条。

一、机动车交通事故责任强制保险的责任限额

交强险在全国范围内实行统一的责任限额。包括死亡伤残赔偿限额、医疗费用赔偿限额、财产损失赔偿限额以及被保险人在道路交通事故中无责任的赔偿限额见表 4-2。

表 4-2　机动车交通事故责任强制保险的责任限额　　单位：元

交通事故中被保险车辆责任情况	死亡伤残赔偿限额	医疗费用赔偿限额	财产损失赔偿限额
有责任	110000	11000	2000
无责任	11000	1000	100

前三项责任限额是被保险人在交通事故中有过错的情况下，对受害人死亡伤残、医疗费用以及财产损失等不同类型的赔付项目分别设置的最高赔偿金额。实行分项限额有利于结合人身伤亡和财产损失的风险特点进行有针对性的保障，有利于减低赔付的不确定性，从而有效控制风险，降低费率水平。

后三项责任限额是对于被保险机动车在交通事故中无过错的情况下，对受害人设置的赔偿限额。这体现了对受害人的保护，无论交通事故受害人在交通事故中是否有过错，均能获得一定的经济补偿；另一方面也兼顾投保人以及社会公众的利益，体现公平性原则。

实行分项责任限额是国际上普遍采用的做法，如日本、韩国、美国、中国台湾等国家和地区。

责任限额的标准设置不仅关系到道路交通事故受害人的合法权益，还关系到投保人的经济承受能力。机动车交通事故责任强制保险责任限额由保监会会同国务院公安部门、国务院卫生主管部门、国务院农业主管部门规定。

《道路交通安全法》第七十六条的规定使机动车交通事故责任强制保险的赔付范围扩大，最高人民法院《关于审理人身损害赔偿案件适用法律若干问题的解释》提高了人身损害赔偿标准，《机动车交通事故责任强制保险条例》规定社会救助基金的主要来源是机动车交通事故责任强制保险一定比例的保费收入，这些因素都导致机动车交通事故责任强制保险费率水平较原商业性机动车第三者责任保险费率有所不同。

二、机动车交通事故责任强制保险的赔偿范围

现行 12.2 万元的交强险赔偿，只是一个最基本的保障，投保人可根据自身情况，补充购买商业车险，以获得更高水平的保险保障。

(1) 在 11 万元死亡伤残赔偿限额项下保险公司负责赔偿丧葬费、死亡补偿费、受害人亲属办理丧葬事宜支出的交通费用、残疾赔偿金、残疾辅助器具费、护理费、康复费、交通

费、被扶养人生活费、住宿费、误工费，以及被保险人依照法院判决或者调解承担的精神损害抚慰金。12.2万元是每次事故的赔偿上限，并不是多次事故的累计赔偿总额，其中，有责任死亡伤残赔偿限额11万元，医疗费用赔偿限额10000元，财产损失赔偿限额2000元。

(2) 在10000元医疗费用赔偿限额项下保险公司负责赔偿医药费、诊疗费、住院费、住院伙食补助费、必要的合理的后续治疗费、整容费、营养费。对于符合规定的抢救费用，保险公司在医疗费用赔偿限额内垫付。

(3) 交强险不负责赔偿和垫付情况有：

① 受害人故意造成的交通事故的损失；

② 被保险人所有的财产及被保险机动车上的财产遭受的损失；

③ 被保险机动车发生交通事故，致受害人各种间接损失；

④ 产生的仲裁或者诉讼费用以及其他相关费用。

三、机动车交通事故责任强制保险的赔付问题

(1) 交强险是对第三者造成损失的赔偿，在事故发生过程中将实行交强险先行赔付，商业三者险补充的原则。

(2) 精神损害赔偿写入《条例》中。条款规定，在11万元死亡伤残赔偿限额项下，保险公司负责赔偿丧葬费等11项费用，以及被保险人依照法院判决或者调解承担的精神损害抚慰金。

(3) 酒后驾驶也负责赔偿。在《机动车交通事故责任强制保险条款》中，“酒后驾车”并没有排除在保险公司赔偿范围之外。在以往的商业三者险条款中，“酒后驾车”通常被列为免除责任，也就是说，如果车主酒后驾车造成事故，是不能获得保险公司赔偿的。但与商业三者险相比，交强险有一个明显变化，它并没有将“酒后驾车”列为免除责任。

在条款列举的四种特殊情形中，酒后驾车被“宽限”为“醉酒”驾驶。驾驶员每百毫升血液或呼吸中，所含的酒精量在0~100毫克为“酒后”，再高为“醉酒”。

此外，只在一些特殊情况下才能由保险公司垫付抢救费用。比如驾驶人未取得驾驶资格或醉酒的、被保险机动车被盗抢期间肇事的、被保险人故意制造道路交通事故的，垫付的费用限额为10000元。保险公司有权向致害人追偿垫付的抢救费。

四、交强险投保人享有六项权利

按照交强险条例的规定，在保险事故发生后获得赔付以外，还享受以下这些权利：

(1) 投保人在投保时应该选择具备从事交强险业务资格的保险公司。保险公司一般情况下不得拒绝或者拖延承保。

(2) 签订交强险合同时，保险公司不得强制投保人订立商业三者险合同或者其他商业保险合同以及其他附加险条件。

(3) 保险公司不得解除交强险合同，除投保人或者被保险人有重要事项未履行如实告知的义务。

(4) 被保险机动车辆发生道路交通事故，被保险人或者受害人通知保险公司，保险公司应当立即给予答复，告知被保险人或者受害人具体赔偿程序等有关事项。

（5）被保险机动车辆发生道路交通事故时，由被保险人向保险公司申请赔偿金，保险公司应当在收到赔偿申请之日起，一日之内书面告知被保险人保险公司需要哪些证明和资料。

（6）保险公司在收到被保险人证明资料5天之内，对是否作出赔偿作出核定，并将结果及时通知保险人，对属于保险责任的，应当在被保险人达成赔偿金额协议十天之内把保险赔款送到被保险人手中。

五、交强险费率

我国交强险费率第一年先实行全国统一保险价格，之后通过实行“奖优罚劣”的费率浮动机制，并根据各地区经营情况，逐步在费率中加入地区差异化因素等，进而实行差异化率。新旧交强险费率对照见表4-3。

表4-3　机动车交通事故责任强制保险条款费率(部分)　　单位：元

车辆大类	车辆明细分类	原保费	新保费	调整幅度
家庭自用车	家庭自用汽车6座以下	1050	950	-9.52%
	家庭自用汽车6座以上	1100	1100	
非营业客车	企业非营业汽车6座以下	1000	1000	
	企业非营业汽车6~10座	1190	1130	-5.04%
	企业非营业汽车10~20座	1300	1220	-6.15%
	企业非营业汽车20座以上	1580	1270	-19.62%
	机关非营业汽车6座以下	950	950	
	机关非营业汽车6~10座	1070	1070	
	机关非营业汽车10~20座	1140	1140	
	机关非营业汽车20座以上	1320	1320	
营业客车	营业出租租赁6座以下	1800	1800	
	营业出租租赁6~10座	2360	2360	
	营业出租租赁10~20座	2580	2400	-6.98%
	营业出租租赁20~36座	3730	2560	-31.37%
	营业出租租赁36座以上	3880	3530	-9.02%
	营业城市公交6~10座	2250	2250	
	营业城市公交10~20座	2520	2520	
	营业城市公交20~36座	3270	3020	-7.65%
	营业城市公交36座以上	4250	3140	-26.13%
	营业公路客运6~10座	2350	2350	
	营业公路客运10~20座	2620	2620	
	营业公路客运20~36座	3420	3420	
	营业公路客运36座以上	4690	4690	
车辆大类	车辆明细分类	原保费	新保费	调整幅度

续表

车辆大类	车辆明细分类	原保费	新保费	调整幅度
非营业货车	非营业货车 2 吨以下	1200	1200	
	非营业货车 2~5 吨	1630	1470	-9.82%
	非营业货车 5~10 吨	1750	1650	-5.71%
	非营业货车 10 吨以上	2220	2220	
营业货车	营业货车 2 吨以下	1850	1850	
	营业货车 2~5 吨	3070	3070	
	营业货车 5~10 吨	3450	3450	
	营业货车 10 吨以上	4480	4480	

机动车交通事故责任强制保险费率浮动暂行办法：

（1）根据国务院《机动车交通事故责任强制保险条例》第八条的有关规定，制定本办法。

（2）从 2007 年 7 月 1 日起签发的机动车交通事故责任强制保险（以下简称交强险）保单，按照本办法，实行交强险费率与道路交通事故相联系浮动。

（3）交强险费率浮动因素及比率如下：

① 上一个年度未发生有责任道路交通事故优惠 10%。

② 上两个年度未发生有责任道路交通事故优惠 20%。

③ 上三个及以上年度未发生有责任道路交通事故优惠 30%。

④ 上一个年度发生一次有责任不涉及死亡的道路交通事故无优惠。

⑤ 上一个年度发生两次及两次以上有责任道路交通事故增加 10%。

⑥ 上一个年度发生有责任道路交通死亡事故增加 30%。

（4）交强险最终保险费计算方法是：交强险最终保险费 = 交强险基础保险费×（1+与道路交通事故相联系的浮动比率）

（5）交强险基础保险费根据中国保监会批复中国保险行业协会《关于中国保险行业协会制定机动交通事故责任强制保险行业协会条款费率的批复》（保监产险〔2006〕638 号）执行。

（6）交强险费率浮动标准根据被保险机动车所发生的道路交通事故计算。摩托车和拖拉机暂不浮动。

（7）与道路交通事故相联系的浮动比率其中之一，不累加。同时满足多个浮动因素的，按照向上浮动或者向下浮动比率的高者计算。

（8）仅发生无责任道路交通事故的，交强险费率仍可享受向下浮动。

（9）浮动因素计算区间为上期保单出单日至本期保单出单日之间。

（10）与道路交通事故相联系浮动时，应根据上年度交强险已赔付的赔案浮动。上年度发生赔案但还未赔付的，本期交强险费率不浮动，直至赔付后的下一年度交强险费率向上浮动。

（11）几种特殊情况的交强险费率浮动方法。

① 首次投保交强险的机动车费率不浮动。

② 在保险期限内，被保险机动车所有权转移，应当办理交强险合同变更手续，且交强险费率不浮动。

③ 机动车临时上道路行驶或境外机动车临时入境投保短期交强险的，交强险费率不浮动。其他投保短期交强险的情况下，根据交强险短期基准保险费并按照上述标准浮动。

④ 被保险机动车经公安机关证实丢失后追回的，根据投保人提供的公安机关证明，在丢失期间发生道路交通事故的，交强险费率不向上浮动。

⑤ 机动车上一期交强险保单满期后未及时续保的，浮动因素计算区间仍为上期保单出单日至本期保单出单日之间。

⑥ 在全国车险信息平台联网或全国信息交换前，机动车跨省变更投保地时，如投保人能提供相关证明文件的，可享受交强险费率向下浮动。不能提供的，交强险费率不浮动。

第四节　机动车交通事故责任强制保险承保、理赔实务

目前，我国的机动车交通事故责任强制保险由商业保险公司来经营，但作为国家强制保险，机动车交通事故责任强制保险在承保和理赔方面与商业保险完全不同。

本节介绍机动车交通事故责任强制保险的承保和理赔实务。

一、承保实务

1. 保险人的说明义务

(1) 向投保人介绍条款，主要包括：保险责任、各项赔偿限额、责任免除、投保人义务、被保险人义务、赔偿处理等内容。特别对责任免除事项，要向投保人明确说明。

(2) 向投保人明确说明机动车交通事故责任强制保险各分项赔偿限额。

(3) 向投保人明确说明，保险人按照国务院卫生主管部门组织制定交通事故人员创伤临床诊疗指南和国家基本医疗保险标准进行审核医疗费用。

(4) 告知投保人不要重复投保交强险，即使投保多份也只能获得一份保险保障。

(5) 提醒有挡风玻璃的机动车的投保人将保险标志贴在车内挡风玻璃右上角；摩托车、拖拉机的驾驶人要随身携带。

(6) 告知投保人如何查询交通安全违法行为、交通事故记录。

2. 提醒投保人履行如实告知义务

(1) 投保人应提供的资料。

① 首次投保交强险的，投保人应提供投保机动车行驶证和驾驶证复印件。

② 对于续保业务，投保人需要提供上期交强险保险单原件或其他能证明上年已投保交强险的书面文件。未建立交通事故责任交强险信息平台的地区，投保人不能提供机动车上年交通安全违法行为、交通事故记录的，保险人不给予相应的费率优惠；建立交通事故责任交强险信息平台的地区，根据信息平台记录的信息相应浮动费率。

(2) 要求投保人对重要事项履行如实告知义务。

投保人对重要事项要履行如实告知义务，重要事项包括以下内容：

① 机动车种类、厂牌型号、识别代码、牌照号码、使用性质；

② 机动车所有人或管理人的姓名(名称)、性别、年龄、住址、身份证或驾驶证号码(组织机构代码)；

③ 续保前该机动车交通安全违法行为、交通事故记录等影响费率水平的事项(交强险实施第一年不需要提供)；

④ 保监会规定的其他事项。

(3) 要求投保人应履行的其他义务。

① 要求投保人提供联系电话、地址、邮政编码等，以便于保险人提供保险服务。

② 交强险合同解除后，投保人应当及时将保险单、保险标志交还保险人核销(若标志残损只要可辨认，即可核销)。

3. 指导投保单填写

保险人应指导投保人正确填写投保单，投保单至少应当载明机动车的种类、厂牌型号、识别代码、号牌号码、使用性质，投保机动车所有人或管理人的姓名(名称)、性别、年龄、住所、身份证或驾驶证号码(组织机构代码)，以及续保前投保机动车交通安全违法行为、交通事故记录等影响费率水平的事项。

要求投保人真实、准确填写交强险投保单的各项信息，并在投保单上签字或加盖公章。

投保人提供的资料复印件附贴于投保单背面。

保险期间的起期必须在保险人接受投保人的投保申请日之后，保险期开始前保险人不承担赔偿责任。

交强险的保险期间为 1 年，但有下列情形之一的，投保人可以投保短期保险：

① 临时入境的境外机动车；

② 距报废期限不足一年的机动车；

③ 临时上道路行驶的机动车(如领取临时牌照的机动车，临时提车，到异地办理注册登记的新购机动车等)；

④ 保监会规定的其他情形。

4. 保险费计算

保险人必须按照保监会审批的机动车交通事故责任强制保险费率方案(以下简称“交强险费率方案”)计算、收取保险费。投保短期保险的，按照短期月费率计算保费。保险费必须一次全部收取，不得分期收费。除保监会审批的交强险费率方案中费率浮动办法规定的优惠外，保险人不得给予投保人任何返还、折扣和额外优惠。保险费率与被保险机动车交通违法行为、事故记录相联系的浮动机制开始执行后，保险公司应当在完成保险费计算后、出具保险单以前，向投保人出具《机动车交通事故责任强制保险费率浮动告知书》，经投保人签章确认后，再出具保险单、保险标志。

交通事故包括经公安交通管理部门认定的交通事故，以及虽未经公安交通管理部门认定，但保险人已经在交强险项下承担赔偿责任的事故。

5. 出具保险单、保险标志

保险人必须在收取保险费后方可出具保险单、保险标志。保险单必须单独编制保险单号码并通过业务处理系统出具。交强险必须单独出具保险单、保险标志、发票。保险单、保险标志必须使用保监会监制的交强险保险单、保险标志，不得使用商业保险单证代替。投保人因交强险保险单、保险标志发生损毁或遗失申请补办的，保险人应在收到补办申请及报失认定证明后的 5 个工作日内完成审核，补发相应的交强险保险单、保险标志，并通过业务系统重新打印保险单、保险标志，新保险单、保险标志的印刷流水号码与原保险单号码能够通过系统查询到对应关系。

对于业务分散的摩托车、农用型拖拉机业务可以使用定额保险单。定额保险单可以手工出单，但必须在出具保险单后的7个工作日内，准确补录到业务处理系统中。对于运输型拖拉机不使用定额保险单。

6. 保险合同变更和终止

投保人对重要事项未履行如实告知义务，保险人解除合同前，应当书面通知投保人，投保人应当自收到通知之日起5日内履行如实告知义务；投保人在上述期限内履行如实告知义务的，保险人不得解除合同。保险人解除合同的，保险人应收回保险单、保险标志，并书面通知机动车管理部门。

除下列情况外，不得接受投保人解除合同的申请：

① 被保险机动车被依法注销登记的；

② 被保险机动车办理停驶的；

③ 被保险机动车经公安机关证实丢失的；

④ 投保人重复投保交强险的。

办理合同解除手续时，投保人应提供相应的证明材料，保险人应在收回交强险保险单、保险标志后，方可办理交强险退保手续，并书面通知机动车管理部门。

投保人因重复投保解除交强险合同的，只能解除保险期间的起期在后面的保险合同，保险人全额退还起期在后面的保险合同的保险费，出险时由起期在前的保险合同负责赔偿。

发生以下变更事项时，保险人应对保险单进行批改，并根据变更事项增加或减少保险费：

① 被保险机动车转卖、转让、赠送他人；

② 被保险机动车变更使用性质；

③ 变更其他事项。

禁止批改交强险的保险期间。上述批改按照日费率增加或减少保险费。

发生下列情形时，保险人应对保险单进行批改，并按照保单年度重新核定保险费计收：

① 投保人未如实告知重要事项，对保险费计算有影响的，并造成按照保单年度重新核定保险费上升的；

② 在保险合同有效期限内，被保险机动车因改装、加装、使用性质改变等导致危险程度增加，未及时通知保险人，且未办理批改手续的。

二、理赔实务规程

1. 接报案和理赔受理

接到被保险人或受害人报案后，应询问有关情况，并立即告知被保险人或受害人具体的赔偿程序等有关事项。涉及人员伤亡或事故一方没有投保交强险的，应提醒事故当事人立即向当地交通管理部门报案。

保险人应对报案情况进行详细记录，并统一归档管理。

被保险机动车发生交通事故的，应由被保险人向保险人申请赔偿保险金。保险人应当自收到赔偿申请之日起1个工作日内，以索赔须知的方式书面告知被保险人需要向保险公司提供的与赔偿有关的证明和资料。保险人应当自收到被保险人提供的证明和资料之日起5个工作日内，对是否属于保险责任做出核定，并将结果通知被保险人；对不属于保险责任的，应当书面说明理由；对属于保险责任的，在与被保险人达成赔偿协议后10个工作日内赔偿保险金。

索赔须知必须通俗、易懂，并根据实际案情选择以下与赔偿有关的证明和资料：索赔申请书，机动车交通事故责任强制保险单正本，交通事故责任认定书，调解书，简易事故处理书，交通事故自行协商处理协议书，法院裁定书、裁决书、调解书、判决书，仲裁书，车辆定损单，车辆修理发票，财产损失清单，医院诊断证明，医疗费报销凭证，误工证明及收入情况证明，伤残鉴定书，死亡证明，被扶养人证明材料，户籍证明，机动车行驶证，机动车驾驶证，被保险人身份证明，领取赔款人身份证明等。

2. 查勘和定损

事故各方机动车的保险人在接到客户报案后，均有责任进行查勘，对受害人的损失进行核定。

事故任何一方的估计损失超过交强险赔偿限额的，应提醒事故各方当事人依法进行责任划分。

事故涉及多方保险人，但存在一方或多方保险人未能进行查勘定损的案件，未能进行查勘定损的保险人，可委托其他保险人代为查勘定损。接受委托的保险人，应向委托方的被保险人提供查勘报告、事故或损失照片和损失情况确认书。损失情况确认书一车一份，并由事故各方签字确认。

3. 垫付和追偿

(1) 抢救费用垫付条件。

抢救费用垫付条件有以下几点：

① 符合《条例》第二十二条规定的情形；

② 接到公安机关交通管理部门要求垫付的通知书；

③ 受害人必须抢救，且抢救费用已经发生，抢救医院提供了抢救费用单据和明细项目；

④ 不属于应由道路交通事故社会救助基金垫付的抢救费用。

(2) 垫付标准。

按照交通事故人员创伤临床诊疗指南和抢救地的国家基本医疗保险的标准，在交强险医疗费用赔偿限额或无责任医疗费用赔偿限额内垫付抢救费用。

被抢救人数多于一人且在不同医院救治的，在医疗费用赔偿限额或无责任医疗费用赔偿限额内按人数进行均摊；也可以根据医院和交警的意见，在限额内酌情调整。

(3) 垫付方式。

自收到交警部门出具的书面垫付通知、伤者病历或诊断证明、抢救费用单据和明细之日起，及时向抢救受害人的医院出具《承诺垫付抢救费用担保函》，或将垫付款项划转至抢救医院在银行开立的专门账户，不进行现金垫付。

(4) 追偿。

对于所有垫付的案件，保险人垫付后有权向致害人追偿。追偿收入在扣减相关法律费用(诉讼费、律师费、执行费等)、追偿费用后，全额冲减垫付款。

4. 赔偿处理

(1) 赔偿原则。

保险人在交强险责任范围内负责赔偿被保险机动车因交通事故造成的对受害人的损害赔偿责任。

（2）抢救费用支付。

交通事故属于保险责任，因抢救受害人需要保险人支付抢救费用的，保险人在接到公安机关交通管理部门的书面通知和医疗机构出具的抢救费用清单后，支付标准和支付方式参照有关规定执行。

交通事故不属于保险责任或应由道路交通事故社会救助基金垫付的抢救费用，保险人不予以支付。

（3）赔款计算。

保险人在交强险各分项赔偿限额内，对受害人人身伤亡、财产损失分别计算赔偿，基本计算公式为：总赔款=∑各分项损失赔款=受害人死亡、伤残赔款+受害人医疗费用赔款+受害人财产损失赔款；各分项损失赔款=各分项核定损失金额。

各分项核定损失金额超过各分项赔偿限额的，按各分项赔偿限额计算赔偿。

在以下几种情况下，保险人按不同方式计算赔偿。

① 两辆及两辆以上机动车交通事故的赔偿。

a. 交通管理部门未确定保险事故各方机动车在交强险项下所承担的赔偿责任时，其计算公式为：各分项核定损失金额=交通事故中被保险机动车以外的所有受害人的各分项核定损失金额之和÷$(N-1)$，式中，N 为交通事故肇事机动车的数量。

b. 交通管理部门已确定保险事故各方机动车在交强险项下所承担的赔偿责任时，按照以下方式进行赔偿：各分项核定损失金额=交通管理部门确定的被保险机动车对事故中所有受害人承担的各分项损失之和。

② 机动车与非机动车、行人的交通事故的赔偿。

a. 事故中所有受害人的分项核定损失之和在交强险分项赔偿限额之内的，按实际损失计算赔偿。

b. 事故中所有受害人的分项核定损失之和超过交强险分项赔偿限额的，按分项赔偿限额计算赔偿。

c. 交通管理部门已确定保险事故各方机动车在交强险项下所承担的赔偿责任时，按照以下方式进行赔偿。各分项核定损失金额=交通管理部门确定的被保险机动车对事故中所有受害人承担的各分项损失之和。

d. 多辆被保险机动车碰撞非机动车或行人的，各被保险机动车的保险人分别在交强险的责任限额内承担赔偿责任，若交通管理部门未确定事故各方机动车应承担的赔偿责任，各被保险机动车的保险人对各受害人的各分项损失平均分摊，并在对应的分项赔偿限额内计算赔偿。

③ 两辆及两辆以上机动车与多个非机动车、行人的交通事故，参照本节上述规定计算赔偿。

④ 受害人财产损失需要施救的，财产损失赔款与施救费累计不超过财产损失赔偿限额。

⑤ 主车和挂车在连接使用时发生交通事故，主车与挂车的交强险保险人分别在各自的责任限额内承担赔偿责任。若交通管理部门未确定主车、挂车应承担的赔偿责任，主车、挂车的保险人对各受害人的各分项损失平均分摊，并在对应的分项赔偿限额内计算赔偿。主车与挂车由不同被保险人投保的，在连接使用时发生交通事故，按互为三者的原则处理。

⑥ 被保险机动车投保一份以上交强险的，保险期间起期在前的保险合同承担赔偿责任，起期在后的不承担赔偿责任。

(4) 死亡伤残费用和医疗费用的核定标准。

按照《最高人民法院(关于审理人身损害赔偿案件适用法律若干问题的解释)》规定的赔偿范围、项目和标准，公安部颁布的《道路交通事故受伤人员伤残评定》(GB 18667—2002)，以及交通事故人员创伤临床诊疗指南和交通事故发生地的基本医疗标准核定人身伤亡的赔偿金额。

对被保险人依照法院判决或调解承担的精神损害抚慰金，原则上在其他赔偿项目足额赔偿后，在死亡伤残赔偿限额内赔偿。

5. 支付赔款

(1) 支付赔款。

未建立机动车交通事故责任交强险信息平台的，保险人支付赔款后应在保险单正本上加盖"×年×月×日出险，负××(全部、主要、同等、次要)责任，××(有无)伤人"条形章。

(2) 单证分割。

如果交强险和商业三者险在不同的保险公司投保，如损失金额超过交强险责任限额，由交强险承保公司留存已赔偿部分发票或费用凭据原件，将需要商业保险赔付的项目原始发票或发票复印件，加盖保险人赔款专用章，交被保险人办理商业险索赔事宜。

6. 直接向受害人支付赔款的赔偿处理

(1) 发生受害人人身伤亡，且符合下列条件之一的，保险人可以受理受害人的索赔：

① 被保险人出具书面授权书；

② 人民法院签发的判决书或执行书；

③ 被保险人死亡、失踪、逃逸、丧失索赔能力或书面放弃索赔权利；

④ 法律规定的其他情形。

(2) 受害人索赔时应当向保险人提供以下材料：

① 人民法院签发的判决书或执行书或交警部门出具的交通事故责任认定书和调解书原件；

② 受害人的有效身份证明；

③ 受害人人身伤害程度证明及有关损失清单和费用单据；

④ 其他与确认保险事故的性质、原因、损失程度等有关的证明和资料，经被保险人书面授权的，还应提供被保险人书面授权书。

(3) 保险事故涉及多个受害人的，在所有受害人均提出索赔申请，且受害人所有材料全部提交后，保险人方可计算赔款。

① 事故中所有受害人的分项核定损失之和在交强险分项赔偿限额之内的，按实际损失计算赔偿。

② 保险事故中各分项赔偿限额下核定损失之和超过交强险各分项赔偿限额的，保险人按照各分项赔偿限额下各受害人的核定损失金额占所有受害人的总核定损失金额的比例，乘以相应赔偿限额，计算被保险人对各受害人的分项赔偿金额。

某受害人得到的被保险人交强险项下的分项赔偿金额=各分项赔偿限额×(事故中某受害人的分项核定损失金额÷事故中所有受害人的分项核定损失金额之和)。

7. 结案和归档

保险人向被保险人或受害人支付赔款后，将赔案所有单证按赔案号进行归档。必备单证包括：

① 保单抄件；

② 报案记录、被保险人书面索赔申请；

③ 查勘报告、现场照片及损失项目照片、损失情况确认书、医疗费用原始票据及费用清单、赔款计算书，以上原始票据，由查勘定损公司留存；

④ 行驶证及驾驶证复印件，被保险人和受害人的身份证明复印件(如直接支付给受害人)；

⑤ 公安机关交通管理部门或法院等机构出具的合法事故证明、有关法律文件及其他证明，当事人自行协商处理的协议书；

⑥ 其他能够确认保险事故性质、原因、损失程度等的有关证明、协议及文字记录；

⑦ 赔款收据、领取赔款授权书。

有关赔付情况应于赔付后3个工作日内上传至机动车事故责任交强险信息平台。

第五节 机动车交强险理赔新规

一、互碰自赔

1. 互碰自赔的含义

面向客户，互碰自赔，简单说就是当机动车之间发生轻微互碰的交通事故时，如果满足一定条件，各方车主可以直接到自己的保险公司办理索赔手续，无须再到对方的保险公司往返奔波。

互碰自赔处理机制，是保险行业在2009年2月推出“交强险财产损失无责赔付简化处理机制”和“重大人伤事故提前结案处理机制”等的基础上，为配合道路交通事故的快速处理、进一步简化交强险理赔手续、更好地发挥交强险的功能和作用而联合推出的又一项全国性交强险快速理赔机制。

2. 互碰自赔的具体规定

中国保险行业协会下发的《交强险财产损失互碰自赔处理办法》规定了可以进行互碰自赔的条件，车辆互碰，如果只有不超过2000元车损、各方都有责任并同意采取互碰自赔方案，对于按照互碰自赔机制处理后，最终定损金额略超过交强险有责任财产损失赔偿限额的，各保险公司应本着方便被保险人的原则，给予灵活处理。交强险互碰自赔于2009年2月1日起正式实施。

3. 互碰自赔的条件

互碰自赔必须同时满足以下条件：①两车或多车互碰，各方均投保交强险；②仅涉及车辆损失(包括车上财产和车上货物)、不涉及人员伤亡和车外财产损失，各方损失金额均在2000元以内；③由交警认定或当事人根据出险地关于交通事故快速处理的法律法规自行协商确定各方均有责任(包括同等责任、主次责任)；④当事人各方对损失确定没有争议，并同意采用互碰自赔方式处理；⑤单方肇事事故、涉及人员伤亡的事故、涉及车外财产损失的事故，以及任何一方损失金额超过交强险财产损失赔偿限额的事故，都不适用互碰自赔方式处理。

4. 互碰自赔的处理原则

满足互碰自赔条件的，由各保险公司分别对本方车辆进行查勘定损，并在交强险财产损失赔偿限额内，对本方车辆损失进行赔偿。事故经交警处理的，被保险人可凭交警事故责任认定书、调解书，直接到各自的保险公司索赔。双方根据法律法规自行协商处理交通事故的，经保险公司查勘现场，核对碰撞痕迹。出险地建有行业交通事故集中定损中心的，由各方当事人共同到就近的定损中心进行查勘、定损。

原则上，任何一方车辆损失金额超过2000元的，不适用互碰自赔方式，按一般赔案处理，即对三者车辆损失2000元以内部分，在交强险限额内赔偿，其他损失在商业险项下按事故责任比例计算赔偿。各保险公司对互碰自赔机制下支付的赔款，不进行清算追偿。

5. 互碰自赔的基本流程

(1) 接报案。

出险后，各方当事人均应向各自的承保公司报案。接报案时应详细记录出险时间、出险地点、事故双方当事人、损失情况、责任划分等内容，并根据客户提供的事故原因、事故性质等基本信息初步判断是否满足互碰自赔条件。

初步判断可能满足互碰自赔条件的，应主动告知客户互碰自赔的适用条件、处理程序和注意事项。请客户在事故现场等待或到指定地点进行查勘、定损。

接报案时不能确定是否满足互碰自赔条件的，可引导客户查勘后确定。

提示双方当事人按照出险地有关交通事故快速处理的相关规定，通知交警处理或依据有关法律法规自行协商处理。

(2) 查勘定损。

查勘人员要注意核实事故的真实性，填写查勘记录，并拍摄事故现场照片或损失照片。查勘时初步估计满足互碰自赔条件的，应告知客户互碰自赔的适用条件、处理程序和注意事项；发现不满足互碰自赔条件的，应协助各方当事人通知本方保险公司参与处理。

交警参与事故处理并出具《事故责任认定书》，或当事人依据有关法律法规自行协商处理交通事故的，如果各方损失明显低于2000元，满足互碰自赔条件，可由各事故方保险公司直接对本方保险车辆进行查勘、定损。查勘人员事后发现痕迹不符或存在疑问的，应向对方保险公司调查取证，必要时对各方车辆进行复勘。

当事人自行协商处理交通事故时不能确定是否满足互碰自赔条件的，可共同到一方保险公司进行查勘、估损。满足互碰自赔条件的，由各方保险公司分别对本方车辆进行定损。进行查勘的公司应向对方保险公司提供事故现场照片或车辆损失照片。

出险地建有行业交通事故集中定损中心的，由各方当事人共同到就近的定损中心进行查勘、定损。由各方保险公司分别对本方车辆进行查勘、定损。

对于当事人自行协商处理，但未及时报案，也未经保险公司同意撤离事故现场的交通事故，应勘验双方车辆，核实事故情况。

(3) 赔偿处理。

满足互碰自赔条件的，事故各方分别凭交警《事故责任认定书》或《机动车交通事故快速处理协议书》等单证，直接到本方保险公司进行索赔。承保公司在交强险财产损失限额内赔偿本方车辆损失。

索赔时，需要准备的索赔材料：索赔申请书；责任认定书、调解书或自行协商处理协议书；查勘记录、事故照片、损失情况确认书(定损单)；车辆修理费发票；驾驶证和行驶证(复印件或照片)。

(4) 注意事项。

各保险公司应加强对事故真实性的勘查。事故双方自行协商处理交通事故的，应尽可能对双方车辆进行查勘、比对碰撞痕迹；有条件的地区要利用交强险信息平台进行监控，以防范道德风险。

保险车辆在异地发生互碰事故，适用出险地保险行业协会、交管部门出台的相关规定。应由当地交警处理，并出具《事故责任认定书》，或由保险公司查勘第一现场，方可按互碰自赔方式赔偿。

双方车号、交强险保险人需明确，事故对方车辆不明确的，应按找不到第三方处理。

建立交强险信息平台的地区，应及时将相关出险、赔付数据上传至交强险信息平台。

二、机动车交强险互碰赔偿处理规则

1. 标准处理机制

(1) 不涉及车外财产损失和人员伤亡。

均投保了交强险的两辆或多辆机动车互碰，不涉及车外财产损失和人员伤亡，有以下几种情况：

① 两辆机动车互碰，两车均有责。双方机动车交强险均在交强险财产损失赔偿限额内，按实际损失承担对方机动车的损害赔偿责任。

例如：A、B 两车互碰，各负同等责任。A 车损失 5000 元，B 车损失 4000 元，则两车交强险赔付结果：A 车保险公司在交强险项下赔偿 B 车损失 2000 元；B 车保险公司在交强险项下赔偿 A 车损失 2000 元。

对于 A 车剩余的 3000 元损失，按商业险条款规定，根据责任比例在商业车险项下赔偿。即如果 A 车投保了车损险、B 车投保了商业三者险，则在 B 车的商业三者险项下赔偿 1500 元，在 A 车的车损险项下赔偿 1500 元。

同时满足以下条件的事故，适用《机动车交强险财产损失互碰自赔处理办法》中规定的方式处理：a. 两车或多车互碰，各方均投保交强险；b. 仅涉及车辆损失(包括车上财产和车上货物)、不涉及人员伤亡和车外财产损失，各方损失金额均在 2000 元以内；c. 由交警认定或当事人根据出险地关于交通事故快速处理的法律法规自行协商确定各方均有责任；d. 当事人各方对损失确定没有争议，并同意采用互碰自赔方式处理。

② 两辆机动车互碰，一方全责，一方无责。无责方机动车交强险在无责任财产损失赔偿限额内承担全责方机动车的损害赔偿责任，全责方机动车交强险在财产损失赔偿限额内承担无责方机动车的损害赔偿责任。无责方车辆对全责方车辆损失应承担的赔偿金额，由全责方在本方交强险无责任财产损失赔偿限额项下代赔。

例如：A、B 两车互碰造成双方车损，A 车全责(损失 3000 元)，B 车无责(损失 4000 元)。设 B 车适用的交强险无责任赔偿限额为 100 元，则两车交强险赔付结果为：A 车交强险赔付 B 车 2000 元，B 车交强险赔付 A 车 100 元。

B 车对 A 车损失应承担的 100 元赔偿金额，由 A 车保险公司在本方交强险无责任财产损失赔偿限额项下代赔。

③ 多辆机动车互碰，部分有责、部分无责。

a. 一方全责，多方无责。所有无责方视为一个整体，在各自交强险无责任财产损失赔偿限额内，对全责方车辆损失按平均分摊的方式承担损害赔偿责任；全责方对各无责方在交强险财产损失赔偿限额内承担损害赔偿责任，无责方之间不互相赔偿。无责方车辆对全责方车辆损失应承担的赔偿金额，由全责方在本方交强险相应无责任财产损失赔偿限额内代赔。

例如：A、B、C 三车互碰造成三方车损，A 车全责（损失 2000 元），B 车无责（损失 1000 元），C 车无责（损失 600 元）。设 B、C 车适用的交强险无责任赔偿限额为 100 元，则赔付结果为：A 车交强险赔付 B 车 1000 元，赔付 C 车 600 元，B 车、C 车交强险分别赔付 A 车 100 元，共赔付 200 元。由 A 车保险公司在本方交强险两个无责任财产损失赔偿限额内代赔。

b. 多方有责，一方或多方无责。所有无责方视为一个整体，在各自交强险无责任财产损失赔偿限额内，对有责方损失按平均分摊的方式承担损害赔偿责任；有责方对各方车辆损失在交强险财产损失赔偿限额内承担损害赔偿责任，无责方之间不互相赔偿。无责方车辆对有责方车辆损失应承担的赔偿金额，由各有责方在本方交强险无责任财产损失赔偿限额内代赔。

多方有责，一方无责的，无责方对各有责方车辆损失应承担的赔偿金额以交强险无责任财产损失赔偿限额为限，在各有责方车辆之间平均分配。

多方有责，多方无责的，无责方对各有责方车辆损失应承担的赔偿金额以各无责方交强险无责任财产损失赔偿限额之和为限，在各有责方车辆之间平均分配。

例如：A、B、C、D 四车互碰造成各方车损，A 车主责（损失 1200 元），B 车次责（损失 800 元），C 车无责（损失 900 元），D 车无责（损失 700 元）。设 C、D 两车适用的交强险无责任赔偿限额为 100 元，则赔付结果为：C 车、D 车交强险共应赔付 200 元，对 A 车、B 车各赔偿 $(100+100)\div2=100$ 元，由 A 车、B 车保险公司在本方交强险无责任财产损失限额内代赔。

A 车交强险赔偿金额＝B 车损核定承担金额+C 车损核定承担金额+D 车损核定承担金额＝$(800-100)+900\div2+700\div2=1500$ 元；B 车交强险赔偿金额＝A 车损核定承担金额+C 车损核定承担金额+D 车损核定承担金额＝$(1200-100)+900\div2+700\div2=1900$ 元。

（2）涉及车外财产损失。

均投保了交强险的两辆或多辆机动车互碰，涉及车外财产损失的，有责方在其适用的交强险财产损失赔偿限额内，对各方车辆损失和车外财产损失承担相应的损害赔偿责任。

所有无责方视为一个整体，在各自交强险无责任财产损失赔偿限额内，对有责方损失按平均分摊的方式承担损害赔偿责任。无责方之间不互相赔偿，无责方也不对车外财产损失进行赔偿。

无责方车辆对有责方车辆损失应承担的赔偿金额，由各有责方在本方交强险无责任财产损失赔偿限额内代赔。

例如：A、B、C 三车互碰造成三方车损，A 车主责（损失 800 元），B 车次责（损失 900 元），C 车无责（损失 500 元），车外财产损失 700 元。

A 车、B 车、C 车的交强险赔付计算结果如下：

① 计算出无责方对有责方的赔款。C 车交强险应赔付 A 车、B 车各 50 元。由 A 车、B 车在各自交强险无责任财产损失赔偿限额内代赔。

② 有责方再对车外财产、各方车损进行分摊。A 车交强险赔款 =（500+700）÷2+（900-50）= 1450 元；B 车交强险赔款 =（500+700）÷2+（800-50）= 1350 元。

③ 计算有责方交强险和代赔款之和。A 车交强险赔款+代赔款 = 1450+50 = 1500 元；B 车交强险赔款+代赔款 = 1350+50 = 1400 元。

（3）造成人员伤亡。

均投保了交强险的两辆或多辆机动车发生事故，造成人员伤亡。

① 肇事机动车均有责且适用相同责任限额的，各机动车按平均分摊的方式，在各自交强险分项赔偿限额内计算赔偿。

例如：A、B 两机动车发生交通事故，两车均有事故责任，A、B 车损分别为 1000 元、3000 元，B 车车上人员医疗费用 10000 元，死亡伤残费用 8 万元，另造成路产损失 4000 元。

A 车交强险初次赔付计算结果为：B 车车上人员死亡、伤残费用核定承担金额 = 80000÷（2-1）= 80000 元；B 车车上人员医疗费用核定承担金额 = 10000÷（2-1）= 10000 元；财产损失核定承担金额 = 3000÷2+4000÷（2-1）= 5500 元（超过财产损失赔偿限额，按限额赔偿，赔偿金额为 2000 元）。

A 车交强险赔偿金额 = 80000+10000+2000 = 92000 元，其中，A 车交强险对 B 车损的赔款 = 2000×[3000÷（3000+4000）] = 857. 14 元，A 车交强险对路产损失的赔款 = 2000×[4000÷（3000+4000）] = 1142. 85 元。

② 肇事机动车中有部分适用无责任赔偿限额的，按各机动车交强险赔偿限额占总赔偿限额的比例，在各自交强险分项赔偿限额内计算赔偿。

例如：A、B、C 三车发生交通事故，造成第三方人员甲受伤，A、B 两车各负 30% 和 70% 的事故责任，C 车和受害人甲无事故责任，受害人支出医疗费用 6000 元。设适用的交强险医疗费用赔偿限额为 10000 元，交强险无责任医疗费用赔偿限额为 1000 元。

A、B、C 三车对受害人甲应承担的赔偿金额分别为：A 车交强险医疗费用赔款 = 6000×[10000÷（10000+10000+1000）] = 2857. 14 元；B 车交强险医疗费用赔款 = 6000×[10000÷（10000+10000+1000）] = 2857. 14 元；C 车交强险医疗费用赔款 = 6000×[1000÷（10000+10000+1000）] = 285. 71 元。

支付、垫付抢救费金额参照以上方式计算。

2. 无责任财产赔付简化处理机制

（1）适用条件。

同时满足以下条件的双方或多方事故，适用无责财产赔付简化处理机制：

① 两方或多方机动车互碰，各方均投保交强险。

② 交警认定或根据法律法规能够协商确定事故责任，部分有责、部分无责。

③ 无责方车号、交强险保险人明确。

（2）基本原则。

无责代赔仅适用于车辆损失部分的赔偿，对于人员伤亡部分不进行代赔。对于应由无责方交强险承担的对有责方车辆损失的赔偿责任，由有责方承保公司在单独的交强险无责任财产损失代赔偿限额内代赔。代赔偿限额为无责方交强险无责任财产损失赔偿限额之和，在各有责方之间平均分配。各保险公司之间对代赔金额进行分类统计，但不进行清算。有责方代赔的部分不影响交强险费率浮动。各无责方车辆不参与对其他无责车辆和车外财产损失的赔偿计算。

(3) 基本流程。

出险后，由有责方向其承保公司报案，无责方不必向其承保公司报案。保险公司接报案时应提醒客户注意记录对方车牌号、被保险人名称、驾驶证号码、联系方式、交强险保险公司等信息。当事人根据法律法规自行协商处理事故或要求自行协商处理的，应指导客户填写《机动车交通事故快速处理协议书》。原则上由有责方保险公司对双方车辆进行查勘、定损，拍摄事故照片，出具查勘报告、定损单，查勘报告和定损单应由当事人签字确认。对于本应由无责方交强险承担的对有责方车损的赔偿责任，由有责方承保公司在本方交强险无责任财产损失代赔偿限额内代为赔偿。

有责方交强险项下合计赔款如下：

① 有责方交强险赔款=其他有责方车损核定承担金额+无责方车损核定承担金额+车外财产损失核定承担金额(≤2000 元)。

② 有责方保险公司无责代赔部分=有责方车损(≤无责方车辆数×无责任财产损失赔偿限额/有责方车辆数)。

③ 有责方保险公司交强险合计赔款=①+②。

为准确统计无责代赔数量和金额，有责方保险公司应对代赔款项加注“无责代赔”标识，并在查勘报告、业务系统中记录无责方车号、保险公司名称。有责方保险公司代赔后，应将无责方车号、代赔金额等有关数据上传至交强险信息平台。

(4)注意事项。

当事人协商确定事故责任的，保险公司有权通过查勘、比对等方式，对事故原因和协商结果进行核实。满足无责代赔条件，无责方已经支付赔款，并向己方保险公司索赔的，应提供付款证明或有责方保险公司未代赔的证明材料。对于人员伤亡损失，有责方保险公司原则上不予代赔，仍应由无责方被保险人或其授权委托人向其承保公司索赔。对于不符合无责代赔条件，仍需无责方自行向其承保公司索赔的，应及时告知双方当事人。

3. 特殊情况处理

(1) 一方投保交强险，另一方仅投保商业险或无保险的机动车发生事故。

① 一方机动车投保交强险，另一方仅投保商业险。依照《机动车交通事故责任强制保险条例》，军队、武警机动车参加交强险的办法由中国人民解放军、中国人民武装警察部队另行规定。在相关规定出台前，对于仅投保商业三者险的军队、武警机动车，与投保交强险的车辆互碰，按以下方式计算赔偿。

a. 对于军队、武警车辆，按照其所投保商业险条款和特别约定的规定计算赔偿；

b. 对于与军队、武警车辆碰撞的车辆，在计算其车损险赔款时，根据损失补偿原则，不扣除对方交强险应赔偿部分；

c. 两车同时碰撞车外财产或行人，按照事故责任比例，承保交强险的在交强险限额内承担受害人的损失，承保原商业三者险的在商业险限额内按条款规定承担受害人的损失。

例如：A、B 共同造成车外财产 C 的损失，A 主责，B 次责，C 损失 8000 元。交警调解确定A承担30%的损失，B承担70%的损失，A投保了交强险，B为军队车辆，未投保交强险，则A交强险对C的赔偿金额为：8000×30%＝2400元>2000元(交强险财产损失赔偿限额)，因此，A交强险对C的赔偿金额为2000元。

② 关于挂靠同一单位的机动车互碰的赔偿方式。对于被保险人(营业性车队、挂靠单位等)为同一人，但投保人(所有人)为不同自然人的机动车互碰，可按互为三者的原则，由各方机动车交强险在其分项赔偿限额内，按实际损失承担对方机动车(车辆、车上人员、车上财产)的损害赔偿责任。

此种处理方式仅适用于投保人在投保时如实向保险人告知了车辆属于挂靠的情况，并且在保险合同中明确体现。如果在保单中体现为投保人完全相同(即不能体现出实际的所有人)，则将视互碰的各车为同一被保险人所有，不能在交强险项下进行赔偿。

(2) 经交警调解或当事各方协商，由各方机动车承担本方车辆损失。

符合《机动车交强险财产损失互碰自赔处理办法》适用条件的，按照本规定处理。不符合《机动车交强险财产损失互碰自赔处理办法》适用条件的，当地行业协会有相关规定的，按行业协会相关规定处理。行业协会没有相关规定的，按以下方式处理。

① 能够找到事故对方机动车并勘验损失的，对事故对方车辆损失在本方交强险赔偿限额内计算赔偿，超过限额部分在商业车险项下按过错责任比例计算赔偿。

例如：A、B两车互碰，各负同等责任。A车损失5000元，B车损失4000元，交警调解结果为各自修理本方车辆。在能够勘验双方车辆损失的情况下，A车保险公司在交强险项下赔偿B车损失2000元；B车保险公司在交强险项下赔偿A车损失2000元。对于A车剩余的3000元损失，如A车投保了车损险、B车投保了商业三责险，则可以在B车的商业三者险项下赔偿1500元，在A车的车损险项下赔偿1500元。

② 事故对方已无法找到并勘验损失，被保险机动车无法得到对方赔偿的，可对被保险机动车的车辆损失在本方机动车交强险赔偿限额内计算赔偿，超过限额部分在本方机动车商业车损险项下按条款规定计算赔偿。

例如：A、B两车互碰，各负同等责任。A车损失5000元，B车损失4000元。交警调解结果为各自修理本方车辆。在无法找到B车勘验损失的情况下，A车保险公司可在交强险项下赔偿A车损失2000元。对于A车的剩余的3000元损失，如A车投保了车损险，则在A车的 车损险项下按条款规定计算赔偿。

4. 理赔程序

理赔程序分以下5个步骤：

(1) 确定哪些损失属于本方机动车交强险受害人的损失。

(2) 判断是否满足无责代赔处理机制，如满足，按简化方式计算，如不满足则进入以下步骤。

(3) 确定本方机动车交强险项下的分项核定损失承担金额。根据肇事机动车的分项赔偿限额占总分项赔偿限额的比例分摊，各方机动车适用限额一致的，按平均分摊的方式计算。

(4) 对于分项核定损失承担金额没有超过交强险赔偿限额的，按分摊结果赔付；分项核定损失承担金额超过交强险赔偿限额的，在交强险限额内，按受害人分项核定损失承担金额占总分项核定损失承担金额的比例分摊。

(5) 判断交强险限额是否用足，若有受害方没有得到全额赔付，同时又有需赔付方交强险限额未用足，则在交强险限额内补足。对于待分配的各项损失合计没有超过剩余赔偿限额的，按分配结果赔付各方；超过剩余赔偿限额的，则按每项分配金额占各项分配金额总和的比例乘以剩余赔偿限额分摊；直至受损各方均得到足额赔偿或应赔付方交强险无剩余限额。

本章小结

机动车交通事故责任强制保险，是指由保险公司对被保险机动车发生道路交通事故造成本车人员、被保险人以外的受害人的人身伤亡、财产损失，在责任限额内予以赔偿的强制性责任保险。

机动车交通事故责任强制保险在全国范围内实行统一的责任限额，包括死亡伤残赔偿限额、医疗费用赔偿限额、财产损失赔偿限额以及被保险人在道路交通事故中无责任的赔偿限额。

机动车交通事故责任强制保险业务遵循总体上不盈利不亏损的原则，由保险公司制定机动车交通事故责任强制保险条款费率。

机动车交通事故责任强制保险是对第三者造成损失的赔偿，在事故发生过程中将实行交强险先行，商业三者险补充的原则。

思考与练习

1. 什么是强制汽车责任保险？具有哪些特征？

2. 我国是如何定义强制汽车责任保险的？

3. 制订《机动车交通事故责任强制保险条例》的目的是什么？该条例出台的背景和意义是什么？

4.《机动车交通事故责任强制保险条例》适用对象和机动车交通事故责任强制保险运作的主体是什么？

5. 机动车交通事故责任强制保险的费率和限额是如何规定的？

6. 机动车交通事故责任强制保险的保障对象以及保障内容是什么？有哪些事故赔偿原则？

7. 简述《机动车交通事故责任强制保险条例》的主要特点？

8.《机动车交通事故责任强制保险条例》赋予保监会监管的职责有哪些？

9.《机动车交通事故责任强制保险条例》规定交强险不负责赔偿和垫付的损失费用有哪些？

10.《机动车交通事故责任强制保险条例》规定投保人和被保险人的权利和义务有哪些？

11. 交强险与商业三者险有哪些区别？

12. 交强险的保险限额和费率是如何规定的？

13. A、B、C 三辆机动车发生交通事故，交警认定 A、B、C 分别负 30%、70%、0%的责任，三车车损分别为 2000 元、200 元、500 元，另造成路产损失 1000 元。A、B、C 分别由甲、乙、丙保险公司承保。

(1) 则甲、乙、丙保险公司交强险赔偿金额分别是多少？

(2) 若 A 负全责、B、C 无责任，则甲、乙、丙保险公司交强险赔偿金额分别是多少？

第五章　机动车辆商业保险

知识目标

1. 了解机动车辆商业保险的概况。
2. 掌握机动车辆损失险、第三者责任保险的保险责任和责任免除及相关解释。
3. 掌握常见附加险的保险条款并能做出正确解释。
4. 熟悉与交强险配套的新款商业机动车辆保险的特点。

能力目标

具备正确运用机动车辆商业保险的条款对相关保险案例进行分析和解释的能力。

机动车辆商业保险与机动车辆强制保险是相对而言的，目前，机动车辆商业保险还是我国各家财产保险公司的经营主业，汽车商业保险按保障的责任范围可分为基本险和附加险，保险公司可以根据自身特点确定主险险种和附加险险种，各家保险公司的险种结构不完全相同，但所有的保险公司都把车损险和商业第三者责任险列为基本险范畴。

第一节　机动车辆损失保险

机动车辆损失保险简称车损险，是指保险车辆遭受保险责任范围内的自然灾害或意外事故，造成保险车辆本身损失，保险人依照保险合同的规定给予赔偿。车损险为不定值保险，在机动车辆损失保险的保险合同中不确定保险标的的保险价值，只列明保险金额，将保险金额作为最高赔偿限额。

本节主要从保险责任、责任免除、保险金额、保险期间和赔偿处理等方面，对机动车辆损失保险条款进行介绍。

机动车辆损失保险条款分为非营业用机动车辆损失保险条款、营业用机动车辆损失保险条款和家庭自用机动车辆损失保险条款。

一、机动车辆损失保险的保险标的

1. 非营业用机动车辆损失保险

非营业用机动车辆损失保险的保险标的是指在中华人民共和国境内(不含港、澳、台地区)行驶的党政机关、企事业单位、社会团体、使领馆等机构从事公务或在生产经营活动中不以直接或间接方式收取运费或租金的自用汽车，包括客车、货车、客货两用车。

2. 营业用机动车辆损失保险

营业用机动车辆损失保险的保险标的是指在中华人民共和国境内(不含港、澳、台地区)行驶的，用于客、货运输或租赁，并以直接或间接方式收取运费或租金的汽车。

3. 家庭自用机动车辆损失保险

家庭自用机动车辆损失保险的保险标的是指在中华人民共和国境内(不含港、澳、台地区)行驶的家庭或个人所有，且用途为非营业性运输的核定座位在9座以下的客车。

二、机动车辆损失保险的保险责任

被保险人或其允许的驾驶人员在使用保险车辆过程中，因下列原因造成保险车辆的损失，保险人负责赔偿。

被保险人或其允许的驾驶人员，应同时具备两个条件：第一，被保险人或其允许的驾驶人员是指被保险人本人以及经被保险人委派、雇佣或认可的驾驶保险车辆的人员。第二，驾驶人员必须持有效驾驶证，并且所驾车辆与驾驶证规定的准驾车型相符；驾驶出租汽车或营业性客车的驾驶员还必须具备交通运输管理部门核发的许可证书或其他必备证书，否则仍认定为不合格。

使用保险车辆过程是指保险车辆作为一种工具被运用的整个过程，包括行驶和停放。例如，被保险的吊车固定车轮后进行吊卸作业属于使用过程。

(一) 机动车辆损失保险条款中约定的灾害事故

机动车辆保险条款的保险责任采用列明式，未列明的不属于保险责任。条款中列明的意外事故或自然灾害造成保险车辆的直接损失，保险人负责赔偿。机动车辆损失保险条款中约定的灾害事故包括以下几类：

1. 碰撞、倾覆、坠落

(1) 碰撞。指保险车辆与外界静止的或运动中的物体的意外撞击。这里的碰撞包括两种情况：一是保险车辆与外界物体的意外撞击造成的本车损失；二是保险车辆按《中华人民共和国道路交通安全法》关于车辆装载的规定载运货物(当车辆装载货物不符合装载规定时，须提请公安交通管理部门批准，并按指定时间、路线、时速行驶)，车与货即视为一体，所装货物与外界物体的意外撞击造成的本车损失。同时，碰撞应是保险车辆与外界物体直接接触。保险车辆的人为划痕不属本保险责任。

(2) 倾覆。保险车辆由于自然灾害或意外事故，造成本身翻倒，车体触地，使其失去正常状态和行驶能力，不经施救不能恢复行驶，属于本保险责任。

(3) 坠落。指保险车辆在行驶中发生意外事故，整车腾空(包括翻转360°以上)后，仍四轮着地所产生的损失，属于本保险责任。

2. 火灾、爆炸

(1) 火灾。在时间或空间上失去控制的燃烧所造成的灾害。这里指车辆本身以外的火源及基本险的车辆损失险所列的灾害事故造成的燃烧，导致保险车辆的损失，属于本保险责任。

(2) 爆炸。仅指化学性爆炸，发动机因其内部原因发生爆炸或爆裂，轮胎爆炸等，不属本保险责任。

3. 外界物体平行坠落、倒塌

（1）外界物体平行坠落。陨石或飞行器等空中掉落物体所致的保险车辆受损。吊车的吊物脱落以及吊钩或吊臂的断落等，造成保险车辆的损失，属本保险责任。但吊车本身在操作时由于吊钩、吊臂上下起落砸坏保险车辆的损失，不属本保险责任。

（2）外界物体倒塌。保险车辆自身以外，由物质构成并占有一定空间的个体倒下或陷下，造成保险车辆的损失。如地上或地下建筑物坍塌，树木倾倒致使保险车辆受损，都属本保险责任。

4. 暴风、龙卷风

（1）暴风。风力速度 28.5m/s（相当于 11 级大风）以上。在掌握上，只要风力速度达 17.2m/s（相当于 8 级风），造成保险车辆的损失，即构成本保险责任。

（2）龙卷风。一种范围小而时间短的猛烈旋风，平均最大风速一般在 79～103m/s，极端最大风速一般在 100m/s 以上，属于本保险责任。

5. 雷击、雹灾、暴雨、洪水、海啸

（1）雷击。由雷电造成的灾害，由于雷电直接击中保险车辆或通过其他物体引起保险车辆的损失，均属于本保险责任。

（2）雹灾。由于冰雹降落造成的灾害，属于本保险责任。

（3）暴雨。每小时降雨量达 16mm 以上，或连续 12h 降雨量达 30mm 以上，或连续 24h 降雨量达 50mm 以上，属于本保险责任。

（4）洪水。凡江河泛滥，山洪，潮水上岸及倒灌，致使保险车辆遭受泡损，淹没的损失，都属于本保险责任。

（5）海啸。由于海啸以致海水上岸泡损、淹没、冲失保险车辆均属于本保险责任。

6. 地陷、冰陷、崖崩、雪崩、泥石流、滑坡

（1）地陷。地表突然下陷造成保险车辆的损失，属于本保险责任。

（2）冰陷。在公安交通管理部门允许车辆行驶的冰面上，保险车辆在通过时，冰面突然下陷造成保险车辆的损失，属于本保险责任。

（3）崖崩。石崖、土崖因自然风化、雨蚀而崩裂下塌，或山上岩石滚落，或雨水使山上沙土透湿而崩塌，致使保险车辆遭受的损失，属于本保险责任。

（4）雪崩。大量积雪突然崩落的现象，属于本保险责任。

（5）泥石流。山地突然爆发饱含大量泥沙、石块的洪流，属于本保险责任。

（6）滑坡。斜坡上不稳的岩石或土在重力作用下突然整体向下滑动，属于本保险责任。

（7）载运保险车辆的渡船遭受自然灾害（只限于有驾驶人员随车照料者）。保险车辆在行驶途中，因需跨过江河，湖泊，海峡才能恢复到道路行驶而过渡，驾驶员把车辆开上渡船，并随车照料到对岸，这期间因遭受自然灾害，致使保险车辆本身发生损失，保险人予以赔偿。由货船、客船、客货船或滚装船等运输工具承载保险车辆的过渡，不属于保险责任。

（二）合理的施救费用

发生保险事故时，被保险人为防止或者减少保险车辆的损失所支付的必要的、合理的施救费用，由保险人承担，最高不超过保险金额的数额。保险车辆在遭受保险责任范围内的自然灾害或意外事故时，为了减少车辆损失，采取施救、保护措施所支出的合理费用，保险人负责赔偿。此项费用不包括车辆的修复费用。最高赔偿金额以保险金额为限。

施救措施是指发生保险责任范围内的灾害或事故时，为减少和避免保险车辆的损失所实施的抢救行为。保护措施是指保险责任范围内的自然灾害或意外事故发生以后，为防止保险车辆损失扩大和加重的行为。例如：保险车辆受损后不能行驶，雇人在事故现场看守的合理费用(不得超过3天，每天3人，参照劳动力平均收入计算)，有当地有关部门出具证明的可以赔偿。

合理费用是指保护、施救行为支出的费用是直接的、必要的，并符合国家有关的政策规定。

三、机动车辆损失保险与第三者责任险共同的责任免除

(一) 下列情况下，不论任何原因造成保险车辆损失和对第三者的经济赔偿责任，保险人均不负责赔偿

(1) 地震、战争、军事冲突、恐怖活动、暴乱、扣押、罚没、政府征用。

① 地震：因地壳发生急剧的自然变异，影响地面而发生震动的现象。无论地震使保险车辆直接受损，还是地震造成外界物体倒塌所致保险车辆的损失，保险人都不负责赔偿。

② 战争：国家与国家、民族与民族、政治集团与政治集团之间为了一定的政治、经济目的而进行的武装斗争。

③ 军事冲突：国家或民族之间在一定范围内的武装对抗。

④ 暴乱：破坏社会秩序的武装骚动。上述的战争、军事冲突和暴乱以政府宣布为准。

⑤ 扣押：指采用强制手段扣留保险车辆。

⑥ 罚没：指司法或行政机关没收违法者的保险车辆，作为处罚。

⑦ 政府征用。特指政府利用行政手段有偿或无偿占用保险车辆。

(2) 竞赛、测试，在营业性维修场所修理、养护期间。

① 竞赛：指保险车辆作为赛车直接参加车辆比赛活动。

② 测试：指对保险车辆的性能和技术参数进行测量或试验。

③ 在营业性修理场所修理、养护期间：指保险车辆进入维修厂维护、修理期间，由于自然灾害或意外事故所造成的保险车辆或他人的损失。

其中营业性修理场所是指保险车辆进入以盈利为目的的修理厂；修理期间是指保险车辆从进入维修厂开始到维护、修理结束并验收合格提车时止，包括维护修理过程中的测试。

(3) 利用保险车辆从事违法活动。

被保险人及其允许的驾驶人员不能利用保险车辆从事法律、法规和有关规定所不允许的活动和经营。

(4) 驾驶人员饮酒、吸食或注射毒品、被药物麻醉后使用保险车辆。

① 驾驶员饮酒：指驾驶员饮酒后开车，可根据下列之一来判定：

a. 公安交通管理部门处理交通事故时作出的酒后驾车结论。

b. 有饮酒后驾车的证据。

② 吸毒：指驾驶员吸食或注射鸦片、海洛因、大麻、可卡因以及国家规定管制的其他能够使人形成瘾癖的麻醉药品和精神药品。

③ 被药物麻醉：指驾驶员吸食或注射有麻醉成分的药品，在整个身体或身体的某一部分暂时失去控制的情况下驾驶车辆。

(5) 保险车辆肇事逃逸。

保险车辆肇事逃逸是指保险车辆肇事后，为了逃避法律法规制裁，逃离肇事现场的行为。

(6) 驾驶人员有下列情形之一的。

① 无驾驶证或驾驶车辆与驾驶证准驾车型不符。

② 公安交通管理部门规定的其他属于无有效驾驶证的情况下驾车，有以下几种情况：

a. 持军队或武警部队驾驶证驾驶地方车辆；持地方驾驶证驾驶军队或武警部队车辆。

b. 持学习驾驶证学习驾车时，无教练员随车指导，或不按指定时间、路线学习驾车。

c. 实习期驾驶大型客车、电车、起重车和带挂车的汽车时，无正式驾驶员并坐监督指导。

d. 实习期驾驶执行任务的警车、消防车、工程救护车、救护车和载运危险品的车辆。

e. 持学习驾驶证及实习期在高速公路上驾车。

f. 驾驶员持审验不合格的驾驶证，或未经公安交通管理部门同意，持未审验的驾驶证驾车。

g. 公安交通管理部门规定的其他属于无效驾驶证的情况。

③ 使用各种专用机械车、特种车的人员无国家有关部门核发的有效操作证；驾驶营业性客车的驾驶人员无国家有关部门核发的有效资格证书。

(7) 非被保险人允许的驾驶人员使用保险车辆。

指被保险人或其允许的驾驶人员以外的其他人员使用保险车辆。

(8) 保险车辆不具备有效行驶证件。

(9) 因污染(含放射性污染)造成的损失。

因污染引起的任何损失，指不论是否发生保险事故，保险车辆本身及保险车辆所载货物泄漏造成的对外界任何污染而引起的损失，保险人都不负责赔偿。

污染包括保险车辆在正常使用过程中，由于车辆油料或所载货物的泄漏造成的污染，以及保险车辆发生事故导致本车或第三者车辆的油料或所载货物的泄漏造成的污染。

车辆所载货物泄漏，指保险车辆装载液体、气体因流泻、渗漏而对外界一切物体造成腐蚀、污染、人畜中毒、植物枯萎以及其他财物的损失。例如：保险车辆漏油造成对路面的损害。

(10) 保险车辆或第三者财产因市场价格变动造成的贬值、修理后因价值降低引起的损失。

(11) 保险车辆被盗窃、抢劫、抢夺造成第三者人身伤亡或财产损失，以及因被盗窃、抢劫、抢夺受到损坏或车上零部件、附属设备丢失。

保险车辆全车被盗窃、抢劫、抢夺期间指保险车辆被盗窃、抢劫、抢夺行为发生之时起至公安部门将该车收缴之日止。

附属设备是指购买新车时，随车装备的基本设备。随车工具，新增设备等，不属于附属设备。

保险车辆全车被盗窃、抢劫、抢夺期间发生交通事故，造成第三者的人身伤亡或财产损失，保险人不负赔偿责任。

(12) 被保险人或驾驶人员的故意行为造成的损失。

被保险人或其允许的驾驶人员的故意行为是指明知自己可能造成损害的结果，而仍希望或放任这种结果的发生。

(二)其他不属于保险责任范围内的损失和费用

(1)不属于基本险条款规定的车辆损失险责任范围内的损失和费用。

(2)不属于基本险条款规定的第三者责任险范围的损失和费用。

(3)按时交纳保险费是投保人应尽的义务,保险事故发生前,未按书面约定履行交纳保险费义务的,保险人不负责赔偿。

(4)除本保险合同另有书面约定外,发生保险事故时保险车辆没有公安交通管理部门核发的行驶证和号牌,或未按规定检验或检验不合格,保险人也不负责赔偿。

四、发生保险事故时,保险车辆必须具备以下条件

(1)保险车辆须有公安交通管理部门核发的行驶证或号牌。

(2)保险车辆达到 GB 7258—2012《机动车运行安全技术条件》的要求,并在规定期间内经公安交通管理部门检验合格。

但保险合同另有书面约定的情况下,保险人应承担保险责任。其中,“另有书面约定”是指保险合同中所作出明示的,与该条文内容相反的约定。如:保险合同中特别约定承保的,在特定区域内行驶的,没有公安交通管理部门核发的正式号牌的特种车(矿山机械车、机场内专用车等)。

五、车辆损失险的责任免除

保险车辆的下列损失和费用,保险人不负责赔偿。

(1)自然磨损、锈蚀、故障、轮胎单独损坏。

① 自然磨损:指车辆由于使用造成的机件损耗。

② 锈蚀:指机件与有害气体、液体相接触,被腐蚀损坏。

③ 故障:由于车辆某个部件或系统性能发生问题,影响车辆的正常工作。

④ 轮胎单独损坏:保险车辆在使用过程中,不论何种原因造成轮胎的单独破损。但由于自然磨损、锈蚀、故障、轮胎损坏而引起的保险事故(如碰撞、倾覆等),造成保险车辆其他部位的损失,保险人应予以赔偿。

(2)玻璃单独破碎、无明显碰撞痕迹的车身划痕。玻璃包括风窗玻璃、车窗玻璃,不包括天窗玻璃。

(3)人工直接供油、高温烘烤造成的损失。人工直接供油是指不经过车辆正常供油系统的供油;高温烘烤包括无论是否使用明火,凡违反车辆安全操作规则的加热、烘烤升温的行为。

(4)自燃以及不明原因引起火灾造成的损失。

① 自燃:指没有外界火源,保险车辆也未发生碰撞、倾覆的情况下,由于保险车辆本车漏油或电器、线路、供油系统、载运的货物等自身发生问题引起的火灾。

② 不明原因的火灾:公安消防部门的《火灾原因认定书》中认定的起火原因不明的火灾。

(5)遭受保险责任范围内的损失后,未经必要修理继续使用,致使损失扩大的部分。指保险车辆因发生保险事故遭受损失后,没有及时进行必要的修理,或修理后车辆未达到正常使用标准而继续使用,造成保险车辆损失扩大的部分。

(6)车辆标准配置以外,未投保的新增设备的损失。

(7) 保险车辆在停放或行驶的过程中，被水淹及排气筒或进气管，驾驶员继续启动车辆或利用惯性启动车辆；以及车辆被水淹后转移至高处，或水退后未经必要的处理而启动车辆，造成的发动机损坏。

(8) 保险车辆所载货物坠落、倒塌、撞击、泄漏造成的损失。受本车所载货物撞击的损失是指保险车辆行驶时，车上货物与本车相互撞击，造成本车的损失。车辆所载货物坠落造成的损失是指保险车辆装载的货物从车上掉下砸伤他人或砸坏他人财产。

(9) 摩托车停放期间因翻倒造成的损失，是指两轮摩托车或轻便摩托车停放期间由于翻倒造成的车辆损失。

六、机动车辆损失险保险金额的确定

机动车辆损失保险条款中规定了保险金额确定方式有三种：

(1) 在投保时被保险机动车的新车购置价内协商确定。

(2) 按投保时被保险机动车的实际价值确定。

保险合同中的实际价值=新车购置价-折旧金额后的价格

对于折旧率，家庭自用车辆、营业车辆、非营业用车辆作了相关的规定。

① 家庭自用车辆的折旧。被保险机动车的折旧按月折旧率 0.6%计算，不足一个月的部分不计折旧。最高折旧金额不超过投保时被保险机动车新车购置价的 80%。

折旧金额=投保时的新车购置价×被保险机动车已使用月数×0.6%×按投保时保险车辆的实际价值

② 营业用车辆的折旧。车辆的折旧率见表 5-1。折旧按月计算，不足一个月的部分，不计折旧。最高折旧金额不超过投保时被保险机动车新车购置价的 80%。

表 5-1　营业用车辆的折旧率表

车辆种类	月折旧率/%	
	出租	其他
客车	1.10	0.90
微型载货汽车	1.10	1.10
带拖挂的载货汽车	1.10	1.10
农用运输车	1.40	1.40
其他车辆	1.10	0.90

折旧金额=投保时的新车购置价×被保险机动车已使用月数×月折旧率。

(3) 非营业用车辆的折旧。车辆的折旧率见表 5-2。

表 5-2　非营业用车辆的折旧率表

车辆种类	月折旧率/%	车辆种类	月折旧率/%
9 座以下客车	0.60	其他车辆	0.90
农用运输车	1.10		

折旧按月计算，不足一个月的部分，不计折旧。最高折旧金额不超过投保时被保险机动车新车购置价的 80%。

折旧金额=投保时的新车购置价×被保险机动车已使用月数×月折旧率

保险人可根据当地的实际情况，采取保险价值、实际价值、协商价值三种方式之一确定保险金额。用协商价值确定保险金额的不应超过投保时的保险价值，如有超过，超过部分无效。

七、机动车辆损失保险的赔偿处理

（一）赔偿处理

（1）被保险人索赔时，应当向保险人提供与确认保险事故的性质、原因、损失程度等有关的证明和资料。被保险人应当提供保险单、损失清单、有关费用单据、被保险机动车行驶证和发生事故时驾驶人的驾驶证。

属于道路交通事故的，被保险人应当提供公安机关交通管理部门或法院等机构出具的事故证明、有关的法律文书(判决书、调解书、裁定书、裁决书等)和通过机动车交通事故责任强制保险获得赔偿金额的证明材料。

属于非道路交通事故的，应提供相关的事故证明。

（2）被保险人或被保险机动车驾驶人根据有关法律法规规定选择自行协商方式处理交通事故的，应当立即通知保险人，协助保险人勘验事故各方车辆、核实事故责任，并依照《交通事故处理程序规定》签订记录交通事故情况的协议书。

（3）因保险事故损坏的被保险机动车，应当尽量修复。修理前被保险人应当会同保险人检验，协商确定修理项目、方式和费用。否则，保险人有权重新核定；无法重新核定的，保险人有权拒绝赔偿。

（4）投保人在投保时选择专修厂的，保险事故发生后，保险人推荐具有被保险机动车专修资格的修理厂进行修理；投保人在投保时未选择专修厂的，保险事故发生后，保险人推荐不低于二级修理资质的修理厂进行修理。

（5）被保险机动车遭受损失后的残余部分由保险人、被保险人协商处理。

（6）保险人依据被保险机动车驾驶人在事故中所负的事故责任比例，承担相应的赔偿责任：

被保险人或被保险机动车驾驶人根据有关法律法规规定选择自行协商或由公安机关交通管理部门处理事故未确定事故责任比例的，按照下列规定确定事故责任比例：

a. 被保险机动车方负主要事故责任的，事故责任比例为70%；

b. 被保险机动车方负同等事故责任的，事故责任比例为50%；

c. 被保险机动车方负次要事故责任的，事故责任比例为30%。

（7）被保险机动车重复保险的，保险人按照保险合同的保险金额与各保险合同保险金额的总和的比例承担赔偿责任。其他保险人应承担的赔偿金额，保险人不负责赔偿和垫付。

（8）保险人受理报案、现场查勘、参与诉讼、进行抗辩、向被保险人提供专业建议等行为，均不构成保险人对赔偿责任的承诺。

（9）下列情况下，保险人支付赔款后，本保险合同终止，保险人不退还机动车辆损失保险及其附加险的保险费。

① 被保险机动车发生全部损失。

② 按投保时被保险机动车的实际价值确定保险金额的，一次赔款金额与免赔金额之和

（不含施救费）达到保险事故发生时被保险机动车的实际价值。

③ 保险金额低于投保时被保险机动车的实际价值的，一次赔款金额与免赔金额之和（不含施救费）达到保险金额。

（二）车辆损失险的赔款计算

（1）按投保时保险车辆的新车购置价确定保险金额的，保险车辆损失的赔款计算如下：

① 发生全部损失时，在保险金额内计算赔偿，保险金额高于保险事故发生时保险车辆实际价值的，按保险事故发生时保险车辆的实际价值计算赔偿，即

保险车辆损失赔款=（实际价值-残值）×事故责任比例×（1-免赔率之和）

保险事故发生时保险车辆的实际价值根据保险事故发生时的新车购置价减去折旧金额后的价格确定。

保险事故发生时的新车购置价根据保险事故发生时保险合同签订的同类型新车的市场销售价格确定，无同类型新车市场销售价格的，由被保险人与保险人协商确定。

② 发生部分损失时，按核定修理费用计算赔偿，但不得超过保险事故发生时保险车辆的实际价值，即

保险车辆损失赔款=（核定修理费用-残值）×事故责任比例×（1-免赔率之和）

（2）按投保时保险车辆的实际价值确定保险金额或协商确定保险金额的，保险车辆损失的赔款计算如下：

① 发生全部损失时，保险金额高于保险事故发生时保险车辆实际价值的，以保险事故发生时保险车辆的实际价值计算赔偿，即

保险车辆损失赔款=（实际价值-残值）×事故责任比例×（1-免赔率之和）

保险金额等于或低于保险事故发生时保险车辆实际价值的，按保险金额计算赔偿，即

保险车辆损失赔款=（保险金额-残值）×事故责任比例×（1-免赔率之和）

② 发生部分损失时，按保险金额与投保时保险车辆的新车购置价的比例计算赔偿，但不得超过保险事故发生时保险车辆的实际价值，即

保险车辆损失赔款=（核定修理费用-残值）×事故责任比例×保险金额÷投保时保险车辆的新车购置价×（1-免赔率之和）

施救费用赔偿的计算，在被保险机动车损失赔偿金额以外另行计算，最高不超过保险金额的数额。被施救的财产中，含有保险合同未承保财产的，按被保险机动车与被施救财产价值的比例分摊施救费用。

八、机动车辆损失险保险合同的变更、终止、争议处理

（一）保险合同变更终止

（1）本保险合同的内容如需变更，须经保险人与投保人书面协商一致。

（2）在保险期间内，被保险机动车转让他人的，投保人应当书面通知保险人并办理批改手续。

（3）保险责任开始前，投保人要求解除本保险合同的，应当向保险人支付应交保险费5%的退保手续费，保险人应当退还保险费。

保险责任开始后，投保人要求解除本保险合同的，自通知保险人之日起，本保险合同解除。保险人按短期月费率（见表5-3）收取自保险责任开始之日起至合同解除之日止期间的保险费，并退还剩余部分保险费。

表 5-3 短期月费率表

保险期间/月	1	2	3	4	5	6	7	8	9	10	11	12
短期月费率/%	10	20	30	40	50	60	70	80	85	90	95	100

注：保险期间不足一个月的部分，按一个月计算。

（二）争议处理

（1）因履行本保险合同发生的争议，由当事人协商解决。

协商不成的，提交保险单载明的仲裁机构仲裁。保险单未载明仲裁机构或者争议发生后未达成仲裁协议的，可向人民法院起诉。

（2）争议处理适用中华人民共和国法律。

第二节 商业第三者责任保险

汽车商业第三者责任保险是指保险车辆因意外事故，致使他人遭受人身伤亡或财产的直接损失，保险人依照保险合同的规定给予赔偿的保险。商业第三者责任保险与机动车辆交通事故责任强制保险不同。

一、商业第三者责任险的保险标的

汽车第三者责任险的保险标的为被保险车辆在中华人民共和国境内(不含港、澳、台地区)行驶，以动力装置驱动或者牵引上道路行驶的供人员乘用或者用于运送物品以及进行专项作业的轮式车辆(含挂车)、履带式车辆和其他运载工具(不包括摩托车、拖拉机和特种车)发生保险责任事故，致使第三者人身伤亡或财产受损，被保险人依法应承担的经济赔偿责任。

二、保险责任及相关解释

1. 保险责任

被保险人或其允许的合法驾驶人在使用被保险机动车过程中发生意外事故，致使第三者遭受人身伤亡或财产直接损毁，依法应当由被保险人承担的损害赔偿责任，保险人依照保险合同的约定，对于超过机动车交通事故责任强制保险各分项赔偿限额以上的部分负责赔偿。

2. 相关术语解释

（1）意外事故。不是行为人故意，而是由于不可预知的或者不可抗拒的原因造成损失的突发事件。包括在道路上发生的道路交通事故以及不在道路上(例如场院、乡间小路)发生的非道路交通事故。前者一般由公安交通管理部门依据《道路交通事故处理办法》处理；后者一般由出险当地政府参照《道路交通事故处理办法》处理。

（2）第三者。在保险合同中，保险人是第一方，也叫第一者；被保险人或致害人是第二方，也叫第二者；除保险人与被保险人之外的，因保险车辆的意外事故而遭受人身伤害或财产损失的受害人是第三方，也叫第三者。

（3）人身伤亡。人的身体受到伤害或人的生命终止。

（4）直接损毁。保险车辆发生意外事故，直接造成事故现场他人现有财产的实际损毁。

(5) 依法应当由被保险人支付的赔偿金额。依照道路交通事故处理规定和有关法律、法规，按被保险人或其允许的合格的驾驶员承担的事故责任所应当支付的赔偿金额。

(6) 被保险人或其允许的合格驾驶员，应同时具备以下两个条件。

① 被保险人本人以及经被保险人委派、雇佣或许可的驾驶人员。

② 合格驾驶员是指驾驶保险车辆的驾驶员，必须持有效驾驶证，且驾驶车辆与驾驶证规定的准驾车型相符；驾驶出租车或者营业性客车的还需要具备交通运输管理部门核发的许可证。

三、责任免除

(1) 保险车辆造成下列人身伤亡或财产损失，不论在法律上是否应当由被保险人承担赔偿责任，保险人均不负责赔偿。

① 本车驾驶人员及其家庭成员的人身伤亡、所有或代管的财产的损失。私有车辆、个人承包车辆的被保险人或其允许的驾驶员及其家庭成员，以及他们所有或代管的财产。具体有以下 4 种情况：

a. 私有、个人承包车辆的被保险人家庭成员，可根据独立经济的户口划分区别。

例如：父母、兄弟多人，各自另立户口分居，家庭成员指每户中的成员，而不能单纯按是否直系亲属来划分。夫妻分居两地，虽有两个户口，因两者经济上并不独立，实际上是合一的，所以只能视为一个户口。

本条应遵循一个原则，即肇事者本身不能获得赔偿，即保险人付给受害方的赔款，最终不能落到被保险人手中。

b. 私有、个人承包车辆的被保险人及其家庭成员所有或代管的财产。指被保险人或其允许的驾驶员及其家庭成员自有的财产，或与他人共有财产的自有部分，或他们代替他人保管的财产。

c. 私有车辆。车辆所有权属于私人的车辆。如：个人和私营企业等的车辆。

d. 个人承包车辆。以个人名义承包单位、他人的车辆。

② 本车上其他人员的人身伤亡或财产损失。

本车上的一切人员和财产是指意外事故发生的瞬间，在本保险车辆上的一切人员和财产，包括此时在车上的驾驶员。这里包括车辆行驶中或车辆未停稳时非正常下车的人员，以及吊车正在吊装的财产。

(2) 其他免责情况。

① 保险车辆发生保险事故受损后，丧失行驶能力，从受损到修复这一期间，被保险人停止营业或不能继续运输等造成的损失，保险人均不负责赔偿。

保险车辆发生意外事故致使第三者营业停止、车辆停驶、生产或通讯中断和不能正常供电、供水、供气的损失以及由此而引起的其他人员、财产或利益的损失，不论在法律上是否应当由被保险人负责，保险人都不负责赔偿。

② 精神损害赔偿，包括因保险事故引起的、无论是否依法应由被保险人承担的任何有关精神损害的赔偿，保险人不负责赔偿。商业险可以附加精神损失险，交强险在限额内是可以赔偿的。

四、责任限额及相关解释

1. 责任限额

(1) 每次事故的责任限额，由投保人和保险人在签订本保险合同时按保险监管部门批准的限额档次协商确定。

(2) 主车和挂车连接使用时视为一体，发生保险事故时，由主车保险人和挂车保险人按照保险单上载明的机动车第三者责任保险责任限额的比例，在各自的责任限额内承担赔偿责任，但赔偿金额总和以主车的责任限额为限。

2. 相关解释

(1) 挂车投保后与主车视为一体，是指主车拖带挂车，无论赔偿责任是否由挂车引起的，均能得到赔偿。保险人第三者责任险的总赔偿责任以主车赔偿限额为限。主车、挂车在不同保险公司投保的，发生保险事故后，被保险人应向承保主车的保险公司索赔，还应提供主车、挂车各自的保险单。两家保险公司按照所收取的保险单上载明的第三者责任险保险费比例分摊赔款。

(2) 第三者责任险的责任限额分为八个档次，即5万元、10万元、15万元、20万元、30万元、50万元、100万元以及100万元以上，最高可以到1000万元。

五、赔偿处理及相关解释

1. 赔偿处理

(1) 被保险人索赔时，应当向保险人提供与确认保险事故的性质、原因、损失程度等有关的证明和资料。

被保险人应当提供保险单、损失清单、有关费用单据、被保险机动车行驶证和发生事故时驾驶人的驾驶证。

属于道路交通事故的，被保险人应当提供公安机关交通管理部门或法院等机构出具的事故证明、有关的法律文书(判决书、调解书、裁定书、裁决书等)及其他证明。

属于非道路交通事故的，应提供相关的事故证明。

(2) 因保险事故损坏的第三者财产，应当尽量修复。修理前被保险人应当会同保险人检验，协商确定修理项目、方式和费用。否则，保险人有权重新核定或拒绝赔偿。

(3) 保险人依据被保险机动车驾驶人在事故中所负的事故责任比例，承担相应的赔偿责任。

被保险人或被保险机动车驾驶人根据有关法律、法规的规定选择自行协商，或者公安机关交通管理部门未确定交通事故责任比例的，保险人按照下列规定确定事故责任比例：

① 被保险机动车驾驶人负主要事故责任的，事故责任比例为70%；

② 被保险机动车驾驶人负同等事故责任的，事故责任比例为50%；

③ 被保险机动车驾驶人负次要事故责任的，事故责任比例为30%。

(4) 保险事故发生后，保险人按照国家有关法律、法规规定的赔偿范围、项目和标准以及保险合同的约定，在保险单载明的责任限额内核定赔偿金额。

保险人按照国家基本医疗保险的标准核定医疗费用的赔偿金额。

未经保险人书面同意，被保险人自行承诺或支付的赔偿金额，保险人有权重新核定。不属于保险人赔偿范围或超出保险人应赔偿金额的，保险人不承担赔偿责任。

（5）被保险机动车重复保险的，保险人按照保险合同的责任限额与各保险合同责任限额的总和的比例承担赔偿责任。

（6）保险人受理报案、现场查勘、参与诉讼、进行抗辩、向被保险人提供专业建议等行为，均不构成保险人对赔偿责任的承诺。

（7）保险人支付赔款后，对被保险人追加的索赔请求，保险人不承担赔偿责任。

（8）被保险人获得赔偿后，本保险合同继续有效，直至保险期间届满。

2. 相关解释

（1）根据保险单载明的赔偿限额核定赔偿数额。

① 当被保险人应负赔偿金额超过赔偿限额时：

$$\text{赔款}=\text{赔偿限额}\times\text{事故责任比例}\times(1-\text{免赔率之和})$$

② 当被保险人应负赔偿金额低于赔偿限额时：

$$\text{赔款}=\text{应负赔偿金额}\times\text{事故责任比例}\times(1-\text{免赔率之和})$$

（2）自行承诺或支付的赔偿金额。不符合《道路交通事故处理办法》有关法律、法规等有关规定，且事先未征得保险人同意，被保险人擅自同意承担或支付的赔款。

保险车辆发生第三者责任保险事故，保险人赔偿后，每次事故无论赔款是否达到保险赔偿限额，在保险期限内，第三者责任险的保险责任仍然有效，直至保险期满。

（3）保险人对第三者责任事故赔偿结案后，对被保险人追加受害人任何赔偿费用不再负责。

六、其他方面规定

1. 保险期限

除另有约定外，保险期限为一年，以保单载明的起讫时间为准。

2. 合同变更和终止

（1）保险合同的内容如需变更，须经保险人与投保人书面协商一致。

（2）在保险期间内，被保险机动车转让他人的，投保人应当书面通知保险人并办理批改。

（3）保险责任开始前，投保人要求解除保险合同的，应当向保险人支付应交保险费5%的退保手续费，保险人应当退还保险费。

保险责任开始后，投保人要求解除保险合同的，自通知保险人之日起，保险合同解除。保险人按短期月费率收取自保险责任开始之日起至合同解除之日止期间的保险费，并退还剩余部分保险费。

3. 争议处理

（1）因履行保险合同发生的争议，由当事人协商解决。协商不成的，提交保险单载明的仲裁机构仲裁。保险单未载明仲裁机构或者争议发生后未达成仲裁协议的，可向人民法院起诉。

（2）争议处理适用中华人民共和国法律。

第三节 附加险条款及其解释

一、盗抢险

（一）汽车盗抢险条款解读

目前国内各大保险公司将原来附属于车辆损失险的全车盗抢附加险，作为主险“机动车盗抢保险”经营。其保险责任与责任免除在车辆损失险的基础上有如下变动。

1. 保险责任

保险期间内，被保险机动车的下列损失和费用，保险人依照保险合同的约定负责赔偿：

（1）被保险机动车被盗窃、抢劫、抢夺，经出险当地县级以上公安刑侦部门立案证明，满60天未查明下落的全车损失。

（2）被保险机动车全车被盗窃、抢劫、抢夺后，受到损坏或车上零部件、附属设备丢失需要修复的合理费用；

（3）被保险机动车在被抢劫、抢夺过程中，受到损坏需要修复的合理费用。

2. 责任免除

下列情况下，不论任何原因造成被保险机动车损失，保险人均不负责赔偿：

（1）竞赛、测试、教练，在营业性维修、养护场所修理、养护期间。

（2）利用被保险机动车从事违法活动。

（3）租赁机动车与承租人同时失踪。

（4）被保险机动车转让他人致使危险程度增加，未向保险人办理批改手续。

（5）除另有约定外，发生保险事故时被保险机动车无公安机关交通管理部门核发的行驶证或号牌，或未按规定检验或检验不合格。

（6）被保险人索赔时，未能提供机动车停驶手续或出险当地县级以上公安刑侦部门出具的盗抢立案证明。

（7）标准配置以外新增设备的损失。

（8）非全车遭盗窃，仅车上零部件或附属设备被盗窃或损坏。

（9）被保险机动车被诈骗、扣押、收缴、没收、造成的全车和部分损失。

（10）被保险人因民事、经济纠纷而导致被保险机动车被抢劫、抢夺。

（11）被保险人及其家庭成员、被保险人允许的驾驶人的故意行为或违法行为造成的损失。

（12）被保险机动车被盗窃、抢劫、抢夺期间造成人身伤亡或本车以外的财产损失，保险人不负责赔偿。

3. 保险金额及保险费

保险金额一般由投保人和保险人在投保时被保险机动车的实际价值内协商确定。保险合同中的实际价值是指新车购置价减去折旧金额后的价格。新车购置价是指在保险合同签订地购置与被保险机动车同类型新车的价格（含车辆购置税）。

投保时的新车购置价根据投保时保险合同签订地同类型新车的市场销售价格（含车辆购置税）确定，并在保险单中载明，无同类型新车市场销售价格的，由投保人与保险人协商确定。

承保高风险车时，会直接增加保费，但还要根据用车人情况、车辆防盗装置、停放情况等而定。如果一辆装有电子防盗装置、并有固定停车位的富康车，其盗抢险费率大概能下浮30%左右。而一辆无防盗装置，又经常停放在马路边的桑塔纳轿车，其盗抢险费率则可能高达100%左右。

4. 赔偿处理

(1)一旦汽车被盗，投保人或被保险人应在24小时内向出险地公安部门报案，并通知保险人。除保险合同另有约定外，投保的机动车辆必须拥有国家规定的机动车辆管理部门核发的正式号牌。

(2) 投保时指定驾驶人，保险事故发生时为非指定驾驶人使用被保险机动车的，增加免赔率10%；投保时约定行驶区域，保险事故发生在约定行驶区域以外的，增加免赔率10%。

(3) 未能提供车辆停驶手续或出险地公安部门出具的盗抢立案证明，保险公司不赔。

(4) 全车损失，在保险金额内计算赔偿，并实行20%免赔率。车主未能提供《机动车行驶证》、《机动车登记证书》、机动车来历凭证、车辆购置税完税证明或免税证明的，每缺一项，增加1%免赔率。

(5) 部分损失，在保险金额内按实际修复费用计算赔偿。

保险人对其直接经济损失按保险金额赔偿。但如果保险金额高于该车实际价值时，以不超过出险时实际价值计算赔偿金额。

(二) 汽车盗抢案的理赔

无论是车主还是保险公司的查勘理赔人员，都应该熟知汽车盗抢险的条款，了解保险公司关于盗抢险的理赔程序，以便有的放矢地去索赔、查勘、赔付。

1. 车主索赔流程

(1) 保险车辆被盗窃或被抢劫后，应及时并如实向公安部门和保险公司告知丢车日期、时间、地点、车内财物、行驶里程数、何时报的案，并向保险公司说明你是在汽车丢失多长时间后向公安部门报案的。

(2) 如果被盗抢的汽车在两个月后未追回，保户即可向保险公司索赔。索赔时须提供保险单、《机动车行驶证》、《机动车登记证书》、机动车来历凭证、车辆购置税完税证明或免税证明、车辆停驶手续及出险地县级以上公安部门出具的盗抢立案证明。

(3) 获赔后，若车辆找回，保险公司可将车辆折旧给保户，并收回赔款。如保户不愿收回原车，则车辆所有权归保险公司。

(4) 如保户自公安机关出具被盗抢证明之日起，三个月内不提交上述单证，保险公司即视为保户自愿放弃权益。

2. 索赔时必带物件

《出险通知书》公车须盖章，私车须签字；《保险单》；《行驶证》；《购车发票》；购置费缴费凭证和收据原件；《权益转让书》公车需盖章，私车需签字；《丢失证明》，由公安局提供；汽车钥匙；《停驶证明》由交通局提供；车主证件包括营业执照或身份证；《赔款结算单》，保险公司提供，公车须盖章，私车须签字。

其中，《丢失证明》、《停驶证明》必须提供，否则不予赔偿。《行驶证》、购置费缴费凭证、《购车发票》、车钥匙，每少一项增加1%免赔率。

二、玻璃单独破碎险条款

1. 保险责任

保险车辆挡风玻璃或车窗玻璃的单独破碎，保险人负责赔偿。

2. 投保方式

投保人与保险人可协商选择按进口或国产玻璃投保。保险人根据协商选择的投保方式承担相应的赔偿责任。

3. 责任免除

(1) 安装、维修车辆过程中造成的玻璃单独破碎。

(2) 安装、维修车辆过程中造成的玻璃破碎损失概率很大，保险人将其列为不保风险。

4. 其他

本附加险在保险期限内发生赔款，续保时，不影响除本附加险以外的其他险种的无赔款保险费优待。玻璃单独破碎险保险费率见表5-4。

表5-4 玻璃单独破碎险费率表

投保方式	车 型	座 位			
		6座以下	6~10座	10~20座	20座以上
国产玻璃	非营业用客车	0.141%	0.139%	0.147%	0.158%
	货车	0.084%			
进口玻璃	非营业用客车	0.281%	0.227%	0.294%	0.315%
	货车	0.168%			

典型案例

【案例5-1】

曹先生把车停在路边，结果回来后发现车子被人用东西把玻璃、玻璃导槽及亮条和上面油漆撬坏，故向保险公司报案，但是在理赔中与保险公司在定损时发生歧义：保险公司认为只能按玻璃单独破坏险赔偿玻璃的损失，曹先生则认为应该不光玻璃受损，自己的其他损失也应该按盗抢险或车损险定损理赔。

经过核实了解：曹先生购买了交强险、三者险、不计免赔险、车身划痕险、玻璃单独破碎险、车损险、盗抢险等全车险。他认为自己购买了全车险与不计免赔险，且受损事实清楚、符合，保险公司应该赔偿自己的玻璃与其他车损。保险公司却认为：该车只能按玻璃单独破碎险进行定损理赔。

保险公司的理由是这样的：

首先本事故明显不适用盗抢险，保险合同约定：盗抢险首先要满足的条件是发生整车被盗的事实，本案中被保险人的车辆本身并没有被盗走。

其次本事故也不适用车损险，因为该盗撬行为不属于合同约定的"保险事故"。

【本案评析】

之所以会产生争议，主要是因为曹先生对玻璃单独破碎险与车损险的理解不是很清楚。其实，玻璃险的全称是玻璃单独破碎险，是指停车和使用时造成的玻璃损坏，该险是专门为前后玻璃和车窗玻璃设计的险种，所以车灯或倒车镜单独破碎属于免责范围，保险公司不需要赔付。另外，如果玻璃破损是由于车内物体造成，也属于免责范围。只有因为发生事故造成的玻璃损坏才适用车损险来负责赔付。

三、自燃损失险条款

投保了家庭自用机动车辆损失保险的机动车，可投保本附加险。

1. 保险责任

（1）因保险车辆电器、线路、供油系统、供气系统发生故障或所载货物自身原因起火燃烧造成本车的损失。

（2）发生保险事故时，被保险人为防止或者减少保险机动车的损失所支付的必要的、合理的施救费用。

投保了本保险的机动车辆在使用过程中，因本车电器、线路、供油系统发生故障或由于货物自身原因起火燃烧，造成的车辆损失，以及被保险人在发生本保险事故时，为减少保险车辆损失所支出的必要的合理的施救费用，保险人在保险单该项目所载明的保险金额内，在保险车辆的实际损失内计算赔偿；发生全部损失的按出现市保险车辆实际价值在保险单该项目所载明的保险金额内计算赔偿。

2. 责任免除

自燃仅造成电器、线路、供油系统、供气系统的损失，保险人不负责赔偿，只要自燃不仅造成电器、线路、供油系统、供气系统的损失，而且造成除自燃物以外零部件的损失，保险人应对自燃物及自燃物以外零部件都负责赔偿。

所载货物自身的损失，不属于保险标的，保险人不负责赔偿。

3. 保险金额

保险金额由投保人和保险人在投保时被保险机动车的实际价值内协商确定。

明确保险金额在保险车辆的实际价值（实际价值的定义和主险相同）内协商确定，而不能按新车购置价承保，因为自燃险常造成车辆全损，如果按新车购置价承保，依照损失补偿原则，按实际价值赔偿易引发索赔纠纷。

4. 赔偿处理

全部损失，在保险金额内计算赔偿；部分损失，在保险金额内按实际修理费用计算赔偿。每次赔偿实行20%的免赔率。

（1）全部损失的计算方法为

$$赔款=保险金额\times(1-20\%)$$

（2）部分损失的计算分为以下几种：

① 实际修理费用小于保险金额时，

$$赔款=实际修理费用\times(1-20\%)$$

② 实际修理费用大于等于保险金额时

$$赔款=保险金额\times(1-20\%)$$

③ 施救费用大于等于保险金额时，

$$赔款=保险金额\times(1-20\%)$$

④ 施救费用小于等于保险金额时，

$$赔款=实际支出\times(1-20\%)$$

四、火灾、爆炸、自燃损失险条款

1. 保险责任

(1) 火灾、爆炸、自燃造成被保险车辆的损失。

(2) 发生保险事故时，被保险人为防止或者减少保险车辆的损失所支付的必要的、合理的施救费用。

2. 责任免除

(1) 自燃仅造成电器、线路、供油系统、供气系统的损失。

(2) 所载货物自身的损失。

(3) 轮胎爆裂的损失。

(4) 人工直接供油、高温烘烤造成的损失。

3. 保险金额

保险金额由投保人和保险人在投保时保险车辆的实际价值内协商确定。

4. 赔偿处理

(1) 全部损失，在保险金额内计算赔偿；部分损失，在保险金额内按实际修理费用计算赔偿。

(2) 施救费用在保险金额内按实际支出计算赔偿。

(3) 每次赔偿实行20%的免赔率。

计算方法为：

$$火灾、自燃、爆炸险保费=保险金额\times 0.6\%$$

如果单保自燃险：

$$保费=保险金额\times 0.4\%$$

五、车辆停驶损失险条款

1. 保险责任

(1) 因发生车辆损失保险的保险事故，致使保险车辆停驶，保险人在保险单载明的保险金额内承担赔偿责任。

(2) 必须是发生了车辆损失保险的保险事故，并且造成了保险车辆停驶。

2. 责任免除

(1) 被保险人或驾驶人员未及时将保险车辆送修或拖延修理时间造成的。

(2) 因修理质量不合格，返修造成的损失。

投保本保险的机动车辆在发生车辆损失险时，被保险人或驾驶人员未及时将保险车辆送修或拖延修理时间造成的损失，为不可保风险。

因修理质量不合格，返修造成的损失列为不保风险。

3. 保险金额

保险金额按投保时约定的日赔偿金额乘以约定的赔偿天数确定；约定的日赔偿金额最高为300元，约定的赔偿天数最长为60天。

$$保险金额=日赔偿金额\times 约定赔偿天数$$

其上限为18000元。

4. 赔偿处理

全车损失，按保险单载明的保险金额计算赔偿；部分损失，在保险金额内按约定的日赔偿金额乘以从送修之日起至修复之日止的实际天数计算赔偿，实际天数超过双方约定修理天数的，以双方约定的修理天数为准。

在保险期限内，赔款金额累计达到保险单载明的保险金额，本附加险保险责任终止。

$$全车损毁赔款=日赔偿金额\times约定赔偿天数$$

$$部分损毁赔款=日赔偿金额\times实际修理天数$$

六、不计免赔特约条款

保险责任经特别约定，保险事故发生后，按对应的投保险种，应由被保险人自行承担的免赔金额，保险人负责赔偿。

下列应由被保险人自行承担的免赔金额，保险人不负责赔偿：

（1）车辆损失保险中应当由第三方负责赔偿而确实无法找到第三方的。

（2）因违反安全装载规定发生事故的。

（3）同一保险年度内多次出险，每次增加的免赔率。

（4）非约定驾驶人员使用保险车辆发生保险事故的。

（5）附加盗抢险或附加火灾、爆炸、自燃损失险或附加自燃损失险中约定的。

保费=适用本条款的所有险种应收保费之和(不含无赔款优待以及风险修正部分)×20%

七、车身划痕损失险条款

1. 适用范围

适用于已投保车辆损失保险的家庭自用或非营业用、使用年限在 3 年以内、9 座以下的客车。

2. 保险责任

无明显碰撞痕迹的车身划痕损失，保险人负责赔偿。通常理解为车身表面只需用涂饰修理工艺即可修复的损伤。

3. 责任免除

被保险人及其家庭成员、驾驶人员及其家庭成员的故意行为造成的损失。

4. 保险金额

本险种为 2000 元、5000 元、10000 元或 20000 元由投保人和保险人在投保时协商确定。

5. 赔偿处理

在保险金额内按实际修理费用计算赔偿，每次赔偿实行 15%~20%不等的免费率。

在保险期限内，赔款金额累计达到保险金额，本附加险保险责任终止。

购买划痕险不仅与车的价值有关也与使用年限有关。车龄越长允许保的档次越低。保的档次不能超过车辆价值所对应的档次。

几种档次的车身划痕险保险费见表 5-5。

表 5-5 车身划痕险保险费

新车购置价/元	10万以下	10万~20万	20万~30万	50万以上
保费/元	150	250	350	500

八、无过失责任险条款

1. 保险责任

保险车辆与非机动车辆或行人发生交通事故，造成对方的人身伤亡或财产直接损毁，保险车辆方无过失，且被保险人拒绝赔偿未果，对被保险人已经支付给对方而无法追回的费用，保险人按照《道路交通事故处理办法》和出险当地的道路交通事故处理规定标准，在责任限额内计算赔偿。每次赔偿实行20%的免赔率。

投保了本附加险的机动车辆在使用过程中，发生意外事故，造成对方的人身伤亡或财产直接损毁，保险车辆方无过失，且被保险人拒绝赔偿未果，对被保险人已经支付给对方且无法追回的费用，与现行的《道路交通安全法》第七十六条第二款相抵触，保险人根据《道路交通事故处理办法》和出险当地的道路交通事故处理规定标准，在责任限额内计算赔偿。该附加险保险人每次赔款扣减20%。

2. 责任限额

投保人在投保时与保险人按第三者责任险规定的赔偿限额档次协商确定。

即投保第三者责任险保险金额为10万，无过失责任险的保险金额可选择5万或10万。投保第三者责任险保险金额为20万元，无过失责任险的保险金额可选择5万、10万、或20万。

九、车上货物责任险条款

1. 保险责任

(1) 发生意外事故，致使保险车辆所载货物遭受直接损毁，依法应由被保险人承担的经济赔偿责任，保险人负责赔偿。

(2) 保险责任为意外事故，非自然灾害；致使保险车辆所载货物遭受直接损毁，不包括间接损失。

2. 责任免除

(1) 哄抢、自然损耗、本身缺陷、短少、死亡、腐烂、变质造成的货物损失。

(2) 违法、违章载运或因包装不善造成的损失。

(3) 车上人员携带的私人物品。

3. 责任限额

责任限额由投保人和保险人在投保时协商确定，无明确限额规定。

4. 赔偿处理

被保险人索赔时，应提供运单、起运地货物价格证明等相关单据。保险人在责任限额内按起运地价格计算赔偿。每次赔偿实行20%的免赔率。

本条也是《保险法》第二十二条的具体体现。明确了保险人按起运地价格计算赔偿，与货运险相同。每次赔偿实行20%的免赔率与车上人员责任险不同。车上货物责任险的基础保费及费率见表5-6。

表 5-6　某保险公司车上货物责任险费率表

客户群	基础保费/元	费率/%
非营业用货车	170	0.85
营业用货车	340	1.70

典型案例

【案例 5-2】

2007 年 3 月 3 日，郭某为自己的营运货车投保了车损险 8 万元，第三者责任险 20 万元，车上货物责任险 5 万元，保险期限为 2007 年 3 月 4 日至 2008 年 3 月 3 日。2007 年 5 月 8 日郭某在为某一家电商场运输一批价值 3 万元的电风扇时，因所行路面塌陷使货车车体倾覆，造成货车及车上货物损失，郭某向保险公司报案，并提出索赔申请。经过保险公司现场勘察，本次事故共造成如下损失：货车维修费 8000 元，电风扇完全损毁和贬值部分 5000 元，因事故发生时路边行人哄抢的损失 3000 元，合计 16000 元。保险公司经过理算，核定赔款金额为 10800 元，并向被保险人郭某说明了理赔的根据。被保险人郭某认为保险公司核定赔款金额距自己的损失相差过大，保险公司没有尽到补偿义务，于是将保险公司起诉到人民法院。

理赔焦点：郭某认为自己在投保了机动车第三者责任保险基础上，投保了车上货物责任这项附加险，符合保险法规定的投保程序，并且在责任起始前足额支付了保险费，完成被保险人的义务理应得到保险人提供的各项服务保障。本保险车辆是因为发生意外事故，致使被保险车辆所载货物遭受损毁，依法应由保险人承担损害赔偿责任，而保险公司没有对其所发生的损失给予应有的赔付，是一种严重的违约行为，申请法院对其合法权益给予保护。

理赔结论：法院经过法庭调查和认真审理，认为：郭某的货车属于营业性质货车，在保险条款第八条中做了如下规定，保险人在依据本保险合同约定计算赔款的基础上，按照下列方式免赔，负次要责任的免赔率为 5%，负同等责任的免赔 8%，负主要责任的免赔 10%，负全部责任或单方肇事事故的免赔率为 15%，本次事故的车损部分 8000 元属于单方肇事情况，免赔 15% 符合相关规定。

对于本次事故所造成的所载货物的全损和贬值金额计 5000 元，是依照车上货物责任保险条款第四条赔偿处理的规定，被保险人索赔时，应提供运单、起运地货物价格证明等相关单据。保险人在责任限额内按起运地价格计算赔偿，每次赔偿实行 20% 的免赔率。

本次事故中发生的因路人哄抢所产生的损失 3000 元，不在保险公司所应承担的责任之内，在车上货物责任保险条款第二条责任免除中规定，在事故发生时因偷盗、哄抢、自然损耗、本身缺陷、短少、死亡、腐烂、变质造成的货物损失不属于保险责任。

法院最终判定保险公司胜诉，依据法院判决结果，保险公司支付被保险人赔款：货车损失 6800 元；车载货物损失 4000 元，共计 10800 元。

【本案评析】

被保险人遭受保险标的事故时，应尽可能地保护现场，应付突发事件头脑要清楚，必要时报警求助，避免扩大损失。

当事故发生后，被保险人索赔时，应仔细阅读保险合同文本中的保险条款，不清楚的问题可以申请保险公司的业务咨询，以减少理赔争议中发生不必要的费用开支。

十、车上人员损失险

1. 保险责任

投保了本保险的机动车辆在使用过程中，发生意外事故致使保险车辆车上人员遭受人身伤亡，依法应由被保险人承担的经济赔偿责任，保险人依照《道路交通事故处理办法》和保险合同的规定给予赔偿。

2. 责任免除

下列损失，保险人不负责赔偿：

(1) 因违章搭乘造成的人身伤亡。

(2) 由于驾驶员的故意行为造成的人身伤亡。

(3) 本车上的人员因疾病、分娩、自残、殴斗、自杀、犯罪行为所致的人身伤亡。

(4) 乘客在车下时所受的人身伤亡。

(5) 其它不属于保险责任范围内的损失和费用。

3. 赔偿限额

车上人员每人的最高赔偿限额由投保人和保险人在投保时协商确定，投保座位数以保险车辆的核定载客数为限。

4. 赔偿处理

(1) 车上人员人身伤亡按《道路交通事故处理办法》规定的赔偿范围、项目和标准以及保险合同的规定计算赔偿，但每人最高赔偿金额不超过保险单载明的本保险每座赔偿限额，最高赔偿人数以投保座位数为限。

(2) 每次赔偿均实行免赔率，免赔率及办法与第三者责任险相同。

5. 赔偿程序

(1) 被保险人索赔时，应当向保险人提供：

① 保险单；

② 被保险人和车上人员的有效身份证明、保险车辆行驶证、驾驶人驾驶证；

③ 公安机关交通管理部门出具的交通事故责任认定书或法院等机构出具的有关法律文书及其他证明；

④ 车上人员人身伤残程度证明以及有关费用单据；

⑤ 其他能够确认保险事故的性质、原因、损失程度等有关的证明和资料。

(2) 保险事故发生时，被保险人对保险车辆不具有保险利益的，不得向保险人请求赔偿。

(3) 保险车辆发生道路交通事故，保险人根据驾驶人在交通事故中所负事故责任比例相应承担赔偿责任。

公安机关交通管理部门处理事故未确定事故责任比例的，按照下列规定确定事故责任比例：

① 保险车辆方负全部事故责任的，事故责任比例不超过100%；

② 保险车辆方负主要事故责任的，事故责任比例不超过70%；

③ 保险车辆方负同等事故责任的，事故责任比例不超过 50%；

④ 保险车辆方负次要事故责任的，事故责任比例不超过 30%；

⑤ 保险车辆方无事故责任的，保险人不承担赔偿责任。

（4）根据驾驶人在交通事故中所负事故责任比例，本保险实行相应的事故责任免赔率：负全部责任的免赔 15%，负主要责任的免赔 10%，负同等责任的免赔 8%，负次要责任的免赔 5%。单方肇事事故的事故责任免赔率为 20%。

（5）发生车上人员的人身伤亡后，按以下方法计算车上人员的赔偿金额：

① 当被保险人按事故责任比例应负的赔偿金额高于每座赔偿限额时：

赔款 = 每座赔偿限额×(1−事故责任免赔率)×(1−绝对免赔率)

② 当被保险人按事故责任比例应负的赔偿金额等于或低于每座赔偿限额时：

赔款 = 应负赔偿金额×(1−事故责任免赔率)×(1−绝对免赔率)

6. 常见问题

（1）保险责任。

保险车辆发生意外事故(不是行为人出于故意，而是行为人不可预见的以及不可抗拒的，造成了人员伤亡或财产损失的突发事件)，导致车上的司机或乘客人员伤亡造成的费用损失，以及为减少损失而支付的必要合理的施救、保护费用，由保险公司承担赔偿责任。

（2）保额如何确定。

车上责任险的保险金额由被保险人和保险公司协商确定，一般每个座位保额按 1~5 万元确定。司机和乘客的投保人数一般不超过保险车辆行驶本的核定座位数。

（3）关于保险赔偿。

① 赔偿项目：车上人员伤亡的赔偿范围、项目和标准以《道路交通事故处理办法》的规定为准，但每人最高赔偿金额不能超过每座赔偿限额。具体费用包括：抢救费、医药费、误工费等。

② 赔偿额度：保险公司会根据在事故中所负责任的大小，赔偿所有应赔偿总金额的 80%~95%(其余部分为保险条款规定的免于赔偿部分)。被保险人在事故中负全部责任的赔偿 80%，负主要责任的赔偿 85%，事故双方负同等责任的赔偿 90%，被保险人负次要责任的赔偿 95%。

③ 重要性：交通事故中两车相撞导致车上人员受伤，两车都投保了三者险，按交警划定的责任赔偿，三者险不够赔偿的情况下，车上人员险就显得很重要。

典型案例

【案例 5-3】

车主王先生在高速公路上驾车时发生爆胎，于是在紧急停车带上下车更换轮胎，结果被后面来车撞成重伤，后送医院抢救无效死亡。王先生的亲人在悲痛之余找保险公司索赔，但保险公司认为事故发生时王先生下车，不属于车上人员责任险的保险范围内，因此拒赔。

【本案评析】

本案中，保险公司拒赔的理由是充分的。因为在车上人员责任险条款中有明确指出，车上人员在车下时所受的人身伤亡属于免责条款中的一条。

【案例5-4】

车主孙先生和朋友老王驾车外出，行驶途中车辆突然失控，紧急情况下老王跳车逃生，但车辆突然侧翻压在老王身上，导致老王死亡。事后，保险公司对老王的死亡不做赔偿，理由是孙先生已经跳下车，不属于车上人员。

【本案评析】

本案中，车辆在发生事故前老王属于该车上的乘坐人员。但在发生事故时，老王已从车上跳到车下，并进而被该车砸压致死，属于在车下发生的事故，此时的老王已不再属于车上人员。已经不适用于车上人员责任险。

【案例5-5】

一辆大客车在高速公路行驶中发生意外，坐在前排座位的一位乘客被从车内甩出，跌落在路面上，被这辆客车的后轮碾压致死。

保险公司对该乘客做了赔偿，因为从事故发生到乘客被甩出车外直到被碾压致死是一个连贯的过程，虽然乘客是在车外死亡，但也属于车上人员责任险赔偿范围。

【本案评析】

除了上述情况外，如果司机紧急刹车造成本车人员伤亡，保险公司是不承担赔偿责任的，如果是因车与车发生了碰撞导致司机、乘客的意外伤害，车上责任险才能承担赔偿责任。而且投保车上责任险时，必须指明座位数，且不超过车辆核定的座位数。如果只投保了两个座位，但是却有三个人受伤，那么根据保险合同，也只能获得两个人的赔偿。

【案例5-6】

梁某看望完住院的老伴，骑着老年代步车刚从医院出来就被一辆小客车撞伤，后经鉴定构成八级伤残。因梁某所骑的老年代步车经鉴定为三轮摩托车属于机动车，而梁某却没有摩托车驾驶证，已构成无证驾驶机动车，故交警认定梁某负事故的次要责任，小客车驾驶人负事故主要责任。

梁某将小客车驾驶人及小客车投保交强险的保险公司起诉到地区法院，梁某认为其骑的老年代步车是非机动车，自己不应负事故责任，应由小客车驾驶人负事故全部责任，故要求小客车驾驶人与保险公司赔偿其各项损失共计20余万元。

法院经审理认为，梁某所骑的老年代步车为电动三轮车，车辆经过鉴定已达到《机动车运行安全技术条件》关于"摩托车"的规定，属于机动车，而梁某没有摩托车的驾驶资格，属于无证驾驶机动车，交警认定其负事故次要责任，故法院认定保险公司在交强险限额内先行赔偿梁某的损失，对于梁某超出交强险的损失，由小客车驾驶人承担70%的赔偿责任，而梁某自己也要自行负担30%的损失。

【本案评析】

这是一个不常见的案例，由此结果可以看出，老年代步车的使用者也必须取得驾驶执照，否则不应上路行驶，并且应购买机动车相应的险种，以减少后顾之忧。

【案例 5-7】

2016 年 6 月 17 日，在北京市海淀区小营西路毛纺路东向西，廖某驾驶小客车在由东向西行驶，因机动车道上因车辆拥堵停驶等待过程中，自行车行驶人秦某亦由东向西行驶过廖某车辆右侧时，廖某车内乘客颜某开启右后车门与秦某发生碰撞，造成秦某人身及财产损害。该事故经公安机关交通管理部门认定廖某负全部责任。

秦某诉至法院，请求法院判令廖某、廖某车辆的保险公司及网约车平台公司、乘车人共同承担赔偿责任。

法院结合查明的事实及双方的意见认为，赔偿的主体系本案争议的焦点，首先“网约车”作为以家庭自用车辆进行营运的形式，在交通事故中造成他人人身、财产损害的，交强险、三者商业险是否应当承担赔偿责任；其次，网约车驾驶人及网约车平台的营运人应如何承担责任；再次，乘客在乘坐车辆过程中，因过错造成他人人身，财产损害的是否应当承担赔偿责任。

法院根据事故发生的原因力及避免危险发生的控制力等确定，颜某与出行公司对超出交强险部分各承担 50%的赔偿责任。判决交强险保险公司在交强险范围内赔偿乘客秦某医疗费、营养费等 1.3 万余元；颜某与出行公司分别赔偿秦某 4000 余元。

【本案评析】

该法院判决在社会上引起了较大反响，在保险业内引起广泛关注，有关专家就网约车保险提出了建议。网约车平台应加强相关方面的管理，使其更规范化。

【案例 5-8】

刘先生是一个非常热心的人，经常帮助他人。有一天，邻居小赵的车子启动不了，刘先生刚好经过，二话不说将自己的爱车掉头，把拖车绳拴好，拉着小赵的车子向修理厂开去。在两辆车子马上到达修理厂的时候，拐弯处，一名骑自行车的人没有看到两辆车中间的拖车绳，撞到了拖车绳上，摔倒在马路上了。

刘先生和小赵立刻把汽车停下来，下车把伤者送到了医院，经过医生的治疗，伤者在一个月后终于痊愈出院了。交警部门对事故进行了详细的取证调查，认定了刘先生是该事故的主要负责人，应该承担伤者的住院费用和误工费等。刘先生付清了全部费用后，来到保险公司要求索赔。保险公司在详细了解了事故发生的相关情况后，拒绝了刘先生的理赔要求。原因是小赵投保的第三者责任险没有及时续保，已经过期了。

刘先生很不解，保险车辆拖着没有保险的车辆发生了事故，造成了第三者人身伤害，保险公司不应该赔付吗？在上述的车辆保险理赔案例中出现的问题，刘先生的困扰其实是第三者责任险免责条款中的内容。免责条款中明确规定，保险车辆拖带未投保车辆期间造成的损失，保险公司是不予理赔的。小赵的第三者责任险已经过期，没有继续投保，这种情况在保险公司的免责条款范围内。

【本案评析】

助人为乐固然是好事，但也要在帮助别人拖车之前，了解双方的车辆是否都投保了第三方责任险，避免上述车辆保险理赔案例的发生，以防发生意外，造成了自身的损失。如果有一方没有投保第三方责任险，要联系专业的救援公司把车辆拖走。

本章小结

机动车辆商业保险还是我国各家财产保险公司的经营主业，汽车商业保险安保险的责任范围可分为基本险和附加险。保险条款给机动车辆商业保险基本险和附加险规定了明确的保险责任和责任免除，机动车辆商业保险基本险的赔付比例以被保险人在交通事故中所承担的比例为依据，并规定了相应的免赔率。

思考与练习

1. 请列出家庭自用汽车车损险的保险责任。
2. 请列出营业用汽车车损险的保险责任。
3. 请列出非营业用汽车车损险的保险责任。
4. 简述机动车辆损失保险的附加险。
5. 简述第三者责任险的保险责任。

第六章　汽车保险费率规章

知识目标

1. 了解汽车保险费率的确定原则和模式。
2. 初步掌握汽车保险费率的确定方法。
3. 熟练判断汽车保险中的风险因素。

能力目标

具备依据相关因素确定投保车辆费率的能力。

第一节　汽车保险费率确定的基本原则

一、汽车保险产品的理论价格

汽车保险产品的理论价格以汽车保险产品价格的内在因素为基础，由纯费率和附加费率两部分构成，也称作毛费率。纯费率即技术费率的确定，通常是在以往一定期限内的平均保险金额损失率的基础上加上一定数量的风险附加费率构成的，即损失成本加稳定系数。由它计算出来的保费称为纯保费，它被用于补偿经济损失，用于将来赔付和其他用途的准备金。保险精算的主要目的之一就是确定保险的纯费率，即通过对一定期限内的平均保险金额损失率进行统计分析，以实现科学的确定保险价格的目的。其中，机动车辆平均保险金额损失率等于一定时期保险赔款总和与一定时期保险金额总和之比。

附加费率根据财险公司的经营水平、税赋和预期利润水平确定。我们常提到的保险公司给代理商保险费返还和手续费都包括其中。

二、确定汽车保险产品理论价格的方法

保险精算的主要目的就是要确定保险的纯费率，即通过对一定期限内的平均保险金额损失率进行统计和分析以实现科学地确定保险价格的目的。保险精算的方法首先产生于人寿保险，在非寿险领域由于风险的不均衡特征，导致其在确定保险商品的价格时失效。但汽车保险例外，其保险业务具有满足保险精算的一些基本特征，即风险单位的差异较小，风险单位具有一定的数量集合，这些都比较符合保险精算的理论基础。这也是车险成为逐步崛起的非寿险精算领域的原因所在。

所以，应当正确分析汽车保险业务在一定时期内的总体和宏观情况，综合各类保险自身特点以及各类被保险人具体情况，运用非寿险精算的方法科学地厘定费率，实现在所有险种范围内保费负担的合理性。

但在具体厘定费率时，还需要进一步的细化分析，即对于不同特定类型的风险事故的损失率进行分析。不同的保险标的、不同的保障内容、不同的保险险种、不同类型的被保险人，应该具有不同的保险费率，使保险费率与具体风险因素形成合理的对价关系，即费率(或者保险费)与风险因素形成科学的函数关系。

在车险的经营过程中，进一步细化风险具有直接的现实意义。一方面能够有针对性地向被保险人提出改善风险状况的建议，提高车险产品和服务的内涵；另一方面能够使保险人有针对性地对经营的风险进行选择，以确保经营的稳定和利润的最大化。

三、汽车保险费率的厘定原则

根据保险价格理论，厘定保险费率的科学方法是依据不同保险对象的客观环境和主观条件形成的危险度，采用非寿险精算的方法进行费率厘定。但是，非寿险精算是一个纯技术的范畴，在实际经营过程中，非寿险精算仅仅是提供一个确定费率的基本依据和方法，而保险人厘定汽车保险费率还应当遵循一些基本的原则。

1. 公平合理原则

公平合理原则的核心是确保每一个被保险人的保费负担基本上反映保险标的的危险程度。这种公平合理的原则应在两个层面加以体现：

(1) 在保险人和被保险人之间。在保险人和被保险人之间体现公平合理的原则，是指保险人的总体收费应当符合保险价格确定的基本原理，尤其是在附加费率部分，不应让被保险人负担保险人不合理的经营成本和利润。

(2) 在不同的被保险人之间。在被保险人之间体现公平合理的原则是指不同的被保险人的保险标的的危险程度可能存在较大的差异，保险人对不同的被保险人收取的保险费应当反映这种差异。保险人不但要根据汽车使用用途、车型的不同划分不同车的费率档次，还要体现同样的车在不同地区、不同时间和不同主体使用上所具有的风险差异性。

由于汽车保险商品存在一定的特殊性，要实现绝对的公平合理是不可能的，所以，公平合理只能是相对的，保险人在确定费率的过程中应该注意体现一种公平合理的倾向，力求实现费率确定的相对公平合理。

2. 保证偿付原则

保证偿付原则的核心是确保保险人具有充分的偿付能力。汽车保险的最基本的功能是损失补偿，而损失补偿功能的实现是通过建立汽车保险基金来实现的。汽车保险基金主要由注册资金和保险费两部分构成。所以，厘定的保险费率应保证保险公司具有相应的偿付能力，这是由保险的基本功能所决定的。保险费率过低，直接影响保险基金的实际规模，势必削弱保险公司的偿付能力，从而影响对被保险人的实际保障。保险公司是否具有足够的偿付能力，不仅仅影响到保险业的经营秩序和稳定，同时，也对广大的被保险人乃至整个社会产生直接的影响。

3. 相对稳定原则

相对稳定原则是指保险费率厘定之后，应当在相当长的一段时间内保持稳定，不要轻易地变动。由于汽车保险业务存在保费总量大、单量多的特点，经常变动的费率势必增加保险公司的业务工作量，导致经营成本上升。同时也会给投保人带来很多不便，投保人需要不断适应新的费率，从而影响汽车保险业务的开展。

费率的确定具有稳定性是相对的，一旦经营的外部环境发生了较大的变化，保险费率就必须进行相应的调整，以符合公平合理的原则。随着汽车工业迅速发展，交通环境、市场环境、社会环境和国家的政治政策环境的变化，我国汽车保险费率也相应不断调整。2000 年 7 月 1 日开始实施《汽车保险条款》，采取统一费率；2003 年 1 月 1 日起汽车保险费率厘定放开，由保险公司自主制定，报保监会批准；2006 年 7 月 1 日起汽车保险费率又趋于统一。2017 年 7 月 1 日开始执行新的统一费率，最高可享 3.5 折优惠。

防灾防损是汽车保险的一个重要功能，其内涵是保险公司在经营过程中应协调某一风险群体的利益，积极推动和参与针对这一风险群体的预防灾害和损失的活动，减少或者避免不必要的灾害事故的发生。为此，保险人在厘定保险费率的过程中应将防灾防损的费用列入成本，并将这部分费用用于防灾防损工作，在汽车保险业务中防灾防损功能显得尤为重要。一方面保险公司将积极参与汽车制造商对于汽车安全性能的改进工作，如每年都有一些大的保险公司资助汽车制造商进行测试汽车安全性能的碰撞试验。另一方面保险公司对于被保险人加强安全生产，进行防灾防损工作也会予以一定的支持，目的是调动被保险人主动加强风险管理和防灾防损工作的积极性。

四、汽车保险费率确定模式

1. 汽车保险费率的概念

保险费率：依照保险金额计算保险费的比例，通常以千分率(‰)来表示。

保险金额简称保额，保险合同双方当事人约定的保险人于保险事故发生后应赔偿(给付)保险金的限额，它是保险人据以计算保险费的基础。保险费简称保费，是投保人参加保险时所交付给保险人的费用。

2. 汽车保险费率模式

通常保险人在经营汽车保险的过程中将风险因子分为两类：一是与汽车相关的风险因子，主要包括汽车的种类、使用的情况和行驶的区域等。二是与驾驶人相关的风险因子，主要包括驾驶人的性格、年龄、婚姻状况、职业等。由此各国汽车保险的费率模式可以划分为两大类，即从车费率模式和从人费率模式。

(1) 从车费率模式。从车费率模式是以被保险车辆的风险因子作为确定保险费率主要因素的费率确定模式。目前，我国采用的汽车保险的费率模式属于从车费率模式，影响费率的主要因素是与被保险车辆有关的风险因子。

现行的汽车保险费率体系中影响费率的主要变量为车辆的使用性质、车辆生产地、车辆的种类和车辆的零整率。

① 据车辆的使用性质分为营业用车辆与非营业用车辆；

② 根据车辆的生产地分为进口车辆、合资车辆与国产车辆；

③ 根据车辆的种类分为客车与货车；

④ 根据车辆的零整率可以分为低零整率和高零整率。

上述零整率指的是零件价格与整车价格之比，零整率高的风险也高。除了上述的四个主要的从车因素外，现行的汽车保险费率还将车辆行驶的区域作为汽车保险的风险因子，即按照车辆使用的不同地区，适用不同的费率。因为我国地域广阔，气候差异较大。

从车费率模式具有体系简单，易于操作的特点，同时，由于我国在一定的历史时期被保险的车辆绝大多数是“公车”，驾驶人与车辆不存在必然的联系，也就不具备采用从人费率模式的条件。随着经济的发展和人民生活水平的提高，汽车正逐渐进入家庭，2003年各保险公司制定并执行的汽车保险条款，已开始向从人费率模式方面进行转变。

从车费率模式的缺陷是显而易见的，因为在汽车使用过程中，对于风险的影响起到决定因素的是与车辆驾驶人有关的风险因子。尤其是对汽车保险特有的无赔偿优待是与被保险车辆联系，而不是与驾驶人联系，显然不利于调动驾驶人的主观能动性，其本身也与设立无赔偿优待制度的初衷相违背。

(2) 从人费率模式。从人费率模式是以驾驶被保险车辆人员的风险因子为主作为确定保险费率主要因素的费率确定模式。目前，大多数国家采用从人费率模式，影响费率的主要因素是与被保险车辆驾驶人有关的风险因子。

各国采用的从人费率模式考虑的风险因子也不尽相同，主要有驾驶人的年龄、性别、驾驶年限和安全行驶记录等。

① 根据驾驶人的年龄，通常将驾驶人按年龄划分为三组，第一组是初学驾驶，性格不稳定，缺乏责任感的年轻人；第二组是具有一定驾驶经验，生理和心理条件均较为成熟，有家庭和社会责任感的中年人；第三组是与第二组情况基本相同，但年龄较大，反应较为迟钝的老年人。通常认为第一组驾驶人为高风险人群，第三组驾驶人为次高风险人群，第二组驾驶人为低风险人群。至于三组人群的年龄段划分是根据各国的不同情况确定的。

② 根据驾驶人的性别划分。研究表明女性群体的驾驶倾向较为谨慎，为此，相对于男性她们为低风险人群。

③ 根据驾驶人的驾龄的长短可以从一个侧面反映驾驶人员的驾驶经验，通常认为从初次领证后的1~3年为事故多发期。

④ 安全记录可以反映驾驶人的驾驶心理素质和对待风险的态度，经常发生交通事故的驾驶人可能存在某一方面的缺陷。

从以上对比和分析可以看出从人费率相对于从车费率具有更科学和合理的特征，所以，我国正在积极探索逐步将从车费率模式过渡到从人费率模式。车险改革前后的系数和保费对比见表6-1。

表6-1 车险改革前后的系数和保费对比

出险情况	保险费率系数/%		以5000元保费为例	
	改革前	改革后	改革前	改革后
连续三年出险0次	0.70	0.60	3500	3000
连续二年出险0次	0.80	0.70	4000	3500
上一年出险0次	0.90	0.85	4500	4200
新车首保	1.00	1.00	5000	5000
上一年出险1次	1.00	1.00	5000	5000
上一年出险2次	1.00	1.25	5000	6250
上一年出险3次	1.10	1.50	5500	7500
上一年出险4次	1.20	1.75	6000	8750
上一年出险5次以上	1.30	2.00	65000	10000

第二节　汽车保险风险因素

汽车保险风险主要取决于以下四方面因素：一是车辆自身风险因素；二是地理环境因素；三是社会环境因素；四是驾驶人员因素。这四方面因素对车辆的风险影响很大，有时是某一因素起主要作用，有时是几个因素同时起作用。

一、车辆自身风险因素

1. 厂牌车型

一般而言，美国、德国车辆首先注重的是安全性；日本车的综合性价比较高，但安全性要差于美国及德国车；韩国汽车在安全性能上均弱于美国、德国及日本车，整体上与国产车、合资车相当。

所以，不同厂家生产的车辆，所面临的风险与出险频率也不尽相同。

2. 车辆种类

目前国内保险界将机动车辆主要分成五种，即客车、货车、专用车、摩托车和拖拉机。

（1）客车。客车的座位数的多少直接关系到两方面的风险：①乘客责任的风险。一般情况下，座位数越多，运载的乘客数也越多，对于乘客的责任险而言，其风险就会加大。②第三者责任的风险。座位数多的车辆，车体较大，方向也就越不好控制。

（2）货车。货车货运能力主要以吨位数来衡量。吨位数与座位数的特点较为相似，在承保车上货物责任险时，要充分考虑吨位数。

（3）专用车。专用车主要指具有专门用途的车辆，如油罐车、气罐车、液罐车、冷藏车、起重车、装卸车、工程车、监测车、邮电车、消防车、清洁车、医疗车、救护车等。各种专用车由于具有特殊的使用性能，也就具有特殊的风险性。所以，在承保此类车辆时应考虑到其特殊性。

（4）摩托车。摩托车操纵灵活，同时适应性和安全性较差，一旦发生事故造成损失的可能性也较大，所以在承保时要考虑到这一特点。

（5）拖拉机。拖拉机主要分三类，即手扶拖拉机、小四轮拖拉机和大中拖拉机。拖拉机的风险除与其设计、使用功能有关外，还与驾驶员的技术水平有关。

3. 排气量

这里所提及的排气量主要是针对 14 座以下的客车而言，其他车辆则未予以细分。

排气量所体现的是汽车的动力性能，排气量越大，汽车的动力性能也越好，对于同一类汽车而言，也意味着损失程度越大，风险也就越高。因此，核保时要考虑排气量的因素，尤其是大排气量车辆，在承保时要做好风险评估工作。

4. 车龄

车龄同车辆状况有直接关系，车龄越大，车辆的磨损与老化程度越高，车况越差，车辆事故的概率及道德风险概率同步上升，车辆本身的风险状况也越高。因此，在核保时，必须认真考虑车龄的因素。

5. 使用性质

不同的车辆有不同的用途，不同的使用性质具有不同的风险。根据车辆的使用性质，国内目前将车辆分为营业车辆和非营业车辆。

由于车辆的使用性质不同，导致车辆所面临风险不同。整体而言，营业车辆长时间运转，车辆磨损率及事故概率要比非营业车辆高，因此，营业车辆风险比非营业车辆风险要高。

6. 所属性质

由于车辆保险极易发生道德风险。因此，在车险核保时，除意外事故的风险因素要考虑外，道德风险也是在核保时要认真考虑的一个因素。而道德风险主要由车辆所属性质决定。因此，即使同样是营业车辆，由于其所有人不同，风险情况也不同。首先就营业车辆而言，企业的营业车辆往往是以车队的形式出现，且国有或集体企业所有，投保时也往往是将所有车辆投保于一家保险公司，因而，投保的目的比较明确，就是为意外事故的发生提供保障，因此道德风险因素相对较低。个体营业车辆则与其有区别，由于车辆多为个体营业者所有，投保的目的除为意外事故的发生提供保障外，往往有潜在的道德风险。

7. 车辆零整率

零整率指的是零部件价格与整车价格的比率，会影响到事故后修理费用。零整率高的车风险较高，也就是说同样价位的车，保费也会不同。

二、地理环境风险因素

由于车辆是流动的标的，因此地理环境对车辆保险具有相当大的影响。对车辆有影响的地理环境因素包括气候、地形、地貌、路面状况等。

1. 气候

我国地域广阔，从南到北，从东到西，气候差异很大。由于东部与南部雨水多，导致车辆锈损较严重，同时在雨季因路面较滑，事故也会增多，此外车辆水浸的现象较多。而西部与北部则因冬季气候寒冷，降雪较多，路面较滑，在冬季则事故明显增多，同时个别地区因异常寒冷，有车内生火取暖情况，容易导致火灾。

2. 地形、地貌

由于地域广阔，造成我国地形地貌差异非常大，有平原、丘陵、山地等各种复杂的地形、地貌。不同地形、地貌，对车辆的风险也有不同的影响。平原地区由于地势平缓、视野开阔，行车比较安全。山地则因地势高低不平、道路曲折，路面狭窄容易导致事故。

3. 路面状况

路面状况对行车安全及车辆损耗有直接影响。路面状况好的地段，车辆的事故率则相对要低一些；路面差的地段，车辆的事故率则明显增加。

综合上述地理环境因素，在车险核保时，一般会考虑本地区所处的地理位置、地理环境，针对不同的地理环境，制定不同的承保政策和措施。

三、社会环境风险因素

车辆的运行不仅仅涉及车辆本身及自然环境，更重要的还涉及周围的社会环境，社会环境因素对车辆的风险有很大影响，具体体现在以下几个方面：

1. 法制环境

由于保险企业是一种经营风险的企业，其对被保险人承担着意外事故发生后的补偿责任，而车辆保险是一种高事故率、高频度补偿的保险业务，同时事故的原因、补偿的对象及补偿的依据均有相当大的差异。在这种情况下，如果法制比较健全，在事故发生后，责任的鉴定、补偿的处理就会有法可依，从而使保险人与被保险人的利益均受到比较全面的保障。否则便会产生很多法律纠纷，为社会带来不良影响。

2. 治安情况

车辆被盗窃抢劫或抢夺风险与社会治安状况有直接的关系。我国地域广大，各地社会治安状况有很大的差别。社会治安状况好的地方，盗窃、抢劫或抢夺的发生率就会很低。由于社会治安情况较差导致车辆的盗窃、抢劫或抢夺现象严重。因此在这类地区承保盗窃、抢劫或抢夺责任时，应当采取一定的措施来控制该风险。

四、驾驶人员风险因素

1. 年龄

车辆保险的风险同驾驶员的年龄、性别有直接的关系。24 岁以下的青年人因年轻气盛，往往喜欢开快车，因而容易出现交通事故，而且容易导致恶性交通事故；54 岁以上的人驾车速度相对较慢，因为反应相对迟钝，也容易导致交通事故；24~54 岁之间年龄的人驾驶则相对安全些。保险公司针对这种情况，对不同年龄组的人设定不同的系数，并按不同的系数收取保险费。

2. 性别

据统计数据分析还发现，交通肇事记录同性别有密切关系，整体而言，男性驾驶员肇事率比女性高，这主要同男性驾车整体速度较快有关。国外保险公司因此根据驾驶员的性别设定不同的系数，按不同的系数收取保险费。

3. 经验、职业、婚姻状况

国外保险公司还根据驾驶人员的经验、职业及婚姻状况进行了详细的分析统计。统计结果显示，驾驶经验丰富、有稳定收入及已婚的驾驶员肇事记录较少，而驾驶经验少、没有稳定收入及未婚的驾驶人员的肇事记录则增多。因此，国外保险公司又根据驾驶人员的职业及婚姻状况，设定不同的系数，并按不同的系数收取保险费。

4. 肇事记录、品行

被保险人及其允许的驾驶员的出险记录是指他们过去的索赔记录。国外的研究表明，被保险人及其允许的驾驶员过去的索赔记录是对他们未来索赔次数的最优预测变量，比驾驶人员的年龄、性别和驾龄等能更好地反映驾驶人员的实际风险情况。

依据被保险人过去的索赔记录来预算续期保费，能更客观地评估被保险人的风险，使投保人支付的保费与其实际风险大小相对应。

我国现行的交强险保费计算中就考虑了交通违章次数对保费的影响，也是充分考虑这方面的因素，使费率和风险相匹配。

第三节　汽车保险费计算

以家庭自用汽车的保费计算为例。

1. 交强险

交强险在汽车第一年购买的时候，保费是固定的，具体要根据机动车的座位数以及属性而异。

6座以下的家庭自用车第一年投保交强险的价格是950元；6~10座的家庭自用车第一年投保交强险的价格是1100元。

2. 车辆损失保险

按照被保险人类别、车辆用途、座位数/吨位数/排量/功率、车辆使用年限所属档次查找基础保费和费率。

保费=基础保费 +新车购置价 × 费率

家庭自用汽车与非营业用车车辆损失险基础保费和费率见表6-2。

表6-2 家庭自用汽车与非营业用车车辆损失保险

车辆种类	0~1年		1~4年	
	基础保费/元	费率/%	基础保费/元	费率/%
6座以下	630	1.50	594	1.41
6~10座	756	1.50	713	1.41

车型计算公式为：

6座以下保费：630+新车购置价×1.50%

6~10座保费：756+新车购置价×1.50%

3. 第三者责任保险

按照被保险人类别、车辆用途、座位数/吨位数/排量/功率、责任限额直接查找保费。家庭自用机动车第三者责任险保额及保费见表6-3。

表6-3 家庭自用机动车第三者责任险保额及保费

车辆种类	保额						
	5万	10万	15万	20万	30万	50万	100万
6座以下客车	710	1026	1169	1270	1438	1721	2242
6~10座客车	659	928	1048	1131	1266	1507	1963
10座及以上客车	659	928	1048	1131	1266	1507	1963

4. 车上人员责任险

必须在投保了商业三者险的前提下，才可以投保此险种。

按照被保险人类别、车辆用途、座位数查找费率，见表6-4。

表6-4 家庭自用汽车车上人员责任险费率

车辆种类	司机座位费率/%	乘客座位费率/%
6座以下客车	0.42	0.27
6~10座客车	0.40	0.26
10座及以上客车	0.40	0.26

驾驶人保费=每次事故责任限额 × 费率

乘客保费 = 每次事故每人责任限额 × 费率 × 投保乘客座数

5. 盗抢险

按照被保险人类别、车辆用途、座位数查找基础保费和费率，见表6-5。

表 6-5　家庭自用汽车全车盗抢损失险费率表

车辆种类	基本保费/元	费率/%
6 座以下客车	120	0.49
6~10 座客车	140	0.44
10 座及以上客车	140	0.44

保费 = 基础保费 + 保险金额 × 费率

6. 自燃险

与所投保车辆的车龄、车损险的保险金额有关，投保了车损险之后才可以投保此险种。

就车龄费率来说，车龄为 1 年以下的新车，车龄费率在 0.15%左右；车龄为 1~2 年的车辆，车龄费率在 0.18%左右；车龄为 2~6 年的车辆，车龄费率在 0.2%左右；而车龄在 6 年以上的车辆，车龄费率在 0.23%左右。

自燃险保费=车龄费率×车损险保险金额

7. 车身划痕损失险

按车龄、新车购置价、保额所属档次直接查找保费，见表 6-6。

表 6-6　车身油漆单独损伤险费率表(固定保费)　　单位：元

新车购置价	保额	车龄	
		<2 年	≥2 年
<30 万元	2000	400	610
	5000	570	850
	10000	760	1300
	20000	1140	1900
30~50 万元	2000	585	900
	5000	900	1350
	20000	1780	2600
≥50 万元	2000	850	1100
	5000	1100	1500
	10000	1500	2000
	20000	2250	3000

8. 玻璃单独破碎险

按照被保险人类别、座位数、投保国产/进口玻璃查找费率，见表 6-7。

表 6-7　玻璃单独破碎险费率　　单位:%

家庭自用汽车	国产玻璃	进口玻璃
6 座以下客车	0.19	0.31
6~10 座客车	0.19	0.30

9. 基本险不计免赔、附加险不计免赔特约条款

保费 = 适用本条款的险种标准保费 × 费率

附加险不计。

10. 盗抢险

按车的价格、买车年限、车辆型号、被保险人的性别年龄有所不同。一般全车盗抢险费率定在0.5%~1.2%之间。具体情况需要根据车辆和投保人情况确定。

费用=基础保费+裸车价格×费率

11. 不计免赔特约险

车辆发生车辆损失险或第三者责任险的保险事故造成赔偿，对应由被保险人承担的免赔金额，由保险公司负责赔偿。

费用=(车辆损失险+第三者责任险)×20%

12. 附加换件特约条款

保费 = 车损险标准保费 × 10%

13. 发动机特别损失险

保费 = 车损险标准保费 × 5%

14. 随车行李物品损失保险

固定费率：

保费= 保险金额 × 费率

15. 附加交通事故精神损害赔偿责任保险

固定费率：

保费 = 每次事故责任限额 × 费率

注：每人每次事故的最高责任限额为人民币50000元。

16. 新增加设备损失保险

保费 =本附加险保险金额 ×(车损险标准保费÷车损险保险金额)

17. 异地出险住宿费特约条款

固定费率：

保费 = 保险金额 × 费率

18. 附加机动车出境保险

按照扩展的区域半径查找费率，

保费=(车损险标准保费 + 三者险标准保费)× 费率

注：只有同时投保了机动车损失保险和第三者责任保险，方可投保本附加险。

19. 附加油污污染责任保险

按照责任限额直接查找保费。

注：只有同时投保了机动车损失保险和第三者责任保险，方可投保本附加险。

20. 多次出险增加免赔率特约条款

选择该附加险，机动车损失保险保费下浮一定比例。

选择本附加险后的机动车损失保险，

保费=机动车损失保险保费 × 98%

21. 指定专修厂特约条款

选择该特约条款，按照国产/进口车，对机动车车损险保险费进行相应的调整。

22. 法律费用特约条款按照责任限额直接查找保费

第四节　最新汽车保险费率规章知识

一、车辆使用性质

1. 私人生活用车

个人或家庭所有并用于非经营的客车。私人生活用车应同时具备以下 3 个条件：

（1）车辆所有权为个人或家庭所有，以任何法人、其他组织名义购买的车辆均不在本范围内。

（2）车辆用途为无盈利的、非经营的、方便日常生活的代步工具。

（3）车型仅限于客车。

2. 行政用车

党政机关、社会团体、企事业单位及其他组织所有并用于日常行政事务的车辆。行政用车应同时具备以下 3 个条件：

（1）车辆所有权为法人或其他组织所有。

（2）车辆仅作为方便日常行政工作的一种代步工具。

（3）车辆本身载客、载货行为不以盈利为目的。

3. 生产用车

企业、个人或家庭所有并用于完成商业性传递或保证自身经营活动正常运作的车辆。生产用车应同时具备以下 3 个条件：

（1）车辆所有权为各类企业、个人及家庭。

（2）车辆的使用限于以下 3 方面：

① 运送工商业生产所需的原材料、辅助材料、半成品或产成品；

② 运送自身农业生产所需工具、材料及产品；

③ 完成主业所从事的业务活动，但不包括营运车辆及租赁车辆的用途。

（3）车辆使用不直接收取运费。

4. 营运车辆

由交通运输管理部门核发营运证书的用于从事客运、货运或客货两运的车辆。营运车辆应同时具备以下 3 个条件：

（1）保险车辆须有交通管理部门核发的营运证书。

（2）车辆用于国家允许的客运、货运或客货两运业务。

（3）业务活动的目的为收取运费。

5. 租赁车辆

拥有国家管理部门核发的租赁许可证的单位并用于向他人租赁以收取租赁费用为目的的车辆。租赁车辆应同时具备以下 3 个条件：

（1）投保人须有管理部门核发的租赁业务经营许可证。

（2）车辆用于向他人租赁。

（3）业务活动的目的为收取租赁费。

当车辆兼有两类或两类以上使用性质时，按较高一档的费率标准计费；当车辆无法明确使用目的时，按最高一档的费率标准计费。

二、车辆类型

1. 客车

客车的座位(包括驾驶人座位)以公安交通管理部门核发的汽车行驶证载明的座位为准，不足或无法提供标准座位的客车按同型号客车的标准座位计算。跑车按本档车型计费。

2. 货车

所有通用载货车辆、厢式货车、电瓶运输车、装有起重机械但以载重为主的起重运输车等，均按其载重量分档计费。客货两用车按客车或货车中相应的高档费率计费。

对于经交通管理部门同意将座位拆除改为运载货物的微型面包车按货车类计费。

3. 农用车

农用车是指公安交通管理部门或农机管理局(站)核发车辆牌照的，主要为方便种植、养殖两业生产的、载重吨位小于2吨的农业专用运输车辆。

4. 集装箱车

集装箱车仅指集装箱牵引车，不包括集装箱箱体。

5. 挂车

适用于没有机动性能，需要汽车拖带的载重车、平板车、专用机械设备车、超长悬挂车等。

6. 特种车

特种车分为以下4类：

(1) 包括油罐车、气罐车、液罐车、水泥罐车、冷藏车等，适用于各类装载油料、气体、液体、水泥搅拌设备的专用罐车，或适用于装有冷冻或加温设备的箱式车辆。

普通载重车加装罐体按此档计费。

(2) 包括起重车、装卸车、工程车，适用于各种有起重、装卸、升降等工程设备或功能的专用车辆。

(3) 包括救护车、电视转播车、监测车、消防车、清洁车及医疗车，适用于车内固定装有专用仪器设备，从事专业工作的监测、消防、清洁、医疗、救护、电视转播、雷达、X光检查等车辆。

(4) 专指运钞车，适用于各银行、财务公司、押运公司所有的，具有专业防护装置，专用于运送纸币、货币、纸币专用纸及其他与货币相关物品的车辆。

7. 其他车辆

费率表中出现“其他车辆”字样时，其他车辆指除该表内列明车辆类型之外的其余所有车辆。

如全车盗抢险保险费率表中，其他车辆指除客车、货车、农用车之外的其余所有车辆，即包括集装箱车、挂车和特种车共3类车辆；自燃损失险费率表中，其他车辆指除客车、货车之外的其余所有车辆，即包括农用车、集装箱车、挂车和特种车共4类。

三、国产、进口车辆划分标准

1. 进口车辆

满足以下任一条件的车辆为进口车辆：

(1) 整车进口的一切汽车。

(2) 主要零配件由国外进口，国内组装的车辆。

(3) 合资企业生产的 16 座以上(含 16 座)的客车。

(4) 下列车辆品牌和车型：北京切诺基 V6、广州本田、上海别克、上海帕萨特、湖北雷诺、长春奥迪系列、天津丰田。

(5) 其他合资企业生产的国产化率低于 70%的汽车。

2. 国产车辆

国产车辆是指除进口车辆以外的汽车。

对于难以明确进口、国产的车辆，按高档保费计算。

四、车龄及使用年限

1. 车龄

车龄是指保险车辆已使用的年限，不足 1 年者不计算。车龄从车辆出厂后向车辆管理部门初次登记之日起计算；经车辆管理部门许可在特定区域内使用不挂牌照的车辆，从车辆购买之日起计算。

2. 规定使用年限

规定使用年限是指根据国家有关车辆报废标准，车辆能够使用的期限。其中：

(1) 规定使用年限为 15 年的车型有：9 座(含 9 座)以下非营运载客汽车(包括轿车、越野车)。

(2) 规定使用年限为 10 年的车型有：旅游载客汽车和 9 座以上非营运载客汽车。

(3) 规定使用年限为 8 年的车型有：轻、微型载货汽车(含越野型)、带拖挂的载货汽车、矿山作业专用车及各类出租汽车。

除此之外，其他未提及车辆类型的规定使用年限一般为 10 年。车辆规定使用年限以国家经贸委关于车辆报废标准的最新文件为准。

3. 已使用年限相对值

已使用年限相对值=车龄÷规定使用年限

如某出租汽车于 2012 年 1 月 1 日初次登记上牌，2013 年 6 月 1 日时，其已使用年限相对值为=车龄÷规定使用年限=2 年÷8 年=0. 25。

全车盗抢险浮动比例表和自燃损失险浮动比例表中已使用年限相对值各档均含下限，不含上限。

五、新车购置价及实际价值

1. 新车购置价

新车购置价指保险合同签订时，合同签订地购置同类型新车(含车辆购置税)的价格。

2. 实际价值

实际价值是指与保险车辆同类型车辆，市场新车购置价减去该车已使用年限折旧金额后的价格，折旧率按国家有关规定执行，折旧按每满 1 年扣除 1 年计算，不足 1 年的部分，不计折旧。

实际价值=新车购置价×(1-已使用年限×车辆年折旧率)

八、保费浮动项目

1. 防盗装置浮动项目

（1）GPS（Global Positional System）：即全球定位系统，是指采用人造卫星的定位系统GPS来测量地面上汽车的绝对位置。

（2）GMS［Global Mobile（Communication）System］：即全球移动（无线）通讯系统，是指能够进行双向通话的全球车载通讯系统。

（3）电子防盗装置：也称微电脑汽车防盗器，包括插片式、按键式和遥控式等电子防盗器。它主要是靠锁定点火或起动来达到防盗的目的，同时具有声音报警功能。

（4）机械防盗装置：依靠机械结构用于防盗的装置。一般分为转向盘锁、变速器锁。转向盘锁使用时，使转向盘不能做大角度转向及制动汽车；变速器锁安装在离合器柄附近，在停车后，加上变速器锁可使汽车不能换挡。机械式防盗系统主要是靠锁定离合、制动、油门或转向盘、离合器柄来达到防盗的目的，但只能防盗不能报警。

同时装有两种及两种以上防盗装置时，浮动比例不累加。

2. 固定停放场所浮动项目

（1）自用车位：指保险车辆在夜间停放于自有的专门用于停放车辆的露天停车场。

（2）固定车库：是指保险车辆在夜间停放于自有的或具有长期使用权的车库内。

（3）露天社会停车场：是指保险车辆夜间停放于公用的应收费的露天停车场。

（4）无固定停放场所：是指保险车辆除上述3种情况以外夜间停放状态。

3. 安全装置浮动项目

（1）ABS系统（Anti Break System）：即汽车刹车防抱死系统。配备该系统后，车辆在全力刹车时仍能由转向盘操控进行转向，而不会因轮胎被锁死而失去控制。

（2）单气囊（Single Airbag）：通常为正驾驶人席配备，在车辆受到猛烈撞击时会被释放出以保护驾驶人的头部免受损伤。

（3）双气囊（Dual Airbag）：通常为正副驾驶人席配备，在车辆受到猛烈撞击时会被释放出以保护驾驶人与乘客的头部免受损伤。

（4）多气囊（Multi Airbag）：除主驾驶及副驾驶座位前安装有气囊外，在主驾驶人的侧面或车上乘客座席也安装有气囊。只要保险车辆上安装的气囊数超过2个（即大于或等于3个）即认为是安装有多气囊。

同时装有两种及两种以上安全装置时，浮动比例不累加。

4. 赔偿限额浮动项目

对于车上人员责任险、车上货物责任险和车载货物掉落责任险，根据其赔偿限额所处档次享受相应的浮动比例。

5. 行驶区域浮动项目

（1）出入境：指保险车辆的行驶范围超出中华人民共和国（不含港、澳、台）境内。

（2）境内：指保险车辆行驶区域在中华人民共和国（不含港、澳、台）国境内。

（3）省内：指保险车辆仅在合同约定的省、自治区、直辖市内行驶。

（4）指定区域：指保险车辆不在公路、城市街道和胡同（里巷），以及公共广场、公共停车场等供车辆、行人通行的地方行驶，仅在工地、机场、工厂等固定范围内使用。

对于行政用车和生产用车，本浮动项目中的“指定区域”浮动和无赔款奖励浮动、一次投保车辆数浮动三者中只能享受一项。

6. 销售渠道浮动项目

（1）营销业务：是指通过本公司营销员承揽的业务。

（2）专业代理业务：是指通过专门从事保险代理业务的保险代理公司承揽的业务。经纪业务按此项处理。

（3）兼业代理业务：是指通过受保险公司委托，在从事自身业务的同时指定专人为保险公司代办业务的单位承揽的业务。

（4）直销业务：是指通过保险公司职员或柜台直接承揽的业务。

（5）网上销售业务：是指通过保险公司网站投保的业务。

（6）电话销售业务：是指投保人通过电话提出投保申请，保险人核保，并且完成保单递送和保费结算而承揽的业务。

7. 指定驾驶人浮动项目

（1）私人生活用车。

对私人生活用车，仅当保单上列名的驾驶人人数不超过 2 人并且在投保或续保时能够提供所有驾驶人的驾驶证时，可予以本项浮动。其中：

① 驾驶人年龄均依周岁计，不足 1 年的部分不计入。费率表中各年龄段均含上限、不含下限。

② 驾龄自驾驶人《中华人民共和国汽车驾驶证》上登记的初次领证日期开始计算，不足 1 年的部分不计入。费率表中各驾龄段均含上限、不含下限。

（2）行政用车、生产用车、营运车辆和租赁车辆。

对行政用车、生产用车、营运车辆和租赁车辆，当在保单上对保险车辆明确列名指定 1 名或 2 名驾驶人时，可按不同比例予以本项浮动。

8. 无赔款奖励浮动项目

保险车辆必须同时满足以下条件，方可予以相应险种的无赔款奖励浮动：

① 上年保险期限不少于 1 年。

② 本年保险期限不少于 1 年且于上年保险期满前办理续保。

③ 在上年未发生所有权转移。

享受本浮动项目，只能采用在保险单上直接折扣的方式。

某个险种发生赔款是指保险车辆投保的该险种在一个保险年度内，发生保险合同约定的事故并且已从保险公司取得赔款或虽未取得赔款但保险公司赔付已是必然的情况；某个险种无赔款是指保险车辆投保的该险种，在连续的一个或几个保险年度内，未发生过任何保险事故或虽有保险事故发生但未向保险人索赔或未从保险公司获取赔款的情况。这里所称的“一个保险年度”指一个为期 1 年的保险年度。

无赔款奖励的级别视连续无赔款的时间长度而定，且此级别采用“进一退二”的升降规则，即保险车辆的投保险种连续无赔款的年度每增加 1 年，无赔款的奖励级别上升一个档次，直至最高奖励级别；一旦发生赔付，无赔款的奖励级别下降两个档次，直至最低奖励级别。

对于行政用车和生产用车，本浮动项目、一次投保车辆数浮动和行驶区域浮动项目中的“指定区域”浮动三者中只能享受一项。

9. 一次投保车辆数浮动项目

一次投保车辆数浮动适用于行政用车、生产用车、营运车辆和租赁车辆凡属同一被保险人(含政府采购)的车辆在本公司一次投保的数量达到20台以上(含20台)时，可依一次投保车辆数的规模确定浮动档次，再根据使用性质确定浮动比例。

本项浮动由保险人根据一次投保车辆的历史赔付情况决定是否给予：在一个保险年度内，一次投保车辆的已决赔付率超过60%时，下一年度的下浮比例降低一个档次执行；超过70%时，不再下浮。

对于行政用车和生产用车，本浮动项目、无赔款奖励浮动和行驶区域浮动项目中的“指定区域”浮动三者中只能享受一项。

10. 大额保费一次全额付款金额浮动项目

在予以本项浮动之前，属同一被保险人(含政府采购)的车辆在本公司一次投保时，保费之和(含特约条款保费)达到10万元以上(含10万元)并且在投保时一次交清全部保费，可依一次全额付款金额的规模予以不同档次的浮动。

保费浮动比例中“+”号表示费率上浮，“-”号表示费率下浮。

七、保险费的计算

1. 车辆损失险

保费=部分损失基本保费+部分损失保额×部分损失费率+全部损失保额×全部损失费率

2. 第三者责任险

保费=固定保费

3. 车辆损失险附加险

玻璃单独破碎险保费=新车购置价×费率

自燃损失险保费=保额×费率×(1+已使用年限相对值浮动比例)

车辆停驶损失险保费=最高赔偿天数×日赔偿金额×费率

全车盗抢险保费=保额×费率×(1+已使用年限相对值浮动比例+防盗装置浮动比例+固定停放场所浮动比例)

新增设备损失险保费=保额×对应车辆损失险部分损失费率

其他车辆损失险附加险保费=保额×费率

4. 第三者责任险附加险

(1) 车上责任险

车上人员责任险保费=投保座位数×每人每次事故最高赔偿限额×费率×(1+赔偿限额浮动比例+安全装置浮动比例)

其中，赔偿限额浮动比例根据所有投保座位的累计赔偿限额确定。

车上货物责任险保费=每次事故最高赔偿限额×费率×(1+赔偿限额浮动比例)

(2) 无过失责任险。

无过失责任险保费=同档第三者责任险保费×费率

(3) 车载货物掉落险。

车载货物掉落险保费=赔偿限额×费率×(1+赔偿限额浮动比例)

5. 特约条款

(1) 可选免赔额特约条款。

可选免赔额特约条款浮动保费=所选车辆损失险及车辆损失险附加险总浮动保费×费率

全车盗抢险、玻璃单独破碎险和车辆停驶损失险保费除外。

这里浮动保费指应用《保费浮动表》中行驶区域、销售渠道、无赔款奖励、指定驾驶人和一次投保车辆数浮动后的相应险种保费(其中行驶区域浮动项目中的“指定区域”浮动、无赔款奖励浮动和一次投保车辆数浮动只能享受一项,下同)。

本特约条款适用于车辆损失险及除全车盗抢险、玻璃单独破碎险和车辆停驶损失险之外的其他所有车辆损失险附加险。

客户所选免赔额应低于保险金额。

本特约条款费率由客户所选免赔额和保险车辆的新车购置价确定。

(2) 里程变额特约条款。

选择该特约条款后,保额增加,保费不变。

(3) 换件特约条款。

换件特约条款浮动保费=所选车辆损失险及车辆损失险附加险总浮动保费×费率

全车盗抢险、玻璃单独破碎险和车辆停驶损失险保费除外。

(4) 基本险不计免赔特约条款。

基本险不计免赔特约条款浮动保费=车辆损失险和第三者责任险总浮动保费×费率

(5) 附加险不计免赔特约条款。

附加险不计免赔特约条款浮动保费=附加险总浮动保费×费率

(6) 价值损失条约条款。

价值损失特约条款保费=新车购置价×费率

本特约条款仅针对使用年限在1年以内私人生活用车和行政用车。

(7) 代步车特约条款。

代步车特约条款保费=约定天数×约定日租金额×费率

本特约条款仅针对私人生活用车和行政用车。

(8) 指定部位赔偿特约条款

指定部位赔偿特约条款浮动保费=车辆损失险及车辆损失险附加险总浮动保费×费率

全车盗抢险、玻璃单独破碎险和车辆停驶损失险保费除外。不可同时投保可选免赔额特约条款和指定部位赔偿特约条款。

(9) 法律服务特约条款。

法律服务特约条款保费=固定保费

(10) 救援费用特约条款

救援费用特约条款保费=固定保费

(11) 指定行驶区域特约条款。

只有特约了本条款后,计算保费浮动比例时行驶区域浮动项下方可按“指定区域”浮动。

6. 保费浮动比例

保费浮动比例=行驶区域浮动比例+无赔款奖励浮动比例+指定驾驶人浮动比例+销售渠道浮动比例+一次投保车辆数浮动比例

其中，一次投保车辆数浮动比例不针对私人生活用车；对行政用车、生产用车、营运车辆和租赁车辆由本保险人根据一次投保车辆的历史赔付情况决定是否给予(下同)。

由于无赔款奖励浮动比例可能因险种而不同，保费浮动比例需分险种计算。新保险种的无赔款奖励浮动比例为0。

特别的，当保险车辆为行政用车和生产用车时：

(1) 若没有选择指定行驶区域特约条款，则：

保费浮动比例=行驶区域浮动比例+无赔款奖励浮动比例或一次投保车辆数浮动比例+销售渠道浮动比例+指定驾驶人浮动比例

(2) 若选择了指定区域特约条款，则：

保费浮动比例=行驶区域浮动比例+销售渠道浮动比例+指定驾驶人浮动比例

7. 保单保费

首先计算各险种经行驶区域、销售渠道、无赔款奖励、指定驾驶人和一次投保车辆数浮动后的保费，称之为“浮动保费”。

车辆损失险浮动保费=车辆损失险保费×(1+车辆损失险保费浮动比例)

对可选免赔额特约条款、指定部位赔偿特约条款、换件特约条款、基本险不计免赔特约条款和附加险不计免赔特约条款而言，按前述方法计算出的保费已经是浮动后的保费。

根据是否投保了可选免赔额特约条款或指定部位赔偿特约条款，保单保费有两种计算方式：

(1) 既没有投保可选免赔额特约条款也没有投保指定部位赔偿特约条款的情况下：

保单保费=(车辆损失险浮动保费+车辆损失险附加险浮动保费之和+第三者责任险浮动保费+第三者责任险附加险浮动保费之和+特约条款浮动保费之和)×(1+大额保费一次全额付款金额浮动比例)

(2) 投保人投保了可选免赔额特约条款或指定部位赔偿特约条款的情况下：

保单保费=(全车盗抢险浮动保费+玻璃单独破碎险浮动保费+车辆停驶损失险浮动保费+第三者责任险浮动保费+第三者责任险附加险浮动保费之和+可选免赔额特约条款或指定部位赔偿特约条款浮动保费+换件特约条款浮动保费+基本险不计免赔特约条款浮动保费+附加险不计免赔特约条款浮动保费+其余特约条款浮动保费之和)×(1+大额保费一次全额付款金额浮动比例)

八、年费率、日费率使用标准

(1) 本费率表是保险期限为1年的费率表，即年费率表。

(2) 投保时，保险期限不足1年的按日费率计收保险费：

短期保险费=年保险费÷365×承保天数

九、批改保费计算

投保人申请办理保单批改，如保险车辆改装车型、变更使用性质及申请增加、降低保险金额或赔偿限额时，以未了责任天数、按日费率计算批改保费，计算公式为：

批改保费=(批改后年保费-批改前年保费)×未了责任天数÷365

如果因批改造成浮动比例的变动，应按新的浮动比例计算批改后年保费。如基本险的变动同时引起相关附加险保费的变化，也应计算在批改后年保费中。

当计算结果为正时，代表批增保费，需向投保人加收一定金额的保险费；当计算结果为负时，其绝对值代表批减保费，需向投保人退还一定金额的保险费。

十、退保费计算

1. 个单业务退保

退保时对每个险种单独计算退保金额。

（1）对于车辆损失险及其附加险和特约条款，除费率另有规定或合同另有特别约定外，有下列几种情况：

① 保单有效期内已发生赔款的险种，被保险人获取部分保险赔款后 1 个月内提出解除合同的，计算与保险金额扣除赔款和免赔金额后的未了责任部分相对应的剩余保险费，按日费率予以退还：

退保金额=[基本保费+(原保额-赔款-免赔金额)×原费率]×(1+原保费浮动比例)×未了责任天数÷365

若出险险种系按固定保费收费，则：

退保金额=该险种保单保费×未了责任天数÷365

② 因保险赔偿致使保险合同终止时，保险人不退还出险险种的保险费。

③ 如未发生赔款，保险人按年费率的 1/365 计算日费率：

退保金额=该险种保单保费×未了责任天数÷365

（2）对于第三者责任险及其附加险险种和特约条款，不论是否发生赔款，保险人按年费率的 1/365 计算日费率，并退还未了保险责任部分的保险费：

退保金额=该险种保单保费×未了责任天数÷365

（3）分别计算各险种或特约条款的退保金额，加总得到总退保金额。如果退保时投保人尚未交足保单保费，应从总退保金额中扣除欠交的保费。

2. 团单业务退保

依照个单退保方法执行，但是如果退保造成一次投保车辆数浮动比例或大额保费一次全额付款金额浮动比例的变动，应将这部分浮动差额扣除。如果退保金额不足以弥补这部分浮动差额，仍可办理退保手续，但保险人不支付任何退保费。

团单退保金额=退保车辆个单退保金额之和-投保时总保单保费×(未了责任天数÷365)×|退保前后投保车辆数浮动比例差额+退保前后大额保费一次全额付款金额浮动比例差额|❶

十一、最低保费

每份保单设最低保费 100 元，保单保费不足 100 元时按 100 元计收，合同生效后退保时实收保费不足 100 元时按 100 元计收。

---

❶表示绝对值符号。

本章小结

汽车保险费率的确定原则包括公平合理原则、保证偿付原则、相对稳定原则和促进防损原则。

系统的从人、车两方面介绍了汽车保险费率的确定模式；并从车辆自身风险因素、地理环境因素、社会环境因素、驾驶人员因素四个方面阐述了汽车保险中风险因素的构成。

介绍了费率修正方案及保费计算方法。

思考与练习

1. 名词解释

(1) 车险商品的理论价格；(2) 纯费率；(3) 保险费率；(4) 保险费；(5) 保险金额；(6) 从车费率模式；(7) 从人费率模式。

2. 确定车险费率的原则有哪些？

3. 目前车险费率有哪些模式？各自的优缺点是什么？

4. 汽车保险有哪些风险因素？

第七章　汽车投保实务

知识目标

1. 了解汽车投保的注意事项。
2. 掌握汽车投保的险种。
3. 掌握汽车投保的方案。

能力目标

具备对投保过程中的案例进行分析的能力。

第一节　汽车投保概述

一、汽车投保的含义

投保是指投保人向保险人表达缔结保险合同的意愿的过程。汽车保险合同采取要约与承诺的方式订立，即保险包括投保和承保两个过程。要约又称为“定约提议”，是一方当事人向另一方当事人提出订立合同建议的法律行为。也是签订保险合同的一个重要程序。承诺又称为“接受订约提议”，是承诺人向要约人表示同意与其缔结合同的意思表示。

在汽车保险实务中，保险人为了开展保险业务印制汽车投保单，投保人认可投保单上的保险条款所包括的内容，将填好的投保单交给保险人，这是汽车投保人向保险人提出的要约。所以在初次订立汽车保险合同的过程中，要约通常都是由投保人以投保单的书面形式提出，保险人接到投保单后逐项审核，认为符合投保条件而接受了要约，同意承保，在投保单上签章后并发出保险单以及其他的保险单证，就构成了承诺，同时也标志着汽车保险合同的成立。

汽车保险的保险期限通常为一年，在保险期满续保时，保险人发出续保通知书，此时即为保险人向被保险人发出要约。如果被保险人愿意继续在同一保险人处投保并同意交纳保险费，就意味着被保险人接受承诺，新的保险合同成立。

二、汽车投保的基本要求

1. 对营业车辆的要求

(1) 不得单独投保第三者责任险(由于营业车辆风险因素较高，保险公司一般不接受营业车辆单独投保第三者责任险等险种)。

(2) 不得承保不计免赔特约险。

2. 对非营业车辆要求

非营业车辆不得承保土方车及环卫清运车。

3. 对各类新车要求

(1) 须提供发动机号及车架号才能承保，只提供一个要素时，不得承保全车盗抢险。

(2) 承保全车盗抢险时，须在保单“特别约定”栏中加注：“全车盗抢险保险责任从本车取得正式牌照号码后生效。”

(3) 取得正式牌照号码后，必须在48小时内以批单形式通知保险公司。

4. 有关验车承保的规定

(1) 凡新车购置价(含购置费)超过40万元的进口车辆，在承保前应由投保人填写《机动车辆保险申报单》。

(2) 对投保第三者责任险最高赔偿限额大于等于100万元的车辆，在承保前须填写“承保验车单”并拍照存档。

(3) 续保日期与前一保险期限衔接，或中途投保车辆损失险或全车盗抢险的车辆，均须验车。检验时除了对被验车辆拍照外，还须填写《机动车辆保险申报单》并附在投保单后面。

(4) 验车人必须在“车辆检验情况”一栏中注明对车辆状况的评价，并对车况存在的问题作文字说明。

三、汽车投保的方式

目前，在我国汽车投保的方式主要有以下几种：

1. 到保险公司投保

投保人亲自到所选择的保险公司办公地点，办理一系列投保手续。车主能更全面地了解所选择的保险公司及投保险种，也免除了一些传统型车主对业务员及保险公司的不信任感。

2. 电话投保

电话投保将是我国汽车保险的方向之一。现在已开通的有人保财险公司的95518、太平洋财险公司的95510、平安保险公司的95511等，我国电话投保系统还有待进一步开发。

3. 网上投保

网上投保是全世界汽车保险界普遍关注的，代表着行业发展的前沿。我国的人保财产公司、平安财险公司等已经开始使用网上车险投保这样的投保形式。

4. 通过保险中介机构投保

保险中介机构作为我国保险市场的组成部分之一，正呈现蓬勃发展的势头。强大的保险中介机构会带动我国保险市场的健康发展，给投保人带来更多的方便，为投保人提供更优质的保险服务。

四、汽车投保的步骤

汽车投保步骤如下：

(1) 了解保险条款及费率；

(2) 选择保险公司；

(3) 深入了解各险种及保费计算；

(4) 选择保险代理；

（5）填写正式投保单；

（6）缴纳保险金得到正式保险单；

（7）审核保单。

第二节　商业保险的具体险种分析

一、车辆损失险

车辆的保险金额根据新车购置价确定。车辆损失险的保险金额，可以按投保时新车价值或实际价值确定。也可以由被保险人与保险人协商确定，但保险金额不得超过保险价值，超过部分无效。

车辆损失险要注意以下事项：

（1）小事故不要集中理赔。不少车主觉得车险理赔手续烦琐，于是，在发生一些小的车辆事故后，往往都不急于到保险公司理赔，而是等发生多次小事故后再集中一起办理。车主出于对自身利益的保护，最好不要这样做，因为事故责任和损失程度不好确定，而且保险车辆遭受保险责任范围内的损失后，如果未经必要修理继续使用，致使损失扩大的部分，反而会遭到保险公司的拒赔。

（2）车损险常见除外责任。首先，由于车辆本身质量问题造成的损失，保险公司不负责赔偿，如机动车因其内部原因发生爆炸或爆裂、轮胎爆炸等。其次，玻璃单独破碎属于除外责任，保险不负责赔偿。但是如果车主加保了玻璃单独破碎险后，保险公司则负责赔偿。再次，为车辆的自然磨损、锈蚀、故障造成的损失，保险公司不负责赔偿。

典型案例

【案例 7-1】

王先生在雨天开车时，为躲避对面一辆疾驰过来的车辆，慌忙之中将车开进了路边由于暴雨形成的水坑里。车子熄火了，王先生觉得无大碍就再次启动车辆，没过多久，就因发动机进水导致车辆再次熄火。

王先生在向保险公司报案后却遭到了拒赔，理由是车险合同的免责条款中规定：“保险车辆在淹及排气管的水中启动或被水淹后因过失操作不当致使发动机损坏而造成的损失免责。”不在水中启动车辆，造成发动机缸体损坏的可能性不大。在水中启动车辆，就容易造成发动机严重损坏。因此，王先生的车辆损失只能得到部分赔偿。

【本案评析】

在汽车投保时，一定理解相关条款，如自己不能理解，要求保险人做具体解释。

【案例 7-2】

这是一个关于汽车发动机进水的案例。2015 年 8 月 5 日，乔某为自己的轿车购买了机动车辆保险，车辆损失险保险金额为 20 万元，保险期自 2015 年 10 月 6 日零时起至 2016 年 10 月 5 日 24 时止。2015 年 11 月 20 日凌晨，市区下了一场倾盆大雨，大多数道路有积水现象。同日上午10时，乔某准备开车上班，见停放在其住宅区通道的上述保险车辆轮胎一半受水淹，且驾驶室中有浸水的痕迹，则经简单擦抹后就上车点火启动，发动机发出发动声后熄火，之后则无法起动。

在这个保险案例分析的事例中，乔某随即将车辆拖至某汽车维修公司，经该公司检查认为故障原因系发动机进气系统入水并被吸进燃烧室，活塞运转时，由于水不可压缩，进而导致连杆折断，缸体破损。乔某向保险公司报案后，因争议太大，保险公司没有赔偿损失，乔某遂诉至法院。该案在审理期间，经保险公司申请，法院委托市产品质量监督检验所对车辆受损原因进行鉴定。

市产品质量监督检验所认为：

① 造成发动机缸体损坏的直接原因是由于进气口浸泡在水中或空气滤清器有余水，启动发动机，气缸吸入了水，导致连杆折断，从而打烂缸体。

② 事发时的可能：当天晚上下了大雨，该车停放的地方涨过水，使该车被雨水严重浸泡，进气管空气滤清器进水，当水退至车身地台以下，驾驶员启动汽车时，未先检查汽车进气管空气滤清器有无进水，使空气滤清器余水被吸入发动机气缸，造成连杆折断，缸体破损。

乔某和保险公司对质监所的鉴定意见均无异议，只是对造成保险标的损失的近因，保险公司应否赔偿车辆损失这一问题存在较大分歧。保险公司认为，造成保险车辆发动机缸体损坏的原因是由于进气管空气滤清器有余水，进气管空气滤清器有余水是由暴雨所造成。在对该公司之前的保险案例分析经验得知，暴雨和启动发动机这两个危险事故先后间断出现，前因与后因之间不具有关联性，后因既不是前因的合理延续，也不是前因自然延长的结果，后因是完全独立于前因之外的一个原因。

根据近因原则，启动发动机是直接导致保险车辆发动机缸体损坏的原因，故为发动机缸体损坏的近因。暴雨为发动机缸体损坏的远因。而启动发动机属除外风险，由启动发动机这一除外风险所致发动机缸体损坏的损失，保险人不负赔偿责任，保险公司只需赔偿因暴雨造成汽车浸水后进行清洗的费用。

乔某认为，本案属于多种原因连续发生造成损失的情形，其中暴雨是前因，车辆进气管空气滤清器进水相对于暴雨是后因，而相对于启动发动机是前因，启动发动机是后因，正是由于暴雨的发生，才导致车辆进气管空气滤清器进水，导致发动机缸体损坏，根据近因原则，暴雨才是近因，因此保险公司应向乔某赔偿车辆的实际损失。

【本案评析】

这种损失保险公司和客户经常有争议。此时就必须考虑近因原则：如果发动机进水后又启动导致的损失，一般认定近因为启动，因为保险公司认为作为车辆驾驶人员应该知道发动机进了水又启动，必然会导致损失扩大，所以保险公司对此不予赔偿；而若是汽车在暴雨中行驶时，由于积水进入发动机，导致发动机缸体、活塞、曲轴等损坏，则一般认定暴雨是近因，对所有损失保险公司都给予赔偿。

【案例7-3】

张先生在上班途中撞到了马路中间的花基上，致使车辆受损严重，事故发生后，他马上向保险公司报了案，然后就将车开离了主干道以恢复交通。保险公司的工作人员查勘现场时发现，张先生的车子先是底盘受损，张先生在底盘受损、漏油的情况下启动汽车，又导致了发动机严重损坏。因此，保险公司认为，发动机损失属于“扩大损失”，不在保险理赔范围内，保险公司只负责底盘受损等损失。

【本案评析】

一般的保险条款会规定，遭受损失后未经必要修理继续使用保险车辆，致使损失扩大的部分，保险公司不予赔偿。

上述的王先生、张先生在发生事故后，应第一时间拨打救援电话或报警，并联系保险公司，等待拖车。或者在车辆能推动的情况下，先把车推到路边，等待保险公司查勘现场。

二、商业三者险

交强险的保额是有限额的。交强险中的死亡伤残、医疗费用、财产损失限额分别为110000元、10000元和2000元，合计12.2万元的限额。若不幸遇到两车相撞等较为严重的交通事故，事故损失将超过交强险的限额，因此，车主在投保交强险的同时，再投保一定额度的商业三者险，才能充分保障自己的利益。

三、车上责任险

应该注意第三者责任险并不包括车上人员及货物的保障，要对车上人员的安全予以保障，还需投保车上责任险。该险种负责赔偿车辆发生意外事故造成车上人员的人身伤亡(包括司机和乘客)和所载货物的损失。

四、新增设备损失险

新增设备损失险也是个容易忽视的险种，该险种负责赔偿车辆发生保险事故时造成车上新增加设备的直接损失。当车主将自己的爱车进行了改装，比如车的大包围，车上新增的天窗、防撞栏、倒车雷达等外装设备，应考虑投保新增加设备损失险。否则，这些设备因事故受损时，即使投保了车辆损失险，保险公司也是不赔偿的。

五、不计免赔特约险

在碰到大的事故损失时，这个险种可以大大减少被保险人的损失。投保了不计免赔特约险，发生保险事故后，保险公司不再按原免赔规定进行免赔，而按规定计算的实际损失给予赔付。但此险种并不是对任何保险事故都没有免赔，不计免赔特约险仅针对车辆损失险和第三者责任险范围内的损失，其他附加险的免赔规定不能取消。

六、碰撞互不追偿协议

碰撞互不追偿协议是保险人之间的一种协议。

七、玻璃破碎险分析

对于进口车，使用进口玻璃，买这个险种还是很有意义的。一般来说，玻璃破碎险保费也就两三百元，如果是带电热丝的玻璃窗，这种险是值得投保的。

八、车身划痕险分析

车身划痕险为他人恶意行为险，也是经常碰到的问题，新车以及高档车可以考虑投保。

第三节 汽车投保注意事项

一、家庭自用汽车的投保

1. 险种选择

对家庭自用的新车来说，新车新手上路出险率相对较高，容易刮擦，且新车丢失的概率大，因此在投保机动车交通事故责任强制保险的基础上，最好首选投保车辆损失险、第三者责任险、车身划痕损失险、盗抢险和不计免赔特约险。如果没有固定的停车地点，最好投保盗抢险。

2. 责任限额选择

如果车主喜欢开快车、夜车，或出车率较高，建议商业三者险的责任限额最好买到100万作为交强险的补充。

3. 保险公司选择

如果车主经常跑长途，或经常到所在地以外的地区，建议选择服务周到、信誉优良的保险公司投保，因为这样的公司营业网点多，且在全国范围内推行“异地出险，就地理赔”服务网络，对客户来说，投保、索赔都很方便。

二、非营业用汽车的投保

1. 险种选择

单位用车，除投保机动车交通事故责任强制保险之外，首选的险种是车损险、商业第三者责任险、盗抢险、车上人员责任险和不计免赔特约险，以保证基本风险的转嫁。

2. 责任限额选择

作为单位用车，商业第三者责任险的责任限额最好选择100万元，以获得更多的保障。

除保费价格、险种条款外，保险公司推出的个性化服务也是选择保险公司的一个依据。

三、营业用汽车的投保

1. 险种选择

作为营业用车，使用频率较高，且会经常跑长途，出险率比家庭自用车要高得多，因此，在投保机动车交通事故责任强制保险的基础上，建议首选险种为车损险、商业第三者责任险、火灾、爆炸、自燃损失险、车上人员责任险、车上货物责任险、车辆停驶损失险、不计免赔特约险。这样，如果车辆发生保险事故，就可转嫁由此导致的风险。

2. 责任限额的选择

一般情况下，36座以下的客车或10吨以下的货车，其商业第三者责任险的责任限额最好选择50万或100万；而36座以上的客车或10吨以上的货车，其商业第三者责任险的责任限额最好选择100万。

3. 保险公司选择

各公司都对营业用汽车保险的保险费率统一。建议选择服务网点较多的公司投保，这样就能满足跑长途的客车或货车的特殊要求。

四、特种车辆的投保

1. 保险公司选择

对于特种车来说，最大的风险就是操作过程中造成的损失和车内仪器的损失，此时就要注意投保的保险公司是否有特种车辆保险条款和扩展条款，是否能涵盖特种车所能发生的各种风险。

2. 险种选择

特种车型行驶区域比较固定，且一般用于工程施工，出险率相对较低；使用频率不是太高，但车内装有特殊仪器，且价值都较高，一旦发生保险事故，损失巨大。因此，建议投保车损险、商业三者险、附加特种车辆固定设备、仪器损坏扩展条款和起重、装卸、挖掘车辆损失扩展条款，不计免赔特约条款。

3. 责任限额选择

选择 50 万元或 100 万元以上的责任限额比较合适。

五、新车的投保

新车保户最好把商业第三者责任险和车损险这两个险种都保全。

由于车险的费率是固定的，因而保费交多少取决于汽车自身保险金额的高低。对于家庭自用车来说，目前商业三者险的保额一般分：5 万元、10 万元、20 万元、30 万元、50 万元、100 万元、100 万元以上。最好投保 50 万元的，条件允许可以投保 100 万元的。

车损险分足额保险和不足额保险。在不足额投保情况下出险时，保险公司是按实际投保金额与车自身价值比例赔偿的，所以尽量选择足额投保。

六、二手车的投保

二手车要注意办理车险过户。如果车是在旧车交易市场上购买的，此车上一年已购买了汽车保险，且保险随车转让给新车主，请注意要求卖车一方将保险单正本、保险证转交，同时要求旧车主到保险公司变更被保险人(简称过户)。

七、旧车的投保

因为这类车实际价值很低，投保金额太多显然没有必要，可以选择主险的车辆损失险，这主要是为了能投保其项下的附加险(自燃损失险)。因为保险公司是根据保险车辆的实际价值确定赔偿金额的，所以盗抢险的保额对新车和旧车是不同的。

八、良好记录很重要

保险公司的费率虽然固定，但一般都对“优质客户”给予优惠政策，如对上一年度没有出险的车辆在第二年续保时可以获得保险公司一定比例的费率下调。如果在上一年度有较多的违章行为或理赔，那么，第二年车险保费会相应上浮。反之，如果在同一家公司连续投保三年无理赔，那么第四年所交保费一般会优待 60%左右。

九、切忌超额投保和重复投保

车险与寿险不一样，重复投保不会得到超额赔偿。根据保险法规定，超额投保、重复投保都不能获得额外的利益。此外，如果已在一家保险公司足额投保，即使再在另一家保险公司投保，也不可能拿到双份的赔款。

十、选择不计免赔特约保险

在车损险和第三者责任保险中，保险公司都有按照被保险人在事故中所负的事故责任比例，只赔偿实际损失的 80 %~95 %的约定，这可能使车主将来在实际获得赔偿方面产生比较大的损失。通过投保不计免赔特约保险，在这两个险种上才能得到车主所应该承担损失的 100%赔偿。但并不表示买了不计免赔特约险所有的免赔都可以赔偿。附加险中的免赔都是绝对免赔，买了不计免赔特约险也不能免。例如：找不到第三者的 30%免赔率；多次违章增加的免赔率；超载增加的免赔率等都是不能免得。

汽车保险的投保单样本及验车单见表 7–1。

表 7–1 汽车保险的投保单样本

投保人	投保人名称/姓名				投保机动车数	辆		
投保人	联系人姓名		固定电话		移动电话			
投保人	投保人住所				邮政编码			
被保险人	□自然人姓名：		身份证号码					
被保险人	□法人或其它组织名称：							
被保险人	组织机构代码				职业			
被保险人	被保险人单位性质	□党政机关、团体 □事业单位 □军队（武警）□使（领）馆 □个体、私营企业 □其它						
被保险人	联系人姓名		固定电话		移动电话			
被保险人	被保险人住所				邮政编号			
投保机动车情况	被保险人与机动车的关系	□所有 □使用 □管理			行驶证车主			
投保机动车情况	号牌号码		号牌底色	□蓝 □黑 □黄 □白 □白蓝 □其它颜色				
投保机动车情况	厂牌型号		发动机号					
投保机动车情况	VIN 码				车架号			
投保机动车情况	核定载客	人	核定载质量	千克	排量/功率	L/kW	整备质量	千克
投保机动车情况	初次登记日期	年 月 日	已使用年限	年	年平均行驶里程	公里		
投保机动车情况	车身颜色	□黑色 □白色 □红色 □灰色 □蓝色 □黄色 □绿色 □紫色 □粉色 □棕色 □其它颜色						
投保机动车情况	机动车种类	□客车 □货车 □客货两用车 □挂车 □低速货车和三轮汽车 □特种车（请填用途）：__________。 □摩托车（不含侧三轮） □侧三轮 □兼用型拖拉机 □运输型拖拉机						

续表

投保机动车情况	机动车使用性质	□家庭自用 □非营业用(不含家庭自用) □出租\租赁 □城市公交 □公路客运 □营业性货运			
	上年是否在本公司投保商业机动车保险		□是 □否		
	行使区域	□中国境内 □省内行驶 □场内行驶 □固定路线 具体路线：________________。			
	是否为来还清贷款的车辆	□是 □否	上一年度交通违法纪录	□有 □无	
	上次赔款次数	□交强险赔款次数____次 □商业机动车保险赔 次			
投保主险条款名称					
指定驾驶员	姓名	驾驶证号码		初次领证日期	
驾驶人员 1		□□□□□□□□□□□□□□□□□□			
驾驶人员 2		□□□□□□□□□□□□□□□□□□			
保 险 期 间		年 月 日零时起至 年 月 日二十四时止			
投保险种		保险金额/责任限额(元)	保险费(元)	备注	
□机动车损失险，新车购置价 元					
□商业第三者责任险					
□车上人员责任险	驾驶 人	万·人·次			
	乘客人数 人	万·人·次			
	乘客人数 人	人·次			
□全车盗抢险					
□附加玻璃单独破碎险	□国产玻璃				
	□进口玻璃				
□附加车身划痕险					
□附加不计免赔率特约	适用险种	□机动车损失险			
		□第三者责任险			
		□车上人员责任险			
		□全车盗抢险			
		□车身划痕险			
□附加可选免赔额特约		免赔金额：			
保险费合计 （人民币大写）			（¥ 元）		
特别约定					
保险合同争议解决方式选择		□诉讼 □提交________________仲裁委员会仲裁			

续表

<table>
<tr><td colspan="4">投保人声明：保险人已将投保险种对应的保险条款（包括责任免除部分）向本人作了明确说明，本人已充分理解；上述所填写的内容均属实，同意以此投保单作为订立保险合同的依据。

投保人签名/签章：
______年______月______日</td></tr>
<tr><td colspan="2">验车验证情况</td><td colspan="2">□已验车　□已验证　查验人员签名：

______年______月______日______时______分</td></tr>
<tr><td>初审情况</td><td>业务来源：□直接业务 □个人代理 □专业代理 □兼业代理
□经纪人 □网上业务 □电话业务
代理(经纪) 人名称：
上年度是否在本公司承保：□是　　□否
业务员签字：　　　　年　　月　　日</td><td>复核意见</td><td>

复核人签字：　　　年　　月　　日</td></tr>
</table>

机动车辆保险〈投保须知〉回执

国泰财产保险有限责任公司：

本人(单位)已对保险人所提供之投保须知内容，有保险条款、费率、责任免除、加退保规定、投保人和被保险人的义务等事项，经由说明已充分理解。本人(单位)将据实按照投保须知内容及要求，提供真实、合法、齐全的投保数据，并配合保险人办理投保手续。

被保险人(或代理人)签名/签章：

年　　月　　日

十一、车险投保方案推荐

最低方案：交强险+第三者险(50万)，这是最低的方案，适合经济不是很充裕、车价不高的车主。

基本方案：交强险+第三者险(50万)+车损险，这个组合费用适度，自身和对方车辆的损失基本能得到保障。

通用方案：在基本方案的基础上增加不计免赔、整车盗抢险，将车辆损失的风险降至很低。

最佳方案：在通用方案的基础上增加车上人员责任险、全车玻璃险、划痕险。现在停车位紧张，路边停车比较危险的情况下，这个方案更大范围保护的车主的权益，但车主的负担会更重。

周全方案：在最佳方案的基础上，再增加新增设备损失险和自燃险，这样就万无一失了。

本章小结

汽车投保方式主要有到保险公司投保、电话投保和网上投保。

汽车保险的险种主要有机动车交通事故责任强制保险和商业汽车保险。商业汽车保险分为基本险和附加险，基本险一般包括车辆损失险和商业第三者责任险。

思考与练习

1. 什么是投保？汽车投保有哪些具体要求？
2. 简述汽车投保的步骤，汽车投保有哪些注意事项？

第八章　汽车保险的承保实务

知识目标

1. 能正确叙述承保工作内容流程，明确核保内容程序。
2. 能正确运用费率表及保险费计算公式。
3. 了解保险经营管理，了解保险的续保、批改业务。

能力目标

1. 掌握核保的内容，具备进行简单核保的能力。
2. 具备计算各种险别的保险费的能力。
3. 具备综合运用知识分析相关案例的能力。

第一节　承保工作的内容及流程

机动车保险的业务流程大体上它可分为投保、承保、事故查勘、理赔等几个过程。其中投保与承保是保险双方签订保险合同的过程，是保险业务得以进行的基础。

汽车投保实质上是投保人向保险人表达缔结保险合同的意愿。汽车承保指保险人在投保人提出投保请求时，经审核其投保内容认为符合承保条件，同意接受其投保申请，并按照有关保险条款承担保险责任的过程。

一、汽车保险承保工作的基本内容

1. 保险展业

保险展业是保险公司向客户提供保险商品服务，进行市场营销的过程，旨在争取汽车保险业务，扩大承保面，提高本公司在市场上的竞争力。保险展业直接影响保险人的业务经营量。保险展业工作主要包括以下内容：

(1) 做好准备工作。业务人员进行展业活动前，必须作好各项准备。业务人员要熟知保险相关知识，了解客户车辆情况、当地机动车辆交通事故情况、处理规定等，还要掌握以往投保情况，如承保公司、投保险种、投保金额、保险期限和赔付率等情况。

(2) 开展保险宣传。保险宣传的方式多种多样，如广告宣传、召开座谈会、电台和报刊播放或登载保险知识系列讲座、印发宣传材料等。

(3) 制定保险方案。由于不同的投保人所面临的风险概率、风险程度不同，因而对保险的需求也各不相同，这需要展业人员为投保人设计最佳的投保方案。提供完善的保险方案是保险公司服务水平的重要标志。

2. 保险核保

汽车保险人在通过保险展业不断增加业务的量的同时，更要重视保险业务质的选择。汽车核保业务就是确定是否承保、承保条件、保险费率的过程。提高承保质量，保持经营稳定，追求经济效益是商业保险公司经营的原则。核保的目的是使保险人在承担危险责任的时候主动、有利。核保是汽车保险业务至关重要的环节。

3. 接受业务

核保人员要对通过一定途径收集的资料加以整理、复核决定是否承保、承保条件及保险费率等。认为符合承保条件的，同意接受投保人的投保申请，并按照有关保险条款承担保险责任。

保险人根据保险标的的性质常作出以下承保决策：

（1）正常承保。对于属于标准风险类别的保险标的，保险公司按标准费率予以承保。

（2）优惠承保。对于属于优质风险类别的保险标的，保险公司按低于标准费率的优惠费率予以承保。

（3）有条件地承保。对于低于正常承保标准但又不构成拒保条件的保险标的，保险公司通过增加限制性条件或加收附加保费的方式予以承保。

（4）拒保。如果投保人投保条件明显低于保险人的承保标准，保险人就会拒绝承保。对于拒绝承保的保险标的，要及时向投保人发出拒保通知。

4. 缮制保单

缮制保单是指在接受业务后填制保险单或保险凭证的程序。保险单或保险凭证是载明保险合同双方当事人权利和义务的书面凭证，是被保险人向保险人索赔的主要依据。因此，保险单质量的好坏，往往直接影响汽车保险合同的顺利履行。填写保险单的要求是单证相符、保险合同要素明确、数字准确、复核签章、手续齐备。

二、汽车承保工作流程

保险公司承保业务的流程大体相近，一般包括以下步骤：

（1）保险人向投保人介绍保险条款，履行明确说明义务；

（2）依据保险标的性质、投保人特点制定保险方案；

（3）保险人计算保险费，提醒投保人履行如实告知义务；

（4）保险人提供投保单，投保人填写投保单；

（5）业务人员检验保险标的，确保其真实性；

（6）将投保信息录入业务系统（系统产生投保单号），复核后利用网络提交核保人员核保；

（7）核保人员根据公司核保规定，并通过网络将核保意见反馈给承保公司，核保通过时，业务人员收取保费、出具保险单，需要送单的由送单人员递送保险单及相关单证；

（8）承保完成后，进行数据处理和客户回访。

三、特殊车辆的承保

对于风险高低不同的车辆，保险公司有不同的承保策略。大部分保险公司的“限制承保”车型都很相似。从总体上看，各家保险公司不太愿意承保的车型主要有以下几种：

(1) 营运大货车事故风险高。造成营运大货车出险率高的原因不外乎超载运货、昼夜行驶、野蛮驾驶等。

(2) 车价便宜、配件贵的新车。

(3) 市场占有率比较少的老旧车型。

四、机动车辆交通事故责任强制保险的承保

目前，我国的机动车交通事故责任强制保险由商业保险公司来经营，但作为国家强制性保险，机动车交通事故责任强制保险在承保和理赔方面与商业保险不完全相同。

1. 保险人的义务

(1) 保险人向投保人介绍条款、履行明确说明义务。

(2) 提醒投保人履行如实告知义务。

交强险合同解除后，投保人应当及时将保险单、保险标志交还保险人核销(若标志残损只要可辨认，即可核销)。

2. 投保单填写

(1) 保险人应指导投保人真实、正确填写投保单，投保单至少应当载明机动车的详细信息，投保机动车所有人或者管理人的信息，以及续保前投保机动车交通安全违法行为、交通事故记录等影响费率水平的事项。并提醒投保人在投保单上签字或加盖公章。

(2) 投保人提供的资料复印件附贴于投保单背面。

(3) 交强险的保险期间为1年，但有下列情形之一的，投保人可以投保短期保险：

① 临时入境的境外机动车。

② 距报废期限不足1年的机动车。

③ 临时上道路行驶的机动车(例如领取临时牌照的机动车，临时提车，到异地办理注册登记的新购机动车等)。

④ 保监会规定的其他情形。

3. 出具保险单，保险标志

(1) 保险人必须在收取保险费后方可出具保险单、保险标志。

(2) 保险单必须单独编制保险单号码并通过业务处理系统出具，不得使用商业保险单证代替。

(3) 投保人因交强险保险单、保险标志发生损毁或者遗失申请补办的，保险人应在收到补办申请及报失认定证明后的5个工作日内完成审核，补发相应的交强险保险单、保险标志；并通过业务系统重新打印保险单、保险标志，新保险单、保险标志的印刷流水号码与原保险单号码能够通过系统查询到对应关系。

(4) 对于业务分散的摩托车、农用型拖拉机业务可以使用定额保险单。定额保险单可以手工出单，但必须在出具保险单后的7个工作日内，准确补录到业务处理系统中。

(5) 对于运输型拖拉机不使用定额保险单。

4. 保险合同变更和终止

保险人解除合同。投保人对重要事项未履行如实告知义务，保险人解除合同前，应当书面通知投保人，投保人应当自收到通知之日起5日内履行如实告知义务；投保人在上述期限内履行如实告知义务的，保险人不得解除合同。

保险人解除合同的，保险人应收回保险单、保险标志，并书面通知机动车管理部门。

除下列情况外，不得接受投保人解除合同的申请：

① 被保险机动车被依法注销登记的；

② 被保险机动车办理停驶的；

③ 被保险机动车经公安机关证实丢失的；

④ 投保人重复投保交强险的。

办理合同解除手续时，投保人应提供相应的证明材料，保险人应收回交强险保险单、保险标志后，方可办理交强险退保手续，并书面通知机动车管理部门。

第二节　核保业务

一、核保的意义

核保是承保的重要环节之一，是指保险人对投保人的投保申请进行审核，就保险标的的各种风险情况进行审核和评估，以确定是否接受投保人的投保申请，与之签订保险合同的过程。

核保的本质是对可保风险的判断与选择，是承保条件与风险状况适应或匹配的过程。核保人员通过对历史积累数据的分析与判断，结合公司经营状况及市场情况确定核保策略。核保工作对标的的选择及对承保条件的制定直接影响到保险企业业务质量的高低和盈利的大小，是保险企业防范经营风险的第一关，也是最重要的一关。

二、核保的基本要求

1. 加强核保和业务选择

如前所述，核保是指保险人对将要承保的新业务加以全面评价、估计和选择，以决定是否承保的过程。核保有利于合理分散风险；核保是达成公正费率的有效手段；核保有利于促进被保险人防灾防损，减少实质性损失。

核保人员主要包括保险公司核保人、代理人及其他与核保有关的服务机构。

2. 注意承保控制，避免道德风险

承保控制就是适当控制保险责任，以避免心理风险和道德风险。承保控制的措施通常包括：适当控制保险金额；规定一定的免赔额；规定被保险人自己承担一部分损失；限定责任范围，控制承保风险；实行无赔款优待，多赔款加费等。

3. 制单工作的具体要求

严格制单手续，保证承保质量。制单质量的好坏，事关保险合同能否顺利履行。要加强制单管理，以保证承保质量。

(1) 单证齐全。

(2) 保险合同三要素明确。保险合同三要素是指保险合同的主体、客体和保险合同的内容。

(3) 数字要准确。保险制单过程中，每一个数字都代表着保险人和被保险人的利益。数字准确主要包括三个方面的内容：确定的保险金额准确；适用费率准确；保证数字计算准确。

(4) 字迹清楚、签单齐全。保险人签发的保险单是保险合同权利义务关系宣告成立的依据，其他各单证也是保险合同的重要组成部分。在制单过程中，一定要书写工整、字迹清楚，不涂改，清楚、真实地反映当事人双方的意向。

三、核保的内容

核保工作原则上采取三级核保体制。先由展业人员、保险代理人进行初步核保，然后再由保险公司专业核保人员复核决定是否承保、承保条件及保险费率的适用等。核保的程序一般要包括审核投保单、查验车辆、核定保险费率、计算保险费、核定保费计算等步骤。

1. 审核投保单

业务人员首先要根据本公司的承保标准决定投保单是否可以受理。首先要审查投保单所填写的各项内容是否完整、清楚、准确。核保所要审查投保单的项目包括：

(1) 投保人资格。对于投保人资格进行审核的核心是认定投保人对保险标的是否拥有保险利益，汽车保险业务中主要是通过核对行驶证来完成的。

(2) 投保人或被保险人的基本情况。对于车队业务，保险公司要通过了解企业的性质、是否设有安保部门、经营方式、运行主要线路等，分析投保人或被保险人对车辆管理的技术管理状况，可以及时发现其可能存在的经营风险，采取必要的措施降低和控制风险。

(3) 投保人或被保险人的信誉。投保人与被保险人的信誉是核保工作的重点之一。对于投保人和被保险人的信誉调查和评估逐步成为汽车核保工作的重要内容。

(4) 保险标的。对保险车辆应尽可能采用"验车承保"的方式，即对车辆进行实际的检验，包括了解车辆的使用和管理情况，复印行驶证、购置车辆的完税凭证，拓印发动机与车架号码，对于一些高档车辆还应当建立车辆档案。

(5) 保险金额。保险金额的确定涉及保险公司及被保险人的利益，往往是双方争议的焦点，因此保险金额的确定是汽车保险核保中的一个重要内容。在具体的核保工作中应当根据公司制定的汽车市场指导价格确定保险金额。避免出现超额保险和不足额保险。

(6) 保险费审核。核保人员对于保险费的审核主要分为费率适用的审核和计算的审核。

(7) 附加条款。主险和标准条款提供的是适应汽车风险共性的保障，但是作为风险的个体是有其特性的。一个完善的保险方案不仅解决共性的问题，更重要的是解决个性问题，附加条款适用于风险的个性问题。特殊性往往意味着高风险，所以，在对附加条款的适用问题上更应当注意对风险的特别评估和分析，谨慎接受和制定条件。

2. 查验车辆

根据投保单、投保单附表和车辆行驶证，对投保车辆进行实际的查验。查验的具体内容包括：

(1) 确定车辆有无受损，是否有消防和防盗设备等。

(2) 车辆本身的实际牌照号码、车型及发动机号、车身颜色等是否与行驶证一致。

(3) 检查发动机、车身、底盘、电气等部分的技术情况。

根据检验结果，确定整车的新旧成数。对于私有车辆一般要填写验车单，附于保险单副本上。

投保车辆的情况对保险公司有重大影响，业务人员在审核车辆时要特别注意对以下几种"重点车辆"进行重点检查：

非新车首次投保的车辆；未按期续保的车辆；投保第三者责任险后，又加保车辆损失险的车辆；申请增加附加险的车辆；接近报废的车辆；特种车辆；重大事故后修复的车辆等。

3. 核定保险费率

应根据投保单上所列的车辆情况、驾驶人员情况和保险公司的《机动车辆保险费率标准》，逐项确定投保车辆的保险费率。确定保险费率之前首先要注意的车辆风险因素。

新条款及费率的综合保险业务对承保主险时，车辆国产与进口车辆的划分已经失去实际意义。但在计算玻璃单独破碎险时，还是要考虑到国产与进口车辆的划分标准。

补充说明：

(1) 费率表中凡涉及分段陈述都按照“含起点不含终点”的原则解释。例如：六座以下客车，是指不含六座的客车。

(2) 短期收费：基本险和附加险的保险期限不足一年的按短期费率表计算。不足一个月的按一个月计算。

4. 计算保险费

(1) 一年期保险费。

以中国人民财产保险公司某分公司家庭自用汽车保费计算为例，讲解汽车保险费的计算方法。

① 车辆损失险的保费计算。

a. 按照投保人类别、车辆用途、座位数/吨位数、车辆使用年限、新车购置价所属档次查找基础保费和费率。家庭自用车车损险见表 8-1。

保费=基础保费+(实际新车购置价-新车购置价所属档次的起点)×费率

表 8-1 家庭自用车损失险费率表

单位：元

座位/吨位	车龄	5 万以下		5 万~10 万		10 万~15 万		15 万~20 万		20 万~30 万	
		基础保费/元	费率/%	基础保费/元	费率/%	基础保费/元	费率/%	基础保费/元	费率/%	基础保费/元	费率/%
6 座以下	1 年以下	494	0.532	767	1.164	1342	0.979	1830	1.038	2180	1.198
	1~2 年	531	0.573	817	1.252	1444	1.054	1970	1.118	2350	1.286
	2~3 年	526	0.568	810	1.240	1430	1.043	1951	1.107	2529	1.276
	3~4 年	498	0.537	767	1.174	1358	0.998	1847	1.047	2371	1.208
	4~5 年	475	0.513	730	1.119	1290	0.942	1761	0.999	2261	1.152
	5~6 年	464	0.501	715	1.095	1262	0.921	1723	0.977	2210	1.126
	6~7 年	459	0.495	706	1.080	1246	0.909	1701	0.965	2182	1.112
	7~8 年	452	0.488	696	1.067	1230	0.898	1679	0.952	2155	1.098
	8~9 年	449	0.484	691	1.058	1220	0.890	1664	0.944	2136	1.089
	9 年以上	444	0.480	685	1.048	1209	0.882	1650	0.936	2118	1.079

表中横栏第一行为新车购置价档次，共分 5 个档次：5 万元以下、5 万~10 万元、10 万~15 万元、15 万~20 万元、20 万~30 万元。每个档次对应的基础保费是该档次的最低保费(档次起点对应的保费)，费率是实际新车购置价与档次起点的差额部分的费率。

典型案例

【案例 8-1】

假定某投保车辆的车龄为 4~5 年、新车购置价为 20 万元，则其所属的新车购置价档次为 20 万~30 万元档(档次分段含起点不合终点)，在费率表上查得对应的基础保费为 2261 元，而实际新车购置价恰好为档次的起点(20 万元)，则该车辆的保费就是 2261 元。

假定另一投保车辆的车龄为 4~5 年、新车购置价为 25 万元，则其所属的新车购置价档次同样为 20 万~30 万元档；在费率表上查得对应的基础保费为 2261 元，费率为 1. 152%；则：保费 = 2261+(25 万−20 万)×1. 152% = 2837(元)。

【本案评析】

本例中，解释了不同情况下保费的计算方法，方便大家理解。

b. 如果投保人选择不足额投保，即保额小于新车购置价，保费应作相应调整，公式为：

$$保费=(0.05\pm0.95\times保额/新车购置价)\times足额投保时的标准费率$$

c. 36 座以上营业客车新车购置价低于 20 万元的，按照 20~36 座营业客车对应档次的保险费计收；

d. 挂车保险费按同吨位货车对应档次保险费的 50%计收。

② 第三者责任保险费计算。

按照投保人类别、车辆用途、座位数/吨位数、车辆使用年限、责任限额直接查找保费。

如果责任限额为 100 万元以上，则

$$保费=A+A\times N\times(0.034-0.0013\times N)$$

其中：A 指同档次限额为 100 万元的第三者险保费；

$$N=(限额-100万)\div50万元$$

限额必须是 50 万元的倍数，且不得超过 1000 万元。

③ 附加险的保费计算。

a. 全车盗抢险。按照投保人类别、车辆用途、座位数、车辆使用年限查找基础保费和费率，见表 8-2。

$$保费=基础保费+保额\times费率$$

表 8-2 某保险公司家庭自用车全车盗抢险费率表

座位数 车龄	6 座以下		6~10 座		客货两用车	
	基础保费/元	费率/%	基础保费/元	费率/%	基础保费/元	费率/%
1 年以下	146	0. 603	177	0. 734	126	0. 522
1~2 年	142	0. 588	173	0. 716	123	0. 510
2~3 年	141	0. 583	172	0. 710	122	0. 505
3~4 年	132	0. 547	161	0. 666	115	0. 474
4~5 年	126	0. 521	154	0. 635	109	0. 452

b. 车上人员责任险。按照投保人类别、车辆用途、座位数、投保方式查找费率，见表 8-3。

表 8-3 车上人员责任险费率表

车辆用途	车辆规格	驾驶员/%	乘员/%
家庭自用	6 座以下	0.42	0.27
	6~10 座	0.40	0.26
	10 座以上	0.40	0.26
企业非营业	6 座以下	0.42	0.26
	6~10 座	0.39	0.23
	10~20 座	0.40	0.24

保费=单座责任限额×投保座位数×费率

c. 车上货物责任险。车上货物责任险的最低责任限额为人民币 20000 元。按照责任限额，分营业用、非营业用查找费率。

保费=基础保费+(责任限额-20000)×费率

d. 玻璃单独破碎险。按客车、货车、座位数、投保进口/国产玻璃查找费率，见表 8-4 所示。

保费=新车购置价×费率

表 8-4 某保险公司玻璃单独破碎险保险费率表

玻璃种类	车型	座位数		
		6 座以下	10~20 座	20 座以上
国产玻璃	营业用客车	0.154%	0.151%	0.172%
	非营业用客车	0.146%	0.145%	0.164%
	货车		0.088%	
进口玻璃	营业用客车	0.307%	0.302%	0.344%
	非营业用客车	0.294%	0.289%	0.329%
	货车		0.175%	

e. 火灾、自燃、爆炸损失险。实行 0.6%的固定费率。

保费=保险金额×费率

如果单保自燃险，固定费率为 0.4%。

保费=保险金额×费率

f. 车身划痕损失险。按新车购置价所属档次直接查找保费，见表 8-5 所示。

表 8-5 某保险公司车身划痕损失险费率表

新车购置价/万元	<10	10~20	20~50	>50
保费/元	150	250	350	500

g. 无过失责任险。无过失责任险的最高责任限额为 50000 元人民币。基础保费为 50 元，费率为 0.5%。

保费=基础保费+责任限额×费率

h. 救助特约条款。只有购买了车辆损失险之后才能购买本附加险。实行固定保费，无需计算，保费为150元人民币。

i. 不计免赔特约条款。

保费=适用本条款的所有险种应收保费之和(不含无赔款优待以及风险修正)×20%

(2) 短期保险保费计算。

保险期限不足一年，按短期费率计算。短期费率分两类。

① 按日计算保费。适用于已参加保险的被保险人新增车辆投保或同一保险车辆增加其他险种，为统一终止日期而签订的短期保险合同。其计算方法如下：

短期保险费=年保险费×(保险天数÷365)

② 按月计算保费。适用于根据被保险人要求签订的短期保险合同，短期保险的费率根据短期费率表确定，保险期限不足整月的按整月计算。其计算方法如下：

短期保险费=年保费×短期费率

(3) 合同解除时的保险费计算。

保险合同生效后，且未发生保险事故的情况，被保险人要求解除保险合同的，则保险人应按照下述方式计算日费率，收取保险合同生效日起至保险合同解除日止期间的保险费，并退还剩余部分保险费：

① 保险合同有效期不足或等于8个月的，按年费率的1÷300计算日费率。

② 保险合同有效期超8个月且不足一年的，按年费率的1÷365计算日费率。

③ 除法律另有规定或合同另有特别约定外，保险车辆发生车辆损失险保险事故，被保险人获取部分保险赔偿后一个月内提出解除合同的，则保险人应当根据保险合同有效期的长短，按第①项所列方法计算日费率，并将保险金额扣除保险赔款和免赔金额后的未了责任部分的剩余保险费退还被保险人。

④ 被保险人在单独投保商业第三者责任险时，因保险车辆发生灭失，且保险人未支付任何保险赔款情况下，保险人应按年费率的1÷365计算日费率，并退还未了保险责任部分的保险费。

⑤ 因保险赔偿致使保险合同终止时，保险人不退还保险费。

(4) 机动车辆提车暂保单承保的机动车辆。

新车购置价在10万元以内的，固定保险费为300元；新车购置价在10万元以上，30万元以内的，固定保险费为400元；新车购置价在30万元以上的，固定保险费为500元。

(5) 退保时的保险费计算。

保险公司计算应退保费是用投保时实缴的保险费金额，减去保险已生效的时间内保险公司应收取的保费，剩下的余额就是应退的保险费。计算公式如下：

应退保险费=实缴保险费-应收取保险费

退保的关键在于应收取保险费的计算。一般按月计算，保险每生效一个月，收10%的保险费，不足一个月的按一个月计算。

(6) 交强险保险费计算。

投保保险期间不足一年的机动车交通事故责任强制保险的，按短期费率系数计收保险费，不足一个月按一个月计算。具体步骤为：先按《机动车交通事故责任强制保险基础费率表》中相对应的金额确定基础保险费，再根据投保期限选择相对应的短期月费率系数，两者相乘即为短期基础保险费。短期月费率系数见表8-6。

表 8-6　短期月费率系数表

保险期间/月	1	2	3	4	5	6	7	8	9	10	11	12
短期月费率系数表/%	10	20	30	40	50	60	70	80	95	90	95	100

短期基础保险费=年基础保险费×短期月费率系数

机动车交通事故责任强制保险基础费率浮动因素和浮动比率按照《机动车交通事故责任强制保险费率浮动暂行办法》执行。

保险费的计算办法为：

交强险最终保险费=交强险基础保险费×(1+与道路交通事故相联系的浮动比率)×(1+与交通违章行为相联系的浮动费率)

5. 复核

计算保险费后，应进行复核工作。复核工作的主要依据是核保手册，因为核保手册已经将在进行汽车保险业务过程中可能涉及的所有文件、条款、费率、规定、程序、权限等全部包含其中，并将可能遇到的各种问题及其处理方法，用书面文件的形式予以明确。

在审查投保单时，主要是对单证内容、保险价值、保险金额、费率标准、保费计算方法进行复核。如果工作人员对其中内容有异议，或遇到一些核保手册没有明确规定的问题，例如，高价值车辆的核保、特殊车型业务的核保、车队业务的核保、投保人特别要求的业务的核保，以及下级核保人员无法核保的业务，需交上级处理。

6. 保险公司的分级核保方式

(1) 三级核保内容。

三级核保又称一线核保。业务员的选择在整个危险选择中，占最重要的地位，因为在业务拓展过程中，直接与投保人和被保险人接触，对其情况及投保标的最了解，因此业务员扮演尤为重要的角色。我国的《保险法》第十六条规定：

"……投保人故意隐瞒事实，不履行如实告知义务的，或者因过失未履行如实告知义务，足以影响保险人决定是否同意承保或者提高保险费率的，保险人有权解除保险合同……"

从《保险法》的规定可以看出，业务员在与客户接触时，肩负着重要使命。

第一次核保有以下四个步骤：

见面→询问→检查保险标的→出具报告。

核保的主要内容包括投保单内容有无遗漏，投保人、被投保人、法定代理人、业务员有无签章等。注意有无不实告知，是否签名等。

做好第一线的核保工作，可以避免逆选择，提高工作效率，减少合同纠纷，大量的优质保单使业务员的业绩率提升，所以第一线的核保是业务员应尽的责任。

最后，核保人会根据各种情况，将被保人进行分类，按不同条件承保。

(2) 二级核保内容。

① 审核保险单是否按照规定内容与要求填写，有无疏漏；审核保险价值与保险金额是否合理、适用的费率标准和计收保险费是否正确。

② 审核业务人员或代理人是否执行了三级核保的任务，对特别约定的事项是否在特约栏内注明。

③ 对于较高保额的车辆，审核投保单填写内容与事实是否一致，是否按照规定拓印牌照存档。

④ 对高发事故和风险集中的投保单位，提出公司的限制性承保条件。

⑤ 对费率表中没有列明的车辆，包括高档车和其他专用车辆，可视风险情况提出厘定费率的意见。

⑥ 审核其他相关情况。

审核完毕后，核保人应在投保单上签署意见。对超出本级核保权限的，应报上级公司核保。对不符合要求的，退给业务人员指导投保人重新填写，进行相应的更正。

（3）一级核保内容。

① 根据掌握的情况，考虑能否承保。

② 考虑已接受的投保单中涉及的险种、保险金额、赔偿限额是否需要限制和调整。

③ 考虑是否需要增加特别的约定。

④ 考虑已接受的投保单是否符合保险监管部门的有关规定。

一级核保完毕后，应签署明确的意见并立即返回请示公司。

核保工作结束后，核保人将投保单、投保意见一并转给业务内勤部门，公司的内勤缮制保险单证。

7. 核保方式

核保的具体方式应当根据公司的组织结构和经营情况进行选择和确定，通常将核保的方式分为标准业务核保和非标准业务核保、事先核保和事后核保、集中核保和远程核保等。

（1）标准业务核保和非标准业务核保。

① 标准业务是指常规风险的汽车保险业务，这类风险基本符合汽车常规风险情况，可以按照核保手册有关规定对其进行核保。通常是由三级核保人完成标准业务的核保工作。

② 非标准业务涉及保险金额巨大，风险情况比较复杂，核保手册对于这类业务没有明确的规定。应由二级或者一级核保人进行核保，必要时核保人应当向上级核保部门请示。

③ 汽车保险非标准业务主要有：保险价值浮动超过核保手册规定的范围；特殊车型业务；军队牌照和外地牌照业务；高档车辆的盗抢业务；统保协议；代理协议。

（2）事先核保和事后核保。

① 事先核保是指投保人提出申请后，核保人员首先对标的风险进行评估和分析，决定是否接受承保。在决定接受承保的基础上，根据投保人的具体要求及保险标的的特点确定保险方案，包括确定适用的条款、附加条款、费率、保险金额、免赔额等承保条件。主要是针对标的金额较大，风险较高，承保业务技术比较复杂的业务。

② 事后核保主要是针对标的金额较小，风险较低，承保业务技术比较简单的业务。保险公司从人力和经济的角度难以做到事先核保的，可以采用事后核保的方式，单笔保费较小。所以，事后核保是对于事先核保的一种补救措施。

（3）集中核保和远程核保。

从核保制度发展的过程分析，集中核保的模式代表了核保技术发展的趋势。集中核保可以有效地解决统一标准和规范业务的问题，实现技术和经验最大限度的利用。但是，以往集中核保在实际工作中遇到的困难是经营网点分散，缺乏便捷和高效的沟通渠道。

远程核保就是建立区域性的核保中心，利用互联网等现代通信技术，对辖区内的所有业务进行集中核保。这种核保的方式不仅可以利用核保中心的人员技术优势，还可以利用中心庞大的数据库，实现资源共享，利于对经营过程中的管理疏忽，甚至对道德风险实行有效的防范。

四、缮制与签发保险单证

1. 缮制单证

缮制单证就是在接受业务后，填制保险单或发放保险凭证以及办理批单手续。缮制单证是承保工作的重要环节，其质量的好坏，直接关系到保险合同当事人双方的义务和权利能否正常履行与实现。此项工作主要由公司内勤人员完成。

保险单原则上应由计算机出具，暂无计算机设备而只能由手工出具的营业单位，必须得到上级公司的书面同意。

（1）计算机制单的将投保单有关内容输入到保险单对应栏目内，在保险单“被保险人”和“厂牌型号”栏内登录统一规定的代码。录入完毕检查无误后，打印出保险单。

（2）手工填写的保险单由保监会统一监制，保险单上的印制流水号码即为保险单号码。将投保单的有关内容填写在保险单对应栏内，要求字迹清晰、单面整洁。如有涂改，涂改处必须有制单人签章，但涂改不能超过三处。制单完毕后，制单人应在“制单”处签章。

（3）缮制保险单时应注意如下事项：

① 如有双方特别约定内容，应完整地载明到保险单对应栏目内。公司核保后有新的意见，应该根据核保意见进行修改或补充。

② 关于挂车投保。无论是挂车单独投保，还是跟主车一起进行投保，挂车都必须出具具有独立保险单号码的保险单。在填制挂车的保险单时，“发动机号码”栏统一填写“无”。当主车和挂车一起投保时，可以按照多车承保方式处理给予一个合同号，以方便调阅。

③ 投保单有加贴的。该条款应加盖骑缝章。另外，为提醒被保险人注意阅读，一些应注意的责任免除、被保险人义务和免赔等规定的印刷字体，应该与其他内容的字体不同。

保险单缮制完毕后，制单人应将保险单、投保单及其附表一起送复核人员复核。

2. 复核签单

单证复核是承保业务工作的一道重要程序，也是确保承保质量的关键环节。复核时应注意审查各种单证是否齐全，内容是否完整符合要求，字迹是否清楚，计算是否正确，并与原始凭证相对照，力求无差错。一切复核无误后，要加盖公章及负责人、复核员签名，然后对外发送。

3. 收取保险费

收费员经复核保险单无误以后向投保人核收保险费，并在保险单“会计”处和保险费收据的“收款人”处签章，在保险费收据上加盖财物专用章。

只有被保险人按照约定交纳了保险费，该保险单才能产生效力。

4. 签发保险单证

汽车保险合同实行一车一单(保险单)和一车一证(保险证)制度。投保人交纳保险费后，业务人员必须在保险单上注明公司名称、详细地址、邮政编码及联系电话，加盖保险公司业务专用章。根据保险单填写“汽车保险证”并加盖业务专用章。险种一栏填写总险种代码，电话应填写公司报案电话，所填内容不得涂改。

签发单证时，交由被保险人收执保存的单证有：保险单证正本、保险费收据(保户留存联）、汽车保险证。

对已经同时投保车辆损失险、第三者责任险、车上人员责任险、不计免赔特约险的投保人，还应签发事故伤员抢救费用担保卡，并做好登记。

5. 保险单证的补录

手工出具的汽车各种形式的保险单证，必须在出单后的第十个工作日内，按照所填内容录入到保险公司的计算机车险业务数据库中。单证补录必须由专人完成，由专人审核，业务内勤和经办人不能自行补录。补录工作是重要的工作流程，补录单证内容可以作为保险公司的业务资料，方便日后查阅。

6. 保险单证的清分与归档

对投保单及其附表、保险单及其附表、保险费收据、保险证，应由业务人员清理归类。各类附表要贴在投保单的背面，需要加盖骑缝章。清分时，应按照以下送达的部门清分。

（1）财务部门留有的单证：保险费收据（会计留存联）、保险单副本。

（2）业务部门留存的单证：保险单副本、投保单及其附表、保险费收据（业务留存联）。留存业务部门的单证，应由专人保管并及时整理、装订、归档。

第三节　保险经营管理

一、保险单证的管理

保险单证是保险业务活动中的重要凭证，由于其自身的属性及潜在的风险，保险单证的管理已被保险企业作为防范风险的重要环节，越来越受到重视。以往曾经出现过一些单证方面的问题，包括假冒的保险单证，给我国保险业的健康发展带来了负面的影响，损害了保险公司的声誉及投保人的利益。中国保监会根据保险市场的情况，从 1999 年起对全国的机动车辆保险单实行统一监制，这种模式对于规范市场，防止违规和不法经营起到了积极的作用，为保险公司强化对保险单证的管理提供了有利的条件。

1. 汽车保险单证的类型

汽车保险的单证分为两大类：一类是正式的单证，包括投保单、保险单和批单；另一类是相关的单证，包括保险证和急救担保卡，以及其他保险抢救卡。

目前，保险单是由中国保监会统一监制的，投保单、保险证和急救担保卡仍由各家保险公司根据需要自行印制。

典型案例

【案例 8-2】

2014 年 3 月，黄某在某保险公司的代理处办理了车身损失险手续，当场交齐保险费 2000 余元，黄某收到该代理机构出具的暂保单及交费凭证。机构负责人告知黄某，正式的保险单需要等到下午去保险公司统一开，并向黄某承诺此暂保单具有法律效力，保险合同已经成立。结果因为下午去保险公司路上严重堵车，当工作人员赶到时，保险公司有关部门已经下班，黄某没有拿到保险单。第二天一早黄某开车经过十字路口时不幸与另外一部车辆相撞，车身损伤较严重。黄某持暂保单到保险公司索赔，要求保险公司赔偿自己全部损失。但保险公司以未收到保险费，保险合同无效为由，拒绝赔偿。黄某不同意保险公司的理赔决定，遂诉至法庭。

【本案评析】

法院经审理后认为，在正式保险单出具前，暂保单具有与保险单同等的法律效力，且黄某已缴付保费，已履行了其作为投保人在保险合同成立后应负的主要义务，虽然保险费还未转入保险公司，但保险代理人已经收取保费，因此，合同已经算作成立。基于以上理由，法院判决，保险公司应依照条款，向黄某赔偿，但赔偿金额应依据保险合同有关条款，双方协商确定。

2. 保险单证管理流程

保险单证的管理贯穿于印制、领用和销毁三个环节。

（1）单证的印制。

单证的印制是单证管理的基础。目前，保险单是采用中国保监会统一监制的模式，所以，各家保险公司没有保险单的印制问题。

（2）单证的领用。

单证的领用制度包括领用单证的审批、登记、单证的核销和单证的回收。领用单证的审批制度是经营单位在需要领用单证时，按照一定的程序申请和审批，单证仓库的管理人员按照审批发放单证。

单证的核销制度是将验收进入仓库单证的编号进行统一的管理，跟踪相应编号的保单的去向，并配合业务管理部门对于单证的使用进行管理。

单证的回收是指对作废的单证进行回收。通常以下情况造成单证作废：一种是在单证的缮制中出现错误，造成单证作废；另一种是由于单证的改版，造成单证的作废。

（3）单证的销毁。

为防止这些空白的单证流入非法的渠道，需要对作废的单证进行集中的销毁，并对销毁的单证进行登记和记录。

二、保险费的管理

在我国的汽车保险业务的发展过程中，一些保险公司曾经在不同程度出现过保险费管理失控的现象。保险公司只有建立一套完整的管理制度体系，才能够确保管理的有效性。

保险费管理的方式可以分为合同的管理和财务的管理两类。

1. 保险费的合同管理

保险费的合同管理是通过加强对保险合同相关措辞的管理，防范可能产生的争议和纠纷。具体是指在签订保险合同的过程中，通过严谨的保险单措辞对于保险费缴交的相关事宜进行明确，包括保险费缴交的金额及时间、未按时缴交的责任等，以防止因保险合同措辞不清产生争议。

例如，对于有些大型营运车队的保险费数额较大，需要分期支付的，可以采用以下两种方法：

（1）由于目前我国采用的“一车一单”制，可以根据分期支付的安排，采用不同的保险单，不同的保险费支付日期的方法。

（2）在全部保险单的保险费支付栏均采用“按约定”的措辞，同时，签订一个专门的关于保险费分期支付的协议。

通过保险费的合同管理，可以防止因保险单中关于保险费的相关事宜规定不明确而产生争议。更重要的是防止有些人利用这种漏洞，故意拖延缴交保险费，即没有发生保险事故就不交保险费，只有在发生保险事故时，才补缴保险费。

保险费的合同管理不仅要从正面在合同中对于保险费的缴交进行明确的规定，同时，还要建立保险单注销制度，即对于不按期缴纳保险费的，应当通过合法的方式对已签发的保单进行注销。

2. 保险费的财务管理

主要指为了避免业务员挪用保费而采取的直接缴费或划卡的缴费方式。

第四节　汽车保险的续保、批改与退保业务

一、续保

汽车保险的期限一般为一年，保险期满后，投保人在同一保险人处重新办理汽车保险的事宜称为续保。保险期满后，根据投保人意愿可以重新办理续保。

在办理续保时，保户应提供下列单据：

（1）提供上一年度的机动车辆保险单。

（2）保险车辆的经交通管理部门核发并检验合格的行驶证和车牌号。

（3）所需的保险费。保险金额和保险费须重新确定。

在汽车续保实务中，续保业务一般在原保险到期前一个月开始办理。上一年度未发生赔款且保险期限为一年的保险车辆，续保时可以享受减收保险费优待。如果投保车辆在上一年保险期限内无赔款，续保时的险种与上年度完全相同，优待金额为本年度续保险种应交保险费的38%，如果续保的险种与上年度不完全相同，无赔款优待则以险种相同的部分为计算基础。

被保险人投保车辆不止一辆的，无赔款优待分别按车辆计算。

二、批改

批改是指在保险单签发以后，在保险合同有效期限内，如保险事项发生变更，经保险双方当事人同意办理变更合同内容的手续。在保险合同生效期间，如果保险标的的所有权改变或者投保人因某种原因要求更改或取消保险合同，都需要进行批改作业。

我国《机动车辆保险条款》规定："在保险合同有效期内，保险车辆转卖、转让、赠送他人、变更用途或增加危险程度，被保险人应当事先书面通知保险人并申请办理批改。"同时，一般汽车保险单上也注明"本保险单所载事项如有变更，被保险人应立即向本公司办理批改手续，否则，如有任何意外事故发生，本公司不负赔偿责任。"的字样，以提醒被保险人注意。

保险合同内容变更的批改手续，一般由被保险人提出申请，填写定式的"批改申请书"，经保险人同意后凭此出立"批单"（也称"背书"）。"批单"是保险单（合同）的组成部分，具有同等的法律效力。需要变更保险合同的情况主要有：保险公司名称变更；保险车辆所有权的转移；变更用途；增加危险程度。

三、退保

退保是指在保险合同没有完全履行时，经投保人向保险人申请，保险人同意，解除双方由合同确定的法律关系，保险人按照《中华人民共和国保险法》及合同的约定退还保险单的现金价值。投保人于保险合同成立后，可以书面通知要求解除保险合同。保险公司在接到解除合同申请书之日起，接受退保申请，保险责任终止。

办理退保要注意申请退保的资格人为投保人。如果被保险人申请办理退保，须取得投保人书面同意，并由投保人明确表示退保金由谁领取。

退保人在办理退保时要提供以下文件：

（1）投保人的申请书，被保险人要求退保的，应当提供投保人书面同意的退保申请书。

（2）有效力的保险合同及最后一次缴费凭证。

（3）投保人的身份证明。

（4）委托他人办理的，应当提供投保人的委托书、委托人的身份证。

（5）在保险单有效期内，该车辆没有向保险公司报案或索赔过可退保，从保险公司得到过赔偿的车辆不能退保；仅向保险公司报案而未得到赔偿的车辆也不能退保。

本章小结

承保的具体要求包括：加强核保和业务选择；注意承保控制，避免道德风险；严格制单手续，保证承保质量。

保险公司承保业务的流程大体相近，一般包括：保户投保，包括保户填写投保单，交纳保费；保险公司承保、签订保险合同，包括核保、出具保单，出具保费的收据；保险标的发生损失，保户向保险公司提出索赔；保险公司查勘；续保等环节。

核保工作原则上采取三级核保体制。核保的程序一般要包括审核投保单、查验车辆、核定保险费率、计算保险费、核保等步骤。

三级核保又称一线核保。核保的主要内容有：投保单内容有无遗漏，投保人、被保险人、法定代理人、业务员有无签章等。注意有无不实告知，是否签名等。

标准业务核保和非标准业务核保；事先核保和事后核保；集中核保和远程核保。

保险费的管理是保险经营管理中的一个重要环节。保险费管理的方式可以分为合同的管理和财务的管理两类。

批改是指在保险单签发以后，在保险合同有效期限内，如保险事项发生变更，经保险双方当事人同意办理变更合同内容的手续。需要变更保险合同的情况主要有以下几种：保险车辆所有权的转移；变更用途；增加危险程度等。

思考与练习

1. 承保有哪些内容？
2. 什么是核保？核保工作具体有哪些内容？
3. 汽车保险单证有哪些类型？
4. 什么叫续保？什么叫批改？
5. 在核保过程中应遵循哪些原则？
6. 核保有何重要意义？

第九章　汽车保险事故现场查勘

知识目标

1. 熟悉汽车保险事故现场查勘的基本要求。
2. 熟悉现场查勘程序。
3. 掌握现场查勘的内容和技术要求。

能力目标

1. 具备运用所学知识进行一般汽车保险事故分析的能力。
2. 具备准确认定查勘事故责任的能力。
3. 具备根据查勘结果撰写事故查勘报告的能力。

第一节　汽车保险事故的查勘鉴定技术

一、汽车保险事故查勘鉴定概述

1. 汽车保险事故查勘鉴定的意义

汽车保险事故科学鉴定的目的主要是向事故处理人员、保险理赔员或法官及律师说明及科学解释的程序，为事故处理、保险理赔和诉讼提供科学的依据。因此，鉴定书应尽可能简明扼要、叙述要文理清晰，易于有机地把握相关内容。在使用专业术语时，要作通俗易懂的解释。对于复杂的问题，可以充分利用图表、图形和照片，某些场合还可以利用模型和录像。

汽车保险事故多为交通意外事故，保险事故的查勘也以交通事故查勘为依据。所谓交通事故是指参与道路交通活动的各种机动车和非机动车驾驶员、行人、乘车人以及其他在道路上进行与交通有关活动的人员，因违反道路交通管理法规和条例的行为，过失造成人、畜伤亡和车物财产损失的交通事件。发生交通事故就会造成人身伤亡或财产损失，涉及到保险赔付，有些还会涉及刑事或民事诉讼。在我国，交通事故处理一般由公安交通管理部门负责，并出具正式文件。机动车辆交通事故鉴定也可以委托当地司法鉴定中心进行，并出具正式鉴定报告。

2. 交通事故鉴定的注意事项

在进行机动车辆交通事故科学鉴定的过程中，应注意以下事项：

(1) 坚持中立性。在交通事故鉴定过程中，一定要坚持科学性、公正性，要遵守职业道德。错误的鉴定结果一般分为结论前提型(先入为主型)和错觉型两种。

导致结论前提型鉴定一般是鉴定人按照鉴定委托方所希望的结论捏造和杜撰造成的。大多数情况是受经济或人情的束缚。

错觉型鉴定是一种非恶意的、无意的错误鉴定。为了避免出现这种情况，必须细致谨慎按要求进行科学鉴定。

(2) 做到通俗易懂。鉴定书要作为证据用于事故处理、理赔处理，甚至法庭诉讼。在这些过程中所涉及的人员普遍不熟悉科学鉴定中所使用的科学概念、定律、技术术语等。因此，鉴定书的撰写应尽可能简明扼要，不要在一些细枝末节上纠缠不清，使外行人也能读懂。

(3) 做到全面细致。要保证交通事故鉴定的客观性，最重要的是不受事件的细节所束缚，要完整地观察事故的全貌。

(4) 避免先入为主。这是在结论前提型鉴定时的常用手段。在鉴定过程中，必须清楚所作的考证过程与提交的结论之间的关联性，依靠考证的条理性与来龙去脉让相关人员弄清楚鉴定的结论。

(5) 避免使用夸大其词的逻辑推理。这也是在强行做出结论前提型鉴定时常见的方法。在鉴定时明显夸大损伤的程度，故意忽略难以掩盖的明显损伤的例证，以特定的不确切的证言或风闻为依据，故意展开故事情节，并围绕这些因素进行各种求证，来解释其理论的正确性。这种方法在事故鉴定中有极大的危害性。

(6) 从多种角度观察、论证。实际上，碰撞发生前的运动状态与碰撞过程及碰撞后的运动状态紧密相关，各种状态之间的相互关系完全可以通过力学原理按时间序列追溯推定。因此，可以依据大量可靠的证据从多方面、多角度查证。

(7) 鉴定结论必须充分考虑采样数据的误差。当通过实验室来处理交通事故鉴定问题时，因与外界存在着各种可控条件的误差，会使鉴定结论存在较大的误差。

(8) 着眼于关键证据。在整个鉴定过程中，往往是某一关键证据决定着鉴定结论的真伪。

3. 交通事故鉴定的基本知识

机动车辆交通事故的科学鉴定涉及多学科知识，机动车辆交通事故鉴定学的基本知识体系概括如下：

(1) 碰撞力学。

(2) 汽车运动特性。

(3) 汽车构造特性。

(4) 人体工程学。

碰撞力学的基本知识主要包括各种力学的基本概念、术语、牛顿三大定律、能量守恒定律、动量守恒定律、有效碰撞速度、相对碰撞速度、反弹系数、摩擦系数、塑性变形等定义。

关于汽车运动特性，主要应加深对加速、制动、转向等汽车的运动，以及控制机械故障的原理、实验知识的理解。

在车辆构造特性的基本知识中，车身作为碰撞物体的特性至关重要。这是因为必须根据车身的损坏状况逆推出碰撞事故的发生过程，完成这些工作，还需要材料力学、破坏力学等方面的理论知识。

人体工程学的知识重点在于分析视觉、知觉反应时间，打瞌睡，酒后驾车，人体的耐冲击性等知识，来明确事故责任之间的关系。

二、交通事故鉴定必要的碰撞力学知识

汽车的碰撞事故是一种碰撞现象。碰撞有 3 种形式，即弹性碰撞、非弹性碰撞和塑性碰撞。

虽然汽车是具有一定尺寸的物体，但是，如果在碰撞过程中，两个汽车的总体形状对质量分布影响不大，就可将它们简化为两个有质量大小的质点，从而使用质点的动量原理和能量守恒原理分析碰撞。

汽车碰撞事故属于哪种碰撞要作具体分析。一些实验结果表明，汽车以 5km/h 以下的速度对墙壁撞击，汽车会完全弹回，不受任何损坏，这种情况可近似地看成是弹性碰撞。实际上完全弹性碰撞只有试验模型才能实现。如果汽车以 60km/h 以上的速度向墙壁冲撞，汽车前部会永久变形，基本不弹回，这种情况可近似地看成塑性碰撞。那么，在两种速度之间的碰撞，则会产生一部分不能恢复的永久变形，另一部分为弹性变形，这种碰撞称为非弹性碰撞。在汽车碰撞事故中，车辆不同的碰撞方向会形成不同的碰撞形式，不同的碰撞形式，会给车辆带来不同程度的损伤。在实际运用中，碰撞形式可用恢复系数 e 来表示，弹性碰撞 $e=1$，塑性碰撞 $e=0$，非弹性碰撞 $0<e<1$。

三、交通事故鉴定必要的人体工程学知识

1. 视觉

安全行车与躲避危险所必需的信息，大部分是通过视觉摄取的，通过视觉驾驶员可以获得 80%的行车信息。视觉因素包括：可视距离、视野、识别、适应和炫目等。

（1）可视距离。对于驾驶员来说，“能看多远”对行车安全起着至关重要的作用，直接影响能否正确识别所看到的对象物。

夜间行车，前照灯的亮度直接决定着可视距离。车速也会间接影响到可视距离。车速越高，可视距离越近，前照灯亮度越大，可视距离越远。

对象物的反射率直接影响着可视距离。在夜间，汽车行驶在狭窄的道路上，对穿着黑色衣服的行人只有非常接近时才会发现。

人与视物的关系可分为：人与视物都静止的静止视力；人在移动的物体上，看静止的视物，叫移动视力；移动的人看移动的视物，人和物都在移动，称为移动体视力。与静止视力相比，移动视力约下降 5%，移动体视力约下降 10%。

（2）视野。视野即生理性视觉的极限角度，左右两眼分别为 160°，中间重叠的视野为左右各 60°，确认色彩的视野为正前方左右 35°。一般说来，人的最佳视野为：水平±45°，垂直±30°。夜间视野主要受前照灯光的定向性所制约。间接视野由驾驶员的眼位和后视镜的特性决定。

(3) 颜色、形状与识别。驾驶员在开车过程中要有短暂的时间中断注视前方，用眼的余光去识别交通信号、交通标志、仪表、警报器等。所以这些装置应易于识别，一看就懂。

识别的要素主要有：颜色、形状、尺寸、表示方法、设置场地、与其他景物的相对关系等。

色彩鲜艳的颜色易于识别；各种信息形状的图形越简单、边角越少，越容易识别。

设置场所与其他景物的相对关系对识别效果有较大的影响。信号或标志的设置高度应与驾驶员眼睛的位置相适应，应在眼的有效视野范围之内。

(4) 光照适应与炫目。人眼对光的适应有两种情况，即“暗适应”与“亮适应”。

行驶在明亮处的车辆，一旦进入较暗的隧道，驾驶员视力会暂时性的极度下降。相反，当从黑暗的隧道行驶到较明亮的外部时，也会因外部太明亮，眼睛不适应而看不见东西的现象。这就是光适应问题。

眼睛“暗适应”需要较长的时间，一般 5 分钟可恢复 40 %，10 分钟能够恢复 65%。

眼睛“亮适应”恢复较迅速，一般 1~2s 就可恢复。

相向行驶车辆的前照灯光束，映入眼睛后会出现炫目，有时还会看不清附近的行人，这就是“眩光影响”。随着眩光的照度增强，可视距离急剧下降。因此，交通法规规定，两车交会时要关闭远光灯，打开近光灯，以防止炫目。

2. 知觉与反应

行车过程中，从特殊景象进入驾驶员视野到采取相应行动的时间，即知觉反应时间。

知觉反应时间包括如下四个过程：

(1) 发现，即把外部信息情报摄入到大脑内的时间。一般是通过视觉发现。

(2) 识别，是对发现的情形做出判断。

(3) 决定行动，识别后决定采取什么样的行动，也即产生行动命令的信号。

(4) 反应，行动命令信号传递给手脚的肌肉组织，到开始操作的时间，叫反应时间。这一反应时间通常因人而异，反应敏捷的为 0. 45~0. 85s；反应迟钝的超过 1. 13s。反应时间还和驾驶员的心理状态有关。

另外一个关键的问题是，驾驶员从发现到识别后，能否做出正确的判断，确认危险的存在。也就是说，驾驶员能否正确判定什么时间把脚从加速踏板上收回，什么时间踩制动踏板。在有限的时间内，行驶中的驾驶员发现、确认危险情况是一种概率现象。

3. 驾驶状态

驾驶员在行车过程中的精神状态是一种生理现象，这是造成交通事故的主要原因之一。

不正常驾驶状态有如下几种：疲劳型打瞌睡；单调型打瞌睡；酒后驾车；注意力分散。

(1) 疲劳型打瞌睡。

疲劳型打瞌睡是一种信息过多型的，开车虽然并不是一种重体力劳动，但由于中枢神经特别是视觉神经的负担较重，因此，长时间行车，会加重中枢神经的疲劳，导致驾驶员打瞌睡。

感觉刺激的阻断过程是疲劳，这是十分自然的自卫性生理现象。长时间的驾驶，加上疲劳的积蓄，是打瞌睡的原因。

(2) 单调型打瞌睡。

长时间在单调的环境下，人的感觉受到刺激的新鲜感就会消失，紧张感钝化，感到厌烦，最终导致催眠状态。如果驾驶员在夜间，单独长时间驾车行驶在单一环境的直线公路上，由于缺乏变化，最终会变得单调乏味。因此，为了减少这种现象的发生，在高速公路上应适当设置一些弯道。

(3) 酒后驾驶。

饮酒、酗酒，会给驾驶员带来生理、精神和心理上的不良影响。在生理上，会延长知觉反应时间，导致视力下降、视野变窄、多种感觉钝化、动作不协调等，综合驾驶能力下降。醉酒会对人的心理和精神造成更大的影响，可导致与正常人完全不同的精神和心理状态。情绪不稳定及感情控制力下降；注意力下降；理性判断能力下降；意识范围变窄；信息处理能力下降；预测准确度下降；危机感麻痹；不自觉地夸大运动能力等。

4. 人体抵抗冲击的能力

在进行交通事故鉴定的过程中，经常需要证明碰撞冲击与身体伤害的因果关系。这就要了解人体的抗冲击特性。因此，要制定“这种水平的冲击，不会对人体造成伤害”的安全限值标准。

但是，在制定这个极限标准时，必须充分考虑抗冲击特性的个体差异性。

四、汽车的运动和构造特性

1. 车辆动力特性曲线

车辆动力特性曲线是车辆在各档位驱动力与行驶阻力之间的关系曲线。从车辆动力特性曲线上可以直接看出，车辆在不同道路阻力条件下，所能达到的最高行驶速度，在不同的档位能驶过的最大坡度，车辆的加速能力等。

2. 车身结构

(1) 轿车车身结构。

轿车车身结构分为非承载式(带车架的)结构和承载式(不带车架)结构两种。

① 非承载式结构的车身，借助于支撑缓冲橡胶将主车身像轿子一样连接在结实的梯状车架上。发动机、悬架等都固定在车架上。车架承受着来自路面的外力、振动，承受着来自发动机的振动、驱动力的反作用力、车身的重力等。这种结构的车身设计，自由度较大，舒适性也高。

② 承载式结构的车身，其没有车架，发动机等各总成都直接装在车身上。承载式车身降低了车辆的自重，但是，在车身前部和车身底部上连接、支撑发动机、转向装置、悬架等总成的部位，局部承受着非常大的力。因此，这一部分需要增加加强筋等结构，以增加刚性。

(2) 载货汽车车身结构。

载货汽车的车身一般由车架、驾驶室及货箱三部分组成，驾驶室和货箱通过连接装置支撑在车架上，驾驶室主要是通过防震橡胶或螺旋弹簧支撑连接在刚性较高的车架上。货箱单独设计，可以根据装载的要求进行多种选择。

与轿车相比，货车车身有如下特点：

① 载货车车身的刚性远比轿车高，若货车与轿车相撞，一般轿车的变形和破坏会比较大。

② 由于货车的车身比轿车要高，当轿车与货车相撞时，会出现轿车钻入货车车厢底板、车架下面的碰撞形态，特别是轿车发生追尾碰撞事故。因此，载货汽车应采取措施，在载货车尾部安装防止突入装置。

③ 当两载货汽车相撞时，结构比较脆弱的驾驶室会被两货车的货箱及货物挤在中间，难以保证驾、乘人员的生存空间。

3. 汽车要害部位的冲击吸收能力

乘员受伤一般发生在二次碰撞。因此，二次碰撞时与乘员接触的部位必须能够吸收碰撞冲击能，以尽可能减轻对人体的伤害。

这些部位包括：吸收冲击式转向装置，仪表板，座椅靠背背面，车厢内后视镜，头枕，可倒式车厢外后视镜等。

4. 保险杠

保险杠是一个吸收碰撞冲击能的主要部件。目前，我国还没有关于保险杠吸收碰撞冲击能的标准。保险杠的损坏状态与碰撞速度之间的关系常成为人们难以解决的问题。

5. 轮胎

轮胎的状况对行车安全起着至关重要的作用，轮胎痕迹对交通事故鉴定同样意义重大。

特别值得注意的是：胎面花纹是轮胎拖痕和碾压行人的重要证据，事故鉴定中应予以重视。

车辆在高速行驶时，轮胎和路面摩擦产生热，轮胎接触地面会出现平衡阻碍变形，使内部摩擦而发热。这些热量的积累促使轮胎升温，一旦超过限度，会导致强度下降，致使轮胎爆胎。这个极限温度一般为125℃。

在极高速状态下旋转的轮胎，会出现“驻波”现象。一旦达到驻波状态，轮胎产生的热量会急剧增加，超过极限会使胎面橡胶短时间内过热，出现破裂飞射出去的危险状况。轮胎破裂的状况一般有剥落、帘线层断裂、轮胎裂纹、穿透、爆胎等几种。

6. 制动系统故障

由于制动系统制动效能下降或制动失灵，因车辆制动距离过长或车辆没有制动，会引发交通事故，造成人员伤亡或财产损失。由于汽车制动跑偏和制动侧滑，会引发汽车发生刮蹭等交通事故，造成人员伤亡和财产损失。据统计，交通事故中有约30%是因为汽车制动跑偏和侧滑引起的。

7. 挡风玻璃

挡风玻璃的结构对驾乘人员的伤害程度有不同的影响，采用夹层的安全玻璃可以减少事故对驾乘人员的伤害。

破碎的挡风玻璃或散落在路面上的玻璃片，可以忠实地反映出事故车的碰撞方向。对于夹层的安全玻璃，当发生与行人、自行车和摩托车乘员碰撞事故时，有时会留下身体、特别是头部的凹陷痕迹。

8. 转向系统故障

车辆转向系统故障也是引发交通事故的一个原因。由于转向盘自由行程过大，可能会使行车中躲避不及时而造成事故，转向操纵失控会造成严重的交通事故。

9. 悬架系统

悬架系统对汽车的行驶稳定性和操纵性能有着非常大的影响，往往会因悬架系统故障，致使车辆失控，引起严重的交通事故，甚者造成车毁人亡的事故。

第二节 事故现场查勘的要求和工作内容

一、保险事故现场

保险事故现场是指发生交通及意外事故的车辆以及其他车、人、物遗留下的与交通或意外事故有关的痕迹证物所占有的空间。现场必须同时具备时间、地点、人、车、物五个要素，他们的相互关系与事故发生有因果关系。

保险事故现场可分为原始现场、变动现场和恢复现场。

(1) 原始现场。

是指发生事故后至现场查勘前，没有发生人为或自然破坏，仍然保持着发生事故后的原始状态的现场。这类现场的现场取证价值最大，能较真实地反映出事故发生的全过程。

(2) 变动现场。

是指发生事故后至现场查勘前，由于受到了人为或自然原因的破坏，使现场的原始状态发生了部分或全部变动。这类现场给查勘带来种种不利因素，由于现场证物遭到破坏，不能全部反映事故的全过程，给事故分析带来困难。

出现变动现场的原因，有如下几个：

① 正常原因。抢救伤者、排除险情；保护不善而被过往车辆、行人及现场围观群众破坏；自然因素，如风吹、雨淋、日晒、下雪；主要干道、繁华地段疏通交通阻塞的需要；因任务需要而驶离现场，如消防、救护、警备、工程救险车、首长、外宾、使节乘坐车。

② 伪造原因。伪造和破坏现场是指当事人为了逃避责任或进行保险诈骗，对现场进行破坏和伪造。这类现场事故状态往往不合常理。

③ 肇事逃逸。当事人为逃避责任而驾车逃逸，导致事故现场变动。

(3) 恢复现场。

恢复现场有两种情况。一是对上述变动现场，根据现场分析、证人指认，将变动现场恢复到原始现场状态。二是原始现场撤除后，因案情需要，根据原现场纪录图、照片和查勘纪录等材料重新布置恢复现场。

二、查勘前的准备

1. 查阅抄单

(1) 保险期限。

查验保单，确认出险时间是否在保险期限之内。对于出险时间接近保险起止时间的案件，要作出标记，重点核实。

(2) 承保的险种。

查验保单记录，重点注意以下问题：车主是否只承保了第三者责任险；对于报案称有人员伤亡的案件，注意车主是否承保了车上人员责任险，车上人员责任险是否指定座位，对于火灾车损案件，注意是否承保了自燃损失险。

对于与非机动车的碰撞案件，注意是否承保了无过失责任险。

（3）保险金额、责任限额。

注意各险种的保险金额、责任限额，以便现场查勘时心中有数。

（4）交费情况。

是否属于分期付款，是否依据约定交足了保费。

2. 阅读报案记录

（1）被保险人名称，保险车辆车牌号；

（2）出险时间、地点、原因、处理机关、损失概要；

（3）被保险人、驾驶员及当事人联系电话。

3. 携带查勘资料及工具

为了便于准确有效地查勘，查勘人员出发前应该携带必要的相关资料和查勘工具。

（1）资料部分。

出险报案表、报单抄件、索赔申请书、报案记录、现场查勘记录、索赔须知、询问笔录、事故车辆损失确认书。

（2）工具。

定损笔记本电脑、数码相机、手电筒、卷尺、砂纸、笔、记录本等。

三、事故现场查勘范围与组织

现场查勘是一项细致、繁琐又复杂的工作。因此，在查勘前必须根据现场的具体情况，确定查勘的范围、顺序和重点，拟定查勘方案，按确定的顺序和步骤进行。

现场查勘范围根据事故类型而定。查勘人员到现场后，应及时向现场保护人员了解事故情况，现场有无变动及变动的原因和范围，必要时根据当事人和证明人的记忆恢复现场。

对于现场范围比较小，肇事车辆和证物痕迹比较集中的现场，以肇事车辆为中心由内向外展开查勘。

对于肇事车辆和证物痕迹比较分散的现场，查勘顺序要灵活掌握。以重要部位和可能遭受破坏的部位为重点进行查勘，也可以由外围向中心进行，逐步缩小查勘范围。而对于面大距离长的现场，可分片逐段进行查勘。

在现场查勘或对事故进行分析研究中，当遇到认定痕迹或事故原因有异议，在关键问题上意见无法统一时，应通过现场实验进行科学考察。

查勘人员到达事故现场后，要根据现场情况，由现场指挥人员统一部署，布置现场警戒，维护交通秩序，预防现场交通堵塞，保护现场，组织救护交通事故伤员，组织现场抢险。

四、现场查勘的意义、目的和要求

现场查勘是道路交通事故处理过程中一项重要的法定程序，现场查勘是证据收集的重要手段，是准确立案、查明原因、认定责任、进行处罚的依据，是保险赔付、案件诉讼的重要依据。因此，现场查勘在事故处理过程中具有非常重要的地位。

1. 现场查勘的意义

(1) 现场查勘是重大交通事故案件刑事及民事诉讼程序的重要环节。

交通事故立案、调查、提起公诉和审判，是刑事诉讼活动的四项程序。现场查勘是刑事诉讼第一、二道程序中的重要环节。因此，事故发生后，必须对现场、肇事车辆、物品、人员损伤、道路痕迹等进行现场调查。

(2) 现场查勘是保险赔付的基础工作。

对于保险车辆，一旦发生交通事故，就涉及到赔付问题。只有通过第一现场的查勘才能确定事故的真伪、事故原因及事故态势，确定赔付的基本依据和确认是否为骗保案件。

(3) 现场查勘是事故处理的起点和基础工作。

只有通过周密的现场查勘、询问当事人、访问证明人等调查活动，才能掌握第一手材料，正确揭示事故的发生、发展过程，发现造成事故的内在因素，对案情做出正确的判断。有了正确的判断，才能正确认定事故责任，追究事故责任者的法律责任，维护受害人的正当权益。

(4) 现场查勘是搜集证据的基本措施。

证据是查明事故原因和认定事故责任的基本依据。车辆交通事故是一种纯物理现象，交通事故的发生必然引起现场客观事物的变化，在现场留下痕迹物证。现场遗留下的各种痕迹物证是事故分析的第一证据。

(5) 现场查勘是侦破交通肇事逃逸案件的重要环节。

现场是交通事故行为的客观反应。交通肇事逃逸的行为不可避免地引起现场各种交通要素的变化，留下痕迹和物品。通过现场查勘取得的各种痕迹证物等证据，是分析案情、揭露逃逸人的特征、侦破逃逸案件的重要依据。

2. 现场查勘的目的

(1) 确定事故的性质。

通过客观、细致的现场查勘确证案件是刑事性质的交通事故，还是普通单纯的交通事故，是否为骗保而伪造事故，为事故的划分和处理提供依据。

(2) 查明事故情节及要素。

通过现场的各种痕迹物证，对事故经过进行分析调查，查明事故的主要情节和交通违法因素。

(3) 确认事故原因。

通过对现场周围环境、道路条件的查勘，可以了解道路、视距、视野、地形、地物对事故发生的客观影响；通过对当事人和证明人的询问和调查，可以确认当事人双方违反交通法规的主观因素。

3. 现场查勘的要求

(1) 及时迅速。

现场查勘是一项时间性很强的工作。要抓住案发不久、痕迹比较清晰、证据未遭破坏、证明人记忆犹新的特点，取得证据。反之，到案不及时，就可能由于人为和自然的原因，使现场遭到破坏，给查勘工作带来困难。所以，事故发生后查勘人员要用最快的速度赶到现场。

（2）细致完备。

现场查勘是事故处理程序的基础工作。查勘过程中，不仅要注意发现那些明显的痕迹证物，而且，特别要注意发现那些与案件有关的不明显的痕迹证物。切忌走马观花、粗枝大叶的工作作风，以免由于一些意想不到的过失使事故变复杂化，使事故处理陷于困境。

（3）客观全面。

在现场查勘过程中，一定要坚持客观、科学的态度，要遵守职业道德。在实际中可能出现完全相反的查勘结论，要尽力防止和避免出现错误的查勘结果。

（4）遵守法定程序。

在现场查勘过程中，要严格遵守《道路交通事故处理程序》和《道路交通事故痕迹物证勘验》的规定。要爱护公私财物，尊重他人权利，尊重当地群众的风俗习惯，注意社会影响。

4. 现场查勘的组织实施

现场查勘工作是一项政策性、技术性、法律性很强且繁琐细致的工作。尤其对于重大和特大交通事故，要有组织、有秩序地进行，避免杂乱无章。交通事故的现场查勘由属地公安交通管理部门统一组织，单方事故可以由保险公司独立查勘、处理。

现场查勘的组织，应注意如下事项：

（1）迅速赶赴现场。

接到报案后，配合事故发生地的公安交通管理部门，快速赶赴现场，按《道路交通事故处理程序规定》的要求，及时划定现场范围，实施保护，维护交通秩序，保证现场查勘工作的顺利进行。

（2）全面了解和掌握现场情况。

只有全面了解和掌握情况，才能对事故性质以及采取什么样的措施等一系列问题做出正确的判断与决策。否则，将会使查勘工作陷于被动。

（3）兼顾统筹、全面安排。

① 合理布置查勘力量，特别是重大、特大交通事故。在分配工作任务时，要注意发挥工作人员的特长，因人制宜、新老搭配，提高查勘取证的效率和质量。

② 重点痕迹重点查勘。对重点痕迹的查勘、痕迹形成的认定、收集人证物证、现场查勘纪录四项工作不得有误。这些工作直接关系到事故因果关系、事故性质、事故责任认定。

③ 掌握进度，协调工作。现场查勘工作既有分工又有合作，痕迹查勘与摄影录像、测绘现场图之间要彼此照应，相互协调，否则就会彼此干扰，影响工作的完整性。

④ 及时采取应急措施。在现场查勘过程中，当遇到某些紧急情况时，应当机立断，及时采取相应措施，保证查勘工作的连续性。

⑤ 组织现场汇报。查勘结束后，应召开现场工作报告会，听取各项调查汇报，查验查勘记录和现场纪录图是否符合《道路交通事故痕迹物证勘验》的要求。发现漏洞和差错，及时复查和补充。若需安排现场实验，另选时间和地点进行。

（4）现场查勘报告填写。根据现场查勘情况，填写《机动车辆理赔现场查勘记录》见表9-1。

表 9-1 机动车辆保险事故现场查勘报告

保险车辆的基本信息	号牌号码： 是否与底单相符：		车架号码(VIN)： 是否与底单相符：	
	厂牌型号：	车辆类型：	是否与底单相符：	检验合格至：
	初次登记日期：	使用性质：		漆色及种类：
	行驶证车主： 是否与底单相符：		行驶里程：	燃料种类：
	方向型式：	变数器类型：	驱动方式：	损失程度：□无损失 □部分损失 □全部损失
	是否改装：	是否具有合法保险利益：		是否违反装载规定：
驾驶员信息	姓名：	证号：	初次领证时间：	审验合格至：
	准驾车型：	是否被保险人允许驾驶员：	是否是约定的驾驶员：	
	是否酒后：		其他情况：	
查勘时间	(1) 是否第一现场		(2)	(3)
查勘地点	(1)		(2)	(3)
出现时间：		保险期限：	出险地点：	
出险原因：□碰撞 □倾覆 □火灾 □自燃 □外界物体倒塌、坠落 □自然灾害 □其他( )				
事故原因：□疏忽 □措施不当 □机械故障 □违法装载 □其他( )				
事故涉及险种：□交强险 □车辆损失险 □第三者责任险 □附加险( )				
专用车、特种车是否有操作证： □有 □无				
营业性客车是否有有效的资格证书： □有 □无				
事故车辆的损失痕迹与事故现场的痕迹是否吻合： □是 □否				
事故为： □单方事故 □双方事故 □多方事故 保险车辆上人员伤亡情况：□无 □有伤人；亡人。 第三者人员伤亡情况：□无 □有伤人；亡人。 第三者财产损失情况：□无 □有 □车辆损失 号牌号码 车辆型号 □非车辆损失( )				
施救情况：				
备注说明：				

被保险人签字： 查勘员签字：

第三节 现场痕迹查勘与鉴别

一、交通事故痕迹物证概述

交通事故痕迹物证，是指发生交通事故时，参与交通活动的各种交通因素，以及从交通事故现场带走或遗留在交通事故现场能够证明事故真实情况的物品和痕迹。

(一)交通事故痕迹物证的特性

因为交通事故是一种纯物理现象，其痕迹物证既能反映出造型客体与承受客体之间的作用过程，同时还能印证痕迹的形成。

交通事故痕迹物证具有如下特性：

(1) 符合法律要求。

交通事故痕迹物证的收集必须符合法律的规定和要求。交通事故痕迹物证应由公安交通管理部门进行查勘和提取，遇有疑难事故可以聘请专家协助解决。

(2) 造型客体与承受客体的相互性。

交通事故是造型客体与承受客体间的相互作用，造型客体的形状和物质不可避免地遗留在承受客体上，承受客体的物质也不可避免地遗留在造型客体上。例如：油垢、油漆等的相互渗透，血液的渗透，其他微量物的渗透；轮胎碾轧路面留下的痕迹，轮胎碾轧人体后，在人体皮肉上留下的轮胎花纹痕迹等。

(3) 形状发生变化。

碰撞事故发生后，两客体都会发生不同程度的变形。在碰撞和刮擦事故中，若承受点发生在油箱，金属摩擦产生的火花会点燃外溢的汽油，使整车燃烧甚至爆炸，只留下碰撞时接触部位的变性特征。

(4) 客观性。

交通事故是人力不能左右的纯物理现象，交通事故形成的痕迹物证，是客观存在的事实，不是人们主观臆断想像出来的。现场物证的品种、数量和部位各不相同。

(二) 现场痕迹查勘的意义

(1) 反映事故车辆在发生事故过程中的行驶状态。

① 根据现场路面上遗留下的制动印迹走向或车轮碾压物件、人体推移的擦痕，判断肇事车辆在发生事故瞬间的行驶方向、状态及措施情况。

② 根据肇事车辆遗留在现场路面上的轮胎痕迹的变化以及车、物、人体上各种痕迹形态，判断肇事双方发生事故时的情节、运行状态与事故演变过程。

③ 根据现场上痕迹和散落物状况，判断事故的性质。

(2) 通过痕迹印证接触点。

① 根据现场遗留下的轮胎压轧印迹突发变形点、挫划印迹及行人鞋底挫擦印迹始点，判断肇事双方碰撞或刮擦的接触点。

② 根据车辆、物体、人身上的痕迹，进行比对、化验鉴定，判断发生事故时车与车、车与物、车与人碰撞时的接触部位。

③ 根据现场上的抛落物及伤亡人员携带物判断接触点。

(3) 计算肇事车辆速度、转弯半径限制速度。

① 根据车辆碰撞损坏变形程度，制动印迹、抛落物的距离计算车辆碰撞时的速度。

② 通过道路转弯半径及超高计算出车辆转弯时最大限制速度。

③ 根据现场上车辆制动印迹计算出行驶速度。

④ 根据肇事车辆轮距、轴距，计算其内轮差。

二、交通事故痕迹的形成及特点

(一) 交通事故痕迹的形成

交通事故痕迹是借鉴刑事痕迹学相关原理和方法研究交通事故痕迹的形成，现场痕迹有广义痕迹和狭义痕迹之分。发生交通事故后，现场交通环境及各交通因素势必会发生变化。如交通设施、地形、地物的表面形态发生变化，车辆、物体结构遭到破坏改变其物理性质等。

广义痕迹是指事故引起现场范围内的一切变化而遗留下来的各种影像或反映形象。广义痕迹涉及的对象范围较大，它是根据现场痕迹的分布情况，痕迹形态，痕迹间的相互关系，进行调查研究，分析认定痕迹形成的原因和过程，判定事故的原因和性质。

狭义痕迹是指事故中造型客体作用于承受客体，引起承受客体发生形态变化而遗留下来的反映形象。狭义痕迹具有外部结构形象，即外部几何形状、尺寸大小，可以从承受客体上的痕迹形象反映出造型客体的结构形象。狭义痕迹大多具有同一认定的特性，具有重要的证据意义。

在交通事故中还有一种整体分离痕迹，它反映出分离部分与整体的关系。这类痕迹同样能进行同一认定。

交通事故现场痕迹是由于造型客体与承受客体间的相互作用形成的。

(二) 交通事故痕迹的形成特点

交通事故现场状况千差万别，事故痕迹物证的种类形式繁多，但其形成都有规律可循。现场查勘痕迹时，必须准确确定痕迹的形成原因和痕迹类型，才能掌握痕迹的形成过程、规律及特点。交通事故痕迹根据形成的机理可归纳为：车物结构形象痕迹和整体分离痕迹。

1. 车物结构形象痕迹

车物结构形象痕迹的形成，是造型客体与承受客体在力的作用下发生相互接触形成的。作用力的大小、方向和角度，决定了痕迹的完整程度和外表结构形象。作用力大，形成的痕迹明显，面积大，凹陷程度深，有立体感；反之，痕迹不明显，不完整。当作用力从垂直方向作用时，形成的痕迹比较完整、真切。而作用角度大于或小于90°时，痕迹特征都会发生较大的变化。

造型客体与承受客体相比：造型客体硬度、强度较大，它能把自身的形体特征及分泌物、分离物、附着物遗留在承受客体上，能把承受客体外部结构的物质粘去，破坏其形状特征。

承受客体则能够保留造型客体结构形状特征的痕迹。它具有吸附、渗透、可塑、变形等特点。

(1) 平面痕迹和立体痕迹。

① 平面痕迹是造型客体与承受客体相互接触时，承受客体承受造型客体的作用，使表面介质的微粒物增加、减少或色调改变，但客体自身没有发生塑性变形，只呈现出造型客体接触面的外表结构。平面痕迹只有轮廓而无深度。

按承受客体表面微细物质的增减，平面痕迹又分为加层痕迹与减层痕迹。

平面加层痕迹的形成，是造型客体把自身固有的物质或分泌物、附着物遗留在承受客体表面，在承受客体表面形成一个附加层。如汽车在硬路面上紧急制动时形成的轮胎印迹。

平面减层痕迹的形成，是两客体相互接触摩擦过程中，造型客体将承受客体表面的细微物质带走，在造型客体表面形成一层附着物。如小轿车和中型客车发生刮擦事故时，中型客车表面的油漆附着在小轿车车身上。

② 立体痕迹的形成，是造型客体与承受客体发生碰撞事故时，造型客体施加于承受客

体上的碰撞力，使之形成了与造型客体接触面外部形状相对应的有凹凸变化的痕迹。它反映了造型客体接触面在三维空间的立体形象特征。

立体痕迹形成的条件是，造型客体的硬度大于承受客体，且承受客体具有一定的可塑性，作用力大于承受客体的抗压强度时，使承受客体产生变形形成立体痕迹。例如雪地、松软的土路上的轮胎印迹；人和汽车相撞，人的头部在汽车的挡风玻璃、机盖上形成的人头形状的印迹。

（2）静态与动态痕迹。

两者的区别在于两客体相互接触时，接触面是否发生了滑移。

① 静态痕迹是指两客体发生碰撞时，由于作用力垂直或接近垂直，接触面各点处于相对静止状态，没有平面上的相对移动。例如，汽车迎面撞在树或电杆上，在汽车的保险杠或前部形成的树或电杆的痕迹。

② 动态痕迹是指两客体发生接触时，由于作用力的方向呈锐角，两客体发生碰撞的同时接触面存在相对滑移形成的痕迹。例如，车辆发生同向或相向的刮擦事故及斜向碰撞事故。动态痕迹的形态主要由凹凸线束表现。

静态痕迹与动态痕迹是相对而言的，两类痕迹通常是相互联系在一起的，鉴别时应引起注意。

（3）车物结构形象痕迹的鉴别是现场查勘中的一项重要内容，现场查勘中要详细勘测记录痕迹物证的形态、数据，对各种形象痕迹的形成方式进行准确的鉴别，为正确地判断事故的发生及演变提供依据。

由于痕迹物证受到各种外界条件的影响，其外观特征及质量会发生变化。因此，在进行车物结构形象痕迹的鉴别时，必须要掌握痕迹物证的属性、特征及其质量。例如，现场痕迹因抢救伤者或群众围观遭到破坏，物品褪色、血液凝固变成棕红色，冰雪被光照融化，汽车表面色漆由于喷涂工艺、原料不同，其漆色、光泽、质量也不尽相同，受到风吹、日晒、雨淋、污染的影响表面颜色变化也不同，但其内层漆基本保持原色。掌握了车辆结构及相关因素的这些特性，有利于辨认痕迹的差异。

凹陷痕迹的认定结论应符合以下标准：造型客体的遗痕部位具备形成现场痕迹的条件是痕迹与样本的形状、大小、凹凸度应吻合一致，质量好的特征位置、形态、相互关系、方向、角度、数量等要一致。差异点应得到科学解释。

凹陷痕迹的否定结论应具备如下条件：痕迹形状、大小、凹凸度不吻合，缺少质量好的特征，少数特征的符合具有偶然性。

线条状痕迹要满足如下标准：造型客体具备形成现场痕迹的条件，稳定可靠的凹凸线特征吻合，刮擦痕迹横断面的凹凸趋势一致，少数特征的差异应得到科学解释。

2. 整体分离痕迹

整体分离痕迹也叫整体痕迹。是指车辆某个完整部件，在外力的作用下，被分离成若干部分，在分离的断面上形成分离线或分离痕迹，反映分离体间的关系。

（1）整体分离痕迹的形成。

整体分离痕迹是肇事车辆在事故中碰撞、刮擦客体时形成的，外部结构呈现变形、撕裂、破碎痕迹，同时破损部位的油漆片、金属片、泥土等物质脱落在路面上或附着在对方客体上。车辆发生碰撞事故时，作用力不仅施加于车辆的外部结构，同时会将撞击力传导给内部机构，使整体部件产生分离线或断裂分离。

整体分离痕迹在损伤部位一般不反映形象痕迹的特征，只有分离线或分离机件断面痕迹的特征。如轴类零件的断裂等。

(2) 整体分离痕迹的鉴别方法。

整体分离痕迹的鉴别，关键在于整体分离线和分离痕迹的确认，要根据分离体的固有特征、附加特征和分离特征是否相同，来确定分离体与整体是否为一体。

① 根据分离体与整体分离痕迹的特征，确定车辆损伤部位的受力状态，分析力的作用方向与分离物的关系，判断痕迹的形成方式。

② 确认分离物的一般特征，将分离机件各部分拼接起来恢复原机件外形特征，确定分离机件与原机件是否为一整体。

③ 将分离机件与原机件进行比对，观察其外貌特征是否属同一整体。

④ 测定材料处理工艺、估算抗剪强度。这项工作可聘请专家实验测定。

由于整体分离痕迹的鉴别存在一定困难，所以在查勘过程中要注意：在一般特征不相符时，一些断面凹凸形状变化较大时，应反复细致地观察判断，不要轻易下结论。

三、交通事故现场痕迹分析

交通事故痕迹千差万别，包括范围很广，大致可以分为三类：路面痕迹、物体痕迹、相关痕迹。

(一) 路面痕迹

路面痕迹，是指交通事故中诸要素遗留或附着在现场道路或周围地面上的能够反映事故形态及其成因的痕迹及散落物。路面痕迹的查勘包括现场道路地形的查勘与现场痕迹的查勘。

1. 现场道路地形的查勘

(1) 现场路面查勘。

现场路面状况对车辆行驶性能有着重要影响，在现场路面查勘时应重点注意：

① 路面覆盖物的查勘。如积水、泥泞、结冰、积雪、油污等，这些直接影响车辆的行驶稳定性和制动效果。查勘时应特别注意这些覆盖物的位置和面积。

② 路面状况的查勘。道路等级，路面质量，道路承载能力，砂石路横坡路面对车辆行驶稳定性的影响。

③ 纵坡路的查勘。对于车辆发生倾翻或驶出路外事故，要勘测车辆轴距、轮距，坡度和纵向稳定能力。

④ 桥梁、隧道、路树等的查勘。这些因素会影响到驾驶员的视距、视野，应注意查勘在这些因素影响下，双方各自能见度的距离。

(2) 现场地物、环境的查勘。

现场地物，是指现场上的建筑物、交通及通讯设施、堆积物、施工占路作业面等，因受其影响发生的交通事故。因此，应详细勘测、记录其所在位置及对事故的影响程度。

2. 现场路面痕迹的查勘

现场路面痕迹的查勘重点是，确认肇事双方接触时反映在路面上的位置，辨认轮胎制动印迹，确定各种挫痕及散落物。

（1）路面上接触点的查勘与确认。

机动车之间、机动车与人发生碰撞事故时，其接触部位反映在路面上的投影位置，叫做名义接触点。由于交通事故的发生受到多种因素的影响，难以确切认定双方接触点。因此，应参考以下几个方面确认名义接触点。

① 依据轮胎印迹确认接触点。机动车之间发生碰撞时，由于突然受到撞击力的阻碍，在惯性作用下，使轮胎与路面间的切向力方向、大小发生突变，导致一方或双方车辆的轮胎与地面产生剧烈摩擦，形成偏离车辆原行驶方向的摩擦印迹。轮胎印迹的突变点，即可认定双方车辆的接触点

② 依据路面划痕认定接触点。车辆碰撞导致破损的机件脱落着地，在路面上产生划痕。但应该注意的是，从碰撞到脱落产生划痕需要一定时间，因此，路面划痕与接触点存在一定距离。

③ 根据车辆抛落物推算接触点。车辆发生碰撞时，车上的物品、部件脱离原位抛落于地面，这是一个平抛运动。因为从物件脱离车体到落地需要一定时间，所以，若知道车辆碰撞初速度，分离物体距地面高度，要通过计算确定抛物落地点与接触点的距离，从而推算出接触点的位置。

在实际推算中，应注意圆形物体落地后会发生滚动，扁平物体落地后会产生滑移。抛落物脱离车体时由于周围物体的阻力会消耗一部分能量，车辆撞毁变形后，应参照同类型车辆判定落地高度。

④ 依据鞋底划痕确认接触点。发生车辆与行人的碰撞事故，鞋底在路面上留下的划痕特征是由重到轻，可判断重挫痕一端为事故接触点。

（2）路面制动印迹的鉴别。

机动车辆的制动距离，与道路性质、路面摩擦力大小、轮胎规格和磨损程度、轮胎气压、载重量、制动器性能、制动力大小、制动初速度等有密切关系，通过查勘车辆紧急制动时，反映在路面上的制动印迹的长短、轻重、虚实、断续等形态，确定车辆的行驶状态及驾驶员采取的措施。

① 正常制动印迹。是两条等轮距、平行的前后轮重合的直线拖压印。

② 制动跑偏印迹。由于某种原因出现制动跑偏时，反映在路面上，前后轮制动印迹不重合，后轮制动印迹偏离直线行驶方向，且四轮制动印迹不等长。

③ 制动侧滑印迹。制动侧滑是由于道路状况（附着系数等）、制动系状况、行驶系故障等原因，制动时使整车轴线偏离行驶方向，车辆发生侧向滑移，甚至掉头，严重时发生侧向倾翻事故。

④ 制动印迹曲线单边现象。制动印迹曲线单边现象，即内侧转向轮有制动印迹，外侧转向轮无制动印迹或有滚动印迹。这不是制动跑偏所至，而是车辆在直线行驶中紧急制动，同时改变行驶方向所至。原因是，车辆在做曲线运动时，重心外移，车体外侧负荷加重，导致外侧轮胎与路面的摩擦力加大，车轮制动力并没有成比例增加，因此，外侧转向轮制动器不能抱死，所以路面上不出现制动拖印。而内侧转向轮制动力大于轮胎与路面的摩擦力，制动器及时抱死，路面出现制动拖印。

⑤ 制动印迹断续现象。这种现象的主要原因是搓板路或制动鼓失圆。对于装有 ABS 系统的车辆，在制动结束距离段，可能出现此现象。

在确定现场制动印迹的长短时，应从可见轻制动印迹为起点算起，至车辆后轮轴头垂直于地面点的距离为印迹总长。若车轮印迹不等长，应单独测量。实地查勘时应注意：制动距离与轮胎和路面的附着系数成反比；受重力与坡度阻力影响，上坡时制动距离会缩短，下坡时会加长；制动距离与制动初速度的平方成正比，相同的制动环境下，制动初速提高一倍，制动距离会提高到四倍。

(二)物体痕迹

在交通事故中，肇事车辆之间及肇事车辆与其他物体之间，由于碰撞与刮擦形成的车物形象痕迹和整体分离痕迹。从痕迹学和物理学角度分析，痕迹的形态、车物损伤程度，取决于传递能量的客体质量大小、运动速度和碰撞时间。

1. 车体痕迹

车体痕迹，即交通事故中客体间发生接触，在车体上形成的碰撞、刮擦痕迹。车体痕迹的形成及损伤程度，与接触方式、作用力大小、方向、角度紧密相关。从痕迹形态来看表现如下几个特征：

(1) 凹陷状立体痕迹。

承受客体在造型客体的撞击下，接触部位受到挤压而凹陷。由于撞击发生在极短的时间内，两个接触面的位置在痕迹形成时，可以认为没有发生变化，形成具有印压特征的凹陷痕迹。一般能够确切地反映客体接触部位的形象轮廓、大小、角度及表面其他细节特征。

(2) 塌陷与孔洞立体痕迹。

对于车辆较薄而中空、塑性小、结构松散的部位，受到撞击后，接触部位变形大而不规则，形成塌陷或孔洞状。如车门、翼子板等部位，只能反映造型客体接触部位的形状大小等特征。

(3) 粉碎性痕迹。

由于承受客体的硬度和脆性大，因撞击力超过其抗压强度，形成严重变形痕迹或破裂、粉碎，这很难反映出接触部位的形象特征。如大灯玻璃、后视镜等。但经整理复原后，还是可以判别撞击方向和部位。

(4) 刮擦痕迹。

车辆发生刮碰事故时，会在接触部位形成线条状、带状、片状的平面痕迹或大片的凹陷痕迹，这些痕迹由于车辆的质量、行驶速度、接触形式、方向部位、车身附着物、接触部位材料属性的不同，形成的状态有所不同。机动车之间的刮擦痕迹多发生在突出部位，一般面积较大。机动车与非机动车及行人发生刮碰事故，痕迹多为条状锐痕，其表面兼有减层痕迹。

(5) 整体分离痕迹。

事故中客体上的部件受外力作用从车体上断裂脱落。

2. 轮胎类型的鉴别及痕迹勘验

轮胎是车轮中的重要组成部分，轮胎直接与路面接触，直接承受各种作用力，因而轮胎痕迹能够反映车辆的运动轨迹。在发生的交通事故中，往往与轮胎的技术状况及技术标准限值有关，因此，显现出对肇事车辆轮胎痕迹勘验的意义。

(1) 轮胎的运动痕迹。

轮胎的运动痕迹随车轮运动状态的不同，可分为滚动压印痕迹和滑动拖印痕迹两种基本类型。

① 滚动压印痕迹是指车轮在路面上呈纯滚动状态时，在路面上留下的运动痕迹。其痕迹形状与轮胎花纹基本一致。在车速变化的瞬间，痕迹花纹有加深的倾向，加深的程度与加速度大小成正比。

② 滑动拖印痕迹是轮胎不作纯滚动运动时形成的。根据车轮的滑动状态又分为滑转和滑移两种。

滑转痕迹。车轮出现滑转是指车轮平移速度小于轮胎外缘线速度。轮胎在滚动中出现滑转，致使轮胎印痕不能反映轮胎花纹的形状，路面上只有粗黑的划痕。但可以根据轮胎痕迹分析车轮的运动状态。

滑移痕迹。滑移状态是指车轮平移速度大于轮胎外缘线速度，一般出现在制动过程中，车轮在路面上边滚边滑。轮胎的滑移状态用滑移率表示，这取决于汽车的制动强度。制动拖印即车轮完全抱死，滑移率为100%的滑动痕迹。

(2) 轮胎气压与轮胎痕迹。

不同的轮胎气压，不同的装载质量，使轮胎与路面的接触情况有所不同，车辆行驶和制动时在路面上形成的轮胎印迹也不尽相同。车辆在紧急制动时，由于惯性的作用，前轮的负载变大，其痕迹一般呈双线拖痕；而后轮由于负载变小，形成比正常情况窄的拖痕。

(3) 制动状态与轮胎印迹。

在制动过程中，轮胎在路面上留下黑色痕迹即制动拖印。制动印迹随车轮的滑移率和滑移状态不同而定。制动时，随滑移率由零开始增加，车轮由滚动变为滑动，轮胎花纹由清楚开始变得模糊。随滑移率的增加，轮胎花纹在车辆行驶方向上被拉长，变得更加模糊，但还可辨认，这就是制动轧印。当滑移率等于100%时，就形成制动拖印。但有些场合，由于道路环境的影响，不一定都有拖印。这不能说明没有采取制动措施，现场查勘时应予以考虑。

(4) 轮胎痕迹查勘的注意事项。

在进行轮胎痕迹查勘时应注意如下几个问题：滑痕的形状与驾驶状态、滑痕的形成过程、碰撞接触点引起滑痕异变、自由旋转运动车辆重心的运动轨迹是直线、纵向滑痕较窄，横向滑痕较宽、正常情况下前后轮痕迹应重合、制动距离大于滑痕长度。

(三) 相关痕迹

相关痕迹是指除现场路面、物体痕迹外，与人、车、物相关的痕迹。包括伤亡人员的衣着痕迹、血迹、附着物、抛落物等。

四、车辆痕迹的查勘与鉴别

(一) 车辆痕迹的查勘

肇事车辆在交通事故中，都会形成一定形式的车体痕迹反映事故过程。在进行车辆痕迹查勘时，应遵循如下顺序：由前到后，从上到下，从有关一侧到无关一侧。

1. 车前部痕迹

当车辆发生正面碰撞事故时，即使存在一定角度，一般会在车的前部形成片状凹陷痕迹。如前保险杠、大灯框、水箱框架、百叶窗、翼子板、机器盖等。在现场查勘时，要记录痕迹的凹陷深度、形态、面积及痕迹所处车身的部位，以便认定事故瞬间，两客体接触时的动态及相互位置关系。如直行车辆与左转弯自行车相撞，可以从车体接触痕迹及特征，来判定事故全过程和接触部位，并认定事故责任。

2. 车辆侧面痕迹

车辆发生刮碰或侧面碰撞、斜碰撞时，会在车的侧面形成片状、条状刮擦痕迹或片状凹陷痕迹。根据痕迹部位、面积、痕迹中心距地面的高度、痕迹起始点距前保险杠的距离，认定两客体接触点及事故责任。如直行车辆与横穿马路的自行车发生刮碰事故，自行车失去平衡向下坠去时，在车身侧面形成斜向下方的划痕。

3. 机动车底盘上的痕迹

在交通事故中，如有人或物体进入车下，就及有可能发生人或物体与车辆底盘突出部分发生刮碰，在这些突出部位形成擦痕。重点应查勘转向拉杆、前后轴、油箱底壳、驱动桥壳、排气管、车裙下沿及其他突出部位。痕迹查勘时应注意记录其长度、宽度、至地面高度和距前保险杠的距离。纵向划痕应注意查勘划痕始端距保险杠的距离，两侧距车轮的距离；横向划痕查勘时应注意两端距前保险杠的距离和某一端距一侧车轮的距离。通过底盘痕迹的查勘，确定人或物体与车辆底盘的接触情况，确定人或物体的高度以及碾轧过程中的形态，确定车辆的走向。

(二) 车辆痕迹鉴别分析

交通事故中车辆发生碰撞、刮擦，势必会形成接触痕迹，因碰撞、刮擦的形态不同，必然造成车体不同程度的痕迹。因发生碰撞的客体结构不同、碰撞的相对速度不同、车辆的总质量不同、接触部位及角度不同，车辆的损伤程度也不同。

1. 汽车与固定物相撞

不同的物体具有不同的刚度，对冲击动能的吸收能力也不同，车辆撞在这些不同的物体上，损坏程度也就不一样。显然，同样的损坏程度，车辆撞在刚度高的物体上，碰撞前的速度就较低。

2. 车速与碰撞的关系

两车相撞时，车速越高，碰撞力越大，损坏程度越高。

3. 质量与碰撞的关系

两辆运行的车辆相撞，质量重的车辆产生的撞击力大，反之，质量轻的车辆受到的撞击力大。因此，两质量不同的车辆相撞，质量轻的损伤严重。

4. 作用力角度与碰撞的关系

车辆在发生迎头侧面碰撞和斜碰撞时，由于碰撞力的作用方向通过或不通过承受客体的重心，其冲击的强度和形成的各种痕迹也不相同。当碰撞冲击力偏离被撞车辆重心时，被撞车辆将作回转运动，在相同碰撞速度下，这时冲击强度较小，损坏较少。

在进行车辆痕迹的查勘时，应根据事故分析的要求，注意如下几点：

(1) 准确区分碰撞痕迹形成的先后顺序。

车辆发生碰撞后形成第一次痕迹，碰撞后由于减速或滑移与第三者发生碰撞形成的痕迹叫第二次痕迹，如乘员在车内受到的碰撞，车辆碰撞后与其他车辆、自行车或行人的碰撞。

在交通事故痕迹查勘过程中，只有第一次痕迹才能准确说明事故形成的原因，其他痕迹只能说明事故的演变过程和结果；因此，在现场查勘时，要针对车体上的损伤痕迹，根据其所在部位、形状与其相撞的事故车辆或现场上其他相关物体、车辆上的痕迹，进行实际比对，确认出第一次碰撞痕迹。

（2）确定痕迹形成的着力点与走向。

根据痕迹的受力角度，判断两客体的相对运动方向和交叉角度。可以据此分析事故形成的原因，为事故责任认定提供有意义的依据。

（3）车、物痕迹处的附着异物。

查勘时应注意附着异物的新旧程度及形成原因。例如，可以根据灯丝的颜色鉴定灯泡破损时车灯处于什么状态，如灯亮着灯泡破损，灯丝立即氧化变黑。而灯未亮着，则灯泡破损时灯丝颜色不变。

（4）注意分析断裂原因。

在查勘车辆的传力机构、转向机构、钢板弹簧和U型螺栓等部件的断裂痕迹时，应注意其断裂原因的分析。若由于材料不合格或疲劳引起的断裂，会造成方向失控，断裂可能发生在事故之前。事故中由于冲击力超过材料抗冲击载荷的能力也会引起断裂。但两者形成的断裂痕迹完全不同。

（5）查勘轮胎破裂。

碰撞事故会造成轮胎爆破，行车中由于轮胎爆裂使车辆方向失控造成的事故也屡见不鲜。在对有轮胎爆裂的事故进行查勘时，必须从轮胎爆裂处的状态鉴别是事故前破裂，还是事故造成的破裂。

（6）注意路面挫痕与沟槽痕。

在分析判断事故接触点、力的作用方向和接触后的运动状态时，应注意依据路面挫痕及沟槽痕的位置、形状、深浅、方向、长短等情况。对于痕迹上的附着异物，应根据其新旧程度，推测其形成的时间，用以比较与事故发生时间是否吻合。

第四节　碰撞查勘

一、汽车碰撞概述

绝大部分的机动车交通事故是碰撞事故。碰撞事故分为四个阶段：

（1）碰撞发生前车辆的运动状况与驾驶员的动作。

（2）碰撞。

（3）碰撞后的车辆及乘员的运动。

（4）车辆损坏、乘员受伤、路面痕迹。

机动车碰撞具有如下几个特点：

（1）相互挤压，通过车身的损坏来消耗一部分运动能量的现象。

（2）部分相互损坏，而另一部分相互排斥的现象。

（3）在进行运动能量交换的同时，有时还会将一部分运动能量转换为角运动的现象。因此，发生碰撞事故的车辆不仅存在平移运动，有时还伴随有旋转运动。

（4）由于惯性作用，乘员与车辆之间会产生相对运动。这就是所谓的二次碰撞，即乘员受伤的原因。

（5）碰撞现象一般发生在0.1~0.2s极短的瞬间。

在碰撞中未消耗掉的能量则通过碰撞后车辆和乘员的运动，以摩擦功的形式消耗掉。碰撞后的运动时间通常为数秒，整个碰撞过程几乎是人力无法左右的纯物理现象。碰撞和碰撞后的运动结果主要是造成车辆损坏、乘员受伤、路面痕迹等。

车辆交通事故的科学鉴定，就是根据这一事故的结果，即车辆的损坏和乘员的伤害程度、路面痕迹等(同时参考目击者的证言)，对照自然规律、汽车运动特性、结构特点、人体工程学等准确地再现碰撞现象。然后追溯、推定构成事故原因的碰撞发生前的车辆运动状态与乘员的动作。

碰撞事故按碰撞结果，可分为正面碰撞、追尾碰撞、迎头侧面碰撞、斜碰撞几种。

二、正面碰撞

1. 发生原因

汽车与汽车的正面碰撞主要有 3 种，是车辆在机动状态下发生碰撞事故的类型。一是超车时进入对向车道而与迎面来车发生碰撞，多数是由于驾驶员的认知错误而产生的。二是在弯道上形成的正面碰撞，这种碰撞多数是由于视距过小，发现来车过晚或高速行驶脱离本车道，驶向对面车道等原因引起的。三是瞌睡碰撞，即驾驶员由于瞌睡而失去知觉，丧失控制能力而造成的，在凌晨的交通事故中往往有这种因素。

2. 运动特征

假设正面碰撞中的两车是同型车，即质量相等，若以 60km/h 正面碰撞与用同样速度向墙壁碰撞相比较。前者碰撞激烈，相对速度达 120km/h，后者只有 60km/h。但是两车的运动和变形却是相同的，两车在对称面上，各点的运动均为零，这样就可将对称面完全等效为刚性墙壁。

如果两车不是同型车，A 车和 B 车碰撞时速度分别为 v_{10} 和 v_{20}，在冲突后，两车必然某一时刻变为一体，速度为 v_c，根据动量守恒定律求出有效碰撞速度(即汽车的速度变化值)，A 车和 B 车的有效碰撞速度分别为 v_{c1} 和 v_{c2}，其中：

$$v_{c1}=v_{10}-v_c$$

$$v_{c2}=v_c-v_{20}$$

此时可以认为两车是向以速度 v_c 移动的墙壁冲撞。

3. 特点

汽车正面碰撞时，相互作用的时间极短，而冲击力却极大，故其他外力的作用可以忽略不计。根据动量守恒定律可得有效碰撞速度越高，恢复系数越小，碰撞越激烈，越接近塑性变形。在有乘员伤亡的事故中，均可按塑性变形处理。

在汽车正面碰撞的事故中，因伴随有人身的伤亡和车体的塑性变形，为此，必须搞清车体变形与碰撞速度的关系。

在汽车碰撞的事故现场，只要能准确测量出车体的变形量和碰撞后车体的滑移距离，即可用计算机迅速地计算出碰撞前两车的速度。

三、追尾碰撞

1. 发生原因

(1) 驾驶员的原因。驾驶注意力不集中；跟车太近、车速太高；疲劳驾驶；酒后驾驶；带情绪驾车；道路状况。

（2）汽车机械故障。制动系统不灵或失灵，转向系统失灵都会导致事故。

（3）其他原因。超车相撞；十字路口错车，溜车，转弯等。

（4）容易引发追尾事故的外界因素。车辆灯光安全设施不全，车辆超载，在高速公路上违章停车。

2. 运动特征

以碰撞的力学关系看，除两碰撞车的速度方向相同外，其他的和正面碰撞相同。因有效碰撞速度达到 20km/h 以上时，恢复系数近似为零，故碰撞是相当激烈的，在这种情况下，碰撞后两车成一体运动。另外，碰撞车驾驶员在发现有追尾发生的可能时，会采取紧急制动措施，而在路面上留下明显的制动印迹。被冲突车因为没有采取制动，碰撞后两车的运动能量，均由碰撞车的轮胎和地面的摩擦来消耗。

在追尾事故中，如果是同型车，则碰撞车的减速度等于被碰撞车的加速度；如果不是同型车则减速度与质量成反比。碰撞车的前部变形很小，而被碰撞车的后部有较大的变形，故追尾事故中的机械损失应等于被碰撞车后部的变形能。

轿车与载货汽车由于结构的不同而有所不同，往往发生钻碰现象。

3. 特点

汽车追尾相撞，是指后车与前车在行驶中发生的碰撞。追尾碰撞和正面碰撞一样也是一维碰撞。因此，正面碰撞中的方程式也适用于追尾碰撞。但追尾碰撞有下列特点：

（1）被碰撞车认知的时间很晚，很少有回避的举动，因此，斜碰撞少。碰撞现象与正面碰撞相比是单纯的。

（2）恢复系数比正面碰撞小得多。因为车体前部装有发动机，刚度高，而车体后部(指轿车)是空腔，刚度低。追尾碰撞的变形主要是被撞车的后部，故恢复系数比正面碰撞小得多。有效碰撞速度达到 20km/h 以上时，恢复系数近似为零，碰撞车停止后，有时被碰撞车还会继续向前运行一段距离。

4. 追尾碰撞的类型

按碰撞部位可为分正面追尾相撞，左后追尾相撞，右后追尾相撞，台球式的追尾碰撞。

按行驶状态可分为两车行进中碰撞，行进中的后车与停驶的前车碰撞，停驶的后车与倒车或溜车的前车碰撞。

按碰撞时机可分为起步相撞，超车相撞，转弯相撞。

四、迎头侧面碰撞

1. 原因

侧面碰撞大部分发生在交叉路口，包括迎头侧面碰撞、右转碰撞、左转碰撞和行车路线变更侧碰撞。一般迎头侧面碰撞多发生在视野不清晰的交叉路口。由于驾驶员不注意交通信号精力不够集中，而与已进入交叉路口的车辆相碰撞。而右转、左转时的侧碰撞分为已发现对方车辆和未发现对方车辆两种情况。发现型属“抢道事故”，事故原因是判断错误。未发现型属于“视线遮挡事故”，主要是在转弯车和直行车之间，存在一辆挡住视线的第三辆车。

2. 运动特征

在迎头侧面碰撞中，相互碰撞的两车碰撞后不仅要做平移运动，而且还有回转运动，故为二维碰撞。甚至有的时候还可能成为三维碰撞。所以碰撞后的运动是相当复杂的。

迎头侧面碰撞的 3 种形式：碰撞车向被碰撞车的前部、中部和后部碰撞。对发动机前置前驱动的轿车来说，车辆的质心在相当于车长的前三分之一处，即前排座的中间。

前部碰撞时，冲击力作用在被碰撞车质心的前边，被碰撞车以左侧的某点为瞬心回转，这个瞬心称为击心。

中部碰撞时冲击力作用在被碰撞车质心的后侧，被碰撞车以右侧的击心为中心，向右回转。后部碰撞与中部碰撞一样，但后部碰撞的冲击力作用点与被碰撞车质心相距很远，故击心靠近质心，回转运动较大。

对于行驶状态的车辆发生侧碰撞，由于被碰撞车是行驶的，所以碰撞发生后，在被碰撞的冲击力表面要产生一个向左的摩擦力，其值等于冲击力乘上摩擦系数。

冲击力和摩擦系数时时刻刻都是在变化的，摩擦系数最初是零。随时间的增加最后可达到 0.5 左右。

前部碰撞时，冲击力产生的力矩和摩擦力产生的力矩，相互抵消而削弱，故回转运动较弱；而在中部碰撞和后部碰撞时，这两个力矩方向相同，使回转运动加强。

其次，被碰撞车停止时和行驶时，碰撞车所受的荷重完全不同。碰撞发生后，被碰撞车给碰撞车一个冲击反力，由于被碰撞车是行驶的，故碰撞车还要受到使其本身向右回转的摩擦力。

作用到被碰撞车上的偏心距离短时，冲击力大，冲击的反力也大，摩擦力也大，使碰撞的回转运动加强。

在迎头侧面碰撞中被碰撞车在碰撞方向上的速度分量是零。故碰撞时，碰撞车的速度就是有效碰撞速度。

碰撞变形量通常用损坏的长度、损坏面积及损坏体积来表示。实验结果表明：相对被碰撞车质心，碰撞点偏心距离短的前部碰撞，变形量最大；被碰撞车在行驶状态比静止状态的变形量大。

碰撞车和被碰撞车在行驶时，发生迎头侧面碰撞时，碰撞车的前部受摩擦力的作用，要出现弯鼻式的变形。

3. 特点

迎头侧面碰撞是直角的侧面碰撞，而在右转和左转碰撞中一般是斜碰撞。

对于迎头侧面碰撞，由于被碰撞车多数是在行驶状态，因而相互碰撞的车辆除受碰撞力的力矩作用外，还受摩擦力的作用。

五、斜碰撞

正面碰撞和追尾碰撞可按一维碰撞来说明，直角侧面碰撞虽是二维碰撞，但其实验模型比较简单。然而，在实际交通事故中，发生较多的并非是一维碰撞和直角侧面碰撞，而是斜面碰撞。为此，深入的研究斜碰撞就更有现实意义。

1. 发生原因

(1) 在引起正面碰撞中，碰撞车在超越中心线或返回本车道的过程中，多形成斜碰撞。

(2) 在直角侧面碰撞中，碰撞车的驾驶员总是力图摆脱事故的发生而急剧的打方向盘，而形成斜碰撞。

（3）在左转和右转碰撞中，多数也形成斜碰撞，但在这种情况下被碰撞车多数是处于停止或近似停止的缓慢行驶状态。

2. 运动特征

斜碰撞也是二维碰撞，汽车的运动是平面运动，即运动的方向不是确定的。在碰撞中除冲击力外尚存摩擦力，这两种力均要产生力矩，故碰撞车和被碰撞车除有平移运动外，尚有回转运动。且碰撞点也是固定不变的，碰撞后的作用点将随车辆的损坏而变化。这些均使碰撞后汽车的运动变得更为复杂。

此外，在碰撞车和被碰撞车的接触表面上，还要受摩擦力的作用。作用到碰撞车的摩擦力等于摩擦系数和碰撞车受到所有的力的矢量和法向力的乘积，作用到被碰撞车的摩擦力亦是与作用到碰撞车的摩擦力大小相等方向相反的力。

3. 特点

碰撞后，碰撞车和被碰撞车都是围绕各自的质心顺时针回转。

若轿车和载货车斜碰撞，若载货车向着轿车的质心冲击时，也不一定不引起回转。若合力指向轿车的质心，则轿车只有平移运动而无回转；若作用在质心的左侧，轿车向右回转；作用在轿车质心的右侧，则向左回转。

六、机动车与非机动车和行人碰撞

机动车与非机动车和行人碰撞事故是指行人参与的交通事故，但不包括行人自己或行人间的事故，例如：轿车—行人事故、摩托车—行人事故、货车—行人事故等。行人和非机动车发生的事故约占伤人事故的50%。

行人与汽车相碰撞事故后，行人的运动状态与汽车的外形和尺寸、汽车的速度、行人的身材高矮、行人的速度大小和方向有关。碰撞点在行人质心以上，如大客车等平头车与成年人碰撞、轿车与儿童碰撞，碰撞可能直接作用在行人的胸部甚至头部。身体上部直接向远离汽车的方向抛向前方，如果汽车不采取制动，行人将被碾在车下。对于碰撞点作用在行人质心，整个身体几乎同时与汽车接触，行人的运动状态基本同上。在大多数情况下，碰撞作用在行人质心下面，一般的船形轿车与成年人的碰撞事故均属于这种形式。汽车保险杠碰撞行人的小腿，随后大腿、臀部倒向汽车发动机罩前缘，然后上身和头部与发动机罩前部，甚至与风挡玻璃发生二次碰撞。碰撞速度越高，汽车前端越低，行人身材越高，头部碰撞风挡玻璃的概率越大。但是研究表明，当碰撞速度小于15km/h，行人被撞击后直接抛向前方。

船形轿车与成年人的碰撞时，行人的运动过程的常见的划分有：①车人接触，行人身体碰撞并加速，身体移向汽车发动机罩；②从发动机罩上抛向地面；③落地后继续向前运动至停止。即接触、飞行和滑移3个阶段。

对接触阶段影响较大的因素有碰撞速度、制动强度和行人与汽车前端的几何尺寸比。飞行阶段是因行人先被汽车加速，然后汽车因制动，而被加速的行人继续向前运动，行人被抛向前方。如果汽车没有制动或者减速度极小，当速度超过某数值时，行人可能从车顶飞出，落在车后。滑移阶段是从行人第一次落地滑滚至静止的过程。一些实验研究表明，在这个过程中行人亦可能离开地面弹起。影响接触阶段的因素对滑移(滚动)运动同样有影响，此外，落地时刻的水平和垂直速度、路面种类、行人着装等因素也有影响。对于平头汽车碰撞成年人或船形轿车碰撞儿童行人，儿童行人直接被抛向汽车的前方，滑移或滚动后停止。如果碰撞过程中汽车没有采取制动措施，行人可能被汽车碾压。

七、单方事故

汽车的单方事故包括路上和路外两种事故，路上事故是汽车和路上停放的车辆、施工作业机械碰撞及路上翻车等事故；路外事故有汽车驶离车道冲向沟边或坠落，汽车撞向护栏、电杆、分隔带或行道树等。在绝大多数情况下，汽车单独事故是因驾驶员对车辆失控而发生的。汽车与路上的停放车辆或工作物的碰撞，是由于驾驶员的错觉，对路上的静止物认知过迟，而造成的追尾现象。而汽车的路外单独事故，多是由于操作失误而造成的。最有代表性的操作失误如下：

（1）紧急制动时，左右轮制动效果相差过大，使汽车驶向路外。

（2）紧急转弯时，由于离心力作用，车向外滑，外侧车轮抵住路缘石或掉进边沟引起翻倾。

（3）为了回避障碍物，急打方向盘，如果汽车速度过高，也易引起车辆驶出路外或翻倾。

（4）高速行驶的汽车受横向阵风的作用，汽车偏离期望轨迹，为了修正侧偏，过度打方向盘，也易引起车辆驶出路外或翻倾。

（5）机件失灵。像转向球头脱落、轮胎爆胎、减震器断裂等，都会引起方向失控，使汽车驶出路外或侧翻。

八、施救措施

一旦发生事故，驾驶员注意做到以下五点：

（1）及时抢救受伤人员。迅速下车观察事故现场，确认有无人员受伤或死亡。如果有人死亡，则不应搬动，注意保护现场，用东西将尸体遮盖，待交通管理人员来处理。当对受害者是否死亡无法把握时，应将其作为受伤者来抢救。

（2）消除危险因素。事故发生后，在注意人员受伤的同时，还应注意事故造成的其他危险因素。应立即采取措施消除危险因素，以免引发第二次事故。

（3）保护现场。现场通常是指车辆采取制动时的地域至停车地域，以及受伤害的对方所行进、终止的位置。保护现场的简单方法包括：在事故区域周围摆石头，用线索围拦等，保护现场时，应根据事故性质和交通情况，灵活处理，以免造成来往车辆的大面积停驶。

（4）保留证人和证据。发生严重或重大追尾事故后，驾驶员应及时注意事故现场的见证人和证据。

（5）及时报案。事故发生后，驾驶员应亲自或请其他人及时向有关部门报案。报案时要讲清事故发生的时间、地点、车号、伤亡程度和损失情况等，以便有关部门及时处理。

典型案例

【案例 9-1】

报案人刘先生称在倒车时错将油门当刹车，将其富利卡撞在停放在路边的大货车上造成本车车损，大货车无损离去。

保险公司车险查勘人员会同汽车专业人员，对该车碰撞受损情况进行分析后得出：如果该车碰撞停驶的大货车，则该车速度应在35km/h以上。经现场查勘，出险地点道路平坦无明显的下坡，然而该车在倒车时其最大车速只有30km/h，结论为该车车损不可能是在该路段碰撞停置的大货车，只有可能被大货车追尾造成。

【本案评析】

通过本案例可以看出，查勘定损人员要具有丰富的专业知识，才能在查勘过程中明察秋毫，真正做到既不惜赔也不乱赔。

第五节　火险查勘

汽车火灾损失触目惊心，无论是什么原因导致的起火燃烧，都会使车主措手不及。即使扑救及时，汽车也会被烧得满目疮痍。如扑救不及时，整个汽车转眼之间就会化为灰烬。若在行驶中起火，还会给驾乘者造成严重的人身伤害。如果被烧汽车已经投保，是否投保了自燃损失险对理赔过程和结果影响很大。准确分析起火原因，掌握避免火灾的方法及扑救措施，了解汽车火灾损失的理赔规则，无论对车主还是对保险公司的查勘定损人员，都具有十分重要的意义。

一、汽车起火的分类

按照起火原因，汽车火灾大致可以分为五种类型。

1. 自燃

指在没有外界火源的情况下，由于本车电器、线路、供油系统等车辆自身原因发生故障或所载货物自身原因起火燃烧。

2. 引燃

指车辆被其本身以外的火源引起的、在时间或空间上失去控制的燃烧。

3. 碰撞起火

指车辆与外界物体直接接触并发生意外撞击所引起的起火。

4. 爆炸

指由车内所载物品或车体上安装的爆炸物本身发生爆炸所引发的汽车爆炸。

5. 雷击

指在雷雨天气，露天停放的汽车因遭遇雷击而引发的击穿或燃烧。

二、汽车起火的原因

汽车起火，尽管原因可能极其复杂，但始终离不开物体燃烧的三大基本要素：火源即起火点；可燃烧的物体；充足的氧气。在汽车火灾损失的查勘过程中，查勘人员在分析、判断起火原因时，是围绕这三大基本要素展开的。

1. 自燃原因

根据消防部门和车险理赔专家的统计分析，在汽车自燃的事故中，存在着“五多”现象。

① 小轿车多，占50%以上；②私家车多，约占55%；③行驶状态发生火灾者多，约占70%；④使用5年(或10万千米)以上者多，约占70%；⑤火灾原因以导线短路和漏油居多，占60%以上。

汽车自燃的主要原因为：

（1）漏油。

泄漏的燃油是最可怕的可燃物。漏油点大多集中在管件接头处。无论是行进还是停驶，汽车上都可能存在火源，当泄漏的燃油遇到火花，就可能引起火灾。

（2）漏电、短路。

汽车上的漏电包括高压漏电和低压漏电两种类型。

发动机工作时，发动机舱内和点火线圈自身温度很高，促使高压线绝缘层软化、老化、龟裂，导致高压漏电；高压线脱落引起跳火。由于高压漏电是对准某一特定部位持续进行，引发漏电处温度升高，引燃泄漏汽油。

低压线路搭铁也会引发汽车自燃。因为搭铁处产生大量的热能，如果与易燃物接触，会导致起火，引燃汽车。造成低压线搭铁原因：导线老化、导线短路搭铁、触点式开关触点烧结；私家车主添加防盗器、高档音响、通讯设备、电动天窗、空调等，未对整车线路布置进行分析及功率复核，导致个别线路用电负荷加大；维修整车线路或加接控制元件时，未对导线易松动处有效固定，使导线绝缘层磨损。

例如：长途大客车自燃事故发生率居高不下，这是因为其运行状态和环境比较复杂。汽车在运行了10多万千米后，很容易出现线路老化漏电、漏油现象。汽油机瞬间电压可达10000V以上，而柴油机低压线路漏电电流可达到数十安培以上，产生的火花和热量足以引燃一定浓度的燃油蒸汽，长途大客车一直都是在高速运转，检修时间很少甚至没有，因此容易发生自燃事故。

（3）接触电阻过大。

线路接点不牢或触点式开关接触电阻过大等，会使局部电阻加大，长时间通电时发热。局部电阻过大会产生热能，使导线接点发热引起可燃材料起火。

（4）进气管回火。

对于汽油发动机来说，车辆在行驶状态或启动过程中，有时会发生进气管回火的现象，主要原因是可燃混合气的比例调节不当、点火过早或者点火顺序错乱等。在这种情况下，车辆常常会加速无力，如急加速则会产生进气管回火或排气管放炮的现象，甚至排出火星，引发火灾。

（5）明火烘烤柴油油箱。

采用柴油发动机的汽车，有时冬季会出现供油不畅的现象。为了解决问题，某些驾驶员会在油箱外用明火烘烤，极易引起火灾。

（6）车载易燃物引发火灾。

当车上装载的易燃易爆物品因泄漏、松动摩擦而起火时，导致汽车起火。

（7）超载。

汽车超载，从两个角度来说可能导致起火：

① 汽车部件高温自燃。汽车的相关部件因汽车超载而处于过度疲劳和过热状态，一旦超过疲劳极限，就有可能发生自燃。

制动器超负荷工作。制动系统的热量是通过固定在制动蹄片上的摩擦片与制动鼓或制动盘之间的摩擦产生的。这种聚集的热量通过汽车的行驶而消失或制动鼓的适当通风而散发，如果汽车超载行驶，频繁的制动会使产生的热量增多。一旦液压油出现泄漏，聚集的热量就会将油液加热到燃点使其起火。

另外，长时间、高强度的制动，也会造成制动鼓过热，制动鼓随之又将热量传导到附近的可燃物，增加了自燃的可能性。

轮胎摩擦过热。轮胎摩擦过热有几种情况：一是，气压不足，二是，超载，三是，气压不足与超载的综合效应。这些情况都会造成轮胎的侧壁弯曲。轮胎弯曲所产生热量的速度要比机动车行驶中散发热量的速度快得多，其结果是侧壁的温度升高。将侧壁纤维与橡胶材料的黏结破坏，所形成的分离又加剧了松散线绳与橡胶间的摩擦，从而产生了更多的热量。如果机动车停驶，失去了风的冷却作用，聚积的热量会很快使侧壁的温度上升而造成自燃。

轮胎起火以在高速公路上行驶的车辆居多。理论上来说，任何机动车的轮胎都可能发生这种现象，而对于卡车或拖挂车上的双轮胎来说，则危险性更大。当两个轮胎中有一个气压不足时就会发生这种现象，原因是：由于相邻的轮胎承受了双倍载荷而形成过载，因此轮胎的内摩擦增加，致使过热。

② 超载货物摩擦自燃。货车严重超载时，若高速行驶，车厢底部的货物会发生挤压、摩擦，从而产生高温，导致自燃起火。

（8）停车位置不当。

现代汽车一般装有三元催化反应器，该装置因位于排气管上部，紧邻排气歧管而温度很高，且在大多数轿车上位置较低。如果停车时恰巧将其停在易燃物附近，会引燃可燃物。如果驾驶员夏季将汽车长时间停放在太阳下暴晒，会将车内习惯性放置在前窗玻璃下的一次性打火机晒爆，如果车内恰巧有火花（如吸烟、正在工作的电器设备产生的电火花等），就会引燃车内几乎没有阻燃功能的饰品。亦可能将仪表盘打破，断路的导线引燃其他可燃物。

（9）维修保养不当。

在汽车维修保养的过程中，部分用户只注意修理工是否将汽油滤清器更新，而根本没有在意他们是否对油管进行必要的检查。实际上，橡胶油管在经过长时期较高温度的烘烤之后，很容易因老化而漏油。另外，市场上假冒的汽油滤清器、劣质的汽油软管及不符合安装标准的操作方法很多，不合格的零部件或不合规范的操作方法，往往会留下汽车自燃的隐患。

（10）车主的故意行为。

个别车主出于某种目的，故意创造条件，使汽车起火燃烧。

2. 引燃

在汽车的火灾类型中，除自燃外，还有因外界引燃物、碰撞起火、爆炸、雷击等引起的火灾，后几种类型的发生原因相对简单一些。

（1）碰撞起火。

追尾或迎面撞时，一般不会起火，只有当撞击后导致易燃物（如汽油）泄漏且与火源接触时，才能起火。当汽车因碰撞或其他原因导致翻滚倾覆时，极易发生油箱泄漏，一旦遇上外界火花或仍在工作的高压电火花，就会起火。

（2）外界火源引燃。

如果汽车停靠在某处，恰巧附近发生了火灾，导致汽车被引燃。建筑物起火引燃、周边可燃物起火引燃、其他车辆起火引燃、被人为纵火烧毁等，都属于汽车被引燃的范畴。

（3）雷击。

在雷雨天气里，露天停放的汽车有可能遭遇雷击。由于雷击的电压非常高，完全可以将正在流着雨水的车体与地面之间构成回路，从而将汽车上的某些电气电子设备击穿(如车用电脑)，严重者可以引起汽车起火。

(4) 爆炸。

如果车内装载、搭载有易爆物品，或者被恐怖分子在车体上安装了爆炸物品，爆炸物品自身的爆炸肯定会引起汽车的起火，甚至导致油箱爆炸，从而引发更为严重的燃烧。

三、预防汽车起火的措施

1. 认真做好日常检查

定期检查用电设备插接头是否松动、脱落。特别注意检查点火开关、蓄电池、启动继电器、电磁铁、电动机等大电流电器件接线柱、导线的连接、绝缘是否可靠；经常检查车架、油箱、喷油器、各油管接头、坐垫等油漆件、漏油件、易燃物周围的导线、插接头、开关、线夹等是否“破皮”，坚决杜绝各种形式的导线短路。

2. 按章操作

后备箱中不要存放汽油、柴油等危险品，避免被追尾撞击时起火。驾驶室内尽量不要长时间置留打火机、香水、摩丝等易诱发火灾的危险物品。任何情况下不采用人工直流供油法向发动机供油，不用明火烘烤油箱。尽量不超载、超速行车；合理、牢靠、规范地装载、运输危险品。如在行车中发生故障要及时、合理排除，自己无法排除时，应靠边停车，等待专业救援，切忌自己动手乱操作。

3. 合理停车

不要将车停放在易燃物品附近，夏季尽量不要长时间地停放在被太阳暴晒的地方。

四、汽车起火后的施救

汽车自燃一般都有一个过程，如果是车前的发动机起火，开始时可能仪表台会冒黑烟，有焦煳味儿，并伴随有异响、串火苗等，但在车前部一般是看不到的。如果司机开着空调，在起火初期就可以闻到发动机舱内的焦煳味。如果是汽车尾部的行李舱起火，应该可以通过车窗及后视镜看到烟雾。

行车中车辆突然起火多会有一些预兆，比如加速突然感到乏力，制动踏板力度突然变轻，或是带有转向助力车辆方向盘突然变重，都有可能是燃油油管、制动液油管或动力转向油管发生泄漏，此时应立刻靠边停车熄火对车辆进行系统检查。

当发生汽车自燃征兆时，应该熄火停车，最好能将车停在避风处进行施救，避免造成更大的损失。

遇到汽车起火，要及时、正确扑救。为保证灭火，事先配备轻便灭火器，并定期更换和学会使用。

五、汽车火险的勘察

由于汽车起火的类型分为自燃、引燃、碰撞起火、爆炸、雷击等五种类型，就有了“自燃”和“火灾”之分，因此，就目前的保险险种设计方面，又专门设有“自燃损失险”。一般说来，后四种类型的火灾比较容易鉴别，在赔付方面也大都包含在了车辆损失险的理赔范畴之内，相对来说比较简单。但是，自燃的判别往往存在着一定的难度。因而，在汽车火灾损失的查勘实践中，就存在着准确区分火灾和自燃的问题。

根据保险条款，“自燃”是指因本车电器、线路、供油系统发生故障或所载货物自身原因起火燃烧。其他原因导致的汽车起火列为“火灾”，属于车辆损失险理赔范畴。

1. 火灾损失查勘的基本要求

在查勘汽车火灾损失现场，分析起火原因时，需掌握构成燃烧的三大基本要素：

（1）分析找到导致汽车起火的火源。

（2）分析周围是否有易燃物品。

（3）分析火源与易燃物品的接触渠道中是否有足够的空气可供燃烧。

只要牢牢把握住以上三点基本要素，再通过查勘汽车车身不同位置的烧损程度，首先准确找出起火点的位置，进而分析出起火原因，判断出汽车起火的自燃、引燃属性，就可以为下一步的准确理赔奠定基础。

2. 自燃的诱因及结果分析

（1）汽车上的主要易燃物。汽车上的主要易燃物品有：燃料、润滑油、导线、车身漆面、内饰、塑料制品、轮胎等，这些物品一旦遇火，就会起到明显的助燃作用。一旦火势不可控制，就有可能将全车烧毁。

（2）发动机熄火后的自燃。汽车发动机熄火以后，有时汽车反而会自行起火燃烧，这种现象有些令人费解。其实，当发动机熄火以后，由于失去了风冷条件，车体温度反而会有所上升，有可能导致临近燃点的汽车上的某些物品起火燃烧。

（3）在理论上存在车厢内部自行起火的可能。但因为车内没有明显的火源，以及车的内饰品大多带有一定的阻燃功能，所以实际上不太可能发生这种情况。

（4）晒爆的打火机引起自燃。有的时候，驾驶员会将一次性的气体打火机放置在仪表盘处。如果汽车在烈日下暴晒，很有可能会晒爆气体打火机。爆炸的打火机完全有可能打坏仪表盘，如果恰巧将仪表盘上的火线打断了，所产生的电火花就有可能将迷漫在驾驶室内的可燃气体引燃。

（5）防盗报警器与自燃。在汽车上擅自安装的防盗报警器，一方面可能未对线路进行功率复核；另一方面防盗报警器始终通电。如果导线偶然断开或因电流过大而烧焦时，就容易成为汽车上的一个自燃火源点。

（6）拆卸油管可能引起自燃。对于装有电喷式发动机的汽车来说，当发动机熄火以后，油管中仍然会有一定的残余汽油压力。如果维修人员在此时马上动手拆卸相关油管，则会导致汽油喷射而出，引发火灾。

（7）自燃与油箱爆炸。在实际的汽车火灾现场，极少发生油箱爆炸事件伴随着汽车的燃烧，油箱中的汽油往往只是会被烧光。这是因为，在汽车起火燃烧的过程中，油箱内并无空气，燃烧着的火焰无法被引入到油箱内部。但是，车体燃烧所产生的高温会对油箱及其内部的汽油产生强烈的烘烤，导致油箱中的汽油挥发，从而产生较高的气压，将油箱盖顶开，汽油挥发而出，快速燃烧，直至烧光。

（8）自燃后的轮胎。汽车起火以后，由于风向的缘故，车身两侧以及前后安装的轮胎燃烧程度并不一致，一般说来，顺风向的轮胎会烧得严重，逆风向的轮胎则一般不会燃烧。另外，由于地面的散热条件较好，而且地面与轮胎之间没有空气流通，所以，轮胎的接地点也不会燃烧。

3. 汽车自燃道德风险分析依据

近年来，汽车自燃事故与纵火案频繁发生，导致车险赔付率居高不下。由于这两种不同性质的案件极易给人造成认识上的混淆，致使一些图谋欺诈骗赔的不法分子有机可乘。对于涉嫌欺诈骗赔的焚车案，一些基层保险部门或因人员素质，或因经验缺乏，苦于缺少充分证据，明知其中有诈，最终还是无可奈何地支付了赔款，从而使一些故意焚车骗赔的犯罪分子如愿以偿。这样一来，引发了犯罪，损害了保险公司的利益和形象，由此产生的负效应又进一步刺激了焚车骗赔案的持续发生，给保险公司的经营带来恶果。

(1) 焚烧机动车辆欺诈骗赔的成因。

焚车骗赔的发生，既有行为人主观恶意的驱使，也有焚车现场变异大、保险条款漏洞多等可利用因素的诱惑。

① 主观因素。个别保户在同保险公司打交道时，在尝到保险期内发生出险事故获得赔偿金甜头后，认为骗保有利可图，引发骗赔动机，首次骗赔得逞，便一发不可收拾。有些未曾发生出险事故的投保人，见他人“出险”后获得了赔偿金，感到自己“只交未赔”是“得不偿失”，也萌生骗赔念头。

② 客观因素。其一，机动车的有效使用寿命仅有几十万千米或10年左右时间。不法分子为非法获利，挖空心思，焚车骗赔，试图把车辆更新费用转嫁给保险公司。其二，机动车在行驶中有可能导致火灾事故。焚车现场大多会受到消防人员和旁观者践踏，可能使重要物证遭到破坏。其三，目前保险公司尚未形成较完备的反欺诈机制，个别保险条款设计存在缺陷，使不法分子有空隙可钻。其四，受目前理赔制度的约束和诱导，促使骗赔分子破釜沉舟，采取焚车骗赔的手段骗取巨额保险金。因为理赔原则是以修为主，以换为辅，犯罪分子为获取赔款，就在作案中加大损坏力度，以造成投保车辆的全损。

(2) 焚烧机动车辆欺诈骗赔的特征。

焚车骗赔者要想达到骗取巨额赔偿金的目的，总要挖空心思地在投保、焚车、报险、索赔等各个环节进行欺骗和伪造。一般说来，焚车骗赔行为有以下特征：

① 从车辆运营条件看，被保险人近期购车根本不具备经营能力或无明确使用指向。被焚车辆多为个体运输的轿、客、货车，获得保险利益者多为个人；个别车辆为廉价收购的进口报废车、来历不明的黑车或无牌照的拼装车。

② 从车况看，车辆焚毁前多为破旧不堪、经营不力，却低值高保、私车公保甚至重复巨额投保。

③ 汽车起火的季节不是发生在夏天，而是在其他季节。虽然从理论上来说，任何一个季节都有发生自燃的可能性，但是，根据火灾实际发生的情况统计，汽车夏季自燃的发生概率远远大于其他季节。

④ 从焚车时间看，出险车辆多在临近保险有效期满或迫近车辆年检截止日期前被焚，有的则在投保后不久即被焚毁。焚车时机多在不利有关人员及时到场查勘和进行现场保护的夜晚、恶劣天气、节假日。

⑤ 从焚车地点看，起火地点不是在人口稠密的市区，也不是在车水马龙的主要道路上，而是在城乡结合部相对偏僻、人迹稀少的小路上，不易被他人发觉，不利于消防扑救。

⑥ 从车上人员情况看，焚车时车内一般无乘客，或驾乘人员神态自然，没有遭遇突发事件后的紧张、焦虑、恐怖感，也没有私人财务遭受重大损失后的心疼感。

⑦ 从车上物品情况看，焚车时车上一般无货，或者驾乘人员的个人物品，尤其是贵重物品均被及时地从燃烧着的汽车车厢内“抢救”了出来，没有造成任何损失，或者个人物品虽有损失，但无足轻重。

⑧ 从被保险人活动表现看，焚车前多有预谋准备，焚车过程中多有同伙策应，焚车后急迫索赔。车主或驾驶员随身携带保单，向保险公司索赔的资料基本齐全，而且未曾遭遇任何遇火损失，对赔付规定和索赔流程基本熟悉。索赔过程中对知情人威胁恐吓，对保险理赔人员殷勤备至，伺机请客送礼。坚决反对查勘人员要以汽车的实际价值赔付而不是按照投保价值进行赔付的语言“试探”，态度坚决而强硬。

⑨ 汽车起火时，属于车主亲自驾车的现象居多，起火以后，车主或驾驶员首先选择向投保的保险公司报案，而不是拨打 110 或 119 求救电话请求救援，有违常规。

⑩ 汽车的烧损程度非常严重，整车呈现出面目全非的概貌，甚至出现不止一处的严重烧损地方，令人难以判断出最初的起火位置，不符合汽车自燃的一般规律。

六、火损汽车的定损

1. 火灾对车辆损坏情况的分析

火灾对车辆损坏一般分为整体燃烧和局部燃烧。

（1）整体燃烧时，机舱内线路、电器、发动机附件、仪表台、内装饰件、坐椅烧损，机械件壳体烧熔变形，车体金属件脱炭（材质内部结构发生变化），表面漆层大面积烧损。

（2）局部烧毁分三种情况：

① 机舱着火造成发动机前部线路、发动机附件、部分电器、塑料件烧损；

② 轿壳或驾驶室着火，造成仪表台、部分电器、装饰件烧损；

③ 货运车辆货箱内着火。

2. 火灾车辆的定损处理方法

（1）对明显烧损的零部件、总成进行分类登记。

（2）对机械件应进行测试、分解检查。特别是转向、制动、传动部分的密封橡胶件。

（3）对金属件检查是否因燃烧而退火、变形。

（4）对于因火灾使保险车辆遭受损害的，分解检查工作量很大，且检查、维修工期较长，一般很难在短时期内拿出准确估价单，只能是边检查边定损，反复进行。

3. 火灾汽车的定损

汽车起火燃烧以后，其损失评估的难度相对大些。

如果汽车的起火燃烧被及时扑灭了，可能只会导致一些局部的损失，损失范围也只是局限在过火部分的车体油漆、相关的导线及非金属管路、过火部分的汽车内饰。只要参照相关部件的市场价格，并考虑相应的工时费，即可确定出损失的金额。

如果汽车的起火燃烧持续了一段时间之后才被扑灭，虽然没有对整车造成毁灭性的破坏，但也可能造成比较严重的损失。凡被火“光顾”过的车身的外壳、汽车轮胎、导线线束、相关管路、汽车内饰、仪器仪表、塑料制品、外露件的美化装饰等可能都会报废，定损时按需更换件的市场价格、工时费用等确定损失金额。

如果起火燃烧程度严重，外壳、汽车轮胎、导线线束、相关管路、汽车内饰、仪器仪表、塑料制品、外露件的美化装饰等肯定会被完全烧毁。部分零部件，如控制电脑、传感器、铝合金铸造件等，可能会被烧化，失去任何使用价值。一些看似“坚固”的基础件，如发动机、变速器、离合器、车架、悬架、车轮轮毂、前桥、后桥等，在长时间的高温烘烤作用下，会因“退火”而失去应有的精度，无法继续使用。

七、保险索赔

汽车起火后，车主在拨打119火险电话报警以后，应该拨打投保的保险公司的报案电话，在第一时间拿到报案号并记录保存，或要求保险公司到现场处理。在消防队灭火后，要及时地向其要求出警证明，并让其开具起火原因的说明。在保险公司定损以后，根据其要求拖去相应的修理厂进行修复。汽车修好以后，凭维修发票在额度内报销，一般赔付率在80%左右。

如果汽车自燃仅仅造成了电器、线路、供油系统的损失，保险公司是不予赔偿的。

外界火源以及其他保险事故造成的火灾导致保险车辆的损失，保险公司可以承担保险责任。对于保险车辆因本车电器、线路、供油系统等问题导致起火，造成保险车辆损失以及违反车辆安全操作原则，用有火焰的火，如喷灯、火把烘烤车辆造成保险车辆损失的均属除外责任。在对因火灾造成保险车辆损失的查勘定损处理中，应严格掌握保险责任与除外责任的区分，研究、分析着火原因。

典型案例

【案例9-2】

一辆红旗7020轿车在行驶中因躲闪车辆而失控，撞到了高速公路的护栏上，起火燃烧，车的前部烧损严重。

查勘发现，汽车前部右侧翼子板悬挂支撑严重变形，排气管被挤压着靠向了起动机的电源线接线柱上，汽油滤清器破损。

分析：汽车运行中的碰撞，导致汽车前部右侧的翼子板悬挂支撑座严重变形，将排气管挤压在启动机电源接线柱上，搭铁后产生了电火花。另外，汽油滤清器被其附近严重变形位移的悬挂支撑座挤破，漏洒的汽油与电火花接触后导致了起火。

【本案评析】

本案例不属于自燃，应该属于车辆碰撞引起的起火。

【案例9-3】

某海狮车车主按营运车辆投保了车辆损失险，但未投保自燃损失险。某日，该车在行驶过程中起火，烧毁了包括轮胎在内的绝大部分构件，损失惨重。事故发生后，车主将车移动使其撞到了路边的水泥隔离墩，造成碰撞起火的假象，打算按车辆损失险要求赔付。

查勘人员通过分析保险杠被撞的程度、路边隔离墩被撞痕迹的高度以及轮胎周边被烧损的情况，得出了“该车在事故发生后被移动，第一现场已被破坏，与车主自称的未曾移动事故车辆的说法不符”的结论，拒绝按车辆损失险进行赔付。

【本案评析】

由本案可以看出查勘人员能力的重要性。

【案例9-4】

一辆装用柴油发动机的东风牌自卸汽车，在行驶途中发现发动机冒烟，停车查看时起火，将整个驾驶室、变速器、转向器等铝合金制成的部件全部烧毁。车主拨打 119 火警电话求救，大火被消防队员扑灭。

查勘人员分析：由于该车系九成新的自卸车，于白天起火，起火后驾驶员首先拨打 119 电话求救，排除了道德风险。由于是新车，电路老化问题可以基本排除，排查重点放在油路方面。询问车主在行车途中有无发动机动力不足的现象，得到了“不存在”的明确答案。据此，排除了供油管漏油的可能，重点在回油管查找。进一步检查发现，回油管有一处不明原因的折痕，且位置恰好对准发动机的排气管，估计是该处发生的漏油漏在了排气管上，引起车辆自燃(柴油自燃温度为 335℃，而排气管温度高达 700℃~800℃)，该处起火后，引燃了电缆，将火引入了驾驶室，烧掉了整个驾驶室。变速器、转向器等铝合金件的全部烧掉，是因为其内的润滑油被高温烘烤、外泄、引燃，烧化了外壳。

【本案评析】

本案符合自燃条件。保险是否赔偿取决于车主是否购买力自燃损失险。

【案例 9-5】

一辆天津夏利轿车停车十几分钟后发生了发动机冒烟的现象，打开发动机舱盖后，一股火光冲天而起，幸亏众人及时施救，才将大火扑灭。

现场查勘发现该车的点火线束、水管、油管、三角皮带等橡胶制品全部烧光，初步确定起火位置在发动机舱内。经仔细询问和现场观察，发现驾驶员私接了一条不受点火开关控制的喇叭控制线路，而且线束捆扎不牢。

分析：汽车运行过程中，由于震动，使得车主私接且线束捆扎不牢的导线与进气管不断地发生摩擦，导致导线绝缘层破损。当发动机熄火以后，可能震动的作用恰巧使火线与进排气管相接触，搭铁后产生的大电流首先导致线束起火，并引燃了车内的各种橡胶件。

【本案评析】

实际上，汽车电气系统的导线、开关都有各自额定的容量，如果导线或开关的容量偏小，就会使它们经常处于过载状态，过度的发热导致绝缘体变质，有可能引起火灾。

第六节　水险规避与查勘

暴雨、洪水等自然灾害会造成汽车损坏，给车主带来不便和损失，给保险公司造成损失。

中国人民财产保险公司的车损险对于车辆涉水、被水淹没排气管后重启发动机造成损失的情况不予赔偿，但根据人保增设的《发动机特别损失险》，保险车辆在积水路面涉水行驶或被水淹后致使发动机损坏，可给予赔偿 80%。太平洋财产保险公司在其车损险范围外另设了附加险种《涉水损失险》，负责赔偿前文所述损失。

暴雨造成的车辆损失主要有四种：一是，由于暴雨淹及车身，导致车辆的坐垫、电路、内饰部件等的损失；二是，发动机进水后车主又重新启动，导致发动机损失；三是，在水中不自觉地漂游或其他原因发生擦撞碰伤的损失；四是，拖车等施救费用。

一、涉水后的安全检查

(1) 汽车涉水后，应选择宽阔安全的地点停车，查看发动机点火系统是否沾水，并用干布将受潮的电器部件擦干净，以防发生短路或断路等故障。

（2）检查各齿轮箱有无浸水，水箱散热器片之间有无漂流物堵塞，轮胎有无损坏，底盘下面有无水草缠绕等，及时将车辆清理干净。

（3）应该启动发动机，让发动机空转数分钟后，达到正常温度，烘干发动机上面的水和潮气。确认汽车技术状况良好后，先用低速行驶一段路程，并有意识地轻踩几次制动踏板，让制动蹄片与制动毂接触摩擦产生热能，以烘干和蒸发掉制动器中残留的水分，确保刹车性能良好。

（4）重点检查电脑系统。现在车辆的电子化程度日益提高，车辆被淹后，车主应该重点检查车载电脑系统，这些是最容易被水损害的部件。一般电脑板分布在发动机舱、方向盘管柱左右的较多，因为位置较高受到水淹的几率较小，但是，换挡杆后的电脑板位置就比较低，容易受损。

二、汽车被淹后的施救

如果汽车不幸被水淹没甚至落入水中，要及时、准确地予以施救，避免汽车损失进一步扩大。施救进水汽车时，一定要遵循“及时、科学”原则，既保证及时救援，又避免扩大损失。

1. 严禁水中启动汽车

汽车因进水熄火后，驾驶员绝对不能抱着侥幸心理贸然启动，否则会造成发动机进水，引起损坏。当汽车被水浸入时，驾驶员应马上熄火，及时拨打保险公司的报案电话，或者同时拨打救援组织的电话，等待拖车救援。

实践证明，在暴雨中受损的汽车，大多是因水中熄火后，驾驶员再次启动而造成发动机损坏的。据统计，大约有90%的驾驶员，当发现自己的汽车在水中熄火后，会再次启动汽车，这是导致发动机损失扩大的主要原因。

2. 科学拖车

施救水淹汽车时，一般应采用硬牵引，或将前轮托起后牵引，一般不要采用软牵引方式救援，如采用软牵引拖车，一旦前车减速，被拖汽车往往会采用挂挡、利用发动机制动力的方式减速，导致被拖车发动机损坏。

3. 谨慎启动

未排水前，严禁采用起动机或人工推车或拖车方式启动被淹汽车发动机。只有排水、润滑后才能启动。

4. 及时告知车主和承修厂商

在将受淹汽车拖出水域后，应及时告知车主和承修厂商，下列措施是被保险人应尽的施救义务：

（1）及时拆下容易受损的电器。

尽快从车上卸下后，进行排水清洁，电子元件用无水酒精清洗后晾干，避免因进水引起电器短路。某些价值昂贵的电器设备，如果清洗晾干及时，完全可以避免损失；如果清洗晾干不及时，就有可能导致报废。

汽车电脑最严重的损坏形式就是芯片损坏。一般而言，如果电脑仅仅是不导电，还可进行修理；如果是芯片出现毛病，就需要更换新的电脑了。

汽车上的各类电机进水以后，对于可以拆解的电动机，可以采用“拆解—清洗—烘干—润滑—装配”的流程进行处理。对于无法拆卸的电机，如雨刷电机、喷水电机、玻璃升降电机、后视镜电机、鼓风机电机、隐藏式大灯电机等，则无法按上述办法进行，进水后即使当时检查是好的，使用一段时间后也可能会发生故障，一般说来，应该考虑一定的损失率，损失率通常在20%~40%。

（2）及时检查相关机械零部件。

① 检查发动机。汽车从水中施救出来以后，要对发动机进行检查。先检查发动机气缸有没有进水。气缸的进水会导致连杆被顶弯，损坏发动机。

检查机油里是否进水，机油进水会导致其变质，失去润滑作用，使发动机过度磨损。将发动机机油尺抽出，查看油尺上润滑油的颜色。如果油尺上的油呈乳白色或有水珠，就要将润滑油全部放掉，在清洗发动机后，更换新的润滑油。

将发动机上的火花塞全部拆下，用手转动曲轴。如果气缸内进了水，则从火花塞螺孔处会有水流出来；如果用手转动曲轴时感到有阻力，说明发动机内部可能存在某种程度的损坏，不要借助其他工具强行转动，要查明原因，排除故障，以免引起损坏的进一步扩大。

② 检查变速器、主减速器及差速器。检查变速器、主减速器及差速器是否进水，如果上述部件进了水，会使其内的齿轮油变质，造成齿轮磨损的加剧。对于采用自动变速器的汽车，还要检查控制电脑是否进水。

③ 检查制动系统。对于水位超过制动主缸的被淹汽车，应更换全车制动液。因为当制动液中混入水后，会使制动液变质，影响制动效能，甚至制动失灵。

④ 检查排气管。排气管进水后，有可能堵塞三元催化器和损坏氧传感器。

（3）清洗、脱水、晾晒、消毒及美容内饰。

汽车浸水或整车被淹没后，为了防止车内因潮湿而出现霉味，除了在阴凉处打开车门，让车内水汽充分散发，消除车内潮气和异味外，还需对汽车内部进行大扫除。注意对内饰进行晾晒，但不能在阳光下暴晒，以免变形；并仔细检查车内死角处有无积水和生锈痕迹，如有要及时处理并采取防锈措施。选用清洗剂时，应注意清洗剂和保护用品与汽车内饰材料的吻合。

（4）维护汽车。

如果汽车整体被水淹没，除进行上述检查并排水外，还要及时擦洗外表，防止酸性雨水锈蚀车体。最好进行一次二级维护。全面检查清理进水部位，通过清洁、除水、除锈、润滑等方式，恢复汽车的性能。

三、水淹汽车损坏机理

水淹汽车分静态和动态两种。静态指车在停放时被暴雨或洪水侵入甚至淹没；动态指车在行驶时发动机气缸因吸入水而熄火，或在强行涉水未果、发动机熄火后被水淹没。

1. 静态进水损坏

汽车在静态条件下，如果车内浸水，会造成内饰、电路、空滤器、排气管等部位受损，有时发动机气缸内也会进水。此种情况，即使发动机不启动，也会造成内饰浸水、电路短路、电脑芯片损坏、空滤器报废、排气管和发动机内部浸水生锈等损失。对于现代电控汽车，会导致电子控制装置损坏，电喷发动机因短路会造成无法着火；如强行接通电路启动发动机，极有可能导致非常严重的损失，如损坏更多的电控单元、导致发动机报废。

2. 动态进水损坏

汽车在动态条件下，由于发动机仍在运转，气缸吸入水后，会迫使其熄火。此种情况，除了静态条件下可能造成的全部损失外，还有可能导致发动机直接损坏甚至报废。

同样是动态条件下的损坏，由于发动机转速不同、车速不等、进气管口安装位置有别、气缸吸入水量不一等，所造成的损坏也有所不同。如果高速时吸入水，有可能导致连杆折断、活塞破碎、缸体被连杆捣坏等故障。

有时，因进水导致自然熄火，虽车主没继续使用，并将相关零部件进行了清洗，但个别车辆运行一段时间后，又造成了折断的连杆捣毁缸体的恶性事故。原因是当时的进水造成连杆轻微弯曲，为日后故障留下隐患。

动态进水造成故障的修理费往往十分昂贵。

四、汽车水灾事故查勘

在遭遇暴雨或洪水时，一些经验不够丰富的驾驶员，一些处理水灾受损汽车经验不多的保险事故查勘人员、汽车维修人员，往往会不知所措，由于所采取的措施不当，扩大了汽车的损失。比如：众多驾驶员会在汽车被淹熄火后连续启动发动机，致使汽车损坏加重；个别救援人员因采取措施不当，扩大了汽车的损失；个别查勘人员无法界定是水淹损失或是人为扩大损失；修理人员采取措施不当，扩大了损失。因此，做好汽车水灾事故的查勘是一项十分复杂的过程，从大量的水灾案例实践中分析，做好汽车水灾事故查勘理赔工作应注意如下几个方面：

(1) 迅速、快捷地到达出现现场，认真细致地进行现场查勘。

(2) 详细了解汽车在水中浸泡的时间长短。

(3) 区分车型，对不同受损程度的标的车辆进行抽样，评定损失。

(4) 对同一地区、统一车型、相似受损程度的标的指定相对一致的损失评定标准。

1. 水灾损失时的汽车状态

汽车因水灾而受到损失时是处于行驶状态还是停置状态，是区分是否是保险责任的重要前提。

如果汽车是在停置状态受损，此时发动机不运转，不会导致发动机内部损伤。如果汽车处于行驶状态，当水位低于发动机的进、排气口时，通常不会造成发动机的损伤。但是，公路上行驶的车辆造成水面的起伏、溅起的水花有可能被其他车辆吸入汽缸，造成发动机的严重受损。

2. 水的种类

汽车被水淹，通常有淡水和海水。

一般海水的腐蚀性比较强，汽车如果被海水浸泡过后，如处理不及时或处理不当，会给汽车日后的使用留下隐患。

在对淡水水淹汽车的损失评估中，应了解淡水的混浊程度。多数水淹损失中的水为雨水和山洪形成的泥水，但也有由下水道导管而形成的浊水，这种城市下水道溢出的浊水中含有油、酸性物质等异物，会对汽车造成不同的腐蚀损伤，在现场查看时应引起注意，并做好详细记录。

3. 水淹高度

水淹高度是确定水损程度的一个重要参数，因不同车型的车体高度不同、结构不同，所以计算水淹高度通常以汽车上某一个部位为参照，而不是一个具体的高度数据(米或厘米)。

这里将汽车被水淹分为6级，相对于每一级的损失程度各不相同，对应不同的损失赔偿，在查勘时应严格注意。

4. 水淹时间

汽车被水淹时间的长短，也是判定其水淹损失程度的重要依据。水淹时间越长，损失程度越大。在现场查勘时，确定水淹时间是一项重要而复杂的工作，要通过多方调查和经验做好判断。水淹时间的计算通常以小时为单位，分为六级：第一级：小于1小时；第二级：在1小时到4小时之间；第三级：在4小时到12小时之间；第四级：在12小时到24小时之间；第五级：在24小时到48小时之间；第六级：在48小时以上。不同的时间，对应不同的赔偿比例。

5. 汽车的配置

勘定水淹汽车的损失时，要对汽车的配置情况进行详细的记录，特别要区别电子元器件是否为原车配置，如果不是原车配置，车主是否投保“新增设备险”。

五、涉水汽车保险理赔

1. 涉水汽车免责条款

汽车因水淹造成的损失属于车辆损失险的勘查、理赔范畴。如果车主只投保了第三者责任险，无权获得赔偿；即使投保了车辆损失险，也并不是都可获得赔付。

根据车损险条款，因暴雨(需气象部门认定)造成的车损，保险公司会按照定损情况进行理赔。

为了防止有人通过人为故意损坏车辆的办法来获取保险保障，现在多数保险公司在机动车辆综合险条款中将“保险车辆遭受暴雨、洪水后，在淹及排气筒的水中激活，或被水淹后因过失操作不当致使发动机损坏”作为车辆损失险的附加险明确列入了保险责任。

因此，在处理水损汽车的理赔时，会出现如下情况：

(1) 如果汽车在行驶过程中进水，或车主在明知发动机进水的情况下发动汽车，从而造成发动机损坏，保险公司有可能不予赔偿。

(2) 如果发动机排气管进水，而车主没有发动汽车，及时通知维修厂及保险公司的，保险公司赔偿发动机的清洗费用及其他损失。理赔范围包括拖车费、车内装饰、车内电器。车内装饰通常根据受淹损失程度及汽车价值理赔。此外，还有受损车辆更换机油、更换三滤器、维护保养等费用。

(3) 如果车主在不是暴雨的天气中，自行开车涉水而使汽车受损，不予赔偿。

(4) 与一些水中漂游物或其他物体发生擦撞碰伤的损失一般应该赔付。

2. 发动机特别损失险

中国人民财产保险股份有限公司2007年在车辆损失综合险中增加了“发动机特别损失险”附加条款。具体如下：

投保了家庭自用汽车损失保险或非营业用汽车损失保险的机动车，可投保本附加险。

第一条　保险责任：

保险期间内，投保了本附加险的被保险机动车在使用过程中，因下列原因导致发动机进水而造成发动机的直接损毁，保险人负责赔偿：

（1）被保险机动车在积水路面涉水行驶。

（2）被保险机动车在水中启动。

（3）发生上述保险事故时被保险人或其允许的驾驶人对被保险机动车采取施救、保护措施所支出的合理费用。

第二条　赔偿处理：

（1）在发生保险事故时被保险机动车的实际价值内计算赔偿，但不超过被保险机动车的保险金额。

（2）本保险每次赔偿均实行20%的免赔率。

3. 注意事项

在涉水车赔付中，出现一时难以判定的案例，往往要经详细询问、现场勘查、结构分析和损坏机理分析，才能得出了令人信服的结论。

（1）理赔原则："主动、迅速、准确、合理"的八字原则。

（2）查勘三注意：是否标的物——VIN码，车架号；是否保险责任；损失金额。

（3）修理厂的道德风险行为——冒充换件

如：安全气囊的保护传感器有时与电脑做成一体——如果电脑装于车的中间，一般为此结构。要防止修理厂重复报保护传感器的更换。高档车(3.0以上)的安全气囊传感器一般用硅胶密封，其插头为镀银(低档车为镀铜)，水浸后发绿——可用无水酒精、刷子擦，再用高压空气吹，无需更换。

典型案例

【案例9-6】

一辆美国克莱斯勒汽车公司生产的"君王"牌轿车，当车主驾车涉水时，因发动机进水而自然熄火。车主非常爱惜自己的汽车，未进行任何企图激活发动机的操作，并及时地向保险公司报了案。

保险公司查勘人员来到现场后，调来拖车将汽车拖至修理厂。修理工首先将发动机上的火花塞全部拆下，然后转动曲轴清理发动机内的积水。在转动的过程中，感觉阻力太大，于是通过马达，强行转动曲轴。转完后不久，发现车底有漏出的机油。这一现象被车主清晰地看到了，立即指出责任不在自己，要求保险公司赔付。保险公司无法举出自己无过错的证据。

原因分析：车主驾车涉水时，发动机气缸内已经进了水，并导致了正处于压缩行程活塞连杆的弯曲，这就是修理工在转动曲轴时感到阻力过大的直接原因。后来修理工用马达带动发动机曲轴运转，弯曲的连杆捣坏了气缸体，引起了发动机的漏油。

【本案评析】

本案例属于典型的因修理不当引起的损失扩大，本来属于拒赔案例，结果却引起了麻烦。

【案例9-7】

一辆桑塔纳2000型轿车，购车时间不足1年，行驶过程中突然发生因发动机严重故障而无法行驶的现象。拆解后发现，发动机第二缸连杆折断，机油泵缸体损坏。由于该车曾在一个多月前维修过发动机，于是，三方各执一词。

保险公司坚持认为是发动机的机械故障，机油泵损坏导致无法供油，最终使得活塞连杆因缺油而折断，不属于理赔范畴，但却无法说明为什么在缺油状态还能保持曲轴轴瓦的完好无损。

桑塔纳维修站认为是保险责任或车主责任，与自己无关，因为自己上次的维修行为根本没有涉及发动机的连杆与活塞部分。

车主主张无论机械故障，还是保险责任，自己均无责任，不应该承担任何费用。

三方难以达成一致。

后经仔细询问车主，了解到该车3个月前曾经进过水，但当时未予关注。据此分析，应该是那次进水导致了连杆的轻微弯曲。经查勘拆解的发动机，发现第二缸所对应的活塞上止点位置明显低于其他气缸，且该缸燃烧室表面和火花塞电极间隙积炭明显，而其他缸火花塞较清洁，可以肯定该缸连杆是处于弯曲状态工作过一段时间。

机理分析：数月前的发动机进水，导致活塞连杆弯曲，但当时未能发现，在保养过程中，维修站也未能发现。经过一段时间的使用，连杆因疲劳而折断，折断的连杆打碎了位于其下部的机油泵外壳。

综合分析，应该说车主、维修站、保险公司都负有一定的责任，均应承担损失。最后，经协商，保险公司、维修站各自承担40%的修理费用，车主承担20%的修理费用。

【本案评析】

本案提示车主涉水前应考虑到可能会出现的后果，一旦涉水过程中熄火，要采取合理的施救及检修措施。

第七节　盗抢险查勘

盗抢汽车是一种全球性犯罪行为。据公安部统计，2012~2016年，全国被盗抢汽车20余万辆；2016年盗抢汽车87249起，直接财物损失80亿元，占全部刑事案件直接财物损失的24%。2015年上半年，汽车盗抢案件发生了48000多起，同比上升了15.5%。

从各财产保险公司的经营数据看，车辆盗抢险的整体投保率并不高，大概不到25%。要降低汽车被盗抢风险，除了加强自身防盗安全意识外，机动车所有人和管理人应提高投保意识，科学转嫁风险，这样即使车辆不幸被盗，也可通过保险理赔最大限度减少经济损失。

1. 盗车流程

大部分盗车贼的作案工具不过是手电、剪子、改锥、胶带、万能钥匙等常见工具。

如系三人作案，惯用做法为：在车四周站成三角形，左顾右看；确认无障碍时，一人车前望风，另两人用工具快速毁掉报警器、撬开车门、钻进车内，拆开点火开关，接线点火，2~3分钟就可将车开走；到事先定好修车厂，磨平车架、发动机号；重新喷漆，购买假证件；将车售出。还有的选定目标后跟踪车主，盗得钥匙后立即驾车逃跑。

2. 盗车形式

(1) 偷窃汽车。用工具毁掉报警器，撬开车门，拆开点火开关，接线点火，将汽车开走。车主不要将行驶证放在车里，以免犯罪分子用其销赃。

(2) 抢劫汽车。在车主准备上车或下车时，突然窜出，持刀、枪威胁，抢走车辆。

(3) 拖走汽车。大胆的窃贼，甚至雇来救援车，名正言顺地将目标车拖走。

(4) 砸车窗玻璃。用特制弹弓和钢珠，专打驾驶座车窗玻璃，盗取车内物。

此类作案大多针对停在往来行人较少的路边车辆。这种事件很可能是人为引起。一是车主走时未关严车窗，财物遗留车内，从而诱发犯罪；二是乱停乱放，让犯罪分子有机可乘。

(5) 撬后备箱盗窃。

该类盗贼具有如下特点：①作案地点集中在宾馆、饭店、广场、小区、银行、公园、商厦、娱乐场所门口及停车场；②午餐、晚餐为主要作案时间，而大型浴场、夜总会门口则以21∶00后居多；③作案者驾面包、轿车或摩托，用专用工具撬后备箱；④作案者2~3人结伙作案，且有连续作案习惯。

(6) "声东击西"盗窃车内物。两人结伙，趁等红灯或遇阻停车时，一人在驾驶员侧敲车门、示意车胎漏气等，转移视线，另一同伙在副驾驶一侧趁机盗窃。

(7) "戳轮胎"盗车内物。作案者使用特制空芯钉，将车主汽车轮胎戳破漏气，趁车主下车查看时盗窃。

(8) 趁机盗窃车内物。车主遇交通事故或其他意外情况时，往往急于观察车况，忙着交涉，而忽视了对车上财物的保护。由于现场混乱，即便车主站在门边，都有可能给犯罪分子可乘之机，轻易盗走车上财物。

(9) 盗窃汽车零部件，将轮胎、备胎、油箱、灯具、蓄电池等外设装备盗走。

(10) 撬盗车牌敲诈。将停在僻静路段车辆的牌照拆下，要求车主向指定账户汇款赎车牌。

购买"盗抢险"要充分了解保险公司的汽车盗抢险条款，既有利于车主的投保，也有利于查勘理赔人员的业务处理。作为投保人，在投保了汽车盗抢险后，为了防止爱车被盗，或一旦车被盗，会对警察和保险公司有很大帮助，平时应注意保存如下信息：

① 制造厂家和汽车型号；

② 牌照号码、颜色；发动机类型，包括各种改动信息；

③ 所有车钥匙的号码；

④ 行驶证；

⑤ 保险公司或保险代理人的名字；

⑥ 丢车日期和地点；

⑦ 如果是分期付款买车或租车的话，相关财务公司名称。

列出车上特殊标志，如肉眼看得见的凹痕或修理印记，特殊改动部分，独特车轮，特种喷漆等。

典型案例

【案例 9-8】

广东清远渔农董先生驾一辆金杯车去广州办事，在加油站加完油正准备走时，两男子凑上前说："我们有些货，想麻烦师傅顺道拉去天平架，我们给你付运费"，没等厚道的董先生反应过来，这两个人就上了车。当车行到市郊，一男子拔出尖刀，顶在董腰间"我们抢车"。另一男子将董打出车外。董赶紧报案、报险。

理赔人士听完董的"案情陈述"，答复"按《保险条款》规定，我们不赔"。

【本案评析】

本案中车主擅自改变了车辆使用性质——“车主自用”变成“拉货牟利”，使危险程度增加，保险公司不赔是保险条款里明确说明的。

【案例 9-9】

王先生的桑塔纳 2000，曾购 4000 多元保险，包括“盗抢险”。停在自家楼下时，右侧两车轮被盗。发现后即与保险公司联系，询问索赔程序。

保险公司答复“车轮丢失属汽车零部件被盗，不在理赔范围内”。王只好去派出所报案，并自费 1780 元购新车轮。

【本案评析】

只要全车被盗，不论大小零部件的维修费用都可获赔，而若只是局部被盗，如车轮、发动机，甚至被偷得只剩下一个空壳、留下一个反光镜，也会因“非全车被盗窃”以“责任免除”不予理赔。

全车盗抢险只能对整车被盗给予赔偿，对于零部件或附属设备被盗，则是除外责任。车辆外设、倒车镜等部件被盗，保险公司和公安部门都很难做出界定，因此容易引发道德风险，如将此列入保险责任，那保险公司将很难承担。除零部件和附属设备，保险公司对放置在车内的物品也不承保。

【案例 9-10】

江先生开车去福建旅行，晚上将丰田车停于一无人值班的旅馆停车场，第二天发现被撬开车门，一台价值 8000 余元的相机和旅行袋被偷走。

按《盗抢险条款》“(一)保险车辆被盗窃、抢劫、抢夺，经出险地县级以上公安部门立案证明，满 60 天未查明下落的全车损失”和“(二)保险车辆全车被盗窃、抢劫、抢夺后，受到损坏或车上零部件、附属设备丢失需要修复的合理费用”规定，江先生被盗相机及旅行袋不属《盗抢险条款》中“车上零部件、附属设备丢失”的约定范围，因此无法得到赔偿。

【本案评析】

符合盗抢险的条件是整车丢失，此案显然不符合，故保险公司不会赔偿。

3. 查勘报告

查勘报告的书写根据事故发生原因的不同，有不同的写法，以下仅供参考。但需有一个详细的出险经过，以便判断事故责任以及保险责任。各种查勘报告书参考样本见表 9-2。

表 9-2 查勘报告的书写指引

单方事故	例：据当事人口述，标的车在上述时间、地点，倒车时由于车速较快，造成倒车时撞树。经现场查勘，标的车尾部受损，受损形状为竖状圆柱形，标的车尾部粘有树皮，三者树皮有脱落，地面散落有标的车碎片，碰撞痕迹吻合，根据保险条款，碰撞属于保险责任，建议立案
	主要描述：1. 要描述出事故发生的原因；2. 描述出碰撞痕迹吻合(不吻合)的依据；3. 写出查勘意见
水淹车	例：据当事人口述，标的车在津塘路正常行驶时，由于路面积水较深，造成标的车被淹熄火。经现场查勘：标的车停在路边，路中央由于大雨有较深的积水，水淹至驾驶室内，驾驶室内有水渍但未淹到仪表台(或 50cm)。车辆被淹熄火后未再次启动(发动机可能会产生清洗费)。根据保险条款暴雨属于保险责任，建议立案。告知当事人尽快对车辆电器元件烘干处理以及相关索赔事宜
	要求：1. 描述出车辆被淹经过(停放被淹或行驶被淹)；2. 水淹深度；3. 告知当事人对车辆处理办法；4. 委婉告知发动机受损除外责任；5. 写出查勘意见

续表

双方事故	例：据当事人口述，标的车在上述时间、地点正常行驶时由于前方车辆急刹车，我方车辆刹车不及与三者车辆尾部发生碰撞，经现场查勘，标的车头部受损，三者车尾部受损，经测量高度一致，三者车后保险杠留有标的车牌护风圈，三者尾盖粘有标的车红色油漆，颜色一致，痕迹吻合，根据保险条款碰撞属于保险责任，建议立案
	要求：1. 描述出详细的事故经过，确定事故责任；2. 双方碰撞痕迹是否一致(确定保险责任)；3. 写出查勘意见
火烧车	例：据当事人口述，标的车在南京路正常行驶时突然前机仓内冒烟，当事人立即下车报119，接着驾驶室内就烧着了，消防警察来后车辆已被烧完，经现场查勘，车辆已被烧完，消防警察已离开，交警还在处理。附近无其它火源(为确定是火灾或自燃奠定基础)。车架号无法拍摄。待消防出具着火原因确定是否属于保险责任。告知当事人相关索赔事宜
	要求：1. 火烧经过及着火点；2. 是否报消防灭火施救；3. 写出查勘意见
盗抢车	例：据当事人口述：标的车在上述时间停放＊＊＊＊小区车位，第二天早9点发现车辆被盗，当事人已报警。经查勘：标的车已不在停放的车位，警察已出具报警回执。停放车位附近无做案工具，停放地点无摄像装置。小区物业对业主停放的车辆是不收费的。标的车有投保盗抢险。此事故属于保险责任。告知当事人相关索赔事宜
	要求：1. 出险经过；2. 注明是否收费有无摄像装置；3. 是否报警(县级以上)；4. 写出查勘意见

本章小结

汽车保险事故多为交通事故及意外，发生交通事故就会造成人身伤害和财产损失，涉及保险赔付，有些还会涉及刑事或民事诉讼，因此事故查勘具有十分重要的意义。

汽车交通事故鉴定学的知识体系包括了：碰撞力学、汽车运动特性、汽车结构特性和人体工程学知识。

汽车保险事故现场可分为原始现场、变动现场和恢复现场，保险事故现场必须具备一定的时间、地点、人、车、物五个因素。现场变动原因有正常和非正常之分。

事故现场查勘是搜集证据、处理事故的起点和基础工作，是保险赔付的基础工作。要确定保险事故的性质，查明事故情形及要素，确认事故原因及责任。现场查勘要做到及时迅速、细致完备、客观全面、遵守法定程序。

汽车碰撞及意外事故痕迹，使造型客体作用于承受客体，造型客体引起承受客体发生形态变化而遗留下来的反映形象，承受客体痕迹形象外部的几何形状、尺寸大小，不仅反映了损伤程度，还可以反映出造型客体的结构形象、事故过程。

正面碰撞、追尾碰撞属于一维碰撞，碰撞带来的损失取决于碰撞的有效速度、两车的质量。迎头侧面碰撞、斜碰撞为二维碰撞，有时会带来翻滚，形成三维效果，碰撞带来的损失除了受碰撞的有效速度、两车质量的影响外，还受碰撞力的方向和碰撞部位的影响。

在查勘汽车火灾事故时，要注意投保价值、车辆运营条件、车辆技术状况、火灾发生季节、火灾发生时间、火灾发生地点、车上人员情况、车上物品损失情况、被保险人活动表现、报案过程、汽车烧损程度等因素，结合现场周围环境，确认是否存在道德问题。

静态进水处理及时造成的损失是很小的，未进行必要的处理或处理不及时，也会造成巨大损失，动态进水造成的损失往往是巨大的。静态进水。汽车发生水险事故，查勘时应注意：水淹时汽车的状态，水的种类，水的深度，水淹的时间，车辆的配置等。

全车盗抢险原来是车辆损失险的附加险种，今天多数保险公司已将全车盗抢险作为主险经营。

思考与练习

1. 事故查勘的目的和意义是什么？
2. 汽车碰撞的特点是什么？
3. 汽车碰撞的类型有哪些？试分析各类碰撞的运动状态和致损倾向。
4. 试说明如何做好事故车辆痕迹的查勘工作？
5. 碰撞造成的损伤程度与哪些因素有关？
6. 汽车保险事故现场有哪些类型？造成现场变动的原因有哪些？
7. 汽车火灾形式有哪些？造成火灾的原因有哪些？如何施救？
8. 确定火灾是否存在道德风险，应从哪些方面入手？

实训一　汽车碰撞事故查勘

1. 实训类型

模拟实训、现场实训

2. 计划学时

2 学时

3. 实训特点

（1）锻炼学生综合素质，如语言表达、思维能力、现场指挥、协调调度安排能力、合作共事能力、临场应变能力、沟通协调能力等。

（2）锻炼学生汽车保险事故现场查勘技术的实际应用。

（3）运用所学知识分析判断事故原因的能力。

（4）提高学生汽车保险事故处理分析的能力。

（5）提高学生解决问题的能力。

（6）锻炼学生现场应急处理的能力。

4. 主要仪器设备

测量工具、绘图工具、照相机、辅助工具。

5. 实训内容提要

（1）保险事故现场、模拟现场。

（2）事故现场照相。

（3）测量、绘制现场图。

（4）事故车辆查勘。

（5）填写现场查勘报告。

（6）保险事故定性。

6. 注意事项

（1）注意保险事故定性。

（2）注意现场保护。

（3）注意选择照相角度和位置。

（4）注意证据搜集。

（5）注意现场痕迹和散落物的收集。

7. 撰写查勘报告

8. 思考题

（1）汽车保险事故现场查勘的意义？

（2）汽车保险事故现场查勘的项目？

9. 考核标准

（1）保险事故定性准确、现场图绘制准确、现场照相角度和位置合理、现场痕迹定性准确。

（2）查勘报告叙述准确无误、通俗易懂、涵盖全面、对人热情、相互配合协调。

（3）查勘遗漏关键项、未绘制现场图、未填写查勘报告以及缺勤、思考题未完成者，实训成绩不合格。

实训二 汽车其他保险事故查勘

1. 实训类型

模拟实训、现场实训

2. 计划学时

2学时

3. 实训目的与要求

（1）锻炼学生综合素质，如语言表达、思维能力、现场指挥、协调调度安排能力、合作共事能力、临场应变能力、沟通协调能力等。

（2）锻炼学生汽车保险事故现场查勘技术的实际应用能力。

（3）锻炼运用所学知识分析判断事故原因和性质的能力。

（4）提高学生解决问题的能力。

（5）锻炼学生现场应急处理的能力。

（6）锻炼学生汽车火灾、水灾、盗窃事故的查勘处理能力。

4. 主要仪器设备

测量工具、绘图工具、照相机、辅助工具。

5. 实训内容提要

（1）保险事故现场、模拟现场。

（2）事故现场照相。

（3）绘制现场图。

（4）事故车辆查勘。

（5）填写现场查勘报告。

（6）保险事故定性。

6. 注意事项

（1）注意保险事故定性。

（2）注意现场保护。

（3）注意选择照相角度和位置。

（4）注意现场痕迹和散落物的收集。

（5）注意证人取证。

7. 撰写查勘报告

8. 思考题

（1）水险查勘注意事项，如何避免水险损失的扩大？

（2）汽车火灾的原因和防止措施有哪些？

9. 考核标准

（1）保险事故定性准确；事故分析思路正确；现场照相角度和位置合理；现场痕迹定性准确。

（2）查勘报告叙述准确无误、通俗易懂、涵盖全面；对人热情；相互配合协调。

（3）查勘遗漏关键项、未填写查勘报告以及缺勤、思考题未完成者，实训成绩不合格。

第十章　保险事故损失确定

知识目标

1. 了解事故车辆定损的原则和方法。
2. 熟悉事故车辆定损需要具备的知识。
3. 熟悉特殊情况的处理方式。
4. 掌握事故车辆定损的程序。

能力目标

具备运用所学知识，完成一般事故车辆损失评定的能力。

第一节　事故车辆的定损原则与方法

对发生了事故的承保汽车进行准确的损失评估，是保险公司车辆查勘定损人员一项十分重要的职责。要想做到及时、公正地理赔，就要及时赶赴现场，热情服务，做好救援工作；要对事故车辆所造成的损失，做出公正、合理的鉴定；要对更换配件的价格做出正确报价；要及时地按质量要求把车修好。这就对事故车辆所造成损失的鉴定提出了较高要求。

近年来，保险公司内部建立了有效便捷的报价系统，控制了配件价格，降低了理赔成本。随着保险业的发展，保险公估业也有了很大的发展，正在为促进保险车辆查勘定损的公平公正发挥着越来越重要的作用。由于事故车辆的损失是随机的，每一辆事故车所造成的损失都有差异，这就给评估的规范性带来了较高要求。事故车辆损失鉴定的公正性、准确性与鉴定人员的责任心、业务能力有直接关系。因此，提高定损人员的思想品德素质、业务素质是至关重要的。

一、事故车辆验损机构的职责与定损原则

1. 机动车辆验损中心的职责范围

接到报案或出险通知后，指派定损核价人员迅速赶到事故现场、停车场或指定及非指定修理厂，会同被保险人一起对出险事故车辆进行查勘、定损、估价，涉及第三者财产损失或人员伤亡的，还包括会同第三者损失方进行定损；受理公司系统内异地委托代理业务的查勘、定损、估价；受理有关部门委托对非保险车辆进行查勘、定损、估价。

2. 保险公估机构的职责范围

接受保险人和被保险人的委托，对保险标的完成承保前的检验、估价及风险评估；对保险标的进行出险后的查勘、检验、估损及理算；承揽经中国保监会批准的其他业务；受理有关部门委托对非保险车辆进行查勘、定损、估价。

3. 定损核价人员的任务

接到任务及有关资料后，利用必要的设备和技术手段做好事故车辆的查勘工作，对事故车辆及受损部位进行拍照。定损人员确定事故车辆的损伤部位，并确定受损总成及零部件的更换或修理。核价人员在此基础上，对零配件价格及修理工时费用做出正确的核定。做到各司其职，各负其责。

4. 机动车辆定损的原则

保险公司的理赔工作应严格执行《机动车辆保险实务》的有关规定，工作人员在查勘、定损、估价过程中，要做到双人查勘、双人定损、交叉复核。对损失较大或疑难案件做到重复多次审核，专门会议分析研究，确保核定无误。对任何一个理赔案件都要做到严格细致、客观真实，不受人情的影响，做到既不损害保险人利益、不影响车辆性能，又要保证被保险人的权益不受侵害，参照当地交通运输管理部门规定的修理工时及单价和零配件价格对事故车辆的损伤部位逐项进行审定，做到合理准确地定损核价。应遵循如下基本原则：

(1) 修理范围仅限于本次事故中所造成的车辆损失。

(2) “公平公正”、“能修不换”，能修理的零部件尽量修复，不要随意更换新件。

(3) 能局部修复的不要扩大到整体修理(主要是针对车身面漆的处理)。

(4) 能更换零部件的不更换总成。

(5) 根据修复工艺难易程度，参照当地维修工时水平，准确确定工时费用。

(6) 准确掌握汽车零配件价格。

定损人员应根据事故车辆的损伤情况，准确认定保险赔付范围及赔付方式，即是修还是换。对于车辆的外覆盖件来说，应以损伤程度和损伤面积为依据，确定修复方法。对于功能件来说，判断零件的更换或修理存在一定的难度，要做到准确判定事故原因及损伤形成的因果关系，这要求定损人员必须掌握足够的汽车结构和性能方面的专业知识。定损人员应正确区分哪些是车辆本身故障所造成的损失，哪些是车辆正常使用过程中零件自然磨损、老化造成的损失，哪些是使用、维护不当造成的损失，哪些是损伤产生后没有及时进行维护修理致使损伤扩大造成的损失。依照机动车辆保险条款所列明的责任范围，明确事故车辆损伤部位和赔付范围。

二、事故车辆损失鉴定与正常维修的区别

事故车辆损失的鉴定和修理，不同于汽车的正常技术鉴定和修理。

1. 目的不同

汽车正常修理时的技术鉴定是发现和确定车辆的故障和隐患；依据汽车修理标准排除存在的故障，恢复正常性能。而事故车辆的鉴定是确定本次事故造成的损失，确定哪些配件或总成该换，哪些配件或总成该修及如何修理；确定该换配件或总成的价格和修理所需工时费用；计算出本次事故所造成的经济损失；事故车辆的修理是恢复到发生事故前的技术状态。

2. 依据标准不同

正常维修，依据交通部门颁发的相关规定，各总成的拆装、修理及各部件的单项修理，是根据长期实践又经测算而取得的平均工时定额。而事故车辆碰撞后各部位的变形千差万别，对金属结构件的修复工作量差异很大，要做到对事故车辆的损失估价合理、准确，定损

人员需要熟知汽车的构造、不同车型结构的差异、部件安装位置和作用原理，熟悉修理工艺。了解技术标准，掌握零件的材质和性能、检验和修复方法。

三、定损程序

车辆定损的基本程序包括：

（1）保险公司一般应指派两名定损员一起参与车辆定损。

（2）定损时，根据现场勘察记录认真检查受损车辆，搞清本次事故直接造成的损伤部位，并由此判断和确定因肇事部位的撞击、震动可能间接引起其他部位的损伤。最后，确定出损失部位、损失项目、损失程度，并对损坏的零部件由表及里进行逐项登记，同时进行修复与更换的分类，使定损工作做到全面细致、公平公正。对估损金额超过本级处理权限的，应及时报上级公司协助定损。

（3）与客户协商确定修理方案，包括确定修理项目和换件项目。修理项目需列明各项目工时费，换件项目需明确零件价格，零件价格需通过询价、报价程序确定。

（4）对更换的零部件属于本级公司询价、报价范围的，要将换件项目清单交报价员进行审核，报价员应根据标准价或参考价核定所更换的配件价格；对于估损金额超过本级处理权限的，应及时报上级公司并协助定损。首先，按照《汽车零配件报价实务》的规定缮制询价单，通过手机或计算机网络向上级公司询价。其次，上级公司接到下级公司询价单后应立即查询，对询价金额低于或等于上级公司报价金额的进行核准操作；对询价金额高于上级公司报价金额的，上级公司应逐项报价，并将核准的报价单或询价单传递给询价公司。

（5）定损员接到核准的报价单后，再与被保险人和第三者车损方协商修理、换件项目和费用。协商一致后，定损员与被保险人共同签订《汽车保险车辆损失情况确认书》，一式两份，保险人、被保险人各执一份。

（6）对损失金额较大，双方协商难以定损的，或受损车辆技术要求高，难以确定损失的，可聘请专家或委托公估机构定损。

（7）受损车辆原则上应一次定损。定损完毕后由被保险人自选修理厂修理或到保险人推荐的修理厂修理。

（8）保险车辆修复后，保险人可根据被保险人的委托直接与修理厂结算修理费用，明确区分被保险人自己负担的部分费用，并在《汽车保险车辆损失情况确认书》上注明，由被保险人、保险人和修理厂签字认可。

四、事故车辆的定损方法

在实际运作过程当中，经常存在保险人与保险人在定损范围与价格上存在严重分歧的问题，被保险人总希望能得到高的赔付价格，而保险人则正好相反。另外在保险业，特别是机动车辆保险业，经常有骗保案件发生。为避免上述情况发生，定损人员应掌握正确的定损方法。

1. 确定出险车辆的性质，确认是否属于保险赔付范围

根据有关机动车辆保险条款的解释及事故现场的情况，验明出险车辆号牌、发动机号、车架号是否与车辆行驶证及有关文件一致，验明驾驶员身份，驾驶证准驾车型是否与所驾车型相符，如驾驶出租车是否有行业主管部门核发的出租车准驾证，确认是否在保险赔付范围及是否为骗保行为。

（1）区分事故损失与机械损失的界限。对于车辆损失险，保险公司只承担条款载明的保险责任所导致事故损失的经济赔偿。凡因刹车失灵、机械故障、轮胎爆裂以及零部件的锈蚀、老化、变形、断裂等所造成的损失，不负赔偿责任。若因这些原因而构成碰撞、倾覆、爆炸等保险责任的，对当时的事故损失部分可予以负责，非事故损失部分不能负责赔偿。因此，在定损过程中，尤其是对功能件的定损中，一定要根据其损伤的特征，正确区分造成损伤的原因，准确认定赔付范围。

（2）对事故车辆损伤部位进行查勘，确定损伤程度。在对外部损伤部位照相的基础上，对车辆损伤部位进行细致查勘，对损伤零件逐个进行检查，即使很小的零件也不能漏掉，以确定损伤情况。按事故查勘的要求，对现场及车辆损伤部位拍照时，必须清晰、客观、真实地表现出事故的结果和车辆的损伤部位。对车身及覆盖件查验时，应注意测量、检查损伤面积、塑性变形量、凹陷深度、撕裂伤痕的大小，必要时应测量、检查车身及车架的变形，以此确定零件是否更换或进行修理所需工时费用。对于功能件应检验其功能损失情况，确定其是否需要更换或修理方法及费用。

（3）区分新旧碰撞损失的界限。属于本次事故碰撞部位，一般会有脱落的漆皮痕迹和新的金属刮痕；非本次事故的碰撞处往往会有油污和锈迹。

（4）对不能直接检查到的内部损伤，应进行拆检。如车辆发生强度较大的正面碰撞，在撞击力的作用下，除车身及外覆盖件被撞损坏以外，同时会造成一些内部被包围件的损坏。如转向机构、暖风及空调装置等的损伤情况，就需要解体检查。所以发生碰撞事故后，应根据实际情况确定是否需要解体检查，以确认被包围件的损伤情况。

2. 定损估价的技术依据

了解出险车辆的结构及整体性能；熟悉受损零部件拆装作业量；掌握受损零部件的检测技术，了解修理工艺及所需工装器具；掌握修理过程中所需的辅助材料及用量；了解和掌握出险车辆修理后的检查、鉴定技术标准。

3. 定损的基本方法

（1）搞清肇事损伤部位，由此确定因肇事部位的撞击、震动可能引起哪些部位的损伤。

（2）确定维修方案，并据此对损坏的零部件由表及里进行登记，并分别进行修复、更换分类。鉴定、登记时可以遵循以下方法：由前到后，由左到右，先登记外附件，再按机器、底盘、电器、仪表等分类进行。

（3）根据已确定的维修方案及修复工艺难易程度确定工时费用。

（4）根据所掌握的汽车配件价格确定材料费用。

（5）定损时被保险人、第三者、修理厂、保险公司均应在场。在明确修理范围及项目，确定所需费用，签订“事故车辆估损单”协议后，方可进厂修理。

4. 定损时的注意事项

（1）经保险人同意，对事故车辆损失原因进行鉴定的费用应负责赔偿。

（2）受损车辆解体后，如发现尚有因本次事故损失的部位没有定损的，经定损员核实后，可追加修理项目和费用。

（3）如果被保险人要求自选修理厂修理，必须先确定保险责任和损失金额。受损车辆未经保险人同意而由被保险人自行送修的，保险人有权重新核定损失或拒绝赔偿。在重新核定时，应对照现场查勘记录，逐项核对修理费用，剔除扩大修理的费用或其他不合理的项目和费用。

(4) 换件残值应合理作价，如果被保险人接受，则在定损金额中扣除；如果被保险人不愿意接受，保险人拥有处理权。

(5) 检验定损人员应随时掌握最新的零配件价格，了解机动车辆修理工艺和技术，以避免因不掌握最新的零配件价格和不了解机动车辆修理工艺和技术而一味压低理赔价格，造成修理厂无法按常规修复的错误。

五、几种典型情况的处理

在实际定损过程中，理赔定损人员将会遇到各种复杂情况，如何解决好这些问题，化解矛盾，维护事故车辆定损的准确、合理性，则要求定损人员不但要掌握上述基本定损方法，而且要掌握各种复杂情况和矛盾的处理方法。

1. 处理好与汽车维修厂的矛盾

作为汽车修理厂，考虑到自身效益，希望定价越高越好，有些修理厂为了拉客源，往往答应保户的某些额外要求。个别保户，希望从估价中得到一些间接损失方面的弥补。这就形成了保险人、修理厂和保户三方间的矛盾，在处理时应注意：①初步拟定修理方案后，对工时费用部分，先实行招标包干。一般说来，大事故往往需要分解检查后，才可能拿出准确的定损价格。此时，不宜先分解后定价，而应先与修理厂谈妥修理工时费用，再对事故车辆进行分解。若盲目分解，一旦在工时费用方面与修理厂方无法达成一致，则后期变更修理厂等工作就会很被动。②在与修理厂谈判工时费用时，可对事故车辆的作业项目按部位、项目进行工时分解，并逐项核定解释，以理服人。

2. 在确定更换配件方面处理好与保户的关系

大多数保户在车辆出险后，对于损坏的零部件，不论损坏程度轻重，能否达到更换程度，都希望更换。在处理时应注意：坚持原则，执行标准，说明损坏的零部件在车辆结构上所起的作用，以及修复后对汽车原有性能及外观没有影响。配件价值较大，可换可不换的，说服不换，对配件价值较小，考虑照顾保户情绪，同意更换。

3. 对重大事故及特殊车型的定损

对于重大事故，为了尽量避免道德风险，在保证修理质量的前提下，应尽可能推荐车主到特约修理厂去维修。以避免在分解过程中弄虚作假以及有意扩大损坏部位、加大损坏程度现象的发生。如果车主坚持自选修理厂，则可在工时费包干的前提下，由定损人员现场监督分解，并尽快确定更换项目。

4. 去外地查勘定损处理方法与技巧

赴外地查勘定损相对于在本地区困难要大得多，特别是对第三者车辆无责任情况下，协商修理定价往往更为困难。

派往外地的查勘定损人员必须具有丰富的交通法规知识、驾驶知识及定损估价经验，以应付各种困难局面。

估价应留有余地，修理厂对外地车辆往往有哄抬价格的现象，在估价时留一定余地可作为让步的条件。估价切忌拖泥带水，能实行费用包干的，尽可能包干，一般情况下不能留待查项目，对确实无法判断的可现场分解。若无法与修理厂达成共识，可请当地保险公司协助。

5. 车上货损的处理

条款规定："由于诈骗、盗窃、丢失、走失、哄抢造成的货物损失，保险人概不负责任"。根据这一规定，在车辆发生碰撞、倾覆等造成车上货物损失，查勘定损人员在对车上货物进行查勘定损时，只需对损坏的货物进行数量清点，并分类确定其受损程度，无需关心不在现场的货物。

对于易变质、腐烂的物品，经请示后，应在现场尽快变价处理。

机电设备的损坏程度，应联系有关部门进行技术鉴定。定损时依然坚持"修复为主"的原则。坚持可更换局部零件的，不更换总成件；一般不轻易作报废处理决定。

对达到报废程度、无修理价值的货物，可作报废处理，但必须将残值折归被保险人。

6. 处理施救过程中对车辆造成的损坏

保险条款规定："保险车辆发生保险事故后，被保险人应当采取合理的保护、施救措施，并立即向事故发生地交通管理部门报案。同时通知保险人。"被保险人未履行此条义务，保险人有权拒赔。在掌握上应重点放在区分是否合理保护、施救上。

一般情况下，在对车辆进行施救时，难免对出险车辆造成再次损失。(例如：使用吊车吊装时，钢丝绳对车身的漆皮损伤)，对于合理的施救损失，保险公司可承担损伤赔偿责任，对于不合理的施救损失则不予考虑。

属于不合理施救的有：对倾覆车辆在吊装过程中未合理固定，造成二次倾覆的；使用吊车起吊时未对车身合理保护，致车身大面积损伤的；对被拖移车辆未进行检查，造成车辆机械损坏的；在分解施救过程中拆卸不当，造成车辆零部件损坏或丢失的。

六、维修费用确定

目前，我国汽车维修行业价格一般是由各省的交通厅和物价局根据当地市场和物价指数情况，联合制定《机动车辆维修行业工时定额和收费标准》，作为机动车辆维修行业的定价依据。事故车辆的维修费用主要由3部分构成：修理工时费、材料费和其他费用。

1. 工时费

工时费=定额工时×工时单价

其中，定额工时是指实际维修作业项目核定的结算工时数。工时单价是指在生产过程中，单位小时的收费标准。

2. 材料费

材料费=外购配件费(配件、漆料、油料等)+自制配件费+辅助材料费

其中，外购配件费按实际购进的价格结算。漆料、油料费按实际消耗量计算，其价格按实际进价结算。自制配件费按实际制造成本结算。辅助材料费是指在维修过程中使用的辅助材料的费用，但是，在计价标准中已经包含的辅助材料不得再次收取。

3. 其他费用

包括外加工费和材料管理费。其中，外加工费是指在汽车维修过程中，实际发生在厂外加工的费用。材料管理费是指在材料的采购过程中发生的采购、装卸、运输、保管、损耗等费用，其收取的标准一般是按单件配件购进价格或根据购置地点的距离远近进行确定。如单件配件购进价格在1000元以下(含1000元)，可按实际进价的15%结算；单件配件购进价格在1000元以上，可按实际进价的10%结算。对配件购置地点距离较近的，可按实际进价

的9%结算；购置地点距离较远的，可按实际进价的18%结算。

七、零配件的询报价

对需要更换的零配件需要确定其价格，且须使确定的零配件价格符合市场情况，能让修理厂保质保量地完成维修任务，所以零配件报价应做到“有价有市”。

汽车配件价格信息掌握的准确度对降低赔款有着举足轻重的作用。由于零配件的生产厂家众多，市场上不但有原厂或正规厂家生产的零配件，而且还有许多小厂家生产的零配件，因此零配件市场价格差异较大。另外，由于生产厂家的生产调整、市场供求变化、地域的差别等多种原因也会造成零配件价格不稳定，处于时刻的波动状态，特别是进口汽车零部件缺乏统一的价格标准，其价格差异更大。

为此，保险公司建立了独立的报价系统——《事故车辆定损系统》，使得定损人员在定损过程中能够争取主动，保证定出的零配件价格符合市场行情，同时加快了理赔速度。

零配件报价中常见问题及其处理：

（1）询价单中车型信息不准确、不齐全，甚至互相矛盾，造成无法核定车型，更无法确定配件，导致报价部门不能顺利报价。

（2）配件名称不准确或配件特征描述不清楚。针对这种情况，一般要求选择准确的配件名称或规范的术语或相近的名称，并在备注栏加以说明；对于重要或特殊配件，查找实物编码、零件编码或上传照片。

（3）把总成与零部件混淆。针对这种情况，一般要求向配件商咨询或上传照片。

（4）有单个配件而报套件。针对这种情况，一般要求定损人员必须熟悉车辆结构和零配件市场供给情况。

（5）对老旧、稀有车型的配件报价，应准确核对车型，积极寻找通用互换件。

（6）报价后价格波动或缺货。报价有一定的时效，一般为3~7天，市场上货源紧张时价格上涨，所以报价、供货时间要快，避免涨价或缺货。

（7）无现货而必须订货的，原则上按海运价报价。

八、零件换修原则

对事故车辆定损时，损坏的零部件的更换或维修必须坚持一定的原则。

（1）质量、寿命有保证。修理后零、部件的使用寿命应能达到新件使用寿命的80%以上，且应能与整车的使用寿命相匹配。

（2）修理零部件的费用与新件价格的关系。价值较低的，一般修理费用应不高于新件价格的30%；中等价值的，一般修理费用应不高于新件价格的50%；总成的修理费用，不可大于新件价格的80%。

（3）确保行车安全。有关安全的零部件受损变形后，从质量和安全角度考虑，应适当放宽换件的标准。如转向摇臂、直臂等，在无探伤条件，无法确定其内部是否受损时，就要更换，以确保安全。对于某些零件，如轿车的稳定杆、桑塔纳轿车的发动机副梁、货车的传动轴等，受伤变形若无校正检验设备来保证校正质量也要更换。

（4）对某些老旧车型凡市场上已很难购到的配件，且尚可修理的，其修理费用虽高一些也要修复。

第二节　车身的定损

车辆的车身，尤其是客车的车身是车辆的主体结构部分，在碰撞、刮擦和倾翻等交通事故或意外事故中，车身往往是受损最严重的部分，其车身覆盖件及其他构件会发生局部变形，严重时车架或整体式车身都会发生变形，使其形状和位置关系不再符合制造厂的技术规范，这不仅影响美观，还会影响到车身和汽车上其他总成的安装关系，使车辆不能正常行驶。因此，必须对其进行校正和修复，有些零部件和总成则需要更换。对于保险车辆，这笔费用需要保险人按保险合同的规定承担，这要求有相对准确的计算依据，正确地核定车身的损伤情况。

车身由于事故遭受损伤后的修复工作，是一项工艺复杂且技术性很强的专业工作，事故车的定损应考虑到工艺的复杂性和技术性，因此，为了保证准确的定损核价，也为了保证因事故受损的车身能够修旧如新，从事保险理赔的事故车辆定损人员也必须十分熟悉车身的材料和结构特点、生产工艺、车身造型、车身维修工艺及特点。

一、车身材料及性能

不同的车身材料，采用不同的修复方法，所发生的修理费用就会存在差异。因此，作为事故车辆定损人员应该熟悉车身的构成材料及性能。

汽车车身所用材料有金属材料和非金属材料两类，且以薄板和型材为主。金属材料是车身的基本钣金材料，如铁板、铝板；非金属材料在现代汽车车身上的使用越来越广，如塑料、橡胶、玻璃钢等。

（一）车身常用的金属材料

1. 金属材料的性能

金属材料的性能包括两个方面：使用性能和工艺性能。使用性能影响工艺性能。使用性能反映了金属材料在使用过程中表现出来的特性，决定了金属材料的应用范围、安全可靠性和使用寿命，包括了力学、物理和化学三个方面的特性。工艺性能反映了金属材料在加工制造过程中的各种特性，包括铸造性能、锻压性能、焊接性能和切削加工性能，它决定了金属材料加工制造及修复的难易程度。

2. 金属热加工知识

在车身钣金件的制造和修复工艺中，会经常用到金属热加工工艺。但对金属材料进行热加工后，会引起金属内部组织及性能的改变。因此，应谨慎采用焊接工艺修复汽车上重要的结构件，以免影响其安全性。

3. 车身常用的金属材料

金属材料可以分为两大类：黑色金属，即铁碳合金；有色金属，即除钢铁以外的其他金属，如铜、铝等。在汽车上应用最多的是钢铁材料，其次是铝合金和铜合金。现代汽车上铝合金的应用呈上升趋势，除发动机缸体、缸盖外，现代汽车为了降低自重，很多总成也采用了铝合金材料，有些轿车的车身也采用高强度铝合金制造。

（二）车身用非金属材料

随着材料工业的迅速发展和新型材料的不断开发，非金属材料在汽车上的应用越来越广泛。尤其是在车身方面，不仅是一些装饰件和受力较小的零件使用非金属材料，甚至有些汽车公司已经将非金属材料用于整个车身的制造。

二、车身修复作业的内容及工艺特点

车身整形修复工作是出险车辆理赔程序的一项重要工作。随着车身结构的不断更新，·客户对车身修复质量的要求也更高，但过低的损失鉴定影响了出险车辆的修复质量。因此，要求事故车辆定损人员应十分熟悉车身修复作业的内容及工艺特点，应熟悉修复作业中各种耗材及涂装材料的应用比例。

（一）车身修复的意义

车身修复对恢复车辆整车性能保证车辆正常行驶具有重要意义。科学的车身整形手段，可以完全恢复车身各部正确尺寸及相对位置，保证汽车各总成正确的相对安装关系及运动关系，使整车性能得到较好的恢复。优质的喷涂质量，不仅对车身起到了极大的保护作用，而且恢复了汽车漂亮的外观。

1. 校正车身变形

车辆在运行中，由于碰撞、刮擦等交通事故发生车身损伤是不可避免的，因此需对车身的凹陷、凸起、皱褶等变形进行整形校正，恢复原来的几何形状，保证各构件的相对位置准确、可靠，为涂装工序奠定基础。

2. 改善车身局部的强度和刚度

由于车身材料所具有的物理、化学和机械性能，因承受冲击、振动、过载等原因引起的车身局部变形，由于采用了撑拉和焊接等维修工艺，都会导致车身覆盖件和关键结构件技术状况变坏，致使车身强度下降，防锈蚀能力下降。因此，在车身修复中，通过换件或有针对性地采取矫正、补强、防腐处理等措施，消除车身强度下降现象。

3. 保护车身抵抗外界侵蚀

对于金属材料，尤其是钢板，由于车辆特殊的工作环境，钣金修复后的车身及涂膜损伤严重的车身，应及时补涂涂膜，以防水、空气、有机溶剂和酸碱等化学物品的侵蚀。

4. 获得精致、美观的车身内外装饰

通过优质的涂装工艺和必需的饰品使车身更美观。

（二）车身修复作业的主要内容

车身修复作业的主要内容有两大项，钣金修复和喷涂修复。

1. 钣金修复的主要内容

车身钣金修复作业的主要内容包括鉴定、拆卸、修正与装配等。

（1）鉴定。鉴定就是用尺子、样板或模具等对车身损伤部位进行检查，以确定损伤的性质和具体的修复方法。这项工作往往要与拆卸结合起来进行，否则无法准确鉴定完整的损伤情况。

（2）拆卸。为便于车身的维修操作和彻底的检验损伤，同时避免维修操作时对被拆卸件造成不必要的损伤，要对有关件进行拆卸。拆卸的原则是尽量避免零件的损伤和毁坏，连接件的拆卸方法除用扳手外，还可以根据实际情况采取钻孔、锯、錾、气割等。

（3）修整。车身变形的修整作业内容和方法很多，根据不同形式的损伤采取不同的方法，具体有锤敲、撑拉、挖补、氧乙炔焊、气体保护焊、手工电弧焊、电阻点焊、铝合金钎焊、等离子弧切割等。

（4）装配。将经过修正的车身和局部附件、需更换的部件和拆卸件，按原厂的要求进行总装。

2. 车身喷涂修复作业的主要内容

车身进行钣金整形后的工序就是喷涂工序。工艺过程包括脱漆、表面预处理、涂料选择和调色、实施喷涂工艺。

（1）脱漆。根据车身维修和车身旧漆的情况，需部分或全部地除去车身上的旧漆，以保证涂装工艺的质量要求。常用的方法有火焰法、手工或机械法、化学脱漆剂等。

（2）表面预处理。预处理的工序包括去锈斑、除污垢，进行氧化处理、磷化处理、钝化处理等。去锈除污的目的是增加涂层和腻子与基体金属的附着力；氧化处理、磷化处理、钝化处理的目的是防锈，延长车身的使用寿命。

（3）涂料选择和调色。根据原车面漆的质地与色号，选择涂料和调色。车身涂料除面漆外，还需要各种附料，如底漆、腻子、稀释剂、清漆、固化剂、防潮剂、红灰、胶纸等。

（4）涂装工序。涂装主要工序包括头道底漆的喷涂，刮涂腻子，喷涂二道底漆，用红灰填补沙眼、气孔，喷涂末道底漆，面漆喷涂，罩清漆，喷涂后处理。

头道底漆为防锈底漆，目的是防锈和增加腻子与基体金属的附着力。腻子至少要刮涂二三遍，并进行打磨，刮涂腻子的目的是将修整时留下的不平找平。整形效果越好，腻子的使用量越小。

（三）车身修复的特点

车身修复与制造相比有如下特点：

（1）车身结构修复具有恢复性。车身修复后，必须保持原车的车型风格，在车身构件的外形、线条、材料、装饰及色调等方面都不能破坏原车的特点，并保证整车的一致性。

（2）车身材料具有多样性。车身材料除金属材料外，采用了大量的非金属材料，各种材料的性能和加工工艺都不尽相同。其修理方法和工艺要求也同样存在很大的差别。因此，在车身定损及修理时，必须准确区分不同构件的材料特性及结构特点。

（3）车身修复工艺的复杂性。车身的修复工艺与其他总成有较大的差异，进行车身修理时必须照顾到车身的造型艺术、内部装饰、取暖通风、防振隔音、密封、照明以及与人体工程学有关的一些问题。对车身的金属构件，还要采取防腐、防锈措施。因此，车身修理时，应针对不同的损伤部位和类型，采用科学合理的修理工艺和方法。

三、车身变形的测量

（一）车身变形测量的基本概念

车辆在碰撞、刮擦事故中，车身构件或覆盖件发生局部变形，可以通过直观的观察做出损伤的鉴定。当车身出现整体变形时，则必须进行正确的测量，才能制定合理的修理工艺，准确估算工时费用。

1. 车身测量的目的

车身测量的目的是确认车身损伤状态和把握变形程度的大小。碰撞造成车身整体定位参数发生变化，会严重影响汽车的使用性能。车身整体定位参数是指直接影响发动机、底盘和车身主要构件装配位置的基础数据，如前轮定位参数、两侧轴距差、传动轴输入输出角等参数。这些数据的变动影响到车身修理工艺和方法的制定，因此，车身测量是定损的重要依据。

2. 车身测量的基准

车身测量的目的是检测车身变形后形状和位置误差的变化，而形状和位置误差检测的基础是选择正确的测量基准。因此，测量基准的选择就显得十分重要，根据车身变形的部位，车身测量基准的选择可以参照下面的基本要素。

3. 车身测量的基本要素

车身测量的基本要素是控制点、基准面和中心线。

(1) 控制点原则。车身测量的控制点用于检测车身损伤与变形程度。车身设计与制造中设有多个控制点，车损鉴定时可以根据各控制点之间尺寸的变化判定车身的损伤程度及修复工艺和方法。

(2) 基准面原则。选择与车身设计相同的基准面，来控制其误差的大小。实际应用中，不方便直接测量时，可以采用投影法。

(3) 中心线与中心面原则。中心线和沿其垂直方向投影获得的中心面，实际上是一个假想的空间直线和平面，该平面将车身纵向分为对称的两部分。车身的各点通常是以这一平面对称分布，因此，宽度方向的各尺寸参数都以该中心面为基准测量。

(二) 车身变形的测量方法

1. 测距法

测距法是最简单、实用的一种测量方法，可以直接获得定向位置点与点之间的距离，通过测距来体现车身构件之间的位置状态。测距法使用的量具有钢卷尺、专用测距尺等。

2. 定中规法

发生碰撞事故后，车身的变形往往是很复杂的，涉及各个方向，形成综合性变形，用测距法反映问题就不够直观。但使用定中规法，就可以比较好地解决这类测量问题。使用定中规法需要注意的是，要根据具体情况有针对性地做好对称性调整。否则，会影响到测量的准确性。

在使用定中规检测车身变形时，根据定中销是否发生偏离及偏离方向，判断车身是否发生变形及变形的状态。

3. 坐标法

用坐标法检测车身壳体表面的变形。

四、车身变形及损伤程度的诊断

测量只是从一个角度为分析和确认变形提供了依据，要想准确鉴定事故车辆的损失，还需要从多方面入手，确认导致变形的诸因素，确定损伤的类型及严重程度。

(一) 碰撞力分析

碰撞所造成的车身损坏程度，主要取决于碰撞力的大小、方向及作用点。

1. 碰撞力的大小

同等条件下相向行驶的车辆发生的正面碰撞事故导致的伤害最大。

2. 力的作用方向

碰撞形式决定了力的作用方向。迎面相向正面碰撞，力的作用方向垂直于车辆的重心；侧面正碰撞，力的作用方向同样垂直于车辆的重心；而斜碰撞时力的作用方向则对车辆中心形成力偶。

3. 力的作用点

在力的大小和作用方向相同的条件下，不同的作用点导致的伤害结果却大不相同。显然，与对柱碰撞相比，对壁碰撞导致的伤害程度要低。

（二）损伤形式

根据车身损伤的原因和性质来说，车身的损伤形式包括直接损伤、波及损伤、诱发性损伤、惯性损伤。

（1）直接损伤是车辆直接与其他车辆或物体发生碰撞而导致车身的损坏。直接损伤的特征是，两客体接触时在着力点形成的擦伤、撞痕、撕裂状伤痕。

（2）波及损伤是指碰撞冲击力作用于车身上并分解后，其分力在通过车身构件过程中所形成的损伤。根据力的可传性，碰撞形成的冲击力在分解、传播、转移的过程中，可以很容易地通过强度、刚度高的构件，但当传到强度、刚度相对较弱的构件时，就会造成车身不同程度的损伤，在这些相对薄弱的构件上形成以弯曲、扭曲、剪切、折叠为主要形态的损坏。

（3）诱发性损伤是指一个或一部分车身构件发生了损坏或变形后，同时引起与其相邻或有装配关系的构件的变形及损坏。与波及损伤的区别在于，这些构件并不承受冲击载荷或承受冲击载荷很少，主要是受到关联件的挤压和拉伸导致的诱发性损坏。损坏特征为弯曲、折断、扭曲。

（4）惯性损伤是指车辆发生碰撞时，在惯性力的作用下导致的损伤。损伤的形态有：车辆其他总成与车身的结合部承受的惯性载荷超过其承受极限时而破坏；在惯性作用下，人或货物被抛起与车身部件发生二次碰撞造成车身损坏和人员伤害。惯性损伤的特征是撞伤拉断或撕裂、局部弯曲变形等。

（三）变形的倾向性分析

因车身结构不同，碰撞给车身带来的损伤程度和变形类型也都不同，但具有一定的倾向性。碰撞给车身造成的直接损失比较容易诊断，但对于波及损伤、诱发性损伤等就需要通过对变形倾向进行分析，才能做出正确的判断。

1. 承载式车身的变形倾向

承载式车身由于没有车架，车身壳体由薄板类构件焊装起来，直接承受各方向的作用力。与车架相比，刚性较低，因此，碰撞事故发生时对整体变形的影响都比较大。碰撞冲击波作用于各构件，并在传递过程中被不断地吸收、衰减，最终在各部位以变形体现出来。

（1）前车身变形的倾向。前车身主要由发动机舱与发动机盖等组成。前悬架、行走机构和转向装置等总成都布置于车身前部，相向碰撞发生时，也是通过前车身来有效地吸收冲击能量。

发生正面相向碰撞，车身前部势必会产生变形，变形的倾向和损伤程度与冲击力的大小、方向、受力点和客体对象有关。

车辆发生较为轻度的正面碰撞，车的前保险杠及其支架会遭受到直接损伤，首先受到波及的构件是水箱框架、翼子板和发动机罩锁支架等，有可能引发前轮定位失准。

较大强度的正面碰撞，致使直接损伤的范围进一步扩大，翼子板变形增大，压迫车门使其开启困难；发动机罩拱曲变形并通过铰链触及前围板；前纵梁弯曲变形并引起前横梁产生变形，致使前围板变形后移伤及通风装置的塑料壳体，使前轮定位严重失准；更严重的碰撞则会使前保险杠、翼子板、水箱框架、散热器、冷凝器、横梁、前纵梁等严重损坏，冲击力的波及、诱发和惯性作用，结果使车身A柱变形弯曲，前围板变形严重，影响到空调通风装置，发动机支撑错位，悬架装置严重受损，诱发车身底板和车顶棚拱曲变形，车门下垂、挡风玻璃损坏等。

(2) 车身后部变形倾向。当车辆发生倒车和追尾事故时会造成车身后部的变形，其变形规律和变形倾向与车身前部大致相同。只是由于车身后部的刚度较弱，在相同的撞击力下，后部损伤较严重。但后部附件较少，损失价值稍低。乘用车的油箱多位于后排座椅下面，一旦发生严重的台球式追尾碰撞，伤及油箱会造成汽油泄漏，后果会很严重。

总之，在进行车身损伤的鉴定过程中，要针对损伤的性质、严重程度进行认真细致的鉴别。

2. 车架变形倾向分析

对于非承载式或半承载式车身来说，车架与骨架是整车的基础，由于碰撞或倾翻致使车架变形，会严重影响整车的使用性能。车架的变形一般有弯曲和扭曲两种情况，同时伴随有皱褶类的损伤，往往是几种变形的综合体现，进行车架损伤鉴定时应注意：

(1) 车架弯曲变形。车架弯曲的形式因碰撞方向的不同而不同。发生正面碰撞，车架易出现水平方向的弯曲；发生侧面碰撞，车架易出现垂直方向的弯曲。

(2) 车架扭曲。同样，车架扭曲变形的形式也受冲击载荷方向的影响。车架受到垂直方向非对称载荷作用时，车架会形成垂直方向上的扭转变形，如高速上下台阶或重载下的过度颠簸等。当发生偏离车架中心线的角碰撞时，则形成一种水平方向上的对角扭曲(也叫菱形)。车架发生严重的扭曲变形，使车身四周的离地间隙发生改变。离地间隙的改变有两种原因，一是车架扭转力超过了悬架在空载状态下的弹力；另一原因是悬架弹簧的弹力不一。因此，在进行车架损伤鉴定时，应加以区别，一定要首先排除悬架弹簧弹力不均的问题。

第三节 发动机与底盘的定损

车辆发生碰撞、倾翻等交通事故，车身因直接承受撞击力而造成不同程度的损伤，同时由于波及、诱发和惯性的作用，发动机和底盘各总成也存在着受损伤的可能。但由于结构的原因，发动机和底盘各总成的损伤往往不直观，因此，在车辆定损查勘过程中，应根据撞击力的传播趋势认真检查发动机和底盘各总成的损伤。

一、发动机及其附件碰撞损坏的认定及修复

汽车的发动机，尤其是小型轿车和载重汽车的发动机，一般布置于车辆前部发动机舱。车辆发生迎面正碰撞事故，不可避免地会造成发动机及其辅助装置的损伤。对于后置发动机的大型客车，当发生追尾事故时，有可能造成发动机及其辅助装置的损伤。

一般发生轻度碰撞时，发动机基本上受不到损伤。当碰撞强度较大，车身前部变形较严重时，发动机的一些辅助装置及覆盖件会受到波及和诱发的影响而损坏，如空气滤清器总

成、蓄电池、进排气歧管、发动机外围各种管路、发动机支撑座及胶垫、冷却风扇、发动机正时齿轮罩等。尤其对于现代轿车，发动机舱的布置相当紧凑，还可能造成发电机、空调压缩机、转向助力泵等总成及管路和支架的损坏。比较严重的碰撞事故、发动机进水或直接拖底时，可能导致发动机损坏。更严重的碰撞事故会波及到发动机内部的轴类零件，致使发动机缸体的薄弱部位破裂，甚至致使发动机报废。

在对发动机损伤检查时，应注意详细检查有关支架所处发动机缸体部位有无损伤，因为这些部位的损伤不易发现。发动机的辅助装置和覆盖件损坏可以直接观察到，可以采用就车拆卸、更换或修复的方法。若发动机支撑、时规罩和基础部分损坏，则需要将发动机拆下进行维修。当怀疑发动机内部零件有损伤或缸体有破裂损伤时，需要对发动机进行解体检验和维修。必要时应进行零件隐伤探查，但应正确区分零件隐伤的原因。

（一）发动机系统主要构成件的碰撞损坏认定及修复

1. 发动机附件

发动机附件包括时规及附件、油底壳及垫、发动机支架及胶垫、进气系统、排气系统等。

发动机附件中时规及附件因撞击破损和变形以更换修复为主。

油底壳轻度变形一般无需修理，放油螺塞处碰伤及中度以上的变形以更换为主。

发动机支架及胶垫因撞击变形、破损以更换修复为主。

进气系统因撞击破损和变形以更换修复为主。

排气系统中最常见的撞击损伤形式为发动机移位造成的排气管变形。由于排气管长期在高温下工作，氧化现象较严重，通常无法整修。消声器吊耳因变形超过弹性极限破损，也是常见的损坏现象，应更换修复。

2. 水箱及附件

水箱及附件包括水箱、进水管、出水管、副水箱等，现代汽车的水箱基本上是铝合金的，铜质水箱由于造价较高，基本不再使用。判断水箱的修与换，基本与冷凝器相似。所不同的是水箱常有两个塑料水室，水室破损后，一般需更换，而水室在遭受撞击后最易破损。

水管的破损一般以更换方式修复。

水泵皮带轮是水泵中最易损坏的零件，变形后通常以更换为主，较严重的会造成水泵前段轴承处的损坏，一般更换水泵前段即可，不必更换水泵总成。

3. 风扇及附件

风扇护罩轻度变形一般以整形校正为主，严重的变形常常采取更换的方法修复。

主动风扇与从动风扇常为风扇叶破碎，由于风扇叶是不可拆卸式，也无风扇叶购买，所以风扇叶破碎后需要更换总成。

风扇皮带在碰撞后一般不会损坏，由于其正常使用的磨损也会造成损坏，拆下后如果需更换，应确定是否是碰撞原因所致。

4. 制冷系统

空调制冷系统由压缩机、冷凝器、干燥瓶、膨胀阀、蒸发箱、管道及电控元件等组成。压缩机、冷凝器、干燥瓶、管道等一般位于发动机舱内。

汽车空调冷凝器均采用铝合金制成，中低档车的冷凝器一般价格较低，中度以上损伤一般采用更换法处理，高档车的冷凝器一般价格较贵，中度以下损伤常可采用亚弧焊修复。注意冷凝器因碰撞变形后虽未漏冷媒，但拆下后重新安装时不一定不漏冷媒。

储液罐(干燥器)因碰撞变形一般以更换为主。如果系统在碰撞中以开口状态暴露于潮湿的空气中时间较长，则应更换干燥器，否则会造成空调系统工作时的“冰堵”。

压缩机因碰撞造成的损伤有壳体破裂，皮带轮、离合器变形等。壳体破裂一般采用更换的方法修复，皮带轮变形、离合器变形一般采用更换皮带轮、离合器的方法修复。

汽车空调管有多根，损伤的空调管一定要注明是哪一根，常用×××—×××加以说明。汽车空调管破损一般采用更换的方法修复。

汽车空调蒸发箱通常由蒸发箱壳体、蒸发器和膨胀阀等组成，一般事故不会伤及，当发生比较严重的碰撞事故时，则会造成蒸发箱壳体破损。蒸发箱壳体大多用热塑性塑料制成，局部破损可用塑料焊焊接修复，严重破损一般需更换，决定更换时一定要考虑有无壳体单独更换。蒸发器换与修基本同于冷凝器。膨胀阀因碰撞损坏的可能性极小。

（二）发动机拖底后的检测及处理

1. 发动机拖底的形成原因及规避

现代汽车，尤其是轿车，为了降低空气阻力一般采用低车身的结构。采用了低车身结构的汽车，最小离地间隙往往较小，这就导致汽车的通过性能下降。

汽车在通过坑洼路段时，可能会因为颠簸而使位于较低部位的发动机油底壳与路面相接触，从而导致“发动机拖底”；汽车在路面状况良好的路段行驶，没有察觉前车坠落的石块，有可能导致“发动机拖底”；汽车不慎驶入路坡等处时，被路牙石垫起，造成拖底。

一旦发现汽车拖底，要立即熄火、停车，认真检查，此时发动机内部机件一般不会损坏，要认真检查拖底所造成的损失是否会影响汽车的继续行驶，如果发现有机油泄漏等影响继续行驶的现象，绝对不能继续行驶，要立即进行修复作业。

2. 发动机拖底后的损坏范围

发动机拖底后，往往会对机件造成一些损失，这些损失可以划分为直接损失和间接损失。

（1）直接损失。发动机拖底后，会造成油底壳部分的凹陷变形；如果程度较重的话，还可能使壳体破损，导致机油泄漏；如果程度严重的话，甚至会导致油底壳里面的机件变形、损坏，无法工作。

（2）间接损失。发动机拖底以后，如果驾驶员没有及时熄火，油底壳内的机油将会大量泄漏，导致机油泵无油可泵，使发动机的曲轴和气缸得不到机油的充分润滑和冷却，致使曲轴抱死和粘缸，严重的造成发动机报废。另外，由于机油压力的降低，发动机的凸轮轴、活塞和气缸缸套也会因缺油而磨损或抱死。

3. 发动机拖底后的检测及处理

发动机发生拖底事故后，维修人员不要急于将发动机从车上拆下来，应该首先用手转动曲轴，检查曲轴转动是否正常，根据检查情况决定是否拆检。

（1）曲轴转动正常时的处理。如曲轴转动正常，说明曲轴没有烧损现象，处理时可以在更换油底壳或机油泵、机油泵滤清器后，加注机油，发动汽车。如果汽车发动机没有异响，可以认为该拖底事故处理完毕。

（2）曲轴转动异常时的处理。如果用手转动曲轴后，感到转动困难或无法转动，说明曲轴很可能与轴瓦烧蚀或已经抱死，这时只好将发动机从车上拆下，将曲轴瓦盖、连杆瓦盖揭开，检查曲轴、连杆、活塞及活塞环、缸套、凸轮轴等的损坏情况。

(3) 曲轴的检测及处理。汽车发动机的曲轴是可以加工和修理的零件。

货车发动机的曲轴可以在允许范围内进行磨修。曲轴轴瓦可根据曲轴修理级别进行选配。不过，一般轿车发动机的曲轴是不允许加工的，损坏后只有更换整个曲轴，定损时最好得到专业维修站的证实之后再做决定。

(4) 连杆的检测及处理。连杆的检测主要集中在连杆的弯扭变形、连杆轴承及连杆轴承座孔的磨损和烧蚀等。连杆轴瓦一般以更换为主。

(5) 凸轮轴的检测及处理。凸轮轴在缸体中的位置较高，其孔座是在缸体上直接镗出的，凸轮轴与孔座之间安装有轴瓦(轿车发动机普遍采用顶置凸轮轴没有轴瓦)。缺油后，凸轮轴与轴瓦的磨损会加剧、烧蚀，对于轿车发动机甚至造成缸盖报废。凸轮轴轴瓦损坏后一般以更换为主。凸轮轴与孔座都有标准尺寸，如超出标准值，应该予以更换。

(6) 活塞、活塞环、缸套的检测及处理。对活塞与缸套的更换一是要注意划痕深度，二是要测量活塞与缸套间隙。通过对上述二者的分析，准确区分是正常磨损还是事故损伤，决定活塞与缸筒的更换是否为保险责任。

典型案例

【案例 10-1】

2015 年 8 月某日 10 时左右，张先生报案称自己驾驶北汽福田 BJ1 043V8JEA-S3 厢式货车(发动机型号：CA4DC2-10E3)为一建筑工地送料时，途中不慎托底，发动机已不能运转，请保险公司查勘。

查勘人员赶到现场后发现，福田牌厢式货车已经陷在施工现场的坑内，前桥及发动机与地面全面接触。将汽车牵引出坑后，检查发现发动机油底壳大面积变形且向内凹进，但没有发现机油泄漏的现象。搬动曲轴时，根本无法转动，只好送汽车维修厂拆解后再认定。

经汽车维修厂的维修人员拆解发动机后认定：油底壳变形但没有断裂；曲轴与曲轴瓦，连杆与连杆轴瓦粘连抱死；瓦片合金摩擦层烧蚀流化；曲轴与连杆座、瓦盖均烧成蓝色；其他机件没有变形、烧蚀、损坏的现象。

张先生承认当车陷落坑内后发动机没有及时熄火，而且，为了使汽车能够爬出陷坑，进行了几次低档大油门的操作，直至发动机突然熄火，再打启动机时，就只有启动机的运转声，发动机根本无法转动。无奈之下，只好找保险公司报案。

通过对发动机损坏情况的分析，可以认定：发动机拖底后没有机油外漏，如果发动机的机油泵、机油泵集滤器没有损坏的话，油面高度正常，发动机运转时不会造成烧曲轴、烧轴瓦的现象。本次事故造成的发动机油底壳变形，导致机油集滤器被油底壳托住，没有了吸油间隙，驾驶员急于自救，加大油门使发动机高速运转，由于机油泵集滤器被堵死，机油泵泵不上油，系统油压急剧下降，曲轴轴瓦、连杆轴瓦润滑供油严重不足，造成曲轴轴瓦、连杆轴瓦因缺油而干磨，温度快速升高烧蚀摩擦部件。

【本案评析】

根据保险合同除外责任之规定，车辆遭受保险责任范围内的损失后未经必要修理继续使用，致使损失扩大的部分为除外责任。保险公司只负责事故车辆拖底造成的直接损失，即发动机油底壳、油底壳垫、润滑油及相应的修理费用。

【案例 10-2】

2014 年 10 月某日 13 时，王先生报案称其投保的 CA4282P21K2T1 平头牵引车货车(发动机型号 CA6DL1-32 增压中冷柴油机)因躲一行人驶入路边沟内，造成驾驶人员受伤，交警部门在施救后将车辆拖至停车场。

交警提供的事故照片显示，事故车车头陷在沟内泥水中，后轮停在斜坡上。保险公司查勘人员在现场看到，公路边沿车辆运行方向一侧的周围树木被大片折断，公路与沟的坡度大约呈 30°。查勘人员对现场进行复核后确定为保险责任。

汽车维修厂将事故车拆解后发现，驾驶室前部因受碰撞而变形，悬挂亦变形，水箱下水室部分被切断脱落，发动机油底壳拖痕较重，有裂痕并伴有机油渗漏，曲轴与轴瓦在第六缸位置有轻微的烧蚀和磨损，机油泵、集滤器无损坏，第六缸活塞顶部烧蚀严重，第五缸活塞顶部烧蚀较轻，发动机其他机件没有变形损失。

机理分析表明：曲轴及轴瓦的烧蚀、磨损是因供油不足造成的，而活塞烧蚀应该与供油压力的降低没有必然关系，是由缺水造成的。

对事故车辆的进一步查验发现：水箱下水室已被切断。由于水箱下水室是储存冷却水最集中的地方，它被切断后，冷却水大量流失。由于事故发生时驾驶员负伤，无能力对车辆进行任何处理(包括熄灭发动机)，而前部的碰撞又将油门踏板挤压变形，使发动机处于高速运转状态。此时车辆停在 30°的斜坡上，发动机前低后高，发动机内部的冷却水自然流向低处，导致后部缺水严重。由于发动机运转时顶部温度最高，而缺水的第六缸顶部温度更高，当活塞顶部温度超过正常温度后，顶部开始熔化变形，所以第六缸顶部烧蚀最严重。第五缸缺水程度比第六缸略好一点，故烧蚀程度轻一些。

【本案评析】

该起托底事故造成了发动机油底壳断裂、机油泄漏、系统油压下降，使机件缺油运转而导致烧蚀变形。不过，机油的缺失不会造成活塞项部烧蚀，活塞顶部的烧蚀是由缺水造成的，此起事故发动机部分属于保险责任。

二、汽车底盘的定损

(一) 悬架系统的定损

悬架是车架(或承载式车身)与车桥(或车轮)之间的一切传力装置的总称。

对于承载式车身的汽车，前纵梁及悬挂座属于结构件，按结构件方法处理。

前悬挂系统及相关部件主要包括悬挂臂、转向节、减振器、稳定杆、发动机托架、刹车盘等。车辆遭受碰撞事故时，悬架系统由于受到车身或车架传导的撞击力，悬架弹簧、减振器、悬架上支臂、悬架下支臂、横向稳定器和纵向稳定杆等元件会受到不同程度的变形和损伤。悬架系统元件的变形和损伤往往不易直接观察到，在对其进行损伤鉴定时，应借助检测设备和仪器进行必要的测量及检验。这些元器件的损伤一般不宜采用修复方法修理，应换新件，在车辆定损时应注意。

减振器主要鉴定是否在碰撞前已损坏。减振器是易损件，正常使用到一定程度后会漏油，如果外表已有油泥，说明在碰撞前已损坏。如果外表无油迹，碰撞造成弯曲变形，应更换。

由于悬架直接连接着车架(或承载式车身)与车桥(或车轮)，其受力情况十分复杂，在碰撞事故中，悬架系统(尤其是独立悬架系统)经常受到严重的损伤，致使前轮定位失准，影响车辆正常行驶。

由于车速越来越高，汽车的操纵稳定性对其性能的影响也变得越来越重要。现代汽车不仅具有前轮定位参数，有些高速客车和多数轿车还有后轮定位参数。这些定位参数的变化不仅使汽车操纵稳定性恶化，引起转向沉重、跑偏、摆振和轮胎异常磨损等，还能造成动力性、经济性、安全性等的恶化。

典型案例

【案例 10-3】

2016 年 7 月 10 日 11 时许，刘女士驾驶自家东风日产轩逸轿车行驶到津晋高速 19 公里处，突然轿车方向失控，刘女士紧握方向盘想控制车辆，但车辆还是撞向左侧护栏，致使车辆左大灯、翼子板、保险杠、前格栅、左后部严重受损，左半轴断裂、左侧减振器总成随车轮被撞掉，刘女士及车上乘客 3 人不同程度受伤。镇静下来后，刘女士向保险公司报案，在征得保险公司同意后，刘女士委托修理厂将车拉回沈阳市。

保险公司查勘人员在现场查勘时发现，该车的减振器断裂处有一扩展区，表明该减振器存在质量缺陷，该事故是由于减振器损坏所致。由于减振器的断裂，车辆的前轮定位参数失控，导致方向失控，导致事故发生。

【本案评析】

减振器断裂属于机件质量问题，是保险除外责任。但由于减振器断裂，而后方向失控造成的事故损失属于车辆损失险保险责任。因此，保险公司对保险责任部分进行了赔付。

（二）转向系的定损

转向系统的技术状况直接影响着行车安全，而且由于转向系统的部件都布置在车身前部，通过转向传动机构将转向器与前桥连接在一起。当发生一般的碰撞事故时，撞击力不会波及到转向系元件。但当发生较严重的碰撞事故时，由于波及和传导作用，会造成转向传动机构和转向器的损伤。

转向系易受损伤的部件有转向横直拉杆、转向器、转向节等；更严重的碰撞事故，会造成驾驶室内转向杆调整机构的损伤。

转向系部件的损伤不易直接观察。在车辆定损鉴定时，应配合拆检进行，必要时作探伤检验。

（三）制动系的定损

车辆制动性能下降会导致交通事故，造成车辆损失。车辆发生碰撞事故时，同样会造成制动系部件的损坏。

对于普通制动系统，在碰撞事故中，由于撞击力的波及和诱发作用，往往会造成车轮制动器的元器件及制动管路损坏。这些元器件的损伤程度需要进一步的拆解检验。

对于装用 ABS 系统的制动系，在进行车辆损失鉴定时，应对有些元件进行性能检验，如 ABS 轮速传感器、ABS 制动压力调节器。管路及连接部分的损伤可以直观检查。

（四）变速器及离合器的定损

变速器及离合器总成与发动机组装为一体，并作为发动机的一个支撑点固定于车架(或承载式车身)上，变速器及离合器的操纵机构又都布置在车身底板上。因此，当车辆发生严重碰撞事故时，由于波及和诱发等原因，会造成变速器及离合器的操纵机构受损，变速器支撑部位壳体损坏，飞轮壳断裂损坏。这些损伤程度的鉴定，需要将发动机拆下进行检查鉴定。

1. 变速器主要构件的碰撞损坏认定及修复

(1) 传动轴及附件。中低档轿车多为前轮驱动，碰撞常会造成外侧等角速万向节(俗称外球笼)破损，常以更换方式修复，有时还会造成半轴弯曲变形，也以更换方式修复为主。

(2) 变速器。手动变速器损坏以后，其内部的机件基本都可以独立更换，对变速器齿轮、同步器、轴承等部件的鉴定，碰撞后只有断裂、掉牙才属于保险责任，正常磨损不属于保险责任，在定损中要注意界定和区分。

变速操纵系统遭撞击变形后，轻度的损坏常以整修修复为主，中度以上的以更换修复为主。

2. 自动变速器拖底后的检测及处理

对于自动变速器，从保险角度来看，其损失形式主要是拖底，其他类型的损失极小。自动变速器发生拖底碰撞后，应该按照以下流程进行检测与修复处理。

(1) 报案指导。接到自动变速器拖底碰撞的报案后，立即通知受损车辆，就地熄火停放，请现场人员观察自动变速器下面是否有红色的液压油漏出(大部分自动变速器液压油为红色)。不允许现场人员移动车辆，更不允许任何人擅自启动发动机。

(2) 救援。对于现代轿车，由于车身离地间隙较小，如不能确认自动变速器油底壳有无变形，最好采用载运，不要牵引救援。假如认定自动变速器油底壳有变形，不论有无漏油，不允许直接牵引，要采用可以将受损车辆载走的拖车，将其载运到汽车修理厂。

(3) 修复处理。受损车辆被载运到汽车修理厂以后，要将整车放在举升器上，将车举起，拆下变速器油底壳进行检查，方法如下：

① 拆下变速器油底壳，分别检查机油滤清器、滑阀总成、变速器壳等，如果只有变速器油底壳和机油滤清器损坏，其他部件没有断裂与损坏，可以只更换变速器油底壳和滤清器。经过加油、着火、试车各环节后，如各档位没有发生异常，此次事故处理完成。

② 拆下变速器油底壳，若发现滑阀体断裂或箱体断裂，滑阀体要更换总成，一般情况下，只需更换箱体就可以了。

③ 部分装有自动变速器的汽车在拖底事故中，摩擦片、制动器、离合器、油泵轮也可能有所损坏，这是因为拖底后，驾驶员没有及时停车而继续行驶，导致机油大量泄漏造成的(长距离拖车时，变速器机油温度升高而得不到冷却也会造成以上机件的损坏)。

④ 使用时间较长的变速器的离合器、制动器等机件已经磨损、老化。所以，查勘时要特别注意，没有把握时不要盲目建议解体自动变速器，而且应该通知车主和汽车修理厂，保险查勘人员不在场的情况下，任何人不得私自解体变速器，同时还要注意事故损坏件与自然损坏件的鉴别。

典型案例

【案例 10-4】

2015 年 5 月 24 日上午 10 时，吴先生报案称自己的丰田凌志 300 在路上被前方车辆掉下的一块石头托住，造成发动机与自动档变速器连接部位漏油，询问保险公司应该如何处理。

查勘定损人员接到报案后及时与保户电话联系，告知千万不要启动发动机、移动车辆。他们赶到后对事故现场进行了详细查勘，发现碰撞物与车损状况相吻合，确定属于保险责任。同时认定碰撞部位为自动变速器油底壳部位，变速器液压油大量泄漏，属于变速器拖底事故。

查勘定损人员根据损失部位的特征，在征得保户同意后，将事故车辆载运到附近的汽车维修厂。经维修人员检查后，变速器只有油底壳损坏，机油集滤器、滑阀体、变速器壳体没有断裂和损坏。在更换了变速器油底壳，并加注液压油后，重新启动试车，发现自动变速器在各档位的工作均正常，没有异常现象。

该起事故总赔款 2000 元，包括拖运费、材料费、工时费。

【本案评析】

对于被保险人应该了解汽车的基础知识，以便在遇到问题时能够正确处理。

【案例 10-5】

2014 年 5 月 17 日上午 9 时，王先生报案称自己的通用别克 GL8 商务车在停车场被一大型货车倒车时撞上，大货车已逃离，发动机罩、前格栅、左大灯等损坏，发动机工作正常，自动变速器挂上档后无法前进，现已与维修单位联系准备送修。查勘定损人员及时赶到现场，查勘了车辆及现场。

现场是一停车场，车前有 1m 多长的擦痕，未发现其他异常。发动机工作正常，但挂档后车辆不行走，拔出油尺检查变速器的油面，显示正常。由于在现场无法找到故障，双方同意将车辆送维修单位检查后再定。

维修人员拆开变速器后发现，离合器、制动器的摩擦片有烧蚀现象、部分严重脱落，大量的摩擦片已变成刀片状的金属片，其上面没有任何摩擦材料，输入、输出栽体已卡死，变速器已无法正常运转。

经查，保户的别克 GL8 是通用 02 款系列，生产时间为 2008 年，保户是从深泽县购买的二手车，车辆已行驶 26 万多千米，变速器除更换 ATF 油外没做过其他保养。加之车辆在县乡的行驶状况，从变速器中的摩擦碎片来看，车辆的驾驶方法不当，摩擦片存在烧蚀，摩擦片已大大超出了使用寿命。摩擦片强度下降、严重磨损是其脱落的主要原因。经汽车维修管理的技术部门鉴定，摩擦片的脱落系保养不当、自然磨损造成的，不是碰撞引起的。根据汽车维修管理技术部门的鉴定意见，此次别克 GL8 所造成的自动变速器损坏的事故按除外责任进行了处理。

【本案评析】

本案例中的被保险人缺乏基本的汽车知识，因而在使用中没有更合理的对车辆进行保养，致使磨损加剧，损失增加。

（五）车轮损坏检测认定及修复

（1）轮辋遭撞击后以变形损伤为主，多以更换的方式修复。

（2）轮胎遭撞击后会出现爆胎现象，以更换方式修复。

（3）轮罩遭撞击后常会产生破损现象，以更换方式修复。

第四节 维修工时费用的确定

在确定了出险车辆的损伤程度后，就要确定修复方法和维修工时费用。维修工时费用的确定要依据车辆的损伤程度和维修工时定额标准进行，下面主要介绍维修工时定额的一般知识和制定。

一、汽车维修工时定额

对于汽车维修工作定额是指在一定的作业条件下，利用科学方法制定出来的，完成满足规定技术要求的、质量合格的单位工作量，所需要消耗的人力、物力、机械台班和资金的数量标准。

汽车维修工时定额是汽车维修作业中诸多技术经济定额中的一种，是在一定作业条件下完成维修组作业所消耗的劳动时间标准，是维修工时费用确定的重要依据。

二、汽车维修工时定额的种类

汽车维修工时定额，根据汽车的维修类别和维修工艺规范的基本要求，包括以下几种：

(1) 汽车大修工时定额。就是对一部汽车完成大修作业所需要的工时限额。汽车大修工时定额应分别根据车辆的类别、型号、技术含量，并参考车辆厂牌制定。

(2) 汽车总成大修工时定额。就是对汽车某一总成完成大修作业所需要的工时限额。汽车总成大修工时定额应分别根据车辆的类别、型号、技术含量，并参考车辆厂牌的总成制定。

(3) 汽车维护工时定额。就是对一部汽车完成维护作业所需要的工时定额。汽车维护工时定额应分别根据车辆的类别、型号、技术含量，并参考车辆厂牌的维护级别制定。

(4) 汽车小修工时定额。是指完成汽车每一单项小修作业所需工时定额。汽车小修工时定额应分别根据车辆的类别、型号、技术含量，并参考车辆厂牌的每一单项具体作业制定。

(5) 摩托车维修工时定额。摩托车的维修工时定额包括摩托车大修作业、总成大修作业、小修作业分别需要的工时限额。其维修工时应分别根据摩托车类别、型号、并参考厂牌制定。

出险车辆损伤的维修工艺和施工方法与汽车性能下降造成的损伤的维修工艺和施工方法存在一定的差别，其工时定额标准也有所不同，在确定出险车辆的维修工时定额时，可以参照当地维修行业管理部门制定的工时定额进行修订。

三、制定汽车维修工时定额的原则

制定汽车维修工时定额是行业管理和企业生产经营管理的基础工作。对于保险车辆，维修工时定额是出险车辆理赔工作的基础。维修工时定额不单单是一个劳动时间定额，重要的是定额要体现工艺设计和施工方法，体现出现代汽车的技术含量，保证做到耗时少、工效高、质量优。为此，在制定汽车维修工时定额时，要遵循如下几项基本原则：

(1) 现实性。要求定额的水平要相对合理，要考虑到当地汽车维修行业管理水平和企业生产管理水平，考虑到工人的技术水平、工装设备水平和材料配件等。定额应制定在行业平均先进水平。使企业能在该定额水平指导下，按质、按量完成各项维修作业，满足行业各项技术标准。

(2) 合理性。要求在不同车型之间、不同工种之间的定额水平保持平衡，使其定额的实现比例和超额比例大体接近，避免相差悬殊。以防因工时定额制定不合理，造成有些车型的利润太高，而有些车型因工时不足达不到技术要求。

(3) 特殊性。在制定维修工时定额时，应考虑到汽车上采用的新工艺、新结构、新技术，满足这些新工艺、新结构、新技术的要求。另外对要求不同条件或特殊情况下的作业，应采取不同的工时定额。

制定维修工时定额时，特别是一些新型汽车和新结构、新技术，应广泛征求管理者、技术工人等各方面的意见和建议，切实考虑当地行业的实际情况，使定额水平合理、公平。

在实际运用中，要结合地区生产环境和现状，考虑经济上的合理性，客观上的可行性，综合平衡，制定合理的维修工时定额。在此基础上参照当地执行的单位工时定额费用，计算出全部维修工时费用。

第五节　其他财产损失的确定

保险事故导致的财产损失，除了车辆本身的损失和第三者人员伤害外，还可能会造成第三者的财产损失和车上承运货物的损失，从而构成第三者责任险、车上责任险赔偿对象。

一、第三者财产损失确定

对于第三者财产损失的定损因其涉及范围大，定损标准、技术以及掌握的尺度相对机动车辆来讲要难的多。根据机动车辆第三者责任险保险条款规定，保险车辆发生意外事故，直接造成事故现场他人现有财产的实际损毁，保险人依据保险合同的规定予以赔偿。而第三方在对财产损毁的赔偿方面往往提出远高于实际价值的要求，有些甚至还包括间接损失以及处罚性质的赔偿，这将给保险公司定损人员的准确定损带来很多困难。

第三者财产损失赔偿责任是基于被保险人的侵权行为产生的，应根据民法的有关规定按照被损害财产的实际损失予以赔偿。交通事故造成财产直接损失的，按照《民法通则》第 117 条的规定，应当恢复原状或者折价赔偿。具体的方式可以采用与被害人协商，协商不成可以采用仲裁或者诉讼的方式。

第三者财产损失包括：第三者车辆所载货物、道路、道路安全设施、房屋建筑、电力和水利设施、道旁树木花卉、道旁农田庄稼等。

常见第三者财产损失的定损处理方法：

(1) 市政设施。对于市政设施的损坏，市政部门对肇事者所索要的损失赔偿往往有一部分属处罚性质以及间接损失方面的赔偿。但保险公司依据条款规定只能承担因事故造成的直接损失，因此定损人员在定损过程中应该掌握和区分在第三者索要赔偿部分，哪些属于间接费用，哪些属于罚款性质。同时，为使定损合理定损人员要准确掌握和收集当地的损坏物体的制造成本、安装费用及赔偿标准。一般情况，各地市内绿化树木及草坪都有规定的赔偿标准及处罚标准。在定损过程中，只能按损坏物体的制造成本、安装费用及赔偿标准进行定损。

（2）道路及道路设施。车辆倾覆后很容易造成对道路路面的擦痕以及燃油对道路的污染。很多情况下路政管理部门都要求对路面进行赔偿，尤其是高速公路路段。道路两旁的设施也可能因车辆碰撞造成损坏。对于以上两方面所造成的损失，保险公司有责任与被保险人一起同路政管理部门商定损失。因道路及设施的修复施工一般都由路政管理部门组织，很难以招标形式进行定损。大部分损失核定都以路政管理部门为主，但在核损时定损人员必须掌握道路维修及设施修复费用标准，定损范围只限于直接造成损坏的部分。对于路基路面塌陷应视情况确定是否属于保险责任。若在允许的载重吨位下，车辆通过所造成的路基路面塌陷不在赔偿范围之内；若车辆严重超载，在超过允许吨位下通过所造成的路基路面损失应由被保险人自行赔偿，不在保险公司赔偿范围之内。

（3）房屋建筑物。碰撞事故可能造成路旁房屋建筑物的损坏。在对房屋建筑物的损失核定方面，除要求定损人员掌握有关建筑方面知识之外，在定损方面最好采取招标形式进行。请当地建筑施工单位进行修复费用预算招标，这样一方面便于准确定损，另一方面也比较容易说服第三者接受维修方案。

（4）道旁农田庄稼。车辆倾覆可能造成道旁农田庄稼的损坏，此部分损失核定可参照当地同类农作物亩产量进行测算定损。

（5）第三者车上货物的损坏。在对第三者损失定损的过程中，实际确定的损失费用往往与第三者向被保险人所索要的赔偿费用有一定的差距。保险公司定损人员应当向被保险人解释清楚，即保险公司只能对造成第三者的实际损坏部分的直接损失费用进行赔偿，超出部分应由被保险人与第三者进行协商处理。

二、车上货物损失确定

凡发生保险责任内的车上货物损失，原则上保险公司必须立即派员工前往出事现场，对车上货物损失进行查勘处理，然后会同被保险人和有关人员对受损的货物进行逐项清理，以确定损失数量、损失程度和损失金额。在损失金额的确定方面应坚持从保险利益原则出发，注意掌握在出险当时标的具有或者已经实现的价值，确保体现补偿原则。

典型案例

【案例 10-6】

2015 年 5 月，南京市的谢先生购买了一辆轿车后，在南京一家保险公司投保。6 月 12 日下午，他驾驶这辆轿车行至沪宁高速公路时，左前轮突然爆胎，失去方向的轿车将路中水泥隔离墩撞飞，砸到对面车道正常行驶的一辆小面包车上，造成该车的乘客一死两伤。交警认定，谢某车辆左前轮爆胎是引发事故的直接原因，该事故属交通意外，双方均无责任。经交警部门调解，谢某与死者家属达成协议，由谢某一次性赔偿死者家属 17.8 万余元。当场给付 9 万余元后，余款 8.8 万元由谢某出具一份欠条给死者家属。同时，省交通厅也对谢某作出处理决定，要求其赔偿路产损失 1100 元。

回宁后，在办理保险理赔时，谢某为早日获得车辆损失理赔，被迫向保险公司出具承诺书，表示此前付给死者家属的部分费用由他本人承担，不再向保险公司索赔。

2016 年 3 月，谢某将保险公司告上玄武区法院，要求该公司承担 17.8 万余元的事故理赔费。

庭审时，保险公司辩称，原告在交警部门作出的赔偿调解未得到被告认可，是原告私下给付的，原告已于2015年8月16日作出部分放弃理赔的承诺。另外，交警部门作出的事故责任认定，认定原告在该起事故中不承担责任，依据双方约定的保险合同，被告不应理赔。

法院审理后认为，原告投保的车辆在行驶过程中发生意外事故造成损失，依法应由保险公司赔偿。意外事故中的人员伤亡、财产损失与原告的行为有直接因果关系，被告应该承担无过错责任，全额赔偿死者家属的损失及路政财产损失。原告向被告保险公司出具的放弃理赔承诺书，不是其真实意思表示，原告申请撤销，法院予以准许。

进一步审理后，法院依法撤销原告向保险公司出具的放弃理赔承诺书，判定保险公司支付原告部分赔偿款12.8万余元。

【本案评析】

由于现行车险条款关于第三者责任险的规定中，并没有明确“意外事故”是否必须发生于保险车辆本身，但该事故的确由于保险车辆引起，所以应当视为条款中所指的“意外事故”。因此，应当认定该起事故构成第三者责任险的保险责任，保险人应当按照保险合同的规定予以赔偿。

本案存在的另一个问题是保险公司是否要负全部赔偿责任。因为本事故不属于道路交通事故，因此本案的损害赔偿责任的认定，不适用《道路交通安全法》，而应当适用《中华人民共和国民法通则》。根据《中华人民共和国民法通则》第一百三十二条规定：“当事人对造成损害都没有过错的，可以根据实际情况，由当事人分担民事责任。”因此，保险公司应负部分赔偿责任。

【案例10-7】

(1) 案情简介

2013年11月25日21时，马某驾驶一辆奥迪A6行驶到石家庄市南二环与富强大街交叉口时，由于天黑视线不良，到跟前才发现路中央有一片淤泥，马某为躲避驶入二环辅道，致使一骑自行车人因躲避撞到路边行道树上，造成骑车人刘某重伤的交通事故，合计损失达1.4万元，马某的车安然无恙。经公安交通管理部门裁定，马某在此次交通事故中负全部责任。

马某驾驶的奥迪A6已投保车辆损失险和第三者责任险，事故处理结案后，马某持保险单，以“第三者责任损失”为由向保险公司索赔，遭到拒赔，双方遂引起纠纷。

(2) 案情分析

针对两车并未碰撞，该不该赔付第三者责任险，存在两种相反的观点。

① 拒赔。主张拒赔的理由如下：机动车辆保险条款规定：“被保险人在使用保险车辆过程中发生意外事故，致使第三者遭受人身伤亡或财产的直接损毁，依法应由被保险人支付的赔偿金额，保险人依照保险合同的规定给予赔偿。”而本案中，保险车辆并未发生意外事故，不存在给第三者造成损失的前提条件。即使按第三者责任立案，由于两车未发生碰撞，故第三者的损失属于间接损毁，而非直接损毁，因此拒赔。

② 赔付。主张赔付的理由如下：a. 紧急避险指为了使国家、公共利益、本人，或者他人的人身、财产和其他权利免受正在发生的危险，不得已采取的避险行为。由于被保险人马某在路口处占了非机动车道，在即将发生碰撞危险时，刘某不得已而采取措施避让马某，从

而致使车辆侧翻，刘某的行为属于紧急避险。b.《民法通则》规定："紧急避险造成损害的，由引起险情发生的人承担民事责任。"刘某因紧急避险造成的损失，是由引起险情的被保险人马某的行为直接导致，理应由马某承担责任。虽然未发生碰撞，第三者的损失仍可认定为直接损毁。

因此，本案的焦点在于：两车未发生碰撞，对第三者的损失能否认定为直接损毁。根据机动车辆保险条款，是否发生直接接触并非是第三者责任险赔偿的限制条件。

【本案评析】

本案具备机动车辆第三者责任保险条款规定的成立要件：直接损毁和被保险人依法应当承担的赔偿金额。因此保险公司应依照合同规定给予赔偿。所以，马某可以在第三者责任险的保险额度内，从保险公司得到其应承担刘某紧急避险造成的全部损失 1.4 万元赔偿。

【案例 10-8】

从去年 4 月下旬的一天说起，老刘是一名重型半挂牵引车的司机，当天他和往常一样开车送货，当途经金州区某村村口准备拐弯的时候，前方突然出现一只藏獒和老刘的车子同方向奔跑而来，老刘避让不及撞了上去，藏獒当场死亡。

事故发生后，狗的主人老叶连忙跑了过来，当时他正在忙着手里的活，没有看着自己的爱犬，没想到就一会工夫，狗已经死于非命。

狗的主人向肇事司机索赔 30 万元。一条买来才 8 万元的狗，为何最终增值到 30 万元，这个损失金额到底该如何裁定。

后经交警部门认定，老刘应承担此事故的主要责任，老叶承担此事故的次要责任。责任是划清了，但双方因为赔偿的金额出现了分歧，老叶称这条藏獒是自己在 6 年前花了 8 万元买来的，当时是一条幼犬，可六年的饲养幼犬已然成了一条成年藏獒，价格不能以 8 万元来衡量，他估算现在这条成年藏獒应该值 30 万。

由于双方协调不下，于是老叶将车主老刘和车辆投保的保险公司诉至法院。

庭审过程中，这条藏獒的价值该如何认定成为双方争议的焦点。原告老叶认为，自己遭受的损失共计 30 万元，这个 30 万元是怎么得来的呢？老叶说当时购买幼犬时价格为 8 万元，6 年的饲养成本为 12 万元，而成年藏獒会有相应增值，这部分增值价格为 10 万元，三者相加得出 30 万元的经济损失。

而被告的保险公司则认为，事故发生后，保险公司对藏獒进行了定损，当时定损的价格仅为 15000 元，不应该以 30 万元来计算。

法院最终认定藏獒价格为 8 万元。

法院经审理后认为：被告老刘驾驶不符合技术标准的机动车上道行驶，行驶时疏忽大意，在已提前发现所驾车辆旁边同方向跑动的大型犬藏獒情况下，实施右转弯未采取规避措施，其过错行为是导致此事故发生的主要原因，应承担此事故的主要责任；而原告放任其所有的大型犬藏獒独自外出活动，行为已经违反了《宁波市限制养犬规定》"烈性犬、大型犬必须拴养或者圈养"的规定，其过错行为是导致此事故发生的次要原因，应承担此事故的次要责任。

关于原告损失如何确定的问题，因为交通事故中死亡的藏獒已经不存在，并且经过调查目前没有对藏獒的价值进行鉴定或评估的专门机构，故死亡藏獒价值只能参照市场认定。根据法院对专业饲养藏獒的养殖场和个人的调查走访，成年藏獒的价格并不一定高于小藏獒，具体要根据藏獒的品种、血统及体型、毛色、头门等确定，普通成年藏獒的价格一般在每只7万元左右。原告的藏獒是在2008年以8万元价格购买，因为原告现在没有有效证据证明该藏獒为优等品种，所以结合原告购买小藏獒的价格及市场上普通成年藏獒的价格，认定原告因藏獒在本起交通事故死亡的经济损失为8万元。

法院一审判决被告保险公司在交强险财产赔偿限额内先予赔偿共计2000元，交强险外的损失78000元中的70%计54600元由被告老刘承担。

【本案评析】

本案中的藏獒属于其他损失，在赔偿中也应遵循只赔偿直接损失，不能赔偿间接损失这一基本惯例。

第六节　施救费用和残值处理

施救费用是指当被保险标的遭遇保险责任范围内的灾害事故时，被保险人或其代理人、雇佣人员为了减少事故损失，而采取适当措施抢救保险标的时支出的额外费用。所以，施救费用是用一个相对较小的费用支出来控制损失的扩大。

一、确定施救费用应遵循的原则

施救费用的确定要严格按照条款规定事项进行，并遵循以下原则：

（1）保险车辆发生火灾时，应当赔偿被保险人或其允许的驾驶员使用他人非专业消防单位的消防设备、施救保险车辆所消耗的合理费用及设备损失。

（2）保险车辆出险后失去正常的行驶能力，被保险人雇用吊车及其他车辆进行抢救的费用，以及将出险车辆拖运到修理厂的运输费用，保险人应按当地物价部门核准的收费标准予以负责。

（3）在抢救过程中因抢救而损坏他人的财产，如果应由被保险人赔偿的，可予以赔偿。但在抢救时抢救人员个人物品的丢失，不予赔偿。

（4）抢救车辆在拖运受损保险车辆途中发生意外事故，造成保险车辆的损失扩大部分和费用支出增加部分，如果该抢救车辆是被保险人自己或他人义务派来抢救的，应予赔偿；如果该抢救车辆是受雇的，则不予赔偿。

（5）保险车辆出险后，被保险人或其允许的驾驶员，或其代表奔赴肇事现场处理所支出的费用，不予负责。

（6）保险人只对保险车辆的施救保护费用负责。保险车辆发生保险事故后，需要施救的受损财产可能不仅局限于保险标的。但是，保险公司只对保险标的施救费用负责。所以，在这种情况下，施救费用应按照获救价值进行分摊。如果施救对象为受损保险车辆及其所装载货物，且施救费用无法区分，则应按保险车辆与货物的获救价值进行比例分摊，机动车辆保险人仅负责保险车辆应分摊的部分。

（7）保险车辆为进口车或特种车，发生保险事故后，当地确实不能修理，经保险人同意后去外地修理的移送费，可予适当负责。但是，应当明确的是这种费用属于修理费用的一部分，而不是施救费用。另外，护送保险车辆者的工资和差旅费，不予负责。

（8）施救、保护费用与修理费用应分别理算。但施救前，如果施救、保护费用与修理费用相加，估计已达到或超过保险金额时，则可推定全损予以赔偿。

（9）保险车辆发生保险事故后，对其停车费、保管费、扣车费及各种罚款，保险人不予负责。

（10）车辆损失险的施救费用是一个单独的保险金额，而第三者责任险的施救费用不是一个单独的赔偿限额，第三者责任险的施救费用与第三者损失金额相加不得超过第三者责任险的保险赔偿限额。

二、施救过程中车辆损失扩大的处理

车辆发生重大事故后，例如严重碰撞及倾覆，往往需要进行施救，才能使出险车辆脱离现场。

根据机动车保险条款规定："保险车辆发生保险事故后，被保险人应当采取合理的保护、施救措施，并立即向事故发生地交通管理部门报案，同时通知保险人。"被保险人未履行此条义务，保险人有权拒赔。在掌握上应重点放在区分是否合理保护、施救上。

三、残值处理

残值处理是指保险公司根据保险合同履行了赔偿并取得对于受损标的所有权后，对于这些受损标的处理。

在通常情况下，对于残值的处理均采用协商作价折归被保险人并在保险赔款中予以扣除的做法。但在协商不成的情况下，保险公司应将已经赔偿的受损物资收回。这些受损物资可以委托有关部门进行拍卖处理，处理所得款项应当冲减赔款。一时无法处理的，则应交保险公司的损余物资管理部门收回。

典型案例

【案例10-9】

某运输公司驾驶员刘先生驾驶东风牌货车在山路上行驶，忽遇路面滑坡，车辆顺势滑至坡下20余米处，所幸刘先生没有受伤。刘先生小心翼翼地下车，发现车子还有可能继续下滑，就从工具箱中取出千斤顶，想把车子的前部顶起来防止其继续下滑。就在刘先生操作千斤顶时，车辆忽然下滑，刘先生躲闪不及，被车辆压住，导致腰椎骨折。

事故发生后，运输公司迅速向保险公司报案，并提出索赔请求。保险公司业务人员在核赔时发现该车只投保了车辆损失险，遂告知运输公司对于刘先生的伤残费用不负赔偿责任。运输公司则认为，刘先生是在对车辆施救过程中受的伤，其伤残费用应属于"施救费"，应在车损险的保险赔付范围内，并申请在车辆修复金额之外单独计算予以赔偿。保险公司拒绝了运输公司的请求，运输公司遂向法院起诉。

法院经审理后认为，依据《保险法》的有关规定，刘先生的伤残费用不属于"施救费用"，保险公司可以拒赔，于是判决运输公司败诉。

【本案评析】

我国《保险法》第五十七条对保险施救费用有专门规定："保险事故发生后，被保险人为防止或减少保险标的的损失所支付的必要的、合理的费用，由保险人承担；保险人所承担的数额在保险标的损失赔偿金额以外另行计算，最高不超过保险金额的数额。”机动车辆损失保险条款也对施救费用作出了与《保险法》相同的规定。

施救费用一般包括两个方面：一是，保险事故发生时，为抢救财产或者防止灾害蔓延而采取必要措施所造成的保险标的的损失；二是，为施救、保护、整理保险标的所支出的合理费用。保险人之所以支付施救费用，目的在于充分调动被保险人抢救保险标的的积极性，防止损失的扩大。

根据我国《保险法》的上述规定，施救费用必须是为“防止或减少保险标的的损失”所支付的必要的、合理的费用。本案中的车辆驾驶员的伤残虽然是在施救过程中发生的，但他的伤残与防止或减少保险标的的损失并没有必然的联系，而是属于在施救过程中发生的另一起意外事故。另外，刘某的人身伤残损害也不是施救所应付出的必要的、合理的代价。因此，司机刘某的伤残治疗费用不属于“施救费用”，根据法律和合同的规定，保险人无须承担其伤残治疗费用。

【案例 10-10】

2015 年 12 月 17 日，胡先生为自驾 POLO 轿车向保险公司投保了车辆损失险。2016 年 8 月，胡先生驾车去山东泰安办事，行至 308 国道清河段。在超车时，因视线被遮挡，汽车被路上一水泥块托底。胡先生下车检查，未发现异常，又驾车继续行驶 2 千米左右，发动机曲轴抱死，车辆不能行驶。胡先生随即停生并与保险公司联系，征得保险公司同意后将车拖至修理厂。修理厂经检查发现，该车发动机油底壳有一凹陷，位置正好在机油集滤器处，活塞、连杆、曲轴报废，修理费预计达 1.3 万余元。车修好后胡某即向保险公司索赔，保险公司在了解事故的全过程后，将赔偿范围缩小。双方由此发生争议，胡先生上诉至法院。

保险公司认为，发动机曲轴抱死、活塞粘缸等是由于发生保险事故后，胡先生采取措施不当继续行驶所致，属扩大的损失，对扩大的损失保险公司不予赔偿。

胡先生认为，车辆在行驶中被乱石托起后自己曾停车检查，并未发现车辆受损，作为一名普通司机，只有通过车辆能否继续行驶才能判断是否发生了风险事故，自己继续驾车行驶的行为并无不妥，保险公司理应赔偿全部损失。

法院经审理后认为，本案车辆的事故症状并非普通司机所能够准确判断的，胡某作为一名普通司机，缺乏专业修理知识，其主观上无法知道保险事故已经发生，只有通过车辆能否继续行驶才能判断是否发生了保险事故，也就是说，胡某在保险事故发生后未经必要修理而继续使用车辆，无扩大损失的故意，因此，被告应当赔偿胡先生的全部损失。

【本案评析】

本案争议的焦点是：胡先生在停车检查后又驾车行驶，由此造成的扩大损失部分，保险公司是否应予赔偿。

《保险法》第五十七条规定：“保险事故发生时，被保险人有责任尽力采取必要的措施，防止或者减少损失。”这一条确定了被保险人有防损救灾的义务。被保险人要履行这个义务一般应具备两个条件：一是主观上知道保险事故已经发生；二是客观上能够采取一定措施预防或减少保险标的的损失。这两个条件是相互联系、互为前提的，它是判断被保险人是否履行了防损救灾义务的标准。只有知道，才会施救；具备条件，才能施救。如果被保险人不知道或无法知道保险事故已经发生，保险人就不能以被保险人未采取必要措施为由而拒赔；同时，如果被保险人根据当时当地的客观条件，无法采取措施防止或减少保险标的的损失，保险人也不能拒赔。因此，判断被保险人是否履行了救灾防损义务，必须以被保险人的应知、能知以及能够采取措施为前提，否则就强人所难，加重了被保险人的义务，不能合理有效地保护被保险人的利益。

第七节 人生伤亡赔偿标准

1. 医疗费

在公费医疗范围内，按照医院对当事人的交通事故创伤治疗所必须的费用计算，凭据支付。

2. 误工费

当事人有固定收入的，按照本人因误工减少的固定收入计算，对收入高于交通事故发生地平均生活费 3 倍以上的，按照 3 倍计算；无固定收入的，按照交通事故发生地国营同行业的平均收入计算。

3. 住院伙食补助费

按照交通事故发生地国家机关工作人员的出差伙食补助标准计算。

4. 护理费

伤者住院期间，护理人员有收入的，按照误工费的规定计算；无收入的，按照交通事故发生地平均生活费计算。

5. 残疾者生活补助费

根据伤残等级，按照交通事故发生地平均生活费计算。自定残之月起，赔偿 20 年。

6. 残疾用品费

因残疾需要配制补偿功能的器具的，凭医院证明按照普及型器具的费用计算。

7. 丧葬费

按照交通事故发生地的丧葬费标准支付。

8. 死亡补偿费

按照交通事故发生地平均生活费计算，补偿 10 年。对不满 16 周岁的，年龄每小 1 岁减少 1 年；对 70 周岁以上的，年龄每增加 1 岁减少 1 年，最低均不少于 5 年。

9. 被抚养人生活费

以死者生前或者残者丧失劳动能力前实际抚养的、没有其他生活来源的人为限，按照交通事故发生地居民生活困难补助标准计算。对不满 16 周岁的人抚养到 16 周岁。对无劳动能力的人抚养 20 年。

10. 交通费

按照当事人实际必需的费用计算，凭据支付。

11. 住宿费

按照交通事故发生地国家机关一般工作人员的出差住宿标准计算，凭票据支付。

本章小结

事故车辆定损工作是最容易引起保险人与被保险人之间纠纷的工作，为了维护保险公司的形象，扩大保险业务，保险事故车辆定损工作应做到：“主动迅速、准确合理”。在进行事故车辆定损时，要做到不损害保险人的利益、不影响车辆性能，最大限度地保障被保险人的权益不受损害，兼顾汽车修理厂利益。

在做事故车辆定损工作时，要遵循原则，注意事故修复与正常修理间的区别，正确的定损程序，正确的定损方法，典型情况的处理技巧，注意特殊零件的修换原则。

依照机动车辆保险条款所列明的责任范围，明确事故车辆损伤部位和赔付范围。

准确确定事故车辆损失，车身及附件的结构类型、特点和性能，车身材料的构成种类和性能，车身修复工艺及作业内容等知识。整车结构性能，发动机及附件和底盘各总成的结构形式和特点及在汽车上的布置形式。发动机和底盘各总成的特别损伤及施救处理，避免损失的扩大。

第三者财产损失包括：第三者车辆所载货物、道路、道路安全设施、房屋建筑、电力和水利设施、道旁树木花卉、道旁农田庄稼等。

施救费用是用一个相对较小的费用支出来控制损失的扩大。应合理确定施救费用和残值。

思考与练习

1. 事故车辆定损应遵守的原则是什么？
2. 在定损时如何区别正常磨损和事故损坏？
3. 车辆定损工作中有哪些特殊情况？应如何处理？
4. 在确定损伤零件的换或修时，应掌握什么原则？
5. 发动机和变速器发生托底事故应如何施救？
6. 第三者财产损失包括哪些范围？
7. 施救费用包括哪些内容？如何确定施救费用是否合理？

实训三　保险事故车辆损失的检验与评估

1. 实训类型

模拟实训、现场实训

2. 计划学时

2 学时

3. 实训目的与要求

（1）锻炼学生综合素质，如语言表达、思维能力、现场指挥、协调调度安排能力、合作共事能力、临场应变能力、沟通协调能力等。

（2）锻炼学生利用估损系统评定保险事故损失、配件价格查询技术和汽车维修工时费确定的能力。

（3）运用所学知识全面分析确定损失内容的能力。

（4）提高学生汽车保险事故损失评估的能力。

(5) 提高学生解决问题的能力。

(6) 锻炼学生现场应急处理的能力。

4. 主要仪器设备

测量工具、绘图工具、照相机、计算机及定损软件、辅助工具。

5. 实训内容提要

(1) 保险事故现场、模拟现场。

(2) 事故现场照相。

(3) 事故车辆拆验。

(4) 零件或总成损失确定。

(5) 维修项目及维修工时确定。

(6) 其他损失确定。

(7) 出具损失报告。

6. 注意事项

(1) 注意要有事故双方当事人在场。

(2) 注意拆验顺序。

(3) 注意损伤零件的照相。

(4) 注意区别零件损伤原因。

(5) 注意零件的报价。

(6) 注意当事人的认可与协调。

7. 思考题

零件损伤的原因有哪些?

汽车保险事故损失项目有哪些?

8. 撰写损失报告

9. 考核标准

保险事故损失确定准确；零件损失原因分析思路正确；维修项目及工时计算正确；损失项目齐全；损失报告叙述准确无误、通俗易懂、涵盖全面；对人热情、耐心；相互配合协调。

缺勤、思考题未完成、零件损伤原因确定不正确、未填写估损报告者，实训成绩不合格。

第十一章　汽车保险理赔实务

知识目标

1. 了解汽车理赔的含义、原则和工作模式。
2. 熟悉汽车理赔工作流程及各环节的主要业务内容。
3. 掌握各个险种的赔款理算方法。
4. 熟悉理赔注意事项以及不同车险事故理赔程序。

能力目标

具备对简单车险事故损失进行赔款理算的能力。

第一节　汽车保险理赔概述

在保险理赔纠纷诉讼案件中，双方当事人争议较大，意见相左，涉及的法律问题主要有当事人是否履行明确告知义务，保险人如何履行好代位求偿权，退保应退回多少保险费，网络投保如何保障投保人的权益，何种情形下保险公司不承担商业三者险赔偿责任，全车盗抢险的赔偿范围，如何判定车辆自燃，准驾车型不符、车辆未年检引起的理赔纠纷等问题。

2016 年在最高院和多家中级人民法院发布的典型案例中就涉及传统保险理赔纠纷的部分法律问题，为类似的案件处理提供了可资借鉴的规则样本，大大增强了法律规则的可预测性和对人们行为的指导性，正义正以看得见的方式悄然落地。

一、保险理赔的意义及原则

机动车辆保险理赔工作是保险政策和作用的重要体现，是指当保险合同所规定的事故发生后，保险人履行合同的承诺，对被保险人提供经济损失补偿或给付的处理程序。保险理赔程序一般是依据保单条款来解释的，由于保单条款一般不列明细节，因而还要按照政府有关法规的规定、法院的判决、有关行业权威部门出具的鉴定或援用过去的惯例等事实酌情处理。

1. 保险理赔的意义

保险理赔是保险经营的重要环节。通过理赔，被保险人所享受的保险利益得到实现；保险人为客户提供服务，为社会再生产过程提供保障；保险承保的质量得到检验；增强人们的法律意识；保险经济效益得到充分体现。

2. 保险理赔的原则

理赔工作必须遵循的原则有：重合同、守信用原则、实事求是原则、“主动、迅速、准确、合理”原则。

二、汽车保险理赔的特点

汽车保险与其他保险不同，其理赔工作也具有显著的特点。理赔工作人员必须对这些特点有一个清楚和系统的认识，了解和掌握这些特点是做好汽车理赔工作的前提和关键。

(1) 被保险人的公众性

我国的汽车保险的被保险人曾经是以单位、企业为主，但是，随着个人拥有车辆数量的增加，被保险人中单一车主的比例迅速增加，他们对保险、交通事故处理、车辆修理等知识了解较少。

(2) 损失率高且损失幅度小。汽车保险的保险事故损失金额一般不大，但事故发生的频率高。对于损失金额不大的保险事故，从个案的角度看赔偿的金额不大，但是，积少成多也将对保险公司的经营产生重要影响。所以保险公司在经营过程中需要投入较大的精力和费用。

(3) 标的流动性大。由于汽车的功能特点，决定了其具有相当大的流动性。车辆发生事故的地点和时间不确定，要求保险公司必须拥有一个运作良好的服务体系来支持理赔服务，主体是一个全天候的报案受理机制和庞大而高效的检验网络。

(4) 受制于修理厂的程度较大。在汽车保险的理赔中扮演重要角色的是修理厂，修理厂的修理价格、工期和质量均直接影响汽车保险的服务。

(5) 道德风险普遍。在财产保险业务中汽车保险是道德风险的“重灾区”。汽车保险具有标的流动性强、户籍管理中存在缺陷、保险信息不对称等特点，以及汽车保险条款不完善、相关的法律环境不健全，以及汽车保险经营中的特点和管理中存在的一些问题和漏洞，给了不法之徒可乘之机，汽车保险欺诈案件时有发生。

(6) 强制三者险出台后，按照规定交通事故中的第三者受伤后，其损失可以直接向车主投保公司索要，强制三者险赔偿部分再按照“无过失责任原则”承担赔偿责任。

《道路交通法》和强制三者险的实施就是要体现以人为本，在法律规则上采用“无过失责任原则”，也就是说，只要机动车辆造成第三者人身损伤，不论是否有事故责任都应该先承担赔偿责任。这将使保险公司车险理赔产生根本性转变，即由原来的按责赔付转变为无责赔付时代。

三、汽车理赔工作应遵循的基本原则

汽车理赔工作涉及面广，情况比较复杂。在赔偿处理过程中，特别是在对汽车事故进行查勘过程中，必须提出应有的要求和坚持一定的原则。

1. 树立为保户服务的指导思想，坚持实事求是原则

树立服务意识是整个理赔工作中应该贯彻的主导思想，要坚持服务至上的原则。当发生汽车保险事故后，保险人通过及时理赔，尽量减轻因灾害事故造成的影响，及时安排事故车辆修复，并保证基本恢复车辆的原有技术性能，使其尽快投入生产运营，维护人民生活的安定。

实事求是，是现场查勘、事故车辆修复定损及赔案处理方面必须坚持的基本原则，在尊重客观事实的基础上，对具体问题作具体分析，既严格按条款办事，又结合实际情况进行适当灵活处理，使各方都满意。

2. 重合同，守信用，依法办事的原则

保险人同被保险人之间的权责关系是通过保险合同建立起来的。保险人是否履行合同，就看其是否严格履行经济补偿义务。因此，保险方在处理赔案时，必须加强法制观念，严格按条款办事，该赔的一定要赔，而且要按照赔偿标准及规定赔足；不属于保险责任范围的损失不滥赔，同时还要向被保险人讲明道理，拒赔部分要讲事实、重证据。只有这样才能树立保险的信誉，扩大保险的积极影响。

3. 坚决贯彻“八字”理赔原则

“主动、迅速、准确、合理”是保险理赔人员长期实践工作的经验总结，是保险理赔工作优质服务的最基本要求。

（1）主动就是要求保险理赔人员对出险的案件，要积极、主动地进行调查、了解和勘察现场，掌握出险情况，进行事故分析确定保险责任。

（2）迅速就是要求保险理赔人员查勘、定损处理迅速、不拖沓。抓紧处理赔案，准确核赔，快速进行赔款计算、案卷缮制、复核及审批工作，使被保险人及时得到赔付。

（3）准确就是要求从查勘、定损到赔款计算，都要做到准确无误，不错赔、不滥赔、不惜赔。

（4）合理就是要求在理赔工作过程中，要本着实事求是的精神，坚持按条款办事。在许多情况下，要结合具体案情准确定性，尤其是在对事故车辆进行定损过程中，要合理确定事故车辆维修方案。

理赔工作的“八字”原则是辩证的统一体，不可偏废。总的要求是从实际出发，为被保险人着想，既要讲速度，又要重质量。

第二节　汽车理赔工作的模式

一、国际成熟保险市场，汽车保险理赔服务的模式

国外专业从事车险理赔服务的机构数量较多，而且分工精细。保险公司与外部机构基于各自的利益，为达到使客户满意这一共同目标，国内外保险机构和相关机构合作运营特别重视相互之间的合作。他们既各司其职，又特别注重信息、资源的共享，主要体现在以下几个方面：

1. 查勘、定损环节方面的合作

查勘、定损工作直接关系到保险公司理赔案件的数量、结案的速度、社会影响、品牌效应等诸多方面，发达国家和地区的保险公司普遍采用了与外部专业机构合作的模式。

2. 信息技术开发环节的合作

（1）提高查勘调度的合理性和时效性。采用 GPS 定位技术确定查勘人员位置，通过智能排班系统，查勘人员在很短时间内被派到出险现场。另外，通过电脑网络查询修理厂的排班情况，及时为客户提供送修服务。

（2）提高查勘定损的准确性。使用专业开发的估损系统，消除人为因素，例如美国 ADP 公司的 Audatex 系统，还有德国的 Glassmatix 估损系统，保证了车险理赔的规范、透明。

(3) 提高接、报案的及时性和方便性。在车险理赔中使用24小时工作的事故受理报告系统，可以与全国各地的理赔中心及全国的理赔终端的远程计算机系统对应，客户从任何理赔终端都能得到保险公司的处理结果，并在7日内得到赔款。

(4) 提高查勘定损效率。现在车险理赔已经开始启用远程定损系统，通过因特网传送，实现保险公司定损员既可以当场定损，又可以进行网上远程定损，客户和修理厂还可以上网查询定损结果和配件价格、甚至购买配件等功能。

3. 提供多样化服务环节方面的合作

为客户提供全方位、多层次的服务是现代车险理赔的一大特点，衍生服务已成为竞争的主要手段。在这方面做得最好的当属美国。作为全球最大的保险市场，美国保险公司与银行、电信、医院、警署、维修厂、玻璃店、救援公司、急救中心等外部机构的合作非常普遍。大量专业机构的出现不仅提高了保险业的总体水平，而且促进了保险保障质量的提高和保险服务成本的降低。

二、当前我国保险市场汽车理赔服务的模式

由于机动车辆具有流动性高的特点，保险公司的服务体系或机制主要是围绕在保险车辆出险后及时的援救、查勘、定损和修复方面，同时，还包括处理涉及第三者责任的案件。目前，我国较为成熟和流行的模式是以保险公司自主理赔为主导的理赔服务模式，其特点为：

(1) 各自建立自己的服务热线，对被保险人实行全天候、全方位的服务，通过热线接受报案。

(2) 各自建立自己的查勘队伍，自身配备齐全的查勘车辆和相应设备，接受自身客户服务中心的调度和现场查勘定损。

(3) 各自建立自己的车辆零配件报价中心，针对车险赔付项目所占比重高、对车险赔付率和经营利润影响大，同时又是最容易产生暴利的零配件赔款，各家保险公司都非常重视，组织专人从事汽车配件价格的收集、报价和核价工作。

(4) 查勘定损的某个环节或服务辐射不到的某个领域才交由公估公司、物价部门、修理厂、调查公司等外部机构去完成。

三、目前我国汽车保险理赔服务模式的利弊分析

(1) 自主理赔。即由保险公司的理赔部门负责事故的检验和损失理算。这种方式在我国保险业发展初期曾发挥了积极作用，同时也明显带有一系列特定历史时期的烙印。随着中国社会的改革开放和市场的发展变化，被保险人的保险消费意识也不断提高，这种模式的弊端便日益呈现出来，主要表现在：

① 资金投入大、工作效率低、经济效益差。对于保险公司自身来说，从展业到承保，从定损到核赔，庞大的理赔队伍及设备造成人力、物力的浪费，导致其内部管理混乱。

② 理赔业务透明度差，有失公正。汽车保险的定损理赔不同于其他社会生产项目，其涉及的利益面广，专业性强，理算类别多，这就要求理赔业务公开、透明。保险公司自己定损，就好比保险公司既做“运动员”，又当“裁判员”。对于这种现象，即使保险公司的定损结论是合理的，也往往难以令被保险人信服，致使理赔工作中易产生纠纷。尤其是在信息不对称的市场中，这种弊端就愈加突出。

（2）物价评估。是一种官方行为，因为保险双方当事人都不认可、不欢迎，用得比较少。

（3）保险公估。即由专业的保险公估公司接受保险当事人的委托，负责汽车的损失检验和理算工作，这是国际上通行的做法。这种做法的好处有：

① 可以减少理赔纠纷。由没有利益关系的公估人负责查勘、定损工作，能够更好地体现保险合同公平的特点，使理赔过程公开、透明，避免了可能出现的争议和纠纷，防止以权谋私。

② 完善了保险市场结构。由专业公司负责查勘、定损工作，能够更好地体现社会分工的专业化，同时可以促进保险公估业的发展，进一步完善保险市场结构。

③ 可以促进保险公司优化内部结构，节省大量的人力、物力、财力。由于保险公司是按实际发生的检验工作量向公估公司支付检验费用的，因此能更如实反映经营的真实情况，避免保险公司配备固定的检验人员和相关设备可能产生的不必要的费用开支和增加固定经营成本。

四、对理赔工作人员的特殊要求

汽车保险业务经营的好坏，不仅事关保险公司自身的经济效益和发展，也影响到保险职能作用的发挥及社会效益的实现，对保障社会稳定和人民的安居乐业发挥着积极的作用。所以要求从事车险理赔的工作人员，必须具备较高的政策水平和较丰富的业务知识。具体要求包括：

（1）树立廉洁奉公、以身作则的工作作风。

（2）熟悉保险条款和有关业务规定。

（3）懂得有关专业知识。从事理赔的工作人员，除了要具备保险方面的专业知识外，还必须懂得有关法律和法规方面的知识，财务会计知识和标的估算以及建筑、设备、商品等方面的知识。

（4）有深入实际、联系群众和实事求是的工作态度。

第三节　理赔工作的主要内容和注意事项

一、最新汽车出险后理赔知识方法

1. 理赔流程

出险→报案→查勘→定损→核价→核损→核赔→支付。

出险：发生事故。

报案：一般保险公司要求在事发 48 小时内报案。

查勘：报案后，保险公司派查勘员到现场初步查勘，判定是否属于保险责任，痕迹是否相符，是否真实。

定损：根据损失部位痕迹及程度，查勘时会初步现场定损或直接到修理厂、4S 店、定损中心去定损。

核价：有些保险公司会在后期核定损失，看实际修理或更换配件的价格是否合理。

核损：根据查勘、核价给出损失综合定论。

核赔：通过以上环节后，提供相关单证(行驶证、驾驶证、索赔申请书、交警证明等)拿到保险公司柜面。

核赔会再对整个案件进行审核，如果证件有效、事故真实，属于保险责任的话，到环节就可以结案了。

支付：结案后，就可以到保险公司领取赔款。

2. 车险理赔所需的单证

(1) 常规案件所需的单证：

出险通知书、修理清单、修理发票原件、有关费用凭证原件(包括第三者财产损失、人员伤亡等)、事故照片、保险车辆行驶证及出险驾驶员驾驶证正副证的复印件以及根据不同保险事故提供相关职能部门的事故证明。

常规事故：常规情况下，道路交通事故应提供交通管理部门出具的《道路交通事故责任认定书》、《损害赔偿调解书》或法院出具的调解书、判决书；非道路交通事故应提供公安部门证明；火灾事故应提供事故发生地消防部门的证明。

(2) 机动车损失保险。

① 保险单正本、机动车交通事故责任强制保险保单复印件、驾驶证及行驶证正副本复印件、营运许可证或道路运输许可证复印件等。

② 事故证明：包括交通事故认定书、事故认定书、火灾责任认定书等相关事故管辖部门出具的或法律法规认可的事故证明。

③ 事故调解书、判决书或仲裁书、损失清单、第三者财产损失修理发票或交通事故经济赔偿凭证、机动车交通事故责任强制保险赔款收据。

二、被保险人的索赔

在车辆发生事故后，被保险人向保险公司索赔，必须按一定程序并向保险公司提供规定的凭据。首先必须清楚保险索赔的条件。事故车辆必须同时具备以下四个条件：

(1) 属于投保车辆的损失。

(2) 属于保险责任范围内的损失。

(3) 不属于除外责任。

(4) 属于必要的合理费用。

在满足保险理赔条件的前提下，对于被保险人来说，出现交通事故后首先要做的是及时报案。出了交通事故除了向交通管理部门报案外，还要及时向保险公司报案。一方面让保险公司知道投保人出了交通事故，另一方面也可以向保险公司咨询如何处理、保护现场。保险公司会指导被保险人如何向对方索要事故证明等。

被保险人索赔的基本流程为：出示保险单证→出示行驶证→出示驾驶证→出示被保险人身份证→出示保险单→填写出险报案表→详细填写出险经过→详细填写报案人、驾驶员和联系电话→协助理赔员对事故车辆进行外观检查→审查保险公司定损单，若无异议签字认可→拿走车辆上贵重物品→确认维修时间→车主将车辆交与维修站维修。

1. 出险报案可采取三种形式

（1）上门报案。申请人直接到保险公司报案。

（2）电话报案。客户因故无法上门报案的，也可以通过电话向公司报案并索取报案号。

（3）业务员转达报案。随着业务员服务理念的不断提升，在客户发生保险事故后，业务员可以在慰问客户时了解客户出险情况，在得到客户认可后向公司转达报案。

报案时须填写出险通知书，出险通知的内容一般包括被保险人的姓名、地址、保险单号码、出险的时间、地点、原因、受损人身的部位以及联系地址和联系方式等。

2. 通知相关人员

保险事故发生后，应在 24 小时之内通知派出所或者刑警队，在 48 小时内通知保险公司。

3. 理赔周期

被保险人自保险车辆修复或事故处理结案之日起，3 个月内不向保险公司提出理赔申请，或自保险公司通知被保险人领取保险赔款之日起 1 年内不领取应得的赔款，即视为自动放弃权益。车辆发生不涉及向他人赔偿的事故时，可以不向交警等部门报案，直接向保险公司报案就可以。在事故现场附近等候保险公司来人查勘，或将车开到保险公司报案、验车。

三、理赔的有关注意事项

（1）理赔要区分保险责任和除外责任。

（2）报案不及时不赔。机动车辆保险条款基本险第 28 条、第 30 条和全车盗抢险条款第 4 条规定，被保险人在保险车辆发生保险事故后应向事故发生地交警部门报案，同时一定要在 48 小时内报案，否则有可能直接被拒赔。

（3）间接损失不赔。

（4）其他情况。

① 车辆自燃。如果车内起火了，应立即停车、灭火，向交警、消防队报警，同时通知保险公司。注意向处理事故的交警、消防部门索取责任认定书或火灾证明。

② 车辆在外地出事。假如车辆在外地出事，可以向所投保的保险公司报案，也可以向当地的保险公司报案，当地的保险公司会派出专业人员协助处理事故、核定事故损失。

四、不同性质的车险事故理赔程序

1. 交通及意外事故

（1）报案。发生涉及第三方事故，及时向交警报案，在 48 小时内向保险公司报案，并尽量减少损失。单方事故可直接向保险公司报案，如损失较大可由保险公司确认是否向当地公安机关交通运输管理部门报案，或保险公司现场查勘。

（2）定损。由当事人配合保险公司索赔人员查勘、确认损失。如在修理过程中发现还有其他损失的马上报请保险人复查。

（3）索赔。尽快地收集索赔单证，15 天内向保险公司申请索赔，一般所需单证如下：

① 出险通知书填写并加盖公章（私车需签字）；②交通事故仲裁机关出具的调解书、责任认定书或有关政府职能部门的证明；③保险公司的定损单；④车辆的修理发票及维修清单、施救费；⑤第三者车损修理发票及维修清单、施救费、物损发票；⑥如有一次性赔偿

的，需提供一次性赔偿凭证；⑦肇事车辆的行驶证正、副本及司机驾驶执照正、副本复印件(私车还要提供被保险人身份证复印件)；⑧保单复印件；⑨赔款通知书上加盖公章及公司账号(私车由被保险人签字)；⑩如所汇款单位或个人与被保险人不符，还需提供被保险人的委托书。

2. 伤亡事故

(1) 报案。立即向警方报案，并抢救伤者。同时在48小时内向保险公司报案，尽量减少损失。

(2) 定损。向保险公司咨询有关第三者或车上人员的伤残或死亡赔偿标准，如有必要可与保险公司调查员到医院了解伤者情况。到事故处理部门进行责任认定和事故调解。有人受伤入院，不必垫付过多的医疗费用，以免被动，可在核实责任并向保险人咨询后确定。

(3) 索赔。尽快地收集索赔单证，15天内向保险公司申请索赔，一般所需单证如下：

① 出险通知书填写并加盖公章(私车需盖私章)；②交通事故仲裁机关出具的调解书、责任认定书或有关政府职能部门的证明；③对于伤残事故需要伤者诊断证明、伤残鉴定报告、出院小结、医疗病历、一次性赔偿凭证；④对于死亡事故需要死亡证明、一次性赔偿凭证、仅限直系亲属的被抚养人的户籍证明(残疾或死亡事故所需)；⑤医疗费、家属的交通费、住宿费；⑥肇事车辆的行驶证正、副本及司机驾驶执照正、副本复印件(私车还要提供被保险人身份证复印件)；⑦保单复印件；⑧赔款通知书上加盖公章及公司账号(私车由被保险人签字)；⑨所汇款单位或个人与被保险人不符，需提供被保险人委托书。

五、保险公司理赔工作的主要业务环节

1. 受理案件

(1) 报案。出险报案是被保险人必须履行的义务。也可以由被保险人的代理人或经纪人报案。保险合同规定，发生保险责任事故后，被保险人要在48小时内通知保险人。

(2) 查抄底单。根据被保险人的口头或书面出险通知，理赔内勤应及时从电脑存档中打印保险单副本，由业务内勤抄录或复印保险单副本和批单一份，并在所抄单底上注明抄单日期，加盖私章或签名，经复核人员复核盖章。理赔人员收到抄录的或复印的保险单底后，要与报案记录内容详细核对。

(3) 报告案情。理赔人员应根据报案通知和保险底单内容，及时向本部门负责人报告，经负责人审视案情后，安排外勤人员进行现场查勘，或委托代理查勘。

(4) 编号立案。在查抄底单并向本部门负责人报告案情后，凡属可以受理的案件，理赔人员均应及时在出险立案登记簿上编号立案。

2. 现场查勘

现场查勘是了解出险情况、掌握第一手材料和处理赔案的重要依据。现场查勘的主要内容包括查明出险地点、出险时间、出险原因与经过。现场查勘的其他任务还有施救和整理受损失的财产、妥善处理损余物资、索取出险证明、核实损失数额。现场查勘总的要求是准备充分，及时深入事故现场，按照保险合同规定和尊重事实的原则，依靠地方政府和企业主管部门及广大人民群众的支持和协助，认真调查分析，做到“现场情况明、原因清、责任准、损失实”。

3. 责任审核

责任审核的内容包括：

（1）审定保险责任。

（2）明确赔偿范围。

（3）核定施救整理费用。划清已发生和未发生的灾害事故界限；分清必要与不必要的抢救费用；分清直接与非直接用于保险财产的费用；分清正常支付与额外支付的费用；分清费用支出是否取得实效。

（4）妥善处理疑难案件。

（5）第三者责任追偿处理。

（6）拒赔处理。

4. 保险赔款的计算与支付

以我国财产保险的赔款为例，其计算方式主要有三种：

（1）第一损失赔偿方式。该方式将保险财产的价值分为两部分，其中一部分为保额，也就是保险人应该负责的第一部分损失；而超过保额的另一部分，则为第二损失部分，它与保险赔偿责任无关。

（2）比例赔偿方式。在该方式下，当发生保险事故造成损失后，按照保险金额与出险时保险财产的实际价值(或重置价值)的比例来计算赔款。

（3）限额赔偿方式。限额赔偿方式通常分为两种：一是超过一定限额赔偿；二是不足限额赔偿。

第四节　赔 款 理 算

对被保险人提供的各种必要单证审核无误后，理赔人员根据保险条款的规定，迅速审查核定，对基本险、附加险、施救费用等分别计算赔款金额，并将核定计算结果及时通知被保险人。对于证明和资料不完整的，应及时通知被保险人补充提供有关的证明和资料。

保险人应在与被保险人达成赔偿协议后 10 日内支付赔款。

一、机动车交通事故责任强制保险的赔款计算

交强险实施后，赔偿的原则是由交强险先进行赔付，不足的部分再由商业三者险来补充。组合购买交强险和商业三者险时，保障额度也不是两个险种额度的简单相加。

比如 A、B 两车发生追尾事故，但未发生人员伤亡，仅发生车辆损失，A 车是肇事方负全责，B 车为被追尾无责。两辆车都投保交强险，赔偿时，A 车将对 B 车进行有责赔偿，最高赔 2000 元，不足部分由商业三者险补充。B 车虽无责，但在交通事故中，两辆车互为第三方，被追车也需给 A 车赔偿，但限额最高 100 元，且由有责方代赔。

交通事故中双方都有责任，也先由交强险按责任限额赔偿，如果 A、B 两车相撞造成车辆损失，两车都需按责在 2000 元限额内赔偿，如 A 车损失超过 2000 元，超出部分需要 B 车另外支付，这也可以从商业三者险来补充。

1. 抢救费用垫付和追偿

(1) 抢救费用垫付条件。

①符合《机动车交通事故责任强制保险条例》第二十二条规定的情形；②接到公安机关交通管理部门要求垫付的通知书；③受害人必须抢救，且抢救费用已经发生，抢救医院提供了抢救费用单据和明细项目；④不属于应由道路交通事故社会救助基金垫付的抢救费用。

(2) 垫付标准。

① 按照交通事故人员创伤临床诊疗指南和抢救地的国家基本医疗保险的标准，在交强险医疗费用赔偿限额或无责任医疗费用赔偿限额内垫付抢救费用；②被抢救人数多于一人且在不同医院救治的，在医疗费用赔偿限额或无责任医疗费用赔偿限额内按人数进行均摊；也可以根据医院和交警的意见，在限额内酌情调整。

(3) 垫付方式

自收到交警部门出具的书面垫付通知、伤者病历或诊断证明、抢救费用单据和明细之日起，及时向抢救受害人的医院出具《承诺垫付抢救费用担保函》，或将垫付款项划转至抢救医院在银行开立的专门账户，不进行现金垫付。

(4) 追偿

对于所有垫付的案件，保险人垫付后有权向致害人追偿。追偿收入在扣减相关法律费用(诉讼费、律师费、执行费等)、追偿费用后，全额冲减垫付款。

2. 赔偿处理

(1) 赔偿原则。

保险人在交强险责任范围内负责赔偿被保险机动车因交通事故造成的对受害人的损害赔偿责任。

(2) 抢救费用支付。

交通事故属于保险责任，因抢救受害人需要保险人支付抢救费用的，保险人在接到公安机关交通管理部门的书面通知和医疗机构出具的抢救费用清单后，参照事故赔款的标准和支付方式进行赔偿。

交通事故不属于保险责任或者应由道路交通事故社会救助基金垫付的抢救费用，保险人不予以支付。

死亡伤残费用和医疗费用的核定标准，按照《最高人民法院(关于审理人身损害赔偿案件适用法律若干问题的解释)》规定的赔偿范围、项目和标准，公安部颁布的《道路交通事故受伤人员伤残评定》(GB 18667—2016)，以及交通事故人员创伤临床诊疗指南和交通事故发生地的基本医疗标准核定人身伤亡的赔偿金额。

对被保险人依照法院判决或者调解承担的精神损害抚慰金，原则上在其他赔偿项目足额赔偿后，在死亡伤残赔偿限额内赔偿。

3. 支付赔款

(1) 支付赔款。

未建立机动车交通事故责任交强险信息平台的，保险人支付赔款后应在保险单正本上加盖“××××年××月××日出险，负(全部、主要、同等、次要)责任，(有无)伤人”条形章。

（2）单证分割。

如果交强险和商业三者险在不同的保险公司投保，如损失金额超过交强险责任限额，由交强险承保公司留存已赔偿部分发票或费用凭据原件，将需要商业保险赔付的项目原始发票或发票复印件加盖保险人赔款专用章，交被保险人办理商业险索赔事宜。

（3）直接向受害人支付赔款的赔偿处理。

① 发生受害人人身伤亡，且符合下列条件之一的，保险人可以受理受害人的索赔：a. 被保险人出具书面授权书；b. 人民法院签发的判决书或执行书；c. 被保险人死亡、失踪、逃逸、丧失索赔能力或书面放弃索赔权利；d. 法律规定的其他情形。

② 受害人索赔时应当向保险人提供材料：a. 人民法院签发的判决书或执行书或交警部门出具的交通事故责任认定书和调解书原件；b. 受害人的有效身份证明；c. 受害人人身伤残程度证明以及有关损失清单和费用单据；d. 其他与确认保险事故的性质、原因、损失程度等有关的证明和资料。

经被保险人书面授权的，还应提供被保险人书面授权书。

4. 赔款计算

保险事故涉及多个受害人的，在所有受害人均提出索赔申请，且受害人所有材料全部提交后，保险人方可计算赔款。

事故中所有受害人的分项核定损失之和在交强险分项赔偿限额之内的，按实际损失计算赔偿。

保险事故中各分项赔偿限额下核定损失之和超过交强险各分项赔偿限额的，保险人按照各分项赔偿限额下各受害人的核定损失金额占所有受害人的总核定损失金额的比例，乘以相应赔偿限额，计算被保险人对各受害人的分项赔偿金额。

某受害人得到的被保险人交强险项下的分项赔偿金额＝各分项赔偿限额×(事故中某受害人的分项核定损失金额÷事故中所有受害人的分项核定损失金额之和)

5. 结案和归档

（1）理赔单证。

保险人向被保险人或受害人支付赔款后，将赔案所有单证按赔案号进行归档。必备单证包括：

① 保单抄件；

② 报案记录、被保险人书面索赔申请；

③ 查勘报告、现场照片及损失项目照片、损失情况确认书、医疗费用原始票据及费用清单、赔款计算书。以上原始票据，由查勘定损公司留存；

④ 行驶证及驾驶证复印件，被保险人和受害人的身份证明复印件；

⑤ 公安机关交通管理部门或法院等机构出具的合法事故证明、有关法律文件及其他证明，当事人自行协商处理的协议书；

⑥ 其他能够确认保险事故性质、原因、损失程度等的有关证明、协议及文字记录；

⑦ 赔款收据、领取赔款授权书。

（2）上传至信息平台。

有关赔付情况应于赔付后 3 个工作日内上传至机动车事故责任交强险信息平台。

典型案例

【案例 11-1】

甲、乙两机动车发生交通事故，交警部门认定甲车负全责，乙车无责，甲、乙两车车损分别为 3000 元、6000 元。设甲车适用的交强险财产损失赔偿限额为 2000 元，乙车适用的交强险无责任财产损失限额为 100 元，则：

1. 甲车交强险赔偿金额计算

甲车交强险赔偿金额＝乙车损失核定承担金额＝6000 元，超过财产损失赔偿限额，按限额赔偿，赔偿金额为 2000 元。

2. 乙车交强险赔偿计算

乙车交强险赔偿金额＝甲车损核定承担金额＝3000 元，超过无责任财产损失赔偿限额，按限额赔偿，赔偿金额为 100 元。

乙车对甲车损失应承担的 100 元赔偿金额，由甲车保险人在交强险无责财产损失赔偿限额项下代赔。

【本案评析】

在计算赔偿时应明确交强险与商业险的理赔顺序及理赔原则，即交强险先赔，按有责无责划分，与责任比例无关，商业险后行，与责任比例有关的原则。

二、车辆损失险的赔款计算

1. 按投保时保险车辆的新车购置价确定保险金额

（1）全部损失。

是指保险车辆在保险事故中发生整体损毁或受损严重已失去修复价值，形成了实际全损或推定全损。

① 保险金额高于保险事故发生时保险车辆的实际价值时，则

赔款＝(实际价值－残值)×事故责任比例×(1－免赔率之和)

其中，保险事故发生时保险车辆的实际价值按保险事故发生时同种类型车辆市场新车购置价[含车辆购置附加费(税)]减去该车已使用年限折旧后确定。事故责任比例一般按照交警部门判定的事故责任比例确定。免赔率之和包括：依据保险车辆驾驶员在事故中所负事故责任比例而由其自负的免赔率、非约定驾驶员驾驶保险车辆肇事后需要加扣的免赔率、同一保险年度内多次出险每次加扣的免赔率、违反安全装载规定而需要加扣的免赔率等。

② 保险金额等于或低于实际价值时，则

赔款＝(保险金额－残值)×事故责任比例×(1－免赔率之和)

如果保险金额低于实际价值，因总残余价值里有一部分是属保户自保的，所以在计算残值时应予以剔除，即残值应计算为：

残值＝总残余价值×(保险金额÷实际价值)

（2）部分损失。

赔款＝(实际修理费用－残值)×事故责任比例×(1－免赔率之和)

若赔款大于等于实际价值，则按照实际价值赔付，即：赔款＝实际价值若赔款小于实际价值，则按照实际计算出的赔款赔付。

典型案例

【案例 11-2】

一辆按新车购置价投保了车损险的汽车，发生了保险事故，交通事故处理部门认定该车负全责，出险时车辆实际价值为 12 万元。该车辆新车购置价(含车辆购置税)为 18 万元。

如果该车全损，残值为 2000 元。求该车辆车损险的赔款金额。

解：由于该车负全责，按照保险条款规定应该承担 15%的免赔率，同时由于按新车购置价投保则投保额为 18 万(高于出险时汽车的实际价值)：

赔款=(实际价值-残值)×事故责任比例×(1-免赔率之和)

=(12-0.2)×100%×(1-15%)

=10.03(万元)

如果该车部分损失修车费为 8000 元，残值为 300 元。求该车辆车损险的赔款金额。

解：由于该车负全责，按照保险条款规定应该承担 15%的免赔率，同时由于按新车购置价投保，则投保额为 18 万(等于新车购置价)：

赔款=(实际修理费用-残值)×事故责任比例×(1-免赔率之和)

=(8000-300)×100%×1×(1-15%)

=6545(元)

【本案评析】

本案例介绍了车损险的赔偿计算方法以及残值的处理方式。

(3) 施救费赔款。

施救费赔款=实际施救费用×事故责任比例×(保险金额÷实际施救财产总价值)×(1-免赔率之和)

2. 按投保时保险车辆的实际价值，确定保险金额或协商确定保险金额的计算

(1) 全部损失。

同“按投保时保险车辆的新车购置价，确定保险金额的全部损失的计算方法”。

① 保险金额高于保险事故发生时保险车辆的实际价值时，则

赔款=(实际价值-残值)×事故责任比例×(1-免赔率之和)

② 保险金额等于或低于实际价值时，则

赔款=(保险金额-残值)×事故责任比例×(1-免赔率之和)

(2) 部分损失。

赔款=(实际修理费用-残值)×事故责任比例×(保险金额÷投保时保险车辆的新车购置价)×(1-免赔率之和)

若赔款大于等于实际价值，则按照实际价值赔付，即赔款=实际价值；若赔款小于实际价值，则按照实际计算出的赔款赔付。

(3) 施救费赔款计算。

施救费赔款=实际施救费用×事故责任比例×(保险金额÷实际施救财产总价值)×(1-免赔率之和)

3. 保险车辆全部损失后，保险合同将终止的情况

（1）保险金额低于投保时保险车辆的实际价值，一次赔款金额与免赔金额之和(不含施救费)达到保险金额的，保险合同将终止。

（2）保险金额高于投保时保险车辆的实际价值，一次赔款金额与免赔金额之和(不含施救费)达到实际价值的，保险合同将终止。

4. 保险车辆部分损失后保险合同继续有效的情况

保险金额高于投保时保险车辆的实际价值，一次赔款金额与免赔金额之和(不含施救费)达到保险事故发生时保险车辆的实际价值，且未达到保险金额的，在保险车辆修复并经保险人验车同意后，保险责任合同继续有效至保险合同终止日，但保险人不退还保险车辆修理期间的保险费。

三、第三者责任险的赔款计算

第三者责任险的赔偿金额，按照“道路交通事故处理办法”规定的赔偿范围、项目和标准，以及保险合同中的约定进行确定和计算。

（1）当被保险人按事故责任比例应承担的赔偿金额超过责任限额时，则

赔款=责任限额×事故责任比例×(1-免赔率之和)

（2）当被保险人按事故责任比例应承担的赔偿金额低于责任限额时，则

赔款=应承担的赔偿金额×事故责任比例×(1-免赔率之和)

四、车辆损失险及第三者责任险赔款计算应注意事项

（1）赔款计算依据交通管理部门出具的“道路交通事故责任认定书”，以及据此做出的“道路交通事故损害赔偿调解书”。

当调解结果与责任认定书不一致时，对于调解结果中认定的超出被保险人责任范围内的金额，保险人不予赔偿；对于被保险人承担的赔偿金额低于其应按责赔偿的金额的，保险人只对被保险人实际赔偿的金额在限额内赔偿。

（2）对于不属于保险合同中规定的赔偿项目，但被保险人已自行承诺或支付的费用保险人不予承担。

（3）法院判决被保险人应赔偿第三者的金额，如精神损失赔偿费等保险人不予承担。

（4）保险人对第三者责任事故赔偿后，对受害第三者的任何赔偿费用的增加不再负责。

（5）车辆损失的残值确定，应以车辆损失部分的零部件残值计算。

五、附加险的赔款计算

1. 全车盗抢险赔款计算

（1）全部损失：赔款=保险金额×(1-免赔率之和)。

（2）部分损失：赔款=实际修理费用-残值。

赔款金额不得超过本险种保险金额。

2. 车身划痕损失险

在保险金额(2000~20000元)内按实际损失计算赔偿，并使用批单冲减保险金额，则

赔款=实际损失费用

如果在保险期限内，赔款累计达到本险种保险金额，本险种保险责任终止。

3. 火灾、爆炸、自燃损失险

(1) 全部损失：全部损失赔款=(保险金额-残值)×(1-20%)。

(2) 部分损失：赔款=(实际修理费用-残值)×(1-20%)。

其中赔款金额不得超过该险种保险金额。

(3) 施救费用以不超过保险金额为限，计算方法如下：

赔款=实际施救费用×(保险财产价值÷实际施救财产总价值)×(1-20%)

4. 自燃损失险

(1) 全部损失：赔款=(保险金额-残值)×(1-20%)

(2) 部分损失：赔款=(实际修理费用-残值)×(1-20%)

赔款金额不得超过本险种保险金额。

(3) 施救费用以不超过保险金额为限，其计算方法如下：

赔款=实际修理费用×(保险财产价值÷实际施救财产总价值)×(1-20%)

5. 玻璃单独破碎险

玻璃破碎时，赔款=实际修理费用

6. 车辆停驶损失险

(1) 全部损失：赔款=保险合同中约定的日赔偿金额×保险合同中约定的最高赔偿天数减一天。

(2) 部分损失：在计算赔偿天数时，首先比较"机动车辆保险车辆损失情况确认书"中约定的修理天数和实际修理天数，两者时间以短者为准。

① 赔偿天数未超过保险合同中约定的最高赔偿天数，则：

赔款=保险合同中约定的日赔偿金额×赔偿天数减一天

② 赔偿天数超过保险合同中约定的最高赔偿天数，则：

赔款=保险合同中约定的日赔偿金额×保险合同中约定的最高赔偿天数减一天

在保险期限内，赔款金额累计达到保险单载明的保险金额，本附加险保险责任终止。保险期限内发生保险事故时，约定赔偿天数未超出保险合同终止期限部分，仍应赔偿。

7. 车上货物责任险

车上货物责任险赔款按以下情况计算：

(1) 当被保险人按事故责任比例应承担的车上货物损失金额未超过保险合同载明的责任限额时，则：赔款=应承担的赔偿金额×(1-20%)。

(2) 当被保险人按事故责任比例应承担的车上货物损失金额超过保险合同载明的责任限额时，则：赔款=责任限额×(1-20%)。

8. 车上人员责任险

车上人员责任险赔款按以下情况分别计算：

(1) 当被保险人按事故责任比例应承担的每座车上人员伤亡赔偿金额未超过保险合同载明的每人责任限额时，每人赔款等于应承担的赔偿金额。

(2) 当被保险人按事故责任比例应承担的每座车上人员伤亡赔偿金额超过保险合同载明的每人责任限额时，每人赔款等于责任限额。

赔款等于每人赔款之和，则赔偿人数以投保座位数为限。

9. 无过失责任险

（1）当无过失责任险损失金额未超过责任限额时，则：赔款=实际损失×(1-20%)。

（2）当无过失责任损失金额超过责任限额时，则：赔款=责任限额×(1-20%)。

事故处理裁决书载明保险车辆及驾驶员在事故中无过失并按道路交通处理规定承担10%赔偿费用的案件，其赔款应在第三者责任险中列支。

10. 不计免赔特约条款

赔款按下式计算：

赔款=一次赔款中已承保且出险的各险种免赔额之和

应由被保险人自行承担的免赔金额。

免赔率按条款的明确规定确定。其中应特别注意的是：

（1）全车盗抢险中被保险人索赔时未能提供“机动车行驶证”、“机动车登记证书”、机动车来历凭证、车辆购置税完税证明(车辆购置附加费缴费证明)或免税证明等原件，每缺少一项增加1%的免赔率。

（2）因自然灾害引起的不涉及第三者损害赔偿的单纯车损案件，不扣免赔。但对被保险人未尽到妥善保管或及时施救义务的案件除外。

典型案例

【案例 11-3】

甲、乙两车在行驶中发生相撞。甲车辆损6000元，车上货物损失11000元，乙车辆损失5000元，车上货物损失3000元。交通管理部门裁定甲车负主要责任，承担经济损失70%，为17500元；乙车负次要责任，承担经济损失30%，为7500元。这两辆车都投保了机动车交通事故责任强制保险、车辆损失险(按新车购置价确定保险金额)和第三者责任险，其赔款计算应为

甲应承担经济损失=(甲车损6000元+乙车损5000元+甲车货损11000元+乙车货损3000元)×70%=17500元；

乙应承担经济损失=(甲车损6000元+乙车损5000元+甲车货损11000元+乙车货损3000元)×30%=7500元。

这两辆车都投保了机动车交通事故责任强制保险、车辆损失险(按新车购置价确定保险金额)和第三者责任险，由于第三者责任险不负责本车上货物的损失，所以，保险人的赔款计算与交通管理部门的赔款计算不一样，其赔款计算应为

甲自负车损=甲车损6000元×70%=4200元；

甲应赔乙=(乙车损5000元+乙车上货损3000元)×70%=5600元；

由于事故中甲、乙两车均有责任，且给对方造成的财产损失都超过了机动车交通事故责任强制保险的保险限额，甲、乙得到保险公司机动车交通事故责任强制保险的赔款均为2000元。

保险人负责甲车损和第三者责任赔款计算应为

赔款=[甲自负车损4200元+(甲应赔乙5600元-2000元)]×(1-免赔率15%)
=6630元；

乙自负车损=乙车损5000元×30%=1500元；

乙应赔甲车=(甲车损6000元+甲车上货损11000元)×30%

=5100元。

保险人负责乙车损和第三者责任赔款计算应为

赔款=[乙自负车损1500元+(乙应赔甲车5100元-2000元)]×(1-免赔率5%)

= 4370元。

这样，此案甲车应承担经济损失17500元，得到保险人赔款6630元；乙车应承担经济损失7500元，得到保险人赔款4370元，这里的差额部分即保险合同规定不赔的部分。

【本案评析】

本案例介绍了两车相撞，双方均有责时的赔偿计算方式。

第五节　核赔及案卷管理

一、核赔工作的流程

核赔是在授权范围内独立负责理赔质量的人员，按照保险条款及保险公司内部有关规章制度对赔案进行审核的工作。

在经过赔款理算之后，要根据有关单证缮制赔款计算书。首先由相关工作人员制作“机动车辆保险赔款计算书”和“机动车辆保险结案报告书”。“机动车辆保险赔款计算书”各栏要详细录入，项目要齐全，数字要正确，损失计算要分险种、分项目计算并列明计算公式，应注意免赔率要分险种计算。“机动车辆保险赔款计算书”一式两份，经办人员要盖章、注明缮制日期。业务负责人审核无误后，在“机动车辆保险赔款计算书”上签注意见和日期，送核赔人。

核赔是对整个赔案处理过程进行控制。核赔对理赔质量的控制体现在核赔师对赔案的处理过程，一是及时了解保险标的出险原因、损失情况，对重大案件，应参与现场查勘；二是审核、确定保险责任；三是核定损失；四是审核赔款计算。

二、核赔的主要内容

1. 审核单证

审核被保险人按规定提供的单证、经办人员填写赔案的有关单证是否齐全、准确、规范和全面。

2. 核定保险责任

包括被保险人与索赔人是否相符；驾驶员是否为保险合同约定的驾驶员；出险车辆的厂牌型号、牌照号码、发动机号、车架号与保险单证是否相符；出险原因是否属保险责任；出险时间是否在保险期限内；事故责任划分是否准确合理；赔偿责任是否与承保险别相符等。

3. 核定车辆损失及赔款

包括车辆定损项目、损失程度是否准确、合理；更换零部件是否按规定进行了询报价，定损项目与报价项目是否一致；换件部分拟赔款金额是否与报价金额相符；残值确定是否合理等。

4. 核定人员伤亡及赔款

根据查勘记录、调查证明和被保险人提供的“事故责任认定书”、“事故调解书”和伤残证明，依照国家有关道路交通事故处理的法律、法规规定和其他有关规定进行审核；核定伤亡人员数、伤残程度是否与调查情况和证明相符；核定人员伤亡费用是否合理；被抚养人口、年龄是否真实，生活费计算是否合理、准确等。

5. 核定其他财产损失赔款

根据照片和被保险人提供的有关货物、财产的原始发票等有关单证，核定财产损失、损余物资处理等有关项目和赔款。

6. 核定施救费用

根据案情和施救费用的有关规定，核定施救费用有效单证和金额。

7. 审核赔付计算

审核残值是否扣除、免赔率使用是否正确、赔款计算是否准确等。

如果上级公司对下一级进行核赔，应侧重审核：普通赔案的责任认定和赔款计算的准确性；有争议赔案的旁证材料是否齐全有效；诉讼赔案的证明材料是否有效；保险公司的理由是否成立；拒赔案件是否有充分证据和理由等。

结案时“机动车辆保险赔款计算书”上赔款的金额必须是最终审批金额。在完善各种核赔和审批手续后，方可签发“机动车辆保险金赔款通知书”通知被保险人。

三、结案

在赔案经过分级审批通过之后，业务人员应制作“机动车辆保险领取赔款通知书”，并通知被保险人，同时通知会计部门支付赔款。保户领取赔款后，业务人员按赔案编号输录“机动车辆保险已决赔案登记簿”，同时在“机动车辆保险报案、立案登记簿”备注栏中注明赔案编号、赔案日期，作为续保时是否给付无赔款优待的依据。

未决赔案是指截至规定的统计时间，已经完成估损、立案，尚未结案的赔款案件，或被保险人尚未领取赔款的案件。未决赔案的处理原则是定期进行案件跟踪，对可以结案的案件，须敦促被保险人尽快备齐索赔材料，赔偿结案；对尚不能结案的案件，应认真核对、调整估损金额；对超过时限，被保险人不提供手续或找不到被保险人的未决赔案，按照“注销案件”处理。

四、理赔案卷管理

理赔案卷须一案一卷整理、装订、登记、保管。赔款案卷要做到单证齐全、编排有序、目录清楚、装订整齐，照片及原始单据一律粘贴整齐并附说明。

理赔案卷按分级审批、分级留存并按档案管理规定进行保管的原则。

1. 车险业务档案卷内的排列顺序一般遵循的原则

承保单证应按承保工作顺序依次排列，理赔案卷应按理赔卷皮内目录内容进行排列。

2. 承保单证、赔案案卷的装订方法

(1) 承保单证、赔付案件中均采用“三孔一线”的装订方法，孔间距为6.5cm，承保单证一律在卷上侧统一装订，赔付卷一律在卷左侧统一装订，对于承保和理赔中需要附贴的单证，如保费收据、赔案收据和各种医疗费收据、修理费发票等一律粘贴在“机动车辆保险(单证)粘贴表”上，粘贴整齐、美观、方便使用。

(2) 对于承保单证一律按编号排序整齐，每50份装订为一卷，赔付卷要填写卷内目录和备考线，装订完毕后打印自然流水号，以防卷内形式不一的单证、照片等重要原始材料遗失，对于卷内不规格的形式不一的单证(如照片、锯齿发票等)除一律粘贴在统一规格的粘贴表上之外，还应加盖清晰的骑缝章，并在粘贴表的“共张单证”中注明粘贴张数。

3. 卷内承保、理赔卷的外形尺寸

卷内承保、理赔卷的外形尺寸分别以承保副本和机动车辆保险(单证)粘贴表的大小为标准，卷皮可使用统一的“车险业务档案卷皮”加封，并装盒保存(注每盒承保50份，理赔10份)。

4. 承保单证及赔付案卷卷皮上应列明内容

承保的卷皮上应列明的内容有机构名称、险种、年度、保单起止号和保管期限；赔案卷皮应注明的内容有机构名称、险种、赔案年度、赔案起止号和保管期限。

5. 档案管理要求

业务原始材料应由具体经办人提供，按顺序排列整齐，然后交档案管理人员，档案管理人员按上述要求统一建档，保管案卷人员应以保证卷内各种文件、单证的系统性、完整性和真实性为原则，当年结案的案卷归入当年业务年度，跨年度的赔案归入所属业务年度的理赔案卷。

6. 业务档案的利用工作

业务档案的利用工作既要积极主动，又必须坚持严格的查阅制度。查阅时要填具调阅登记簿，由档案管理人员亲自调档案并协助查阅人查阅。

7. 承保及理赔档案的销毁和注销

根据各个公司的规定，对于车险业务一般保管期限为三年，对于超过保存期限的经内勤人员和外勤人员共同确定确实失去保存价值的，要填具业务档案销毁登记清单，上报部门经理方可销毁。

第六节　车险理赔特殊案件的处理

一、简易赔案

在实际工作中很多案件案情简单，出险原因清楚，保险责任明确，事故金额低，可在现场确定损失。为简化手续，方便客户，加快理赔速度，根据实际情况可对这些案件实行简易处理，称之为简易赔案。

实行简易赔案处理的理赔案件必须同时具备以下条件：

(1) 车辆损失险列明的：自然灾害和被保险人、允许的合格驾驶员、约定的驾驶员单方肇事导致的车损险案件。

(2) 出险原因清楚，保险责任明确，损失容易确定。

(3) 车损部分损失可以一次核定，已损失容易确定。

(4) 车辆部分损失可以一次核定，已损失金额在5000元以内。

(5) 受损零部件可以准确容易地确定金额。

简易赔案处理的程序是：

接受报案→现场查勘、施救、确定保险责任和初步损失→查勘定损人员定损→填写《简易赔案协议书》→报相关处理中心→办理赔款手续→支付赔款。

二、救助案件

救助案件是指对投保机动车辆保险附加救助特约责任范围内的出险车辆，实施救助理赔的案件。救助案件处理过程是：接受报案并抄单→通知救助协作单位→救助单位实行救助并反馈、被保险人予以确认→立案→核对并缮制赔案→支付赔款→救助协作单位→财务中心支付预付款。

三、疑难案件

疑难案件分争议案件和疑点案件两种情况。

(1) 争议案件指保险人和被保险人对条款理解有异议或责任认定有争议的案件，在实际操作中应采用集体讨论研究、聘请专家论证和向上级公司请示等方式解决，保证案件圆满处理。

(2) 疑点案件指赔案要素不完全、定损过程中存在疑点或与客户协商不能达成一致的赔案。疑点案件调查采取的形式：

① 在查勘定损过程中发现的有疑点的案件由查勘定损人员进行调查。

② 在赔案制作和审批过程中发现有疑点的案件由各保险公司的专门机构负责进行调查。

③ 骗赔、错赔案件调查由各保险公司的专门机构完成。

四、注销案件

注销案件指保险车辆发生保险责任范围内的事故，被保险人报立案后未行使保险金请求权致使案件失效注销的案件。它分为超出索赔时效注销和主动声明放弃索赔权利注销两种情况。

(1) 对超出索赔时效注销，即自被保险人知道保险事故发生之日起两年内未提出索赔申请的案件，由业务处理中心在两年期满前10天发出"机动车辆保险结案催告、注销通知书"。被保险人仍未索赔的，案件报业务管理(科)后予以注销处理。

(2) 对主动声明放弃索赔权利注销的案件，在业务处理中心发出"机动车辆保险结案催告、注销通知书"后，由被保险人在回执栏签署放弃索赔权利意见。案件报业务管理处(科)后予以注销处理。对涉及第三方损害赔偿的案件，被保险人主动声明放弃索赔权利的，要慎重处理。

五、拒赔案件

拒赔案件的拒赔原则是：

(1) 拒赔案件要严格按照《保险法》、《机动车辆保险条款》的有关规定处理。拒赔要有确凿的证据和充分的理由，慎重决定。

（2）拒赔前应向被保险人明确说明原因，认真听取意见并向被保险人做好解释工作。

六、代位追偿案件

代位追偿案件的实施原则是：

（1）代位追偿必须是发生在保险责任范围内的事故。

（2）代位追偿是《保险法》和《机动车辆保险条款》规定的保险人的权利，根据权利义务对等的原则，代位追偿的金额应在保险金额范围内根据实际情况接受全部或部分权益转让。

（3）代位追偿工作必须注意诉讼时效。

代位追偿案件的工作程序是：被保险人向造成损失的第三者提出书面索赔申请→被保险人向保险人提出书面索赔申请、签署“权益转让书”→业务处理中心将赔案资料转业务管理部门→业务管理部门组织进行代位求偿→业务处理中心整理赔案、归档→财务中心登记、入账。

七、损余物资处理

损余物资处理是指对车损换件、全损残值和盗抢追回车辆等的处理。

典型案例

【案例 11-4】

沈阳市的于先生 7 月份购买了一辆本田轿车，同时投保了机动车辆保险。同年 10 月 16 日，他在驾车途中不慎与迎面开来的一辆货车相撞。本田车与货车各有损失(于先生损失约 8000 元)。经交通管理部门裁定，货车车主对此次事故负有主要责任。而于先生因考虑到自己的车投了保险，于是便与货车车主约定双方责任自负。随后，于先生即向保险公司提出索赔。保险公司了解实情后以“未经保险人同意，擅自放弃向第三者的追偿权”为由，拒绝赔偿。于先生对此感到不能理解，遂引起争议。

【本案评析】

我国《保险法》第六十一条规定：保险事故发生后，保险人未赔偿保险金之前，被保险人放弃对第三者的请求赔偿的权利的，保险人不承担赔偿保险金的责任。保险人向被保险人赔偿保险金后，被保险人未经保险人同意放弃对第三者请求赔偿的权利的，该行为无效。依此来看，保险人在赔偿被保险人损失后，以被保险人名义向造成损害的第三者要求赔偿是保险合同赋予保险人的一项法定权利。故此，放弃向第三者的追偿权应由保险人来决定，被保险人是无权决定的。

财产保险中，保险财产由他人致损后，被保险人不能擅自放弃对第三者的追偿权，而应协助保险人行使代位求偿权，否则保险人有权拒绝赔偿。另外，要提醒被保险人的是，保险合同订立后遇到问题须与保险人协商决定，不可擅作主张，以免到时投了保却得不到保障。

本章小结

理赔是汽车保险的最后环节，是保险车辆在发生保险责任范围内的损失后，保险人依据汽车保险合同的约定解决赔偿问题的过程。

理赔的质量直接反映保险公司的服务质量。为了使客户满意，国外保险公司采用了与外部企业进行多样化合作的工作模式，国内保险公司采用自主查勘、定损的理赔工作模式，致力于从多渠道开辟服务热线与服务项目。

汽车理赔工作涉及面广，情况比较复杂。在赔偿处理过程中，必须坚持原则，按照工作流程进行理赔。其工作的基本流程包括报案、查勘定损、签收审核索赔单证、理算复核、赔付结案等步骤。对于赔款理算来说，不同的险种理算的方法有所差别，同一险种全损与部分损失的残值和施救费用的理算也有所不同。核赔的主要工作内容包括审核单证、核定保险责任、审核赔款计算、核定车辆损失及赔款、核定人员伤亡及赔款、核定其他财产损失及赔偿、核定施救费用等。

本章还介绍了车险特殊理赔案件的处理方式与流程。

思考与练习

1. 简述汽车保险理赔的含义及其特点，汽车保险理赔应遵循的原则。
2. 简述目前我国汽车保险的模式，与国际保险发达国家先进模式相比较有哪些不足？
3. 简述汽车保险的索赔程序，被保险人索赔时需要哪些单证？
4. 简述汽车保险的理赔程序，对汽车保险理赔工作人员有什么特殊要求？
5. 汽车理赔过程中接受报案的主要工作内容有哪些？
6. 汽车理赔中查勘的主要内容有哪些？
7. 什么叫核赔？核赔的主要工作内容包括哪些？
8. 保险公司汽车理赔的结案工作有哪些规定，未决赔案应如何处理？
9. 通过社会实践，对当地保险公司进行实地调查，对搜集的一些案例进行分析。
10. 某保户按新车购置价为300000元的家用轿车全额投保了汽车损失保险，该车辆在保险期内发生第三起交通事故时，实际价值260000元，驾驶人员承担全部责任，依据该公司的规定，承担20%的免赔率，同时又由于是第三次出险，应增加10%的免赔率。车辆全部损失，残值5000元，试计算保险公司车损险赔款。
11. 某企业为一辆汽车投保了交强险后，又投保了责任限额为500000元商业第三者责任险，在出险时给第三方造成200000元损失，诉讼仲裁费用为5000元。该车负主要责任，承担70%的损失，依据条款规定应承担15%的免赔率。试计算保险公司应支付的赔款。

实训四 汽车保险赔款计算、赔案处理

1. 实训类型

模拟实训

2. 计划学时

4学时

3. 实训特点

(1) 锻炼学生综合素质，如语言表达、思维能力、保险条款运用能力、协调调度安排能力、合作共事能力、临场应变能力、沟通协调能力等。

(2) 学会汽车保险事故赔案处理技术的实际应用。

(3) 锻炼学生对汽车保险条款的应用技术。

(4) 运用所学知识分析判断赔案处理方式。

(5) 提高学生汽车保险事故处理分析的能力。

(6) 提高学生解决实际车险理赔问题的能力。

(7) 锻炼学生赔款理算的能力。

4. 主要仪器设备

计算机及保险软件、保险手册、辅助工具。

5. 实训内容提要

(1) 保险事故案例。(2)事故现场资料查阅。(3)事故车辆资料查阅。(4)投保人或被保险人资料查阅。(5)赔款方案设计。(6)赔款计算。

6. 注意事项

(1) 注意赔案定性。

(2) 注意资料提取。

(3) 注意保险条款的应用。

(4) 注意免责与免赔额的确定。

(5) 注意数据计算的准确性。

7. 思考题

(1) 保险赔付中免赔率要考虑哪些方面?

(2) 车身划痕损失险如何计算?

8. 考核标准

保险事故定性准确；事故分析思路正确；现场照相角度和位置合理；现场痕迹定性准确；查勘报告叙述准确无误、通俗易懂、涵盖全面；对人热情；相互配合协调。

赔款计算错误、未进行案卷装订以及缺勤、思考题未完成者，实训成绩不合格。

附：各种赔案处理流程

(1) 案件受理流程

报案→查抄底单→报告案情、安排查勘→编号立案

(2) 代为追偿案件的工作程序

接受报案→现场查勘、施救、确定保险责任和初步损失→查勘定损人员定损→填写《建议赔案协议书》→报相关处理中心→办理赔款手续→支付赔款

(3) 简易案件处理程序

接受报案→现场查勘、施救、确定保险责任和初步损失→查勘定损人员定损→填写《建议赔案协议书》→报相关处理中心→办理赔款手续→支付赔款

(4) 救助案件处理程序

接受报案→现场查勘、施救、确定保险责任和初步损失→查勘定损人员定损→填写《建议赔案协议书》→报相关处理中心→办理赔款手续→支付赔款

第十二章　汽车消费贷款及其保险

知识目标

1. 掌握汽车消费贷款、汽车消费贷款保证保险及汽车分期付款售车信用保险的含义、特点、条款及业务办理程序等基本知识。

2. 了解我国汽车消费贷款及其保险的发展状况、发展趋势及存在的问题。

能力目标

具备办理汽车消费贷款业务及其保险业务咨询、承保、理赔等专业技能。

随着我国汽车信贷市场的蓬勃发展，汽车产品越来越多地通过汽车消费贷款业务走入千家万户。自 1998 年四大国有商业银行开始试办汽车消费贷款至今，该项业务近 20 年的时间里呈现出快速增长的态势。

随着汽车消费贷款业务的迅速增长及市场规模的扩大，贷款风险问题日渐凸现。汽车消费信贷的保险能够帮助银行有效规避风险，方便购车居民得到贷款、享受金融便利服务，为保险公司创造新的效益增长点。

第一节　汽车消费贷款概述

一、汽车消费贷款业务的产生与发展

汽车金融服务始于汽车制造商在 20 世纪 20 年代前后向用户提供的汽车销售分期付款。最早的汽车金融服务机构是 1919 年美国通用汽车设立的通用汽车票据承兑公司，加快了汽车销售业务的发展。此后，一些大汽车制造商开始设立金融机构为经销商和客户融资，银行也开始介入这一领域，逐步形成了汽车金融服务体系。国外汽车金融服务发展已经有近百年的历史，其发展水平已经趋于完善。

二、我国的汽车消费贷款业务

为进一步开拓消费市场，汽车销售公司陆续推出汽车消费贷款的促销业务。1995 年，上海汽车销售公司率先针对法人经济实体开办了消费贷款业务。随后，各银行与金融机构均陆续开办了汽车消费贷款与汽车消费贷款保证保险业务。中国人民银行于 1998 年 9 月 11 日颁布了《汽车消费贷款管理办法》，我国的汽车消费贷款应运而生。

汽车消费贷款是指贷款人(包括提供贷款的国有商业银行或经中国人民银行批准经营汽车消费贷款业务的其他金融机构)向申请为购买自用或者营业用汽车的借款人发放的人民币

担保贷款。它具有“定点选购、自筹首期、先存后贷、有效担保、专款专用、按期偿还”的特点。具体包括贷款人向申请购买汽车的客户发放的人民币担保贷款、个人购车消费贷款，以及贷款人向申请购买汽车的企、事业法人单位发放的人民币担保贷款、法人购车贷款两种业务。

1. 申请汽车消费贷款必须符合的条件

(1) 个人申请汽车消费贷款的基本条件：

① 年满 18 周岁具有完全民事行为能力在中国境内有固定住所的中国公民；

② 具有稳定的职业和经济收入，能保证按期偿还贷款本息；

③ 在贷款银行开立储蓄存款帐户，并存入不少于规定数额的购车首付款；

④ 能为购车贷款提供贷款银行认可的担保措施；

⑤ 愿意接受贷款银行规定的其他条件。

(2) 法人申请汽车消费贷款的基本条件：

① 在当地注册登记，具有法人资格的企业、事业单位，出租汽车公司或汽车租赁公司应具有营运许可证；

② 在工商银行开立账户，并存有一定比例的首期购车款；

③ 信用良好，收入来源稳定，能够按期偿还贷款本息；

④ 提供贷款人认可的财产抵押、质押或第三方保证；

⑤ 贷款人规定的其他条件。

2. 贷款额度

汽车消费贷款的单笔额度应视不同担保方式分别确定：

(1) 借款人以国库券、金融债券、国家重点建设债券、个人存单等质押的，或银行、保险公司等金融机构提供连带责任保证的，或保险公司提供足额的分期还款保证保险的，存入银行的首付款不得少于购车款的 20%，贷款最高额为购车款的 80%。

(2) 借款人以房产或依法取得的土地使用权作抵押的，存入银行的首付款不得少于购车款的 40%，贷款的最高额为购车款的 60%。

(3) 以第三方连带责任保证方式(银行、保险公司除外)的，或以所购汽车作抵押的，或以其他方式进行担保的，存入银行的首付款不得少于购车款的 50%，贷款最高额为购车款的 50%。

3. 期限和利率

(1) 消费贷款期限可根据借款人购车的用途予以确定，自用车辆贷款期限最长不超过 5 年(含)，一般为 3 年；营运车辆贷款期限最长不超过 3 年(含)。

(2) 利率按照中国人民银行有关规定的同期贷款利率执行。

4. 办理汽车消费贷款的程序

(1) 贷款人应提供的资料如下：

① 个人需要提供的资料有：借款人如实填写的《汽车消费贷款申请表》；合法有效的身份证明(本人身份证、户口本及其他有效居留证件)；已婚者还应当提供配偶的身份证明材料；目前供职单位出具的收入证明；有效的财产证明、纳税证明；与银行特约经销商签订的购车合同或协议；购车的自有资金证明；已预付给特约销售商的应提供收款收据；担保资料。

② 法人需要提供的资料有：企业法人营业执照或事业法人执照，法人代码证，法定代

表人证明文件；与经销商签订的购车合同或协议；经审计的上一年度及近期的财务报表，人民银行颁发的《贷款卡》或《贷款证》；出租汽车公司等需出具出租汽车营运许可证（或称经营指标）；担保所需的证明或文件，包括抵（质）押物清单和有处分权人（含财产共有人）同意抵、质押的证明；有关部门出具的抵押物所有权或使用权证明、书面估价证明、同意保险的文件；质押物须提供权力证明文件；保证人同意履行连带责任保证的文件、有关资信证明材料；缴付首期购车款的付款证明。

（2）贷款程序如下：

客户咨询→客户递交申请材料→贷款人委托经销商对借款人进行调查了解→资格审查→办理手续→贷款通知→按期还款

5. 汽车贷款的还款方式

对于期限在1年以内的贷款，应在贷款到期日一次性还本付息、利随本清；对于期限在1年以上的贷款，可选择按月“等额本息”或“等额本金”还款方式。汽车贷款一般选择“等额本金”的还款方式，每月还本付息额计算公式为

每月还款额＝贷款本金÷还款月数＋（贷款本金－已归还本金累计额）×月利率

三、目前我国汽车金融信贷市场的现状及发展趋势

与国外成熟的汽车信贷模式相比，国内的汽车信贷业仍处于初级阶段。统计显示，目前发达国家的汽车销售量中，70%是通过贷款方式销售的，也就是说，全球每年1万多亿美元的汽车销售中，70%是通过各种形式的融资方式实现最终销售的，而中国的比例目前只在20%左右。我国汽车消费信贷存在巨大的市场潜力，也有很多需要解决的问题。

首先，我国个人信用制度尚不健全，对个人资信评估缺乏统一的客观标准。坏账率达40%左右。这迫使银行和金融机构在放贷时靠抬高“门槛”来防范风险，从而造成车贷手续烦琐、条件苛刻。其次，车贷产品品种单一，放贷周期不合理，利率偏高，无法满足客户的个性化需求。第三，缺少相配套的法律法规引导。

针对以上汽车信贷中的弊端，中国人民银行和中国银行业监督管理委员会在2004年8月16日正式公布了新制定的《汽车贷款管理办法》，并从当年的10月1日起正式实施。新《汽车贷款管理办法》，其核心是防范汽车贷款的风险。

此次公布的新车贷管理办法扩大了贷款人的范围，将贷款人由国有独资商业银行扩大为包括各商业银行、城乡信用社以及获准经营汽车贷款业务的非银行金融机构。并按WTO规定，允许国外金融公司进入国内开办业务，众多跨国汽车公司金融公司和中外合资的汽车金融机构得到国家银监会的批准，纷纷抢着落地。

针对不同类型的汽车贷款，该办法规定汽车贷款的贷款期限（含展期）不得超过五年。其中，二手车贷款期限（含展期）不得超过三年，经销商汽车贷款期限不得超过一年；规定贷款人发放自用车、商用车和二手车贷款的金额分别不得超过借款人所购汽车价格的80%、70%和50%等。

该办法强化了对汽车贷款的风险管理，要求贷款人建立借款人资信评级系统和汽车贷款预警监测体系，完善审贷分离制度，对汽车贷款实行分类监控以及建立汽车贷款信息交流制度等。这些新变化适应了我国汽车市场发展的新情况，强调贷款风险和贷款管理相匹配的原则，既有利于促进汽车贷款业务扩大发展，又有利于有效防范汽车贷款风险。

第二节　汽车消费贷款保证保险

汽车消费贷款保证保险的推出，帮助银行有效规避风险，为保险公司创造新的效益增长点，使贷款购车居民方便借款，促进了机动车市场消费的增长。

一、汽车消费贷款保证保险的概念

汽车消费贷款保证保险是指以借款合同所确定的贷款本息为标的，投保人(即借款人)根据被保险人(即提供消费贷款的银行)的要求，请求保险人担保自己信用的一种保险。如果在规定的期限内，因投保人未按借款合同按期履行还款义务，致使被保险人受到经济损失，由保险人负赔偿责任。保险人履行赔偿义务后，有权向投保人或提供连带责任担保的第三方担保人追偿。

二、投保人、担保人应具备的基本条件

1. 投保人应具备的基本条件

汽车消费贷款保证保险的投保人应是年满十八周岁具有完全民事行为能力的自然人，或依法成立的、能够独立承担民事责任的企(事)业法人。

(1) 个人投保人应符合下列条件：

① 具有城镇常住户口，并在户口(身份证)登记所在地居住。

② 具有稳定的职业和经济收入或易于变现的资产，足以按期偿还贷款本息；已婚者须提供其配偶偿付贷款连带责任的证明材料。

③ 在申请贷款期间有不低于银行规定的购车首付款存入贷款银行。

④ 能提供银行认可的资产作为抵押或质押，或有足够的代偿能力的单位或个人作为保证人。

⑤ 没有犯罪记录、欠债不还或赌博习惯以及吸毒等不良记录。

⑥ 愿意接受银行和保险人认为必要的其他条件。

(2) 法人投保人应符合下列条件：

① 具有偿还贷款的能力。

② 与受理公司处于同一城市区域。

③ 在申请贷款期间有不低于银行规定的购车首付款存入银行。

④ 能提供银行认可的资产作为抵押或质押，或有足够的代偿能力的单位或个人作为保证人。

⑤ 事业法人应提供其上级拨付事业经费的财政部门出具的担保函。

⑥ 愿意接受银行和保险人认为必要的其他条件。

2. 担保人应具备的基本条件

(1) 自然人应符合下列条件：

① 具有完全民事行为能力的中国公民。

② 具有稳定的职业和经济收入或易于变卖的资产，有能力按期偿还购车款项。

③ 能够提供保险人认可的担保。

（2）法人应符合下列条件：

① 中国境内的企业、事业法人单位或国家机关（不含分支机构或派出机构）。

② 具有偿还购车款能力。

③ 能够提供保险人认可的担保。

凡法律或银行规定不能作为担保人的单位或个人，不论何种理由均不得接受其担保或反担保的行为。

三、投保人、被保险人的义务

1. 投保人义务

投保人必须在本合同生效前，履行以下义务：

（1）一次性缴清全部保费。

（2）必须依法办理抵押物登记。

（3）必须按中国人民银行《汽车消费贷款管理办法》的规定为抵押车辆办理车辆损失险、第三者责任险、盗抢险、自燃险等保险，且保险期限至少比汽车消费贷款期限长6个月，不得中断或中途退保。

2. 被保险人义务

（1）被保险人发放汽车消费贷款对象必须为贷款购车的最终用户。

（2）被保险人应按中国人民银行《汽车消费贷款管理办法》严格审查投保人的资信情况，在确认其资信良好的情况下，方可同意向其贷款。

资信审查时应向投保人收取以下证明文件，并将其复印件提供给保险人，内容包括：个人的身份证及户籍证明原件，工作单位人事及工资证明或居委会出具的长期居住证明；法人的营业执照、税务资信证明等。

（3）被保险人应严格遵守国家法律、法规，做好欠款的催收工作和催收记录。

（4）被保险人与投保人所签订的《汽车消费贷款合同》内容如有变动，须事先征得保险人的书面同意。

（5）被保险人在获得保险赔偿的同时，应将其有关追偿权益书面转让给保险人，并协助保险人向投保人追偿欠款。

（6）被保险人不履行上述规定的各项义务，保险人有权解除保险合同或不承担赔偿责任。

四、汽车消费贷款保证保险的保险责任与责任免除

汽车消费贷款保证保险的保险责任事故，是指投保人逾期未能按《汽车消费贷款合同》规定的期限偿还欠款满一个月的，视为保险责任事故发生。

保险责任事故发生后6个月，投保人不能履行规定的还款责任，保险人负责偿还投保人的欠款，但有几种情况可以免除相应责任。

（1）由于下列原因造成投保人不按期偿还欠款，导致被保险人的贷款损失时，保险人不负责赔偿。

① 战争、军事行动、暴动、政府征用、核爆炸、核辐射或放射性污染。

② 因投保人的违法行为、民事侵权行为或经济纠纷致使其车辆及其他财产被罚没、查

封、扣押、抵债及车辆被转卖、转让。

③ 因所购车辆的质量问题及车辆价格变动致使投保人拒付或拖欠车款。

（2）由于被保险人对投保人提供的材料审查不严或双方签订的《汽车消费贷款合同》及其附件内容进行修订而事先未征得保险人书面同意，导致被保险人不能按期收回贷款的损失。

（3）由于投保人不履行《汽车消费贷款合同》规定的还款义务而导致的罚息、违约金，保险人不负责赔偿。

五、保险期限和保险金额

（1）汽车消费贷款保险期限，是从投保人获得贷款之日起至付清最后一笔贷款之日止，但最长不得超过《汽车消费贷款合同》规定的最后还款日后的 1 个月。

（2）汽车消费贷款保险金额为投保人的贷款金额（不含利息、罚息及违约金）。

六、费率规章

投保人所买保险的保险期限和费率表见表 12-1。

投保人所交保险费按下式计算：保险费=保险金额×保险费率。

表 12-1　保险费率表

保险期限	1 年	2 年	3 年	4 年	5 年
费率	1%	2%	3%	4%	5%

其中，保险期限不足 6 个月，按 6 个月计算，费率为 0.5%；保险期限超过 6 个月不满 1 年，按 1 年计算，即费率为 1%

例如：一份保险的期限为 2016 年 5 月 1 日至 2017 年 8 月 1 日，即保险期限为 1 年 3 个月，则保险期限按 1 年 6 个月计算，费率为 1%加上 0.5%，即 1.5%；如果保险期限为 2016 年 5 月 1 日至 2018 年 12 月 1 日，保险期限为 2 年 7 个月，则保险期限按 3 年计算，费率为 2%加上 1%，即 3%。

七、赔偿处理

（1）当发生保险责任范围内事故时，被保险人应立即书面通知保险人，如属刑事案件，应同时向公安机关报案。

（2）被保险人索赔时应先行处分抵押物抵减欠款，抵减欠款不足部分由保险人按本条款赔偿办法予以赔偿。被保险人索赔时不能处分抵押物，应向保险人依法转让抵押物的抵押权，并对投保人提起法律诉讼。

（3）被保险人索赔时，应向保险人提供的有效单证有：索赔申请书；汽车消费贷款保证保险和汽车保险保单正本；《汽车消费贷款合同》（副本）；《抵押合同》；被保险人签发的逾期款项催收通知书》；未按期付款损失清单；保险人根据案情要求提供的其他相关证明材料。

（4）在符合规定的赔偿金额内实行 20%的免赔率。

（5）关于抵押物的处分及价款的清偿顺序按《抵押合同》的规定处理。

八、其他规定

（1）本保险合同生效后，不得中途退保。

（2）发生保险责任事故后，被保险人从通知保险人发生保险责任事故当日起 6 个月内不向保险人提交规定的单证，或者从保险人书面通知之日起 1 年内不领取应得的赔款，即作为自愿放弃权益。

（3）在汽车发生全损后，投保人获得的汽车保险赔偿金应优先用于偿还汽车消费贷款。

（4）保险人和被保险人因本保险项下发生的纠纷和争议应协商解决。如协商不成，可向人民法院提起诉讼。除事先另有约定外，诉讼应在保险人所在地进行。

第三节　汽车分期付款售车信用保险

分期付款售车是目前我国汽车销售行业广泛采取的销售方式之一，为确保分期付款销售业务的顺利进行，也为了让保险业适应当前国内汽车销售的新变化、寻找新的车险业务增长点，我国设立了汽车分期付款售车信用保险这一特别约定保险。

一、汽车分期付款售车信用保险的含义

分期付款售车信用保险作为汽车保险中一种特别约定保险，其投保人为汽车分期付款购车人；被保险人为分期付款的售车人。汽车分期付款售车信用保险的担保人指按照被保险人的要求，接受分期付款购车人的请求，为分期付款购车人所欠债务承担连带责任者。

二、保险责任与责任免除

（1）购车人在规定的还款期限到期 3 个月后未履行或仅部分履行规定的还款责任，保险人负责偿还该到期部分的欠款或其差额。

（2）如购车人连续两期未偿还到期欠款，保险人代购车人向被保险人清偿第 1 期欠款后，于第 2 期还款期限到期 3 个月后，向被保险人清偿购车人所有的欠款。

（3）由于下列原因造成购车人不按期偿还欠款，导致被保险人的经济损失时，保险人不负责赔偿。

① 战争、军事行动、核爆炸、核辐射或放射性污染。

② 因购车人的违法犯罪行为以及经济纠纷致使其车辆及其他财产被罚没、查封、扣押、抵债。

③ 因所购车辆的质量问题致使购车人拒付或拖欠车款。

④ 因车辆价格变动致使购车人拒付或拖欠车款。

⑤ 被保险人对购车人资信调查的材料不真实或售车手续不全。

⑥ 被保险人在分期付款售车过程中的故意和违法行为。

三、保险期限和保险金额及相关费率

（1）保险期限是从购车人支付规定的首期付款日起，至付清最后一笔欠款日止，或至该份购车合同规定的合同期满日为止，二者以先发生为准，但最长不超过 3 年。

（2）保险金额为购车人支付首付款（不低于售车单价的30%）后尚欠的购车款额（含资金使用费）。

（3）保险费=保险金额×保险费率。

（4）保险费率。汽车分期付款售车信用保险的保险费率表见表12-2。

表12-2　分期付款售车信用保险费率表

分期付款时间	保险费率	分期付款时间	保险费率
6个月	0.6%	2年	2%
7~12个月	1%	2年3个月	2.25%
1年	1%	2年6个月	2.5%
1年3个月	1.25%	2年9个月	2.75%
1年6个月	1.5%	3年	3%
1年9个月	1.75%		

四、被保险人义务

（1）被保险人应要求购车人提供具有担保资格的担保人，并以所购汽车作为抵押。

（2）被保险人应严格遵守购销合同、抵押合同、质押合同等有关必备合同的规定。

（3）被保险人应严格审查购车人和担保人的资信情况，在确认其资信良好的情况下，方可按分期付款方式销售车辆。

资信审查时向购车和担保人收取以下证明文件，并予以登记，内容包括：个人的身份证及户籍证明原件；工作单位人事及工资证明或居委会出具的长期居住证明；法人的营业执照及税务登记证复印件，营业场所证明，法人代表身份证明，单位的开户行、户名及账号，银行及税务资信证明等。保险人有权要求被保险人提供上述证明文件。

（4）被保险人应按时向保险人交纳保险费。

（5）被保险人应严格遵守国家法律、法规及《分期付款购买汽车合同》中的责任和义务，经常检查分期付款合同的执行情况，做好欠款的催收工作和催收记录，对保险人提出的防损建议，应认真考虑并付诸实施。

（6）被保险人的《分期付款购买汽车合同》如有变动，须事先征得保险人的书面同意。被保险人改变经营方式如对购车人分期付款产生较大影响，应及时书面通知保险人。

（7）被保险人不履行本条款规定的各项义务，保险人有权终止保险合同或拒绝赔偿。

五、赔偿处理

（1）当发生保险责任范围内事故时，被保险人应立即书面通知保险人，如属刑事案件，应同时向公安机关报案，且实行免赔。

赔款金额=当期应付购车款或差额×（1-20%）

（2）被保险人索赔时应交回抵押车辆，由保险人依法处置抵押物抵减欠款，抵减欠款不足部分由保险人按本条款赔偿办法予以赔偿。

赔款金额=逾期欠款金额×（1-20%）

（3）若被保险人无法收回抵押车辆，应向担保人追偿；若担保人拒绝承担连带责任时，被保险人可提起诉讼。

(4) 被保险人索赔时，根据出险情况，提供以下有效证明文件：索赔申请书(应注明购车人未履行按期偿还余款和担保人未履行连带责任的原因、索赔金额及其计算方法)；分期付款购车合同；保单正本；被保险人签发的《逾期款项催收通知书》；未按期付款损失清单；代收款银行提供的代收款情况证明；向担保人发出的索赔文件；县及县以上公安机关出具的立案证明；法院受理证明；产品质量检验报告或裁决书；保险人要求提供的其他相关文件。

(5) 被保险人在获得保险赔偿的同时，应将其有关追偿权益书面转让给保险人，并积极主动协助保险人向购车人或担保人追偿欠款。

六、追偿及抵押物处分

(1) 保险人支付保险赔款之后，即取代被保险人的地位，行使对购车人的追偿权利，包括接管为被保险人债权而设计的任何抵押物。

(2) 保险人有权选择按下列任一种方式处分抵押物：拍卖、转让、兑现或其他合理的方式。

(3) 抵押物经处分后，按下列顺序分配价款：

① 支付处分费用和税金；

② 清偿被保险人应得款项；

③ 清偿保险人应得的所有款项；

④ 如上述款项仍有余额，该余额应归还购车人。

如上述款项不足清偿欠款，被保险人应积极协助保险人向购车人追偿。

七、其他规定

(1) 对超出保险金额或保险期限的任何欠款，保险人不承担任何赔偿责任。

(2) 保险人对购车人因未能按期履行主合同引起的罚息和违约金不承担赔偿责任。

(3) 发生保险责任事故后，被保险人从通知保险人发生保险责任事故当日起 3 个月内不向保险人提交规定的单证，或者从保险人书面通知之日起 1 年内不领取应得的赔款，即作为自愿放弃权益。

(4) 保险人赔偿后，若发现是属于被保险人的欺骗等行为造成保险人错赔的，保险人有权追回赔款。

(5) 本保险一经承保，中途不得退保。

(6) 保险人和被保险人应本着“实事求是、公平合理”的原则，协商解决本条款项下发生的纠纷和争议。如协商不成，可提交工商行政管理部门进行调解、仲裁，或向法院提起诉讼。除事先另约定外，仲裁或诉讼应在保险人所在地进行。

第四节　保险公司办理车贷险业务的程序

如前所述汽车的信贷保险(简称车贷险)主要包括汽车消费贷款保证保险及汽车分期付款售车信用保险两种业务，以下介绍车贷险的保险与理赔的程序与步骤。其中包括车贷险的承保，保险合同的变更、终止、解除，车贷险的理赔以及客户回访等业务环节。

一、车贷险的承保实务

1. 展业

保险公司的展业人员应熟练掌握汽车消费贷款保证保险及汽车分期付款售车信用保险方面的业务知识，并通过全面细致地调查分析，为经过认真筛选的贷款购车人选择恰当的车贷险方案。具体要求展业人员做好以下几方面的展业工作：

（1）确定实施消费贷款售车的车型、销售价格及变化趋势。

（2）准确预测个人和法人对汽车消费贷款的实际购买力及参与程度。

（3）同所选定的银行、销售商、公证机关、公安交通管理部门等签订合作协议，以法律合同的形式确定合作方式、各方的职责、权利及义务。

（4）通过展业宣传工作，使银行、汽车生产商、销售商和贷款购车人了解车贷险特点、优势及本公司的网络优势、技术优势、实力水平、信用优势和服务优势。

2. 受理投保

业务人员应依法履行告知和说明义务，对贷款购车人要耐心细致地解释条款及其含义，特别对条款中的责任免除事项、被保险人的义务，以及其他容易引起争议的部分，应予以重点的解释和说明，同时提醒投保人履行如实告知义务，在投保人提出投保申请时，应要求其按规定提供必需的证明材料，正确指导投保人填写投保单。当投保人填写完整的投保单并提供相关的资信证明材料后，业务人员应对投保人填写的投保单及其资信证明材料进行初步审查，必要时要调查核实。

3. 核保

审核投保单的保险金额是否符合车贷险条款规定，投保人购车的首付款是否符合规定；审核贷款合同和购车合同是否合法并真实有效；审核投保人是否按规定为消费贷款所购的车辆办理了规定内容的保险；审核贷款协议是否明确按月、按季分期偿还贷款，不得接受一年一次的还款方式。审核投保人是否按照贷款合同，办理了有关抵押、质押或保证手续；审核投保人所购车辆的用途与还款来源。

对上述核保内容审核以后，应签署核保意见，明确是否同意承保，或是否需要补充材料以及是否需要特别约定等。若通过核保，应将贷款合同、购车合同和相关证明材料复印一套留存。

4. 缮制保险单证

业务人员根据核保意见缮制保险单证：

（1）缮制汽车消费贷款保证保险保单，保险期限应长于贷款期限，保险金额不得低于贷款金额。

（2）根据贷款金额、贷款期限等正确选择费率并计算保险费。

（3）对保险单证进行复核并签章。

5. 收取保险费

财务人员按照保单核收保险费并出具保险费收据。投保人应一次交清保证保险的保险费。

6. 签发保险单证

保险费收取后，业务人员在保险单证上加盖公章，将保险单正本交被保险人。

7. 归档管理

保险单副本一联交投保人，一联交财务，剩下一联连同保费收据业务联、复印的贷款合同、购车合同及有关证明材料等资料整理归档。

二、保险合同的变更、终止、解除

1. 合同变更

（1）变更事项。包括变更保险期限、变更购车人住址和电话，或购车单位联系地址、银行账户及联系电话、变更其他不影响车辆还款和抵押物登记的事项。

（2）变更申请。购车人在保险期限内发生变更事项，应及时提出申请。

（3）办理批改。在办理批改时，应逐一审核批改事项是否将产生意外风险，从而决定是否接受批改申请。

2. 合同终止

遇有下列情况之一，则汽车消费贷款保证保险的合同终止：

（1）贷款购车人提前偿还所欠贷款。

（2）贷款所购车辆因发生车辆损失险、盗抢险或自燃损失险等车辆保险责任范围内的全损事故获得保险赔偿，并且赔款足以偿还贷款的。

（3）因履行保证保险赔偿责任。

（4）保证保险期满。

3. 合同解除

下列情形之一发生时，保险合同将被解除：

（1）投保人违反保险法或担保法等法律法规，保险人可以发出书面通知解除合同。

（2）被保险人违反国家相关法律法规和消费贷款规定的，保险人有权解除合同。

（3）投保人根据国家相关的法律法规，提出解除合同。

（4）投保人未按期足额缴纳汽车保险保费，且被保险人未履行代缴义务的，保险人有权解除合同。

（5）法律法规规定的其他解除合同的事由。

4. 办理收退费

（1）经保险人同意延长保险期限的，根据延长后的实际期限选定费率，补收保险费。

（2）投保人提前清偿贷款，按照实际还贷时间按月计算保险费，多收部分退还投保人。

（3）贷款所购车辆因发生车辆损失险、盗抢险或自燃损失险责任范围内的全损事故获得保险赔偿，并且已优先清偿贷款的，保证保险合同终止，并退还从清偿贷款之日至保证保险合同期满的全部保险费。

三、车贷险的理赔

1. 接受报案

（1）接受报案人员在接到报案时，应按照报案要求，对报案人进行询问，并填写《报案记录》，通知业务人员。

（2）业务人员根据报案记录，尽快查阅承保记录，将符合理赔的案件登入《保证保险报案登记簿》。

（3）业务人员在接受报案的同时，须向被保险人提供《索赔申请书》和《索赔须知》，并指导其详细填写《索赔申请书》。同时向被保险人收取下列原始单证：

① 汽车消费信贷保证保险保单和汽车保险单正本；

②《汽车消费贷款合同》（副本）；

③《抵押合同》、《质押合同》或《保证合同》；

④ 被保险人签发的《逾期款项催收通知书》；

⑤ 未按期付款损失清单。

2. 查抄底单

业务人员根据出险通知，应尽快查抄出汽车消费贷款保证保险保单与批单、汽车保险的保险单与批单，并在所抄单证上注明抄单时间和出险内容。

3. 立案

（1）业务人员应根据被保险人提供的有关资料进行初步分析，提出是否立案的意见与理由，报业务负责人。

（2）业务负责人接到报告后，应及时提出处理意见。

（3）业务人员根据负责人的意见办理立案或不立案的手续。立案时，应在汽车保险单上做出标记；不予立案的，应以书面形式通知被保险人。

4. 调查

（1）调查要求。调查工作必须双人进行，应着重第一手材料的调查。所有调查结果应做出书面记录。

（2）调查方式与重点：

① 对已经掌握的书面材料进行分析，确认被保险人提供的书面材料是否全面真实。

② 向被保险人取证，了解投保人逾期未还款的具体原因，被保险人催收还款的工作情况。

③ 向个人投保人的工作单位或所在居委会调查，了解投保人收入变动情况；向法人投保人的上级单位或行政主管部门了解其经营情况。

④ 向有关单位和个人调查抵押物的当前状况。

⑤ 通过其他途径调查，并结合以上调查结果明确是否存在条款所载明的责任免除事项，投保人、被保险人是否有违反条款规定义务的行为。

5. 制作调查报告

调查人员在调查结束后应写出调查报告，全面详细地记录调查结果并作出分析。

6. 确定保险责任

业务人员应根据调查报告和收集的有关材料，依照条款和有关规定全面分析确定是否属于保险责任。形成处理意见后报地市级分公司车险部门审定，拒赔案件应逐级上报省级公司审定。

7. 抵押物处理

（1）保险事故发生后，保险人应及时通知被保险人做好抵押物处理的准备工作。

（2）保险人应与被保险人、投保人（抵押人）共同对抵押物进行估价，或共同委托第三人进行估价。所估价值由各方同意后，签订《估价协议书》。协议书所确定的金额为处理抵押物的最低金额。

（3）被保险人按照《估价协议书》规定处理抵押物，所得价款优先用于偿还欠款。

（4）被保险人不能处分抵押物的，应对投保人提起诉讼，抵押物的抵押权转归保险人，保险人应会同被保险人办理抵押权转移的各项手续。

8. 赔款理算

理赔人员根据前述条款的规定，依据调查报告、索赔通知书和估价协议等有关材料进行赔款理算。具体计算如下：

（1）抵押物已由被保险人处理的，赔款=（保险金额-已偿还贷款-抵押物的处分金额）×80%。

（2）抵押物抵押权转归保险人的，赔款=（保险金额-已偿还贷款）×80%。

（3）抵押物灭失且不属于汽车保险责任，且投保人未提供新的抵押物的，保险费也按照上式计算。

上述公式中的“已偿还贷款”，不包括投保人已经偿还的贷款利息。“抵押物的处分金额”是指抵押物处分后被保险人实际得到的金额，即扣除处分抵押物所需的费用及其他相关费用后的余额。

投保人以其所购车辆作为贷款抵押物，因逾期未还款车辆依抵押合同被处分后，投保人为其投保的汽车保险的保险责任即行终止，被保险人应按照保险合同的规定，为投保人办理汽车未了责任期保险费的退费手续。

贷款所购车辆发生车辆损失险、盗抢险，以及自燃损失险保险责任范围内的全损事故后，汽车保险的被保险人应得到的赔款，应优先用于偿还汽车消费贷款。此时，汽车保险的理赔人员，应书面通知贷款银行向保险公司提出“优先偿还贷款申请”，并书面通知汽车保险的被保险人，要按照合同的规定将赔款优先用于偿还贷款。优先偿还的范围仅限于所欠的贷款本金，优先偿还贷款后的赔款余额应交汽车保险的被保险人。赔款优先清偿贷款后，保证保险合同即行终止。

9. 缮制赔款计算书

计算完赔款以后，要缮制赔款计算书。赔款计算书应该分险别、项目计算，并列明计算公式。赔款计算应尽量用计算机出单，应做到项目齐全、计算准确。手工缮制的，应确保字迹工整、清晰，不得涂改。

业务负责人审核无误后，在赔款计算书上签署意见和日期，然后送交核赔人员。

10. 核赔

核定赔款的主要内容包括：

（1）审核单证：审核被保险人提供的单证、证明及相关材料是否齐全、有效，有无涂改、伪造等；审核经办人员是否规范填写有关单证，必备的单证是否齐全等；审核相关签章是否齐全。

（2）核定保险责任。主要审核是否属于保险责任。

（3）审核赔付计算。审核赔付计算是否准确。属于本公司核赔权限的，审核完成后，核赔人员签字并报领导审批。属于上级公司核赔的，核赔人员提出核赔意见，经领导签字后报上级公司核赔。在完成各种核赔和审批手续后，转入赔付结案程序。

11. 结案登记与清分

(1) 业务人员根据核赔的审批金额填发《赔款通知书》及赔款收据；被保险人在收到《赔款通知书》后，在赔款收据上签章；财会部门即可支付赔款。在被保险人领取赔款时，业务人员应在保险单正、副本上加盖“××××年××月××日出险，赔款已付”字样的印章。

(2) 赔付结案时，应进行理赔单据的清分。一联赔款收据交被保险人；一联赔款收据连同一联赔款计算书送会计部门作付款凭证；一联赔款收据和一联赔款计算书或赔案审批表，连同全案的其他材料作为赔案案卷。

(3) 被保险人领取赔款后，业务人员按照赔案编号，输入《汽车消费信贷保证保险赔案结案登记》。

12. 理赔案卷管理

理赔案卷要按照一案一卷整理、装订、登记、保管。赔款案卷应单证齐全，编排有序，目录清楚，装订整齐。一般的保证保险的理赔案卷单证包括赔款计算书、赔案审批表、出险通知书、索赔申请书、汽车消费贷款保证保险的保险单及批单的抄件、抵押合同、调查报告、估价协议书、权益转让书，以及其他有关的证明与材料等。

四、客户回访服务

(1) 保证保险业务要指定专人负责，对客户应每半年回访一次，做好跟踪服务，及时掌握购车人(投保人)、被保险人的需求与动态。

(2) 要建立客户回访、登记制度，实行一车一户管理制，及时记录还款情况。

(3) 建立与银行保持定期联络制度，协助银行做好消费贷款还款跟踪服务。

(4) 建立消费贷款购车人与所购车辆档案，内容包括购车人的基本资信情况、车辆使用情况、安全驾驶记录、保险赔款记录、还款记录等。

本章小结

汽车消费贷款是指贷款人向申请为购买自用或者营业用汽车的借款人发放的人民币担保贷款。它具有“定点选购、自筹首期、先存后贷、有效担保、专款专用、按期偿还”的特点。具体包括人民币担保贷款个人购车消费贷款以及法人购车贷款两种业务。

汽车消费贷款保证保险是指以借款合同所确定的贷款本息为标的，投保人(即借款人)根据被保险人的要求，请求保险人担保自己信用的一种保险。如果在规定的期限内，因投保人未按借款合同按期履行还款义务，致使被保险人受到经济损失，由保险人负赔偿责任。

分期付款售车信用保险作为汽车保险中一种特别约定保险，其投保人为汽车分期付款购车人；被保险人为分期付款的售车人；汽车分期付款售车信用保险的担保人指按照被保险人的要求，接受分期付款购车人的请求，为分期付款购车人所欠债务承担连带责任者。

思考与练习

1. 什么是汽车消费贷款？它具有哪些特点？

2. 个人申请汽车消费贷款须符合哪些条件？

3. 什么是汽车消费贷款保证保险？什么是汽车分期付款售车信用保险？二者的区别是什么？

4. 汽车消费贷款保证保险和汽车分期付款售车信用保险的保险责任和责任免除分别是什么？

5. 简述办理汽车消费贷款保证保险和汽车分期付款售车信用保险的程序。

第十三章　汽车保险欺诈的预防与识别

知识目标

1. 了解汽车保险欺诈的定义、现状。
2. 熟悉汽车保险欺诈成因、体现形式及消极影响。

能力目标

具备对一般汽车保险欺诈案件调查的能力。

保险欺诈是保险业重点打击对象，多家保险公司联合公安等部门共同开展反保险欺诈工作。车险以外，健康险也是骗赔案的多发区。据了解，在投保客户中，存在带病投保而不如实告知的情况，出险后有的还与医院串通进行多报销，市场上还曾出现重疾患者在出险前在多家保险公司购买大额重疾险，存在骗保嫌疑。2016 年新年伊始，中国保监会发布了《中国保监会关于印发车险反欺诈数据规范的通知》，从顶层设计的角度，为车险反欺诈数据规范和采集工作指明了方向。中国保险信息技术管理有限责任公司将按照统一的数据规范，向全国各保险公司采集车险反欺诈数据，建设“车险反欺诈信息系统”。全国范围内利用车险信息共享的“大数据”优势联合打击车险欺诈行为的大幕正式拉开。

保监会还推出了车险反欺诈数据规范，包括《车险反欺诈数据元》和《车险反欺诈代码集》。推动保险业运用信息技术防范保险欺诈风险，提高车险反欺诈信息数据的规范性、准确性和完备性，保监会多地市开展专项行动，重点防范打击故意制造保险事故或伪造保险事故、伙同汽修厂夸大事故损失、故意提供虚假证明文件、先出险后投保、顶包欺诈等五类常见车险诈骗行为。

大数据不仅提高了保险业经营服务效率，也成为保险业防范违法违规行为的重要武器。2016 年 11 月 21 日，中国保信联手蚂蚁金服共同防范保险欺诈，并将以车险和健康险为突破口，建立反欺诈平台。

保险是以“诚实信用”作为正常运营基础的，“最大诚信原则”作为保险业的一个基本原则被各国广泛认同。失去了诚实信用保险行业就会面临生存的困难。

第一节　汽车保险欺诈概述

一、汽车保险欺诈概述

保险欺诈是指投保人、被保险人或受益人以骗取保险金为目的，以虚构保险标的、编造保险事故或保险事故发生原因、夸大损失程度等手段，致使保险人陷于错误认识而向其支付保险金的行为。

二、保险欺诈现状

保险欺诈几乎同保险业本身一样古老。在美国，保险欺诈是白领阶层犯罪比例最高的犯罪领域。据美国保险信息学院估计，2012 年，保险赔款总支出的 20%~30%落到了骗赔者的手中，财产保险发生的欺诈使保险人损失了 390 亿美元，各种各样的保险欺诈总金额估计每年为 850 亿美元至 1200 亿美元。美国保险犯罪局估计，保险欺诈使每个家庭年均增加 200 美元至 300 美元保费。美国大多数州把保险欺诈定性为严重犯罪，并为那些举报保险欺诈的人提供保护。

近年来，随着保险业的蓬勃发展，保险欺诈有逐步扩大的趋势，因欺诈而导致的支出占总赔款的比例不断攀升。在西方，因欺诈而导致的赔款支出，最高可达保费收入的 50%，通常为 10%~30%。

在我国，由于市场经济的逐步建立，保险业务发展很快，而机动车保险业务的发展更快。2016 年，我国机动车保险保费收入 30960. 01 亿元，同比增长 27. 5%；总资产 151046. 5 亿元，同比增长 22. 2%；赔款支出 10481. 48 亿元，同比增长 20. 04%。其中机动车保险占财产险公司总业务量的 70%，稳居财产险第一大险种。但是，各家保险公司在抢占车险市场的同时，也被各式各样的车险骗赔行为所困扰。20 世纪 80 年代末期，诈骗犯罪中涉及保险欺诈的仅占 2%左右，1994 年为 6%，2000 年为 9. 1%，2004 年为 12%，2016 年 18%左右，显然这是个非常保守的数字，因为它并不包括骗赔成功、尚未发现的那部分；也不包括保险公司存疑，但因缺少过硬证据，其拒赔主张未被司法部门采纳的那一部分。这两部分之和究竟有多少，很难说清楚，但数量肯定超过已经公开的部分。

据统计，车险赔付率只有控制在 60%以内，保险公司的经营才能保本或盈利。而实际上目前我国的车险业务却是出现大面积的亏损，部分省份的车险综合赔付率高达 73%。与其他保险诈骗相比，车险骗赔具有金额小、数量多、随机性大的特征，更难被发现。

三、汽车保险欺诈的影响

由于保险欺诈现象的存在，保险业不得不将其作为一种不可避免的风险因素而接受，在经营过程中进行了种种必要的规避。

1. 开发新险种时不得不掂量一下道德风险的因素

对于一些市场急需的险种，由于畏惧保险欺诈，在尚未找到行之有效的防范措施之前，不敢贸然推出。

2. 计算保险费时，迫不得已地要将保险欺诈考虑在内

这不但增加了遵纪守法的人的负担，也给保险业的正常经营增加了难度，从而给保险业的健康发展造成了负面影响。

3. 理赔时如临大敌

理赔人员整日为识别案件的真伪而奔忙，导致查勘费用大幅度增加。

“投保容易理赔难”的说法，有一部分来源于因保险欺诈而引起的保险公司拒赔案件，其他被保险人不明原因，受到舆论的影响而得出了这样一个片面的结论。这给保险公司的经营声誉造成了巨大的无形损害，影响了下一步的展业。

车险骗赔不仅增加了保险公司的经营风险，也对投保人的保险权益造成了极大损害。

第二节　汽车保险欺诈的形成原因

汽车保险欺诈的产生原因是多方面的，不仅有投保人、被保险人和受益人方面的，也有保险公司和社会方面的。

诚信的缺失固然是骗赔行为产生的社会根源，但保险公司的粗放经营、反欺诈手段的落后和追罚不力，也使骗赔者拥有了“低成本的巨大伤害力”。

一、社会原因

1. 整个社会尚缺乏诚信体系和健全的监控机制

在不少人看来，投保人、被保险人或受益人欺骗保险公司是一种可以原谅的过错，这只是一种小毛病，并不是什么违法行为。

这种社会评价，无疑为汽车保险的欺诈活动起了推波助澜的负面影响。由于失去了社会公众的监督和有效的道德谴责，致使保险欺诈者在实施欺诈行为时，往往有恃无恐。不少恶意骗保者得逞以后，保险公司就很难再找到他。如果在一个信用社会，骗保事实一经确认，当事人的信用就会留下不良记录，从而在某种程度上减少了保险欺诈行为的发生。

2. 法律环境的影响

在现行的部分司法判例中，出于保护被保险人的考虑，选择了有利于被保险人的证据驳回了保险公司的拒赔主张，使得那些保户得到了本无权得到的赔偿，从而更助长了他们的嚣张气焰。

二、投保人原因

汽车保险之所以能够吸引保险欺诈分子的注意，是因为保险合同规定：“在不发生保险事故时，保险公司只管收取保险费而没有赔偿义务；当发生保险事故时，保险人需赔偿比保险费高得多的费用给投保人。”这样，在高额赔偿的诱惑下，就导致某些缺乏道德以及因种种原因需要摆脱困境的人把欺诈转移到了汽车保险业，通过铤而走险的方式来获取额外利益。

1. 某些投保人或被保险人法制观念淡薄

他们对保险法规不熟悉，分不清犯罪界限，认为即使诈骗行为被识破，充其量不过是被保险公司拒赔而已；他们守法意识不强，自以为骗赔手段诡秘，可以瞒天过海。

不少人以为，如果在保险期限内没有发生保险事故而得不到保险公司的赔偿，等于自己白白送钱给保险公司，为了“扯平经济账”，便采取种种手段欺骗保险公司。

2. 投保动机不纯

有些投保人企图通过参加汽车保险，以支付保险费的较小代价，然后故意制造事故获取保险公司的高额赔偿，从而实现发财的目的。这类投保人的投保动机和欺诈动机相一致，即从投保时起，就蓄意欺诈，保险合同成立后，就会积极谋划实施欺诈行为。

3. 临时起意

有些投保人原来并没有利用汽车保险进行欺诈的念头，只是由于某种偶然因素的诱发，比如他人提醒，才产生了欺诈的念头，所以这类投保人若无偶然因素干扰，其保险欺诈行为不会产生。

三、保险公司原因

1. 重视不够

对如何有效防止保险欺诈重视不够，目前还没有几个公司专门成立反欺诈机构。

2. 保险业信息交流不畅

很多保险公司视对方为竞争对手，很少互相通报骗保、骗赔信息，这使得一些居心不良的欺诈分子的欺诈行为屡屡得逞。一些保险公司被诈骗后，为顾及自己的信誉和影响，往往采取不张扬的做法，这也使得保险欺诈者更加有恃无恐。

3. 承保程序不科学

承保时，几乎没有哪家公司实施“验车承保”，这也使得一些存在明显缺陷的汽车得以实现高额投保。

4. 理赔程序不科学

例如，为了所谓的减少查勘成本，允许汽车修理厂代为索赔，诱发汽车修理厂二次碰撞；发生事故后，保险公司不派查勘定损人员去现场查勘，而是等车辆修好之后，凭发票予以赔付；确定赔付金额时，往往以有关单位的证明作为唯一依据，而有些证明可能与事实不符。所以，不科学的理赔程序客观上为保险欺诈打开了方便之门。

5. 处理措施不当

保险公司对某些已经识破了的欺诈行为处理过松，往往仅满足于追回被骗取的保险金或不承担赔偿责任，而不愿追究他们相关的法律责任，助长了保险欺诈行为的再次发生。

6. 理赔人员素质

理赔人员素质偏低，把握不住理赔关，给欺诈者以可乘之机，甚至有些理赔人员经不住金钱的诱惑，同欺诈者内外勾结，共同骗取保险金。

第三节 汽车保险欺诈的主要表现形式

在汽车骗保案中，不法分子经常采取的手段有：编造事故，编造原因，制造事故，扩大损失，重复索赔，故意碰撞、联合骗保，更换劣件，酒后换驾，无证换驾等。其中扩大损失和重复索赔最为常见。

在众多的车险骗赔者中，主要是修理厂和保险代理人。他们利用客户委托其索赔的机会，在修理过程中“偷梁换柱”向保险公司索要高额保险赔偿金，赚取差价的行为尤为严重，这种行为约占全部骗赔案件的三分之一。

一、虚假告知，不够诚信

根据保险的最大诚信原则，如实告知是投保人必须履行的义务之一。包括与保险标的有关的所有有利与不利的事实，以便保险人确定是否承保该标的以及保费、保险金额的高低。

有的保户出于某种目的或期望在较低的缴费水平上获得较高的保障程度，往往采取虚报、漏报、错报、高报等手段，提供假的证明材料欺骗保险人，使不具备投保资格的标的车混入了被保险标的行列，使保险人产生了逆选择；在使用过程中，扩大了保险损失的发生概率，使客户交纳的保险费与保险公司承担的保险责任不相符，增加了保险公司的经营风险。

甚至有的客户会为在脱保期已经丢失了的汽车投保，等保险合同生效后，再以“标的”物丢失为由提出索赔。

典型案例

【案例 13-1】

梁先生花费 57.8 万元购买了一辆二手丰田吉普，并花 7800 多元向保险公司投保了交强险、车辆损失险、全车盗抢险等，保险金额注明为 70 万元(新车购置价)，保险期限为一年。

投保半年后，梁先生的车在一住宅楼下被盗。公安人员虽侦破了此案，但车辆已无法追回。梁先生向保险公司提出索赔，请求赔付 70 万元×80%=56 万元，被保险公司拒绝。

保险公司解释：没按被保险人的要求金额赔偿，是因为梁先生在投保时没有如实申报汽车的价值。保险公司调查后决定只能按汽车的实际价值 57.8 万元计付赔偿金。另外，梁先生没有向保险公司提供购车原始发票，应增加 0.5%的免赔率，只能按车辆的实际价值 57.8 万元的 79.5%赔付。

法院审理后认为：双方订立的保险合同中的保险金额，确实高于了保险车辆的保险价值。超过部分属于无效投保。另外，保险公司本应返还梁先生因为多保的 12.2 万元而花费的保费，但梁先生没有向法院提出，法院决定不对这部分进行宣判。最后，法院判保险公司按 57.8 万元的 79.5%向车主赔付，同时向梁先生支付逾期利息。

【本案评析】

随着私人汽车保有量的大幅度增加，我国的二手车市场也在蓬勃发展。许多车主基于经济以及面子等方面的考虑，会选购一辆档次较高但花费不多的二手车使用。但是，在投保时他们出于某种目的，可能会虚报车价。这样，一旦汽车出险，车主就会要求保险公司按照投保价给予理赔。其实，财产保险所遵循的是损失补偿的原则，也就是说当保险标的发生保险责任范围内的损失时，保险人按照合同规定给予被保险人一定的保险赔偿，使被保险人恢复到受灾前的经济原状，但不能因损失而获得额外的利益。假如低值高保可以如数获得赔偿的话，那被保险人就等于获得了额外的利益，这就违背了损失补偿的原则。

二、出险在先，投保在后

指汽车出险时尚未投保，出险后才予以投保，然后伪装成在合同期内出的险，以达到获取汽车保险赔款的目的。

实施“先险后保”欺诈手段时，一般采用伪造出险日期或保险日期的手法：伪造出险日期时，一般是通过社会关系，由有关单位出具假证明，或伪造、编造事故证明，待投保后按正常程序向保险人报案索赔，对于这类案件，保险人即使派人去现场复勘，若不深入调查也很难察觉。伪造保险日期时，一般是串通保险公司签单人员内外勾结，利用“倒签单”手法，将起保日期提前至出险日期之前，瞒天过海，混水摸鱼。有的车辆在保险到期脱保后，要求保险人按上年保单终止日续保也可能属于此类欺诈。

无论采取何种手段，“先险后保”案件有一个明显的特点：即投保时间与报案时间非常接近，因此，对这两个时间比较接近的案件务必严查。

“先险后保”欺诈手段比较简单，虽然经常发生，但只要保险公司严格承保手续，及时进行查勘是完全能够防止的。

典型案例

【案例 13-2】

林先生的一辆载重汽车，挂靠在柳州某车队。去年3月底，他把几千元保费交给了车队长，由车队代办保险，并领到了保险卡。今年3月8日清晨6时许，林驾车在广东境内的高速公路上出了事故，随车的妻子身负重伤，车子严重损坏。他在向交警报警的同时，还根据“保险卡”上的报险电话向保险公司报了险，又通知了挂靠的汽车队。

此后，林将车子运回柳州修理，并将在当地肇事垫付的5万多元费用的有关票据等交给车队，要求代其索赔。没过多久，一个自称是保险公司的人当着林和车队长的面，掏出1.5万元，为林买了个驾驶室总成。然而，事故车在修理厂修好了近一个月，保险理赔却迟迟办不下来，车也提不出来。就在林焦急等待时，当地媒体披露了一起“骗保事件”，说有一辆车在广东境内出事后，车队才去投保，企图骗保，幸亏保险公司工作人员心细，戳穿了这场骗局，给保险公司挽回了损失。看到报道中提及的车祸与自己的出事过程“惊人相似”，林怀疑报道中所说的就是自己的车，但问题到底出在保险公司还是车队他很不解。

4月25日上午，林得知当地媒体曝光的“骗保车”确实就是他的车。于是，他前往质问。保险公司工作人员介绍说，3月8日林的车子出险后，车队有人跑来为他的车办理保险，企图骗保。公司根据调查结果作出了拒赔决定，车队负责人也签字认可了。

工作人员从计算机中调出他的车在3月8日办理保险的记录，林发现有几处怪异的地方：一是签单日期为今年的3月8日，生效期为3月9日零时，而自己是去年3月底交的钱；二是报案日期为今年的3月18日，而他是3月8日出的险；三是由他出钱办的保险，但索赔权益人却不是他本人。林当即表示，这份留在保险公司的“底单”，不但与他出险后出示给交警部门的保险卡所载明的内容不符，而且报险时间也大相径庭。后来，又发生了更加奇怪的一幕：一位自称保险公司经理的人，带着一个业务员，出面为车队队长“证实”：车队的确在去年4月就为林办理了保险，并称如果不相信，下午上班时间可到他们公司查看保单。可当林如约而至时，对方却以“电脑升级”为由拒不出示，最后只出示了车队今年办的那份保险。但计算机显示的内容与市公司的电脑记载有较大出入。

针对这件“稀奇古怪事”，保险公司的上级经理答复：从林的保险卡号上看，应属另外一家保险公司的卡。经调查，支公司经理应大客户要求出面讲假话属实，这种做法是错误的，但他们的人没有与车队掺和做假。至于“保险卡”及保单真伪，则始终无法自圆其说。

后来，车队出钱把车从修理厂赎了出来，并同意赔付乘员受伤的治疗、车辆施救等费用。

【本案评析】

本案中，事实真相就是车队收取了客户的保费，却自己截留并不上交保险公司。为了糊弄车主，办了张假保险卡交给车主。假如该车发生了轻微故障，车队可能会自己掏钱为车主修车，但若发生了重大事故，则只好通过“先险后保”，甚至与保险公司内外勾结的方式诈骗保险公司。

如果车主能通过技术手段查明保险卡及保单上加盖的是保险公司的真公章，那么保险公司对车队的行为就要承担连带赔偿责任。反之，车队的行为就构成了欺诈，受害人可向公安机关报案，在查明事实真相，追究其刑事责任的同时，也可依法向其提出民事赔偿要求。

三、改变用途，出险索赔

汽车保险与其他财产保险一样，保费的交纳标准是与标的物的风险程度以及保障程度相对应的。在同等保障程度下，越是风险程度高的标的物，所对应的保费标准也就越高。

个别客户的汽车，起初是按照非营运属性投保的。但在经过一段时间之后，却改变了汽车的用途，开始从事营运。由于这一改变增大了汽车的使用风险，应该及时告知保险公司并按照营运汽车的保费标准予以追加，但部分保户基于不想增加保费标准的考虑，没有将这一变化及时告知保险公司。

根据规定，假如车辆被车主擅自改变了用途，一旦出险，保险公司是可以拒赔的。

四、无中生有，谎报出险

这是指投保人、被保险人或受益人，在保险期限内对并未发生的损失向保险公司提出索赔的行为。被保险人通过“制造”虚假事故、更换报废零部件、单方事故后再重新伪造双方事故、使用本不属于保险索赔范围，但事后制造事故，骗取修理金等手段实施欺诈。

为了取得保险公司的“信任”，造假者往往会采取唆使、收买他人提供虚假证明、资料或其他证据，伪造或变造修理发票、伪造证明、私刻公章、篡改事故责任认定书等不法手段。

典型案例

【案例 13-3】

2016 年 5 月，大连驾驶员刘某报案称，他 20 日驾驶本田去沈阳时，在公路上与一轿车碰撞，导致车辆损坏，并有由交通警察大队出具的由他负全责的事故责任认定书。他已委托汽车修理厂代为索赔，最终获赔 3 万多元。

2017 年 2 月，保险公司对已赔案件进行抽样复查时，感觉该案中的一份材料异常，遂派调查员前往沈阳市公安局交通警察大队核查。交通警察大队工作人员查阅资料后表示，该大队并没有刘某报称发生事故当天其车发生交通事故的记录。经验证，刘某索赔时交给保险公司的“道路交通事故快速处理决定书”和“道路交通事故损害赔偿调解书”都是虚假文件。

根据规定，投保人索赔时，必须出具汽车修理厂出具的维修发票，调查员又将此索赔案的发票送往市税务部门查验，结果发现是假发票。

于是，调查人员又到负责代替投保人索赔的汽车修理厂调查。该厂负责人不得不承认：其实车主并没有在他们厂维修车辆，只是委托该厂向保险公司索赔，修理厂收取了 5000 元的代收赔款手续费。

【本案评析】

这种被保险人与修理厂联合，编造虚假文件及伪造发票向保险公司索赔的行为，目前在车险骗保方式中比较典型，保险公司应该严格控制汽车修理厂的代为索赔行为。

五、编造原因，隐瞒真相

事故发生后对于所造成的经济损失，依据保险合同，或者属于免责范围，或者需要车主本人承担较高的比率。于是，被保险人就想方设法编造事故原因、隐瞒事故真相，以此来欺骗交警、欺骗保险公司的查勘人员。为达此目的，他们往往采用欺骗手段骗取警方的事故责任认定书，或者篡改警方出具的事故责任认定书，或者伪造警方的事故责任认定书等，从而达到欺诈的目的。

典型案例

【案例 13-4】

锦州个体车主王某，驾驶满载石条的斯太尔半挂大货车，从锦州前往抚顺市市。行至一交叉路口时，因制动失灵，在躲让同方向前面行驶的右转弯车辆时，将车上装载的石条甩出，砸坏了本地人张某驾驶的桑塔纳，同时砸伤了骑自行车的刘某。造成桑塔纳及路面损坏、刘某重伤的交通事故，总损失达 5.5 万元。

王某拿到交警的事故责任认定书后，感觉责任认定书中的描述对自己的索赔不利，便进行了重新伪造。他将原认定书上的“将车上装载的石条甩出”字样去掉，将“砸坏”变成了“撞坏”，将“砸伤刘某”变为“撞伤刘某”。然后，他持伪造的事故责任认定书前往保险公司索赔。保险公司觉得可疑，便进行了调查。几天后，一张真实的《道路交通事故责任认定书》复印件出现在王某的眼前，他无奈地接受了保险公司拒赔的决定。

【本案评析】

《保险法》第一百七十四条规定，投保人、被保险人或者受益人有下列行为之一，进行保险诈骗活动，尚不构成犯罪的，依法给予行政处罚：(一)投保人故意虚构保险标的，骗取保险金的；(二)编造未曾发生的保险事故，或者编造虚假的事故原因或者夸大损失程度，骗取保险金的；(三)故意造成保险事故，骗取保险金的。

本案中，王某伪造事故责任认定书的行为属于编造虚假的事故原因，以期骗取保险金。保险公司予以拒赔是完全正确的。

【案例 13-5】

某车主报案称，自己的海马轿车于傍晚时分，由本人正常驾驶时，在某路段因躲避迎面驶来的摩托车而掉进沟里。

现场查勘表明，出险地在一渔场附近，汽车翻入的沟有两三米深，车翻在沟内而受损，驾驶员称没有人受伤。因天色已很晚，查勘人员拍摄了现场照片后即将车拖回了 4S 店。

到了 4S 店后，经检查，发现轿车的前保险杠、前照灯、发动机罩、行李舱盖等处都有血迹，但驾驶室内却反而一滴血迹也没有；风窗玻璃、前照灯损坏严重，但车体变形却很轻，这与汽车翻入沟内的特征明显不符。因该车的损失存在诸多疑点，又回想起当天白天，出险人员曾到 4S 店进行过“汽车被砸了，是否可以获得赔偿”的咨询，当时查勘人员给予了明确回答“属于除外责任，不赔”。分析认为，本次事故有重大的欺诈嫌疑。

第二天，客户到 4S 店处理事故，查勘人员做了详细的询问笔录。在回答问题时，客户表情很不自然，回答一句话要思考半天。做完笔录后，查勘员第二次查勘了事故第一现场，结果一点血的痕迹也没有找到，询问在附近农田干活的人，都不知道昨晚这里曾经翻过车。拨打110电话查询该车是否有报案记录，回答没有。

在调查遇到困难后，转为与出险地派出所联系。派出所工作人员说他们接到过报案，事故车主与朋友两人，各买了一辆车，因琐事发生殴打，互相把对方的车给砸了。经调查，所谓翻到沟里的车正是被砸坏的其中一辆车。

拿到证据，保险公司通知报案人，向其说明保险诈骗的法律后果，报案人随即要求撤案。

【本案评析】

本案车主的汽车的确发生了损失，但损失原因却是保险合同规定的除外责任。车主为了避免自己掏钱修车，采取了将车推入沟内，然后虚报事故发生经过的欺诈做法。可是，他的这种行为属于“编造未曾发生的保险事故，或者编造虚假的事故原因或者夸大损失程度，骗取保险金的”行为，保险公司不可能给予赔付的。

查勘人员受理这种案件时，一定要通过自己的努力工作，多方举证、仔细询问，不放过任何蛛丝马迹，力争还原事实真相。

六、报案不实，夸大损失

这种现象是指出险汽车的真实损失很小，被保险人却故意夸大损失程度或损失项目，不过，假如是被保险人在保险事故发生后，通过制造伪证、虚报损失等手段来夸大损失、企图获取较高赔付金额的，由于欺诈手段比较低劣，很容易被保险公司发现。

典型案例

【案例13-6】

某日，一保财险理赔人员与当地公安局派出所民警紧密配合，成功查获一起酒驾调包肇事逃逸保险骗赔案，案值近13万元。

当天夜晚11时许，95518接到许某报案，称其当晚10点20分左右，驾车行驶在高架桥岔路口70m处，因对面驶来的一辆商务车大灯太亮，视线在强光照射下模糊不清，为避免迎面碰撞，凭感觉往右猛打了一把方向不幸撞断了道路右侧护栏，造成护栏和本车受损。许某告知95518，当地派出所民警已到达现场，正在处理事故。海盐人保财险理赔查勘员小范接到查勘指令后，随即联系报案人许某核实情况，并驱车赶往出险地。

在事故现场，小范发现受损的是一辆奔驰轿车。根据许某的陈述，小范了解到，许某不是车主，车主是鲁某，许某与鲁某是连襟关系，车是许某向鲁某借用的，他是送朋友回家的途中发生了交通事故。从许某的陈述和车辆碰撞的痕迹来看，此案似乎并没有什么问题，按照正常手续，经许某同意，小范通知修理厂值班人员将车拖至修理厂，第二天对车辆进行估损。

次日中午12时左右，小范接到派出所民警电话，民警告知他，经调取当天事发路段的监控录像，晚上10时至11时并没有如许某所说的商务车经过，事发时，奔驰车呈现明显加速和方向打偏的状况，此案可能有假。得知这一消息，小范立即通知修理厂暂停拆卸受损车辆，并与民警商量调查方案。下午，许某被传唤至派出所，民警向其出示了监控录像资料和事发当时他与鲁某的通话记录，在证据和政策攻心下，许某交代了替酒后驾车肇事逃逸的鲁某“顶包”，企图编造谎言掩盖酒驾事实从而骗取保险赔款的违法经过。真相大白后，鲁某和许某分别受到拘留处罚，该保险索赔案件也被注销。

【本案评析】

本案再一次说明了：保险理赔人员的素质对理赔结果的影响。通过蛛丝马迹弄清事实真相，还保险市场一个公正、法治的环境。

七、二次撞击，扩大损失

扩大损失是指保险事故发生后，保户为了获得高额的保险赔偿，放任损失的继续扩大，甚至故意扩大标的的损失程度。

1. 扩大损失的基本形式

一般来说，车主、汽车修理厂通过扩大损失骗保的比例约为 3：7。大多数修理厂都是背着车主对受损车辆“动手脚”的，因为他们担心车主无法接受自己的车子被故意再次撞击，加重损失。

(1) 保户自身扩大的损失。

保户的汽车确实发生了碰撞，但基于种种考虑，在向保险公司最终报案时的事故车却有可能被扩大了损失。原因主要有：

① 汽车的碰撞程度偏轻，不值得索赔，车主自行决定或在修理厂的建议下进行二次碰撞。

② 由于保险条款将一些特定损坏规定为责任免除，被保险人为获取赔款故意造成保险责任范围内的事故，把不应赔偿行为造成的损失，通过再次的故意造险进行掩盖，使其变成应该赔偿的责任事故。如停放在家属院中的汽车，左侧前照灯出现了不明原因的损坏，保险公司是不予赔偿的，为了获得保险公司的赔偿，驾驶员故意开车撞墙，导致保险杠左侧、左侧前照灯、角灯等一起损坏，报案者慌称是自己开车时不小心撞上的，保险公司如不能识别其诈骗企图并拿到诈骗证据，则很容易从车损险中给予赔偿。

③ 发生交通事故后，双方已经“私了”，无责一方拿到了对方的赔款，但又不想再拿出钱来修车，便通过再碰撞的方式制造假现场，一同修好已经获赔了的损失。

④ 有时发生的交通事故责任明确，双方也达成了“私了”意见，可保险公司却不认可。车主在气恼之下，便故意再撞一次，然后谎称是不小心撞的。

其实，如果所发生的交通事故损失较小且责任明确，保险公司可以给车主签订快速处理协议，这样被保险车辆通常都能拿到赔偿金。如果交通事故责任模糊，双方损失又都很严重，车主提供的资料跟事故现场又不太相符，车主就必须提供相应的证明材料(如交通事故证明等)。因此，如果两辆车追尾或轻微擦碰，不一定非要有交警到现场，只要事实认定比较清楚，双方在承认事故责任的情况下，去交通队开具证明就可以了。有了交通队的责任认定书，保险公司一样会赔偿车主的损失。

典型案例

【案例 13-7】

7 月 25 日，深圳一被保险人刘某报称，其驾驶员范某 24 日驾车在某公路上与一大石头相撞，导致车辆严重损坏。经交警大队认定，范某负此事故的全部责任，因此提出索赔。

保险公司接报后，马上到事发地取证。交警表示，当日确有此次事故发生，但事故只是造成了汽车前保险杠车牌下右侧一条约20cm的刮痕，加之只是单方肇事，因此他们没有拍照，而是采用了简易程序进行处理。经核对确认，被保险人提供的“道路交通事故简易程序调解书”确实是由交警大队当天签发的，但对于保险公司调查人员出示的由被保险人提供的车辆损坏照片，该交警大队明确表示：照片显示该车的损坏情况与当时事故勘查的损失程度与损坏部位完全不符，该车当天并没有在此路段发生过严重交通事故。

由此可见，被保险人刘某是故意制造了这起车辆严重损坏事故，以图骗取保险公司的赔款。保险公司及时遏止了这起恶意骗赔事件。

【本案评析】

有些投保人为了骗取高额保险赔偿金，不惜故意制造单方事故，如将车故意撞向大型石块、桥栏、大树等，造成车辆损坏。这种案例较多集中在夜间或在驾车到外地等较难取证的地方发生。这种故意单方肇事行为由于没有对方证人，保险公司调查时会有一定困难，一些投保人从而“钻了空子”骗取赔偿金。甚至有的被保险人是因为本来车辆有些小问题需要维修，但不想自掏腰包，便故意制造事故损坏车辆，让保险公司一并“买单”，支付其所有需要维修的费用。

（2）车主与修理厂联手扩大的损失。

车主与修理厂联手，共同扩大事故损失，车主获得了免费维修，修理厂获得了维修利润。

（3）修理厂擅自扩大的损失。车主将车送到修理厂去保养、维修，不法经营业户设法留下车主的身份证、行驶证、保险单等，等车主走后，将车再次碰撞，扩大损失，然后向保险公司代为索赔，以期获取高额的维修利润。

骗保案之所以频繁发生在修理厂，主要原因就是修车利润增多的诱惑。假如两辆车只是轻微擦了一下，到了修理厂就有可能被加大损失部位，修理费自然也就相应增加了。对于修理厂来说，车辆损失的部位越大，他所获得的利润也就越多。

汽车维修的利润主要有两部分，一是工时费(通常可以达到25%左右)；二是材料管理费。修理厂承接事故车时，既可以向保险公司索要正常的更换部件费用及维修工时费用，也可以将出现问题的零部件更换一个价格低得多的组装甚至劣质件，获得额外利润。

如果修理厂进行“代撞”骗保，由于可以将完好而价高的零部件事先拆卸下来，这样材料费的利润就可以上升到50%~500%。因此，汽修厂都愿意承修投保了车损险的“事故车”，因为和普通的故障车相比，这种车的利润高得多。而一些进口的老旧车型则更受欢迎，由于这些车逐渐退出了市场，配件难寻，且价格高昂，只要发生保险事件，就会得到大笔赔款。

2. 修理厂扩大汽车损失的主要做法

（1）利用保险公司工作人员不肯自行前往评估的机会，多估、多报车辆损失。

（2）维修人员利用他人正在维修的车辆，故意制造事故，然后串通保险公司的理赔人员，骗取保险赔偿，实现“两方受损，三方受益”——保险公司、车主受损；修理厂、负责制造撞车事故的修理工、保险公司理赔人员受益。

（3）“代撞”内幕。

① 瞒着车主撞：在客户送来维修车辆原本受损的地方再次撞击，扩大受损面。

② 征得车主同意后撞：先告诉车主，许多部件可能存在老化现象，不美观、不安全，

需大修，价格会很高。假如让修理厂帮忙撞一下，将相关部件撞坏，然后报警，拿到交警开的事故责任认定书，找保险公司索赔，就能把相关部件都修好，而且无需自己花钱。

③ 汽车修理厂老板见到陌生车主来要求“代撞”时，会鼓励他们自己去撞。随便把车撞到小区的围墙上、路边的柱子上、树上，然后报警就可以了，根本查不出来是故意撞的还是非故意的。

④ 代撞驾驶员的驾驶技术都很好，基本可以承诺“想换哪里，就能撞坏哪里”，一家修理厂，差不多每隔几天就去“撞”一次，成功率非常高。

例如，为了摧毁汽车前照灯，他们一般选择晚上撞车。因为晚上查勘人员的视线模糊，对受损部位的评估也可能有误，可以提高骗赔的成功率。他们大多喜欢和小货车撞击，因为轿车的两个前照灯，正好能撞到小货车的后保险杠，可以把价格较高的前照灯彻底摧毁。撞击时，他们一直跟在小货车的后面，等其遇到红灯停车时就撞上去。这样一来，自己承担全责，既不会使小货车严重受损，也不会带来交涉方面的较大麻烦。

假若晚上发生轿车追尾撞击载重车的事故，后车故意“撞击”的可能性很大，因为轿车的制动响应性一般较好，哪怕载重车紧急停车，轿车驾驶员照样可以制动停车。

⑤ 汽车修理厂专门负责理赔的人与保险公司的理赔人员关系密切，只要有事故责任认定书一般就能获赔。

典型案例

【案例 13-8】

警察约孙先生到汽修厂去看他的车，眼前的车让他大吃一惊。他的奔驰轿车被撞得车头严重变形，全车上下都是刮痕，惨不忍睹，肇事者正是承修自己汽车的汽车修理厂。

前段时间，他不慎将前保险杠左侧轻微擦坏，他也没有在意。一个月后，到修理厂进行例行保养。工作人员发现前保险杠有损伤后，便自告奋勇表示能帮其理赔，并帮他把车子免费修好。听到有这样的“好事”，第二天孙先生便将车和保险单一起交到了修理厂人员的手中。直到警察来电通知孙先生时，他看到了自己车的这番“惨状”才猛然明白。

原来只是前保险杠受损，修理更换最多不超过 1200 元。现在却至少需要 20000 多元才能修复。

【本案评析】

案发后，汽修厂两名“代撞手”交代了“车祸”经过，汽修人员拿到孙先生的车后，便自导自演了一场“车祸”，先将车子径直撞到电线杆上，然后报警，企图拿到警方的事故处理单，向保险公司索赔。谁知，他们的伎俩被警方当场识破。目前，检察机关以涉嫌故意毁坏财物罪对两人进行了起诉。两人交代，客户的汽车经常被他们当作骗保挣钱的工具，对车实施“故意伤害”后，可以赚取保险公司理赔额和实际修理费用之间的差额。

八、故意制造案件，骗取赔款

这是指被保险人故意使投保的车辆出险，造成损失，以谋求骗取赔款的行为。例如：对于接近报废，价值较低而车辆损失保险保额又较高的汽车，在被保险人期望获取高额赔款的欲望驱动下，可能会故意造成汽车出险。如价值 3 万元的旧车以 5 万元投保，然后在偏僻地区将车推下山坡等。这类案件往往具有出险时间、地点精心选择的特点，所以查处难度较大，有时尽管会怀疑它可能是骗案，但却很难找到证据。

典型案例

【案例 13-9】

9 月 20 日 1 时 50 分，驾驶员谢某报案，称他驾驶金杯微型客车行至一中学附近时，因避让一位从侧面上公路的骑车人，与前方迎面驶来的丰田大霸王发生轻微碰撞，致使丰田大霸王滑入路边河中，要求查勘、理赔。

谢某，43 岁，某小公司员工，所驾金杯微型客车刚购买两个月；丰田大霸王车主赵某，现年 36 岁，无业，所驾丰田大霸王也有 11 年车龄。如按交通事故责任认定，保险公司不仅要按照车辆损失险赔偿被撞坏的金杯微型客车数百元的车辆损失费，还要按照交强险、商业三者险赔偿丰田大霸王因整车进水而造成的 12 万余元的维修费。

随着案件调查的深入，查勘人员越来越感到这起“事故”有很多疑点：

(1) 两车刮擦轻微，“肇事”的金杯微型客车只有左侧倒车镜损坏，加之车身有虽明显但程度很轻的新擦痕；而丰田大霸王也仅有倒车镜损坏，车身无任何新擦痕。这样的碰擦一般不会导致丰田大霸王滑入路边的河中。

(2) “事故”发生在深夜，事发地点位于一条偏僻的乡间公路，除两人证词外，无任何目击证人，那名本来可以直接证明事故真伪的骑车人也无法找到。

(3) 丰田大霸王昨天刚刚变更了车主，今天早晨零时，保险变更才开始生效。变更之后不到 2 个小时就出险了。

(4) 种种迹象表明，两车车主并非“不打不相识”，而是事发前就很熟悉。

(5) “受害”的丰田大霸王车主赵某，理赔“积极性”极高，与理赔人员交涉时咄咄逼人，而“肇事”后理应负全责的谢某，面对保险公司理赔人员时却很低调。对于理赔人员的例行调查，赵某拒不提供丰田大霸王的来源、保险情况，但对车辆出险后的理赔过程却很了解。

(6) 赵某对理赔人员到当地派出所等单位的调查活动异常关注。

(7) 通过间接调查获悉，赵某所驾的丰田大霸王原籍是青岛的一家公司，该车被他弄到手前，其资产折旧值是零。

虽然调查发现了上述疑点，但仅凭这些疑点很难认定该起事故不在理赔范围，如果贸然出具拒赔报告，有可能引发难以预料的诉讼结果。于是，保险公司选择向警方报案。经侦大队接报后迅速展开侦查，并在初步掌握了相关证据后依法对二人同时进行传讯。

面对警方审查，两人不得不交代合谋造假、企图骗取巨额保险金的经过。原来，赵某早就开始以倒卖废旧汽车作为自己的生活来源，或许觉得这样挣钱太慢、太累，遂决定发挥自己熟知车险理赔各个环节的“优势”，冒险赌一把。经与谢某商量，两人故意将两车左侧倒车镜损坏，用砖头在金杯微型客车侧面磨出擦痕，而后选择一夜深人静的僻静之处，用另一辆车将丰田大霸王拖入河中。然后两人分别向公安部门和保险公司报案。

【本案评析】

虽然《刑法》198 条规定，投保人、被保险人故意造成财产损失，骗取保险金，且数额较大的，应处有期徒刑或拘役，并处罚金。但在适用该条款时有个必备条件：“如果虽有保险诈骗行为，但被及时揭穿，诈骗没有成功，或者虽然诈骗成功，但只骗到少量保险金的，不作为犯罪处理”。由此可见，两人的欺诈行为被制止在了既遂之前，其实是得了便宜。

九、移花接木，混淆视听

所谓“移花接木”造假骗赔包括以下几个方面：一是，无证驾驶或酒后驾驶发生事故后，找具有正常驾驶资格的人顶替真实驾驶员承担责任；二是，正常维修的车辆，被换上损坏了的旧件，然后假冒原车损坏件向保险公司索赔；三是，一辆已经定损、索赔了的车，被换上另外一辆车的牌照后，再次索赔；四是，故意混淆事故责任比率，改变保险公司承担事故责任的比率；五是，个别汽车修理厂接到客户的受损车辆后，用较低档的材料为客户修理，却以高档材料的价格向保险公司索赔，以此赚取不同档次的材料费用差价。

典型案例

【案例 13-10】

2015 年某日，某单位驾驶员肖某报案，称自己驾驶的丰田轿车，行驶在 305 国道某路段时，不慎倾覆，车辆损毁，并有人员受伤。

查勘员张某、孙某于 30 分钟内抵达现场。查勘表明，驾驶员肖某具有八年驾龄，且在连续六年的投保中，未出现索赔。而此次事故损失较大，玻璃全部破碎、驾驶室变形、左侧车厢板受损、空调、油箱、水箱等破裂，估计损失在 3 万元左右。事故原因为：高速行驶时，右前轮碾压人行道上一块较大的石头，导致车辆向左侧倾翻，并侧向滑行数米。事故调查的过程中还获悉，有目击者看到出事前汽车象蛇一样扭着走了一段路程后压到石头翻的车。

张某、孙某对受伤人员进行了调查，肖某及几名随车人员伤情不重，但有一位姓刘的女性伤势较重。驾驶员肖某回忆事发经过说：当时车速约为 40 千米每小时，由于前方来车跨过了中线，自己一时心急，猛打方向盘导致翻车。

张某、孙某根据现场查勘和人员描述，认为该案存在一些疑点：

(1) 驾驶员肖某经验丰富，且驾驶记录良好，在车速不高的情况，所谓一时着急发生事故的可能性不大。

(2) 目击者反映车象蛇一样扭着走了一段路程，驾驶员肖某对此未予说明。

(3) 车辆在向左侧倾翻，且玻璃破碎、驾驶室变形、左侧车厢板受损的情况下，驾驶员肖某受伤不重，而刘女士受伤较重的情况可疑。

(4) 305 国道为双向 4 车道，两边各有不小于 3 米的人行道。当时并未超车，在左侧快车道行驶的可能性不大，即使对方来车超过中线，也不可能撞向在慢车道行驶的丰田。由此看来，驾驶员肖某的证言不真实。

(5) 现场查勘证实：人行道上的石头靠近人行道外侧，离慢车道约有 2.5 米，汽车应该不会撞到石头上。

从以上疑点可以得出一个初步判断，即该案还存在隐情。于是，张某、孙某开始着手解决一个问题，即：丰田轿车偏离行车道，驶入人行道的可能的原因为：转向系统机械故障，转向失灵；轮胎损坏，导致方向偏离；路面打滑，摩擦系数小；驾驶员疲劳开车，有打盹现象；驾驶员酒后开车，判断错误；驾驶室内发生人为打斗，导致方向偏离；紧急避让过路的行人或动物；由技术不熟练的人或根本没有开过车的人开车所致。

经张某、孙某逐一排除，认为只有“由技术不熟练的人或根本没有开过车的人开车所致”最有可能。于是两位查勘人员对车上受伤人员进行逐一询问，并与受伤严重的刘女士重点交谈。最后，案情真相大白：原来刘女士刚开始学驾驶，准备过段时间去考驾照，恳求肖某想过把开车瘾，增强自己的考试信心，并让肖某当“教练”给予指导，没想到刘女士驾驶方向掌握不住，来回“画龙”，驾驶员肖某给她扶正方向时，刘女士又紧抓转向盘导致方向偏离了行车道，进而导致了事故发生。

【本案评析】

这是一起典型的冒名顶替案。先是由不具备驾驶资格的刘女士开车出事，再由具备驾驶资格的驾驶员肖某顶替，谎称事故是由自己造成的，从而想骗取保险公司的赔款。该种情况出现的原因是，被保险人知道机动车辆保险条款中有对不具备驾驶资格的人员驾驶车辆导致的事故损失保险公司不予赔偿这一规定。另外，该案的识破完全凭借查勘定损员张某和孙某的仔细查勘，否则，该案给予保险赔偿也是“顺理成章”的。所以对保险欺诈案件的预防必须要有一支经验丰富、工作认真的查勘队伍去承担。

【案例 13-11】

某日下午 5 时许，个体运输户张某报案称，他所驾驶的解放自卸车在从外地返回的途中，因雨天路滑，会车时采取措施不当，翻至路旁沟内，构成单方事故，造成了车损。

接到报案后，承保车险业务的本地公司快速与外地支公司取得联系，委托其代为查勘。当天晚上，受托查勘的外地公司通知本地公司，现场已查勘完毕，事故车已托运回本地。但其后几天，保险公司始终未见事故车回到本地。经缜密侦查，得知张某早已将肇事车运至本地，并停放在某村一个体运输户的院内。

查勘人员得知这一情况后，没有与车主电话联系，而是直奔停车大院。打开大门一看，事故车的车损正在被人为加重：轮胎已卸下了好的换上了坏的，发动机部件也在拆换之中。面对为了骗赔而被大做“手术”后面目全非的自卸车，面对查勘员对拆车现场拍照和取证，车主张某低着头说：“我就是想通过翻车事故再加大点车损程度，希望你们能给多赔点。”随后，张某承认了自己的错误，并在拒赔书上签了字，放弃了 5 万余元的索赔。

【本案评析】

对于私家车，一旦发生了保险公司可以赔付的责任事故，车主为了最大限度地获取额外利益，往往会设法使自己的损失无中生有地被“扩大”。他们所采取的手段主要有：将未曾损坏的旧件拆下，换上以前损坏的旧件，以冒充本次损坏的；将原本不是原厂的配件，声称是原厂件；将以往损坏的件，作为本次损坏的件，要求一并报修。这需要查勘人员通过分析损坏痕迹，通过识别配件编码，通过及时查勘现场等手段予以剔除。

【案例 13-12】

车主报案称，他所拥有的解放 CA4101K2C2R5 牵引车，于 12 月 27 日凌晨 3 点在外环路上追尾撞击了前面的汽车，对方车上人多势众，逼着自己掏钱私了后离去，自己应该承担全部事故责任，请求定损。

查勘人员通过调阅该车的以往报案记录，得知它近期曾经出过一次保险事故。比较标的车两次出险的事故照片，并综合分析得知：第一，本次事故标的车的车顶有圈架，而前次事故的车则没有；第二，本次事故标的车的左侧油箱位置没有护栏，而前次事故的车有护栏；

第三，前后两次事故，标的车的轮胎花纹明显不同；第四，前后两次事故，标的车的VIN码虽然一致，但清晰程度却明显不同，本次事故车的VIN码有些模糊，而且两次事故标的车的VIN码中数字“9”、“3”的书写格式明显不同；第五，两次事故的报案时间相隔只有4天，根据前次事故的车损情况，4天时间在本地修理厂修复的可能性不大。

结论：本次事故的标的车有套牌嫌疑，予以拒赔。

【本案评析】

一些从事个体经营的车主，往往拥有多辆营运车辆。有人为了降低成本，在购买汽车保险时，往往将型号相同的多辆汽车只以一辆车的身份投保。在车辆使用过程中，一旦未投保的汽车发生事故导致了损失，他们一般是首先更换车牌照，甚至事先已经将车架号做了更改。因此，查勘人员在查勘过程中，一定要仔细辨认汽车的VIN码(可以采取多处辨认对比法)、车辆结构的细节特征等，准确界定标的车的真实身份。

【案例13-13】

一天，李强得意地告诉朋友：今天开着QQ，倒车时把一辆宝马给撞了，彻底撞烂了它的前照灯、保险杠，发动机罩也变形了。当时吓得要命，心想这次赔惨了。结果，宝马车主下来后，先是瞪了他一眼，接着问我买的什么保险，我回答说就买了交强险。没想到的是，等交警来到面前时，他一个劲地抢着说：“我的责任，我的责任，是我追尾撞了人家的QQ，不管他的事。”结果，交警判定他的全责，我不仅不用赔他钱，他反而要给我修车，我都被他给搞糊涂了。

【本案评析】

李强开着QQ倒车撞了宝马，原本属于他的全责，应该由承保QQ交强险的保险公司在2000元的限额内付给宝马财产损失赔偿，而由承保宝马的保险公司在100元的限额内付给QQ无责任财产损失赔偿。但是，由于宝马的前照灯、保险杠等被撞坏，估计损失额度在数万元，而QQ车主又没有购买商业三者险，这样，2000元的限额肯定无法修复宝马，一旦QQ车主无力支付剩余的款项，宝马车主将面临索赔无果的尴尬境地。

若宝马车主主动承担全责，而且骗过了交警，赔偿结果就发生了变化。承保QQ交强险的保险公司最多赔付宝马100元，而承保宝马的保险公司却需要在交强险、商业三者险的限额内负责将QQ完全修复。同时还要依据宝马的车损险限额修复宝马。

不过，这种行为一旦被保险公司发现，一般会做拒赔处理。按照《保险法》一百七十四条规定，上述情形应当依法给予行政处罚。再者，保险公司即使做了赔偿，也可以向QQ方追偿，或以双方串通损害保险公司利益为由起诉，要求承担民事赔偿责任。

十、一险多报，重复索赔

这是汽车保险理赔中最常见、最普遍的现象。常见的一险多赔诈骗案有三种形式：

(1) 一次事故向多个保险人索赔。

这属于重复投保。投保人向多家公司购买保险，但并不将该情况通知各保险公司。发生事故后，持各公司的保险单分别索赔，以获取多重保险赔款。由于重复保险多是蓄谋已久，且隐蔽性极高，再加上各保险公司之间信息不交流，所以欺诈成功率较高。

（2）一次事故多险索赔。

如车辆造成货损后，投保人可在车上货物责任险和货物运输险项下同时索赔。因保险公司内部横向信息沟通不畅，投保人往往会轻而易举地索赔成功。

（3）在一次事故中，先由事故责任者给予赔偿，然后再向保险公司索赔。

这种诈骗案，数额一般不大，但在日常生活中却最常见。出险原因都是被别人追尾或被别人所撞后，第三方负事故责任，在第三方已给予赔偿的情况下，再到保险公司谎称自己倒车所撞进行骗赔。所以对单方事故，尤其对车辆尾部损坏的单方事故进行现场查勘时要特别注意。

典型案例

【案例 13-14】

某保险公司支公司承保的一台小松挖掘机，在处理垃圾时造成前油缸受损，事故损失约为 8 万元。

查勘人员在查勘过程中了解到，该车是一年前在外地购买的，新车购置价高达 100 多万元。他们感觉此车的购买应该属于由银行分期付款方式交款的，肯定会购买保险。

经过核实，该车确实在另一保险公司异地支公司投保了车损险及三者险；而在某保险公司本地支公司投保了为期三个月的车损险、三者险、不计免赔险及玻璃单独破碎险等险种。该车出险之后，被保险人分别向某保险公司及另一保险公司同时报案。

根据保险条款第五十六条的约定：被保险机动车重复保险的，保险人按照本保险合同的保险金额与各保险合同保险金额的比例承担赔偿责任。某保险公司经过调查取证，确认被保险人已就本次事故在另一保险公司索赔，遂找到保户做说服工作，最后保户放弃了索赔。

【本案评析】

《保险法》第五十六条规定，重复保险的投保人应当将重复保险的有关情况通知各保险人。重复保险的各保险人赔偿保险金的总和不得超过保险价值。除合同另有约定外，各保险人按照其保险金额与保险金额总和的比例承担赔偿保险金的责任。

所谓重复保险，是指投保人对同一保险标的、同一保险利益、同一保险事故分别与两个以上保险人订立保险合同，且保险金额总和超过保险价值的保险。

现实生活中，被保险人或因为不理解保险法的规定，或基于获得更多赔款的考虑，有时会选择重复投保，但根据保险法的规定，这种选择其实是无效的。

十一、顶替他人，冒充索赔

这是指被保险的汽车出险后，造成了财产损失或人身伤亡。但是，由于某些原因，被保险人或其权益人根本没有资格向保险公司索赔。但他在索赔时，却隐瞒了这些真实的原因，而是改换成为了有资格索取赔款的“理由”，以骗取保险公司的赔付。

典型案例

【案例 13-15】

杨某驾驶自家的农用车由沈阳往大连送货，在大石桥公路上将行人刘某当场撞死。

刘某，男，36 岁，辽宁省大石桥农民。他的后事处理完毕，家人拿着各种票据、证明和死者的长女刘红(化名)、次女刘芳(化名)的户口本复印件前来索赔。

理赔人员在审查有关证明材料时，感觉他的两个女儿的年龄相差只有两岁，应该是不符合计划生育的相关规定，应该予以核实。经过去当地核实，原来死者是一个单身汉，从未结过婚，更没有生育过一男半女。所谓的长女、次女，其实分别是他哥哥、弟弟家的两个孩子，他的家人为了骗取保险赔款，找人伪造了所谓的长女、次女户口证明。

【本案评析】

根据我国相关法律的规定，刘某对他哥哥、弟弟家的两个孩子没有抚养义务，这样，在计算他的死亡赔偿金时，自然不应该包括该项内容。面对死者家属的造假行为，保险公司予以拒赔是理所应当的。

另外，有的车主在发生保险责任事故后，全权委托汽车修理厂代其索赔。假如汽车修理厂瞒着车主进行了二次碰撞，造成了严重的车损，就有可能获得高额的保险赔偿。有时，保险公司为了遏制这种现象的发生，会将赔款直接打进车主的银行卡。但是，精明的修理厂主为了应对保险公司的这种做法，往往会事先通过非正常手段，在车主不知情的情况下以其名义办理银行卡。这样，他就可以冒充车主获得保险公司的赔款。

十二、内外勾结，狼狈为奸

“内外勾结”尽管有多种形态，但主要是指保险公司内部的相关工作人员与汽车修理厂相互勾结，利用保户因为发生小事故造成轻微损伤的标的车，通过再次碰撞的方式扩大损失；或者利用车主虽然投保了车损险，但只是前来进行例行维护的汽车进行故意碰撞，以此相互勾结，骗取保险公司的高额赔偿。

典型案例

【案例 13-16】

高先生打算周末带家人自驾游，出游前他告诉常驻 4S 店的保险公司定损员，说自己的汽车有点小刮蹭，希望能通过所购买的“车身划痕险”将车子修好，同时请 4S 店将车进行一次全面维护。保险公司定损员、汽车修理厂维修人员均非常爽快地答应了。

高先生将车开到修理厂后，应保险公司定损员的要求，将自己的行车证、驾驶证、身份证复印件、机动车保险卡等留下，放心地离去了。两天之后，他的同事在该家汽车修理厂修车时，发现他的车被撞得惨不忍睹。高先生闻讯赶到修理厂，发现只是经过短短的两天，自己的爱车已经面目全非：前保险杠、前翼子板被撞得严重损坏；前照灯破碎；发动机罩变形……高先生找到修理厂讨要说法。这时，高先生又震惊地发现，自己的汽车原本行驶记录一向良好，却突然多出了一张由交警出具，自己应该承担全责的《事故责任认定书》。

细查得知：高先生的车送到修理厂后，当晚就被维修工开上了公路，与一辆同在这家保险公司承保的小客车发生“追尾”。经交警认定，高先生的车承担全责，负责两车的维修费用。

【本案评析】

利用车主投保了车损险，将他们前来维修的故障车偷偷开出，实施二次碰撞，欺骗交警拿到由他们出具的事故责任认定书，然后与保险公司内部的定损人员内外勾结，骗取保险公司的赔款，这是部分不法修理厂勾结保险公司内部定损人员，共同实施欺诈的惯常做法。对此，保险公司应该加强内部管理，严厉打击这种不法行为。同时，施行高额赔偿由车主亲自报案、索赔制，有效遏制这种欺诈行为的发生。

十三、肇事逃逸，事后索赔

肇事逃逸是指交通事故发生后，当事人明知自己发生了交通事故，为逃避事故责任，故意逃离事故现场，不向公安机关报案的一种违法行为。肇事逃逸有两种情况：第一，人和车都在事故发生后逃离事故现场；第二，弃车逃逸，即当事人将车留在现场，人逃离事故现场。

但是，肇事逃逸者在被查获之后，将面临严厉的法律制裁以及向受害方赔偿高额的损失；即使他自己的车辆也可能需要修复。基于减轻自己负担的考虑，他们会向保险公司提出索赔申请。

典型案例

【案例 13-17】

晚 8 时许，沈阳驾驶员小刘驾驶公交车，行至一加油站附近时，为了超车，从中间车道向左车道变道，误将一行人撞倒。事发后，他驾车离开现场。但约 20 分钟后，又驾车返回。此时，交警已赶来现场勘察，小刘向警方投案自首，受伤行人经抢救无效身亡。为此，交警部门出具了如下的事故责任认定书："行经人行横道时，未停车避让行人。事故发生后，驾车逃逸，承担全部事故责任。"由于肇事方、受害方协商不成，受害方以刑事附带民事诉讼起诉至法院。

法院调查得知：车祸发生于 20：26 分，天已大黑，小刘电话又没有了话费，这才开车到 1 千米之外的调度室让同事代为报案，自己随即返回现场投案自首。经过审理，法院作出如下刑事判决：以交通肇事罪判处小刘有期徒刑 1 年，判决小刘赔偿受害方 21 万元。在判决中，法院没有认定小刘有"逃逸"行为，反倒认定他在"事故发生后驾车离开现场，后又返回现场自动投案，属自首行为"。

可是，就在公交公司向保险公司提出索赔时，保险公司以小刘"肇事逃逸"为由，开具了拒赔通知书。保险公司的理由是：在没进行民事诉讼的情况下，保险公司依据交警部门出具的"肇事逃逸"事故认定书进行处理，按照双方保险的合同约定，肇事逃逸属于拒赔范围。法院的刑事判决侧重于被告人是否有罪，而民事判决侧重于是否该赔以及赔多少，这两种判决在证据的采信上是有差别的。保险赔付是一个民事问题，法院的刑事判决对此没有约束力。

公交公司的主张：交警的事故认定只是一份证据，法院判决没有认定小刘"逃逸"，事实上已经推翻了交警的认定。"肇事逃逸"是民事、刑事案件都至关重要的一个要素，如果小刘"逃逸"成立，法院将会对其从重判刑，事实上却没有。该案应尊重法院判决时所查明的事实进行处理，保险公司应该给予赔付。

【本案评析】

根据《中华人民共和国道路交通安全法实施条例》第九十二条的规定，发生交通事故后当事人逃逸的，逃逸的当事人承担全部责任，但是，有证据证明对方当事人也有过错的，可以减轻责任。因此，被保险人在发生交通事故后逃逸，既违背了抢险救人的社会公德，也增加了自己承担责任的比率，增大了保险人的赔付金额，损害了保险人的利益。为了规避这种风险，同时也是为了伸张社会正义，保险公司在车辆损失险、商业第三者险合同中均约定：保险车辆肇事逃逸造成的对第三者的经济赔偿责任，保险人不负责赔偿。

本案中，法院的刑事判决并没有对小刘是否“逃逸”作出明确认定，在这种情况下，应理解法院并没有否定交警部门的事故认定，保险公司的说法应该是更有道理。被保险人一方可通过行政诉讼的方式要求撤销交警部门的事故认定，待重新认定后再解决保险赔付问题。

第四节　汽车保险欺诈的防范与调查

保险欺诈是行为人故意实施的违法犯罪行为，此类案件大都有预谋和策划，隐蔽性较强，而对构成犯罪的此类诈骗案件的管辖权属于公安机关。

追究保险欺诈的法律责任是一种对保险违法行为的事后处理，而保险欺诈的对策研究，则是一种事前的防范，两者相辅相成。保险公司应该首先立足于密切防范汽车保险欺诈，其次是积极配合公安机关做好案件侦破工作。

一、汽车保险欺诈的防范

（一）宏观防范

宏观防范覆盖面较广，主要举措有减少和抑制犯罪诱发因素，落实罪犯改造及回归社会工作等。

（1）提高认识。

正确的社会舆论导向对遏制欺诈非常有效。工作的重点应该放在改变人们的观念上，使保单持有者形成固定思维方式，即保险欺诈是一种非常错误的行为。这样的教育既需要保险公司之间相互交流与合作，共同宣传，也需要社会舆论的大力支持。

（2）司法界、新闻界协助保险界搞好预防。

首先，公检法部门应忠实履行自己职责，认真查处各类保险诈骗案件，严格执法，坚决打击犯罪分子。在办理各类保险诈骗案中，应及时将保险诈骗的状况、动态及预防经验以各类司法建议书的形式通知保险机构，以便其及时调整和改进防范措施。其次，各类出险的损失证明机关(包括公证机关)在证明过程中，应认真调查研究，严格审查，力求证明事项客观、真实、准确、合法，避免因证明失实而导致保险机构被骗。再次，新闻界可以有选择地把一些典型保险诈骗案的破获其判决结果予以报道。

（3）利用新技术、共享各种信息。

在保险欺诈案中，威胁最大的是那些欺诈惯犯，他们往往一次得手后会连续作案，而且其欺诈行为都经过精心策划，手段狡猾、隐蔽，不易被发现。但这类欺诈行为的表现形式及欺诈手段都十分相似，只是欺诈的保险人不同而已。因此，建立一个反保险欺诈中心，收集有关信息，使保险人共享信息，加强保险人之间的联系与协作，使之能够及时发现以相似手段进行的保险欺诈，将有效防范保险欺诈的发生，降低欺诈行为所造成的损失。

（4）加强行业监管，规范市场行为。

防范保险欺诈，仅靠保险公司的单方面努力是不够的，还需要社会各界通力合作。首先，各保险公司应充分加强行业自律，树立良好的行业形象。其次，法律部门要加强立法，从严执法，有力遏制保险欺诈。再次，保险监管部门要加强规范化管理，加大监管和打击力度，坚决制止并惩治不正当竞争行为。

（二）微观防范

微观防范是针对犯罪行为的具体防范，其主体是保险单位和从业人员。需采取的措施有：

（1）严格贯彻执行《保险法》及其他法律的有关规定。

保险公司的工作人员，首先必须认真学习《保险法》及有关法律，领会其精神实质，正确掌握各项法律规定，并积极向社会各界，尤其是向投保人、被保险人和受益人宣传，使他们自觉防止各种保险欺诈行为的发生。其次，当投保人、被保险人或者受益人实施保险欺诈行为，损害了保险人利益时，保险人应理直气壮地依据有关法律规定维护自己的合法权益，并积极向有关部门揭发、检举，要求对欺诈者予以行政或刑事处罚。

（2）加强风险评估，提高承保质量。

风险防范需从承保抓起，防微杜渐。提高承保质量可从几个方面展开：在验标与核保工作上，当投保人提出投保申请后，保险公司应严格审查申请书中所填写的各项内容和与汽车有关的各种证明材料。必要时，应对标的进行详细调查，以避免保险欺诈的发生；在实务操作上，应严格按照承保业务操作规程，对投保车辆进行风险评估。

（3）完善保险条款，剔除欺诈责任。

通过制定保单除外责任条款或限制承保范围条款，进行责任限制，以减少或剔除道德风险卷入的部分。

（4）建立科学的理赔程序，提高理赔人员素质。

理赔是保险经营中的重要环节，搞好理赔有助于保险公司的健康发展。建立科学的理赔程序，提高理赔人员的素质，对防止保险欺诈的发生有着举足轻重的作用。

（5）建立风险客户“黑名单”。

这个名单的设立，将对欺诈者起到威慑作用，从而保障了广大汽车投保人的利益。

（6）提高员工素质。

高素质的从业人员是做好理赔工作、识别保险欺诈的基本条件。要求理赔人员必须及时了解和掌握新的技术、信息、修理工艺和方法。保险公司可以招聘一些车辆保险与理赔专业的高校毕业生从事车险理赔工作，同时，对公司老员工应经常进行新知识培训，从而保证拥有一支高水平的理赔队伍。

（7）完善保险公司内部监控机制，严格管理，谨防疏漏。

首先，保险公司要对所有员工加强思想教育，增强风险意识，把防范和化解风险作为公司生存和发展的根本所在。其次，保险公司内部要建立承保核审制度，对所要承揽的业务要按程序对风险进行多次识别、评估和筛选，以便有效控制责任，确保承保质量。再次，保险公司还要建立规范的理赔制度，实行接案人、定损人、理算人、审核人、审批人分离制度和现场查勘双人制，人人把关、各司其职，互相监督，严格防范，以确保理赔质量。同时，在理赔工作中，如若发生以赔谋私或内外勾结欺诈等现象，必须严肃处理。

（8）规避来自汽车修理厂的保险欺诈。

汽车发生事故后，总是要通过汽车修理厂去“恢复至事故发生前的状态”。但是，个别汽车修理厂在利益驱动下，会想方设法谋取不当得利，例如：扩大、夸大汽车损失程度，将一些本应该修复的零部件故意说成无法修复，夸大修理作业量等。

为了有效规避来自汽车修理厂的道德风险，可以采取以下措施：

① 车主自行索赔。目前，许多规模较大的汽车4S店、汽车修理厂都在代办汽车保险，同时也代车主办理向保险公司索赔的事宜。如果实行车主自行索赔制度，可以有效避免修配厂扩大损失程度现象的发生。

② 定损人员掌握维修工艺，并了解当地维修情况。塑料保险杠的局部破损、前照灯的划磨、铝合金发动机罩的变形、风窗玻璃裂纹等，许多汽车修理厂明明拥有维修的能力，却故意说是无法修复，只能更换。这就需要定损人员了解当地的汽车维修情况，知道在哪个修理厂可以进行相关维修。

③ 尽量减少维修换件时的道德风险。

(9) 对查勘定损人员买施“拒赔奖励”制度。

绝大多数的汽车保险欺诈，是由查勘定损人员识别的。除了对这部分人员进行思想教育外，还可以推行“拒赔奖励”制度。每当他们拒绝一起案件时，可以按照“从案”、“从值”、“从案从值”三种模式进行奖励。其中，“从案从值”模式是指在每件拒赔案例给予定额奖励的基础上，再根据拒赔额的高低给予比例奖励。

二、汽车保险欺诈的调查

1. 及时查勘现场

事故现场会遗留各种痕迹的物证，记载着大量能够真实反映事故发生、发展过程的信息，但这些痕迹和物证极易受到自然或人为的破坏。因此，案发后，查勘人员应及时赶赴现场，掌握一切记录现场原始情况的资料，包括现场痕迹物证、访问笔录、影视资料、损失清单、财务帐本等，这些资料将对揭露诈骗起到证据作用。

2. 认真调查事故经过

一方面，应围绕事故向投保人、被保险人、受益人及目击者进行调查，对事故发生的经过、原因、损失情况及保户经营状况、个人品行、近期异常表现、保险标的状况等与事故有关的情况进行详细询问，并做好调查记录；另一方面，与负责事故处理或鉴定的有关部门密切配合，及时了解事故处理情况，提出涉嫌诈骗的疑点，争取公安部门的支持，配合调查取证。

3. 综合分析案情，寻找揭露诈骗的突破口

运用现场查勘和调查访问所掌握的证据，分析案件性质，甄别保险事故和诈骗案件的区别，重点从以下三方面分析：

(1) 分析投保动机。

特别注意两种情况：一是，超额投保案件，要对投保标的实际价值进行核实。凡采用纵火、盗车等手段造成保险标的全损的案件，绝大多数诈骗者都属于超额投保，其动机是以损失价值较小的投保标的换取高额保险赔款。二是，对多次拒绝投保而后又主动上门投保的案件，要重点分析其投保动机。这类案件，大多是先出险后投保，或是在风险即将发生时临危投保。

(2) 将有关时间联系起来分析。

即分析投保时间、出险时间、报案时间之间的联系。实践证明，有预谋的诈骗案件，在

几个关键时间上总有一些特殊联系。一般来说，出险时间与投保时间或保单责任终止时间相隔越近、出险时间与报案时间间隔越长，道德风险的可能性就越大。要仔细分析其中的原因，发现疑点，迅速查证。

(3) 将现场痕迹物证及有关证据结合起来分析。

重点分析两个方面：一是，将现场痕迹物证与保单、原始记账凭证进行对比，分析现场标的物及损失数目与书证记载的内容是否相符；二是，将现场痕迹物证与有关证据进行对比，相互质证，辨明真伪。通过分析证据与事实、证据与证据之间的相互关系，识破诈骗者惯用的伪造、变造有关证明材料的伎俩。

4. 委托专业机构，从事索赔调查

商务调查机构和信息咨询公司的人员在社会事务及案件调查上有着丰富的阅历和经验，可以通过这些机构的业务帮助、支持，有效识别保险欺诈。

典型案例

【案例 13-18】

无业人员王某在 2014 年 1 月至 2015 年 11 月间，驾驶本田牌汽车在北京市海淀区、石景山区、丰台区、朝阳区等地，采用加速、急刹车等方式故意碰撞他人驾驶的车辆，造成他人违章，以此骗取赔偿金并骗取保险金。在此期间，被告人王某共作案 17 起，骗取被害人和保险公司赔偿共计 208896 元。

东窗事发后，刘某因驾车碰瓷、诈骗钱财，被北京市门头沟区人民法院以诈骗罪判处有期徒刑 3 年 8 个月，罚金人民币 20000 元，并追缴非法所得人民币 208896 元。

【本案评析】

为了确保广大公民的合法权益，降低保险欺诈所造成的社会危害，加强打击力度，现在在保险诈骗被认定后，会依法追究当事人刑事责任。

本章小结

保险欺诈是世界范围内保险业所面临的普遍问题，介绍了保险欺诈的危害及形式，提出了如何预防及减少保险欺诈。

思考与练习

1. 汽车的保险欺诈是如何定义的？
2. 汽车保险欺诈的成因是什么？
3. 如何预防汽车保险的欺诈发生？
4. 如何规避来自汽车修理厂的保险欺诈？
5. 汽车保险欺诈有哪些主要类型？

参 考 文 献

[1] 骆孟波．汽车保险与理赔[M]．上海：同济大学出版社，2009.
[2] 赵颖悟．汽车保险与理赔[M]．北京：电子工业出版社，2013.
[3] 李景芝，赵长利．汽车保险与理赔[M]．北京：国防工业出版社，2009.
[4] 梁军．汽车保险与理赔[M]．北京：人民交通出版社，2004.
[5] 李玉泉．保险法[M]．2 版．北京：法律出版社，2003.
[6] 袁西安．道路交通安全法教程[M]．北京：中国人民公安大学出版社，2005.
[7] 周延礼．机动车辆保险理论与实务[M]．北京：中国金融出版社，2002.
[8] 贾海茂，张晓明．机动车辆保险案例评析[M]．北京：知识出版社，2002.
[9] 祁翠芹．汽车保险与理赔[M]．北京：机械工业出版社，2004.
[10] 杨学坤等．汽车保险与理赔[M]．北京：北京理工大学出版社，2007.
[11] 张晓明等．机动车辆保险定损员培训教程[M]．北京：首都经济贸易大学出版社，2007.
[12] 许洪国，何彪．道路交通事故分析与再现[M]．修订版．北京：警官教育出版社，2000.
[13] 许洪国．汽车事故工程[M]．北京：人民交通出版社，2004.
[14] 李江．交通事故力学[M]．北京：机械工业出版社，2000.
[15] 宋年秀．汽车车身修复技术[M]．北京：机械工业出版社，2002.
[16] 林洋．实用汽车事故鉴定学[M]．北京：人民交通出版社，2001.
[17] 天天汽车工作室．轿车车身维修技能实训[M]．北京：机械工业出版社，2003.
[18] 傅以诺．交通事故处理与车辆保险[M]．北京：北京理工大学出版社，2001.
[19]《法律及其配套规定》编写组．保险法及其配套规定[M]．北京：中国法制出版社，2001.
[20] 谷正气．道路交通事故技术鉴定与理赔[M]．北京：人民交通出版社，2003.